도서출판 대장간은
쇠를 달구어 연장을 만들듯이
생각을 다듬어 기독교 가치관을
바르게 세우는 곳입니다.

대장간이란 이름에는
사라져가는 복음의 능력을 되살리고,
낡은 것을 새롭게 풀무질하며, 잘못된 것을
바로 세우겠다는 의지가 담겨져 있습니다.

www.daejanggan.org

Copyright ⓒ Jacques Ellul

Original published in France under the title ; *L'illusion politique*
Copyright ⓒ Éditions de la Table Ronde, 2004

Used and translated by the permission of la Table Ronde.
Korean Edition Copyright ⓒ 2011 Daejanggan Publisher. in Daejeon, South Korea.

정치적 착각

지은이	자끄 엘륄 Jacques Ellul
옮긴이	하태환
초판발행	2011년 12월 14일
펴낸이	배용하
편집	박민서
등록	제364-2008-000013호
펴낸곳	도서출판 대장간
	www.daejanggan.org
	대전광역시 동구 삼성동 285-16
	전화 (042) 673-7424 전송 (042) 623-1424
ISBN	978-89-7071-239-0

이 책은 저작권법에 의해 보호를 받는 출판물입니다.
기록된 형태의 허락 없이는 무단 전재와 복제를 금합니다.

 값 14,000원

정치적 착각

자끄 엘륄 지음

하 태 환 옮김

L'illusion politique

Jacques Ellul

나의 친구,
베르나르 샤르보노Bernard Charbonneau에게 바친다.

국민은 근거도 없이 자유를 누리고 있다고 생각할 것이다.
그러나 그런 착각은 고향같이 아늑해서 현명한 판단을 가릴 것이다.

생쥐스뜨 *Saint-Just*

L'illusion

차례		
	역자서문	12
	서문	14
	들어가기에 앞서	29
	서론 – 정치화	33
	1장 • 필연성과 일시성	53
	1. 필연성	59
	2. 일시성	80
	2장 • 정치의 자율성	103
	1. 폭력의 독점	105
	2. 이의제기	120
	3장 • 이미지 세계에서 정치	139
	1. 정치적 사실	142
	2. 심리·정치적 세계와 정치적 문제들	158
	3. 정치적 행위	171
	4장 • 정치적 착각 : 국가의 통제	185
	1. 관료주의	189
	2. 행정과 인간들	199

politique

5장 • 정치적 착각 : 참여	217
6장 • 정치적 착각 : "정치적 해결"	245
1. 일반적 해결로서 정치	247
2. 가치의 달성으로서 정치	254
7장 • 탈정치화와 긴장	263
1. 탈정치화?	265
2. 긴장	272
8장 • 인간과 민주주의	293
1. 문제의 새로움	296
2. 민주적 인간	307
후기	317
역자후기	341
내용요약	343
후주	355
엘륄의 저서	362

역자후기

"히틀러가 전쟁에 승리했다." 자끄 엘륄은 그렇게 주장한다. 이 책 『정치적 착각』은 우리가 무심코 받아들였던 정치적 사유들이 사실은 정치가 무력함을 가리기 위한 환상이고, 스스로를 보호하기 위해 무의식적으로 착각을 일으키는 것이라고 한다. 예를 들어 우리는 민주주의 사회에 살고 있다고 생각한다. 그러나 기실은 착각에 불과하다. 정치가 정의와 자유를 실현시켜주고, 행복한 미래를 만들어 줄 것이다? 저자의 눈에는 그 모든 것이 착각이다. 그것은 매일 신에게 기도하고 자신의 신앙에 대해 말하는 기독교인과 동일한 공허이다. 스스로 공허하기 때문에, 공허가 너무나 무섭기 때문에 그는 공허를 가리고 숨기기 위해 공허가 울리도록 해야 한다. 욕구는 결핍되고 부재할 경우에만 일어나기 때문이다.

이러한 모든 현상은 우리 사회가 변했고 그에 따라 우리가 생각하는 인간의 개념도 변했기 때문에 일어난다. 대량 생산과 대량 소비, 도시화, 정보화를 거치면서 인간과 인간의 존엄성도 대상과 수단으로 바뀌고, 그에 따라 조작 가능한 물건이라는 개념이 파고들었다. 과학과 기술, 효율성이 우세한 사회에서는 정의나 자유, 평등과 같은 가치들은 그것들의 부재나 무용성을 가리기 위한 헛된 구호로서 존재할 따름이다. 따라서 정치적 결정이나 법속에 그러한 가치들이 있다고 생각하거나, 정치가 그러한 가치들을 구현해야 한다고 주장하는 것은 커다란 위선이며, 엄청난 재앙을 부를 수 있다. 설마 같은 민족끼리 총을 겨누겠는가. 설마 킬링필드와 같은 야만적 행위를 저지르겠는가. 설마 자기 국민에게 총을 겨누는 쿠데타를 일으키겠는가. 설마 아우슈비츠나 집단 수용소 같은 비인도적 처사를 하겠는가… 그러나 그 모든 일들이 정의나 자유, 평화의 이름으로 자행되었음은 누구나 아는 사실이다. 그리고 그 설마를 믿고서 적절한 시기에 적절하게 대처하지 못한 이상주의적 지도자들이나 시민들은 가혹한 대가를 치르게 된다. 자기 위안을 위한 정치적 착각이라는 길을 통해 전제적인 국가는 시민을 효율성의 노예로 바꿔버렸다. 따라서 이 책 『정치적 착각』이 내리는 경고를 겸허히 수용하지 않는다면, 그 역시 엄청난 재앙을 부를 수 있다.

과학과 기술 만능시대, 생활수준의 향상, 물질 만능주의, 유전자 조작, 줄기 세포 문제, 핵발전소, 좋은 목적을 위해서라면 어떤 수단이라도 불사하기, 효율성 우월주의, 정보화를 통한 우민정책, 선전을 통한 여론 조작, 투표를 통한 개인적 책임의 회피, 등 우리 사회는 이미 저자가 1965년판에서 우려했던 현상에 깊이 중독되어 있다. 그리고 1977년판의 저자 후기나, 2004년판의 다니엘 콩파뇽의 서문에서 지적되었듯이, 저자가 들고 있는 많은 예와 인명들은 지금은 잊히고 관심의 대상이 되지 못할 수도 있다. 그리고 바로 그러한 사실, 즉 당시에는 여론을 뜨겁게 달궜지만 금방 지나가버린 사건들이었다는 사실 그 자체는 우리가 얼마나 엄청난 정치적 착각 속에 살고 있는가를 말해 준다. 그리고 이러한 구체적인 예는 제하더라도, 이 책의 주된 내용은 전혀 시대에 뒤쳐져 있지 않다. 자유를 잃은 조작 대상으로서 인간이기를 벗어나, 진정한 자유를 찾은 목적으로서 인간이 되기를 이 책은 권유한다. 국가나 정치가 개인에게 삶의 의미와 방향을 줄 수 있다는 착각으로부터 벗어나기 위해서라도 이 책을 읽어야 한다.

서문

이 책은 자끄 엘륄이 1977년 자신의 생존 시에 최종적으로 승인했던 포켓판을 다시 발행한 것으로 분명히 우리가 생각지 못했던 어떤 공백을 채워준다.★ 10여 년 전에 타계한 보르도 대학 교수★★의 풍부한 작품에 친숙한 독자들은 건강한 경고를 다시 읽을 수 있을 것이고, 또 그를 처음 접하는 독자들은 자주 의도적으로 일상적 틀을 벗어난 어떤 사유의 힘을 발견할 수 있을 것이다.★★★ 그렇지만 새로운 독자들은 본론을 위해 동원된 1950~1960년대의 수많은 프랑스와 국제 정치 사례들 때문에 당황할 수도 있을 것이다. 사실 그 의도는 독자 설득용인데, 저자는 당시의 사회과학적 연구들과, 이제는 멀어져 간 그때의 시사물들을 차별 없이 이용하고 있다.

그 모든 예들을 다 살려야 하는가? 작품에 대한 존경을 넘어서서, 가독성을 높이기 위해 텍스트를 '손질'하고자 하는 생각이 이미 1977년 판 후기 속에서 자끄 엘륄 자신에 의해 거론되었다. 실제로 1970년대 중반에는 의미 있었을 것도 10년이나 15년 후에는 잊히고 이해되지 못할 수 있다. 이런 예측은 저자 자신에 의해 인용되었던 사건, 즉 1977년 판을 내던 당시에 격렬한 논란거리였던 "좌파 정권의 공동 프로그램"이 확인해준다.

★ 다시 말해 1977년도 판을 위해 엘륄이 작성한 후기가 들어 있고, 1965년 판에는 있었지만, 저자가 삭제하기로 한 "경제 계획의 민주화"에 관한 첨부글이 없다.
★★ 법학도로서, 로마법 교수자격 소지 교수이며, 보르도Bordeaux 대학 교수였다. 이 대학에서 그는 특히 제도의 역사를 가르쳤다. 자끄 엘륄은 또 뛰어난 신학자이고(프랑스 개혁 교회 위원), 기술과 선전의 사회학자였다. 신앙의 문제를 다룬 작품이 발간된 48권의 저서 중 절반을 차지한다.
★★★ 엘륄 작품에 대한 종합적 입문서로서는, 파트릭 트루드–샤스트네Patrick Troude-Chastenet 의 『엘륄 읽기』, 『자끄 엘륄의 사회 · 정치적 작품으로 입문』이 있다. 보르도 대학 출판사, 1992.

오늘날 마흔이 넘지 않은 프랑스인들 가운데서 그 사건에 대해 들어 본 사람이 몇이나 되겠는가? 27년이 지난 오늘에 돌아보니, 손대지 않은 것이 참으로 현명한 태도라고 할 수 있는데, 그만큼 우리의 세상은 최근 20년 동안에 급변하였다. 1981년부터 좌파와 우파 사이의 정권 교체는 이제 평범한 일이 되었고, 그와 함께 "좌파 정권"도 경제적인 정통성을 따르며, 엘리트들의 사고도 보수적 경향을 띤다. 1989년 베를린 장벽의 붕괴와 연이은 공산 진영의 해체는 냉전에 종지부를 찍었고, 마르크스주의와 제3세계 이데올로기의 퇴조를 불러왔다. 세계화가 유행하기 전인 1977년부터 자끄 엘륄이 그 중요성을 강조하였던, 상업적이고 기술적인 세계화의 가속은 지구를 압박하는 환경 훼손과 개발 위험에 대해 더욱 강한 자각을 하게 하였다 – 물론 행동은 여전히 굼뜨기는 하지만….

이런 변화가 엘륄의 사고를 철 지났거나 이젠 더는 통용되지 않는 것으로 만드는가? 절대 그렇지 않다. 그 이유는 겉으로는 모든 것이 뒤집힌 것처럼 보이지만, 근본적으로 변한 것은 하나도 없기 때문이다. "성장, 완전고용, 국가의 거대함, 과도한 기술화, 탈중앙집권화한 중앙집권화, 또는 거꾸로 국가화한 탈중앙집권화, 핵무장, 도로 계획, 자동화, 그리고 인구 증가를 위해 형제처럼 결합한 좌파와 우파!"라고 저자는 1977년 판 후기에서 지적하였다. 우리가 직면한 더욱더 복잡한 도전들 앞에서, 그리고 일관성 있는 대답을 내 놓을 수 없는 지도 엘리트의 실패를 고려하면, 또 지구 온난화나 생체 조작과 같은 인류가 직면한 위험들을 생각하면, 이 책 『정치적 착각』을 읽고 또 읽는 것이 참으로 다행한 일이고, 나아가 필수 불가결하다.

더 젊거나 우리의 최근 역사에 대해 잘 모르는 독자들은 많은 사람이 잊어버린 사건들의 언급을 그냥 지나칠 수 있을 것이다. 그러니까, 유럽 공동체 방위★에 대한 논쟁들은, 엘륄이 1977년 판 서문에서 여전히 언급하고 있는데, 오늘날은 EU나, 프랑스 외교사가들에게나 겨우 의미가 있기 때문이다. 마찬가지로, 이미 잊혀진 인물들의 이름은 몰라도 상관없으며, 당시 논쟁 상황에서 이미 빠져나왔기 때문에 오늘날에는 별로 유용하지도 않은 인용들을 무시한다고 해서 큰 해도 없을 것이다…. 같은 의도에서, 바쁜 독자는 페이지 하단의 수많은 각주를 생략해도 텍스트 이해에 큰 해가 되지 않을 것이다.

그러나 어떤 텍스트가 오래되었다고 하는 것은 그 텍스트의 질이 떨어졌다는 말은 아니다. 고급 포도주처럼 그 텍스트는 입안에서 느껴지는 무게감은 떨어졌더라도 그 향은 더 짙어졌을 수 있고, 그의 진정한 가치는 맑은 윗 부분을 분리하고 나서 더욱 깊어질 수 있다. 즉 1965년 초판의 중심적인 주제들은 지금 21세기의 초입에서도, 아주 유효하며 본질적인 것처럼 보인다. 물론 이 책에서도 몇몇 판단 착오나 사실에 대한 오류는 몇 가지 지적할 수 있다. 그렇지만, 오늘날 태어난 수많은 책 중 몇 권이나 40여 년이 흐른 뒤에도 조그마한 관심이나마 받을 수 있을 것이고, 또는 더 안좋게는 그 저자들을 당혹스럽게 할 수 있을까? 우리는 특히 2001년 9월 11일 테러와 그 후속에 관해 급하게 발간된 수많은 에세이들을 생각해 본다. 레이몽 아롱의 작품처럼, 1960년대 엘륄의 작품은 그 당시 그를 경멸했던 사람들의 작품보다 세월을 잘 견디어 내었다.

독자는 또 이 책 속에서 소련의 체계에 대한 분석이나, 중국 공산주의에 관한 분석이 차지하는 몫에 대해 놀랄 수도 있다. 그렇지만, 그런 독자는 이 체제들의 성격과 그들이 저지른 범죄들에 대해 프랑스 좌익이 얼마나 무지했던가를 생각해보아야 한다.★★ 해방으로부터 1970년대 중반까지,

---

★ CEE(유럽경제공동체)의 6개 설립국들에 의해 1951년에 채택된 이 조약은, 독일의 재무장을 지휘하기 위해 단일화한 유럽군의 창설을 예견하였다. 그러나 프랑스 의회의 비준 거부로 1954년에 결국 폐기되었다.

★★ 1930년대부터 알려져 있었던 스탈린 독재의 참상을, 흐루시초프 보고서에 의해 공식적

강제노동수용소Goulag의 가증스러운 현실에(그 규모는 나치 수용소를 압도한다) 드리워진 침묵의 벽이 마침내 깨질 때까지는, 소련의 체제는 서구 자유주의적 민주주의에 대한 믿을 만한 대체제로서 인식되었다 – 물론 이 체제 역시 불완전하기는 하지만, 그렇기에 완전해질 수 있는 것으로 말이다. 이런 호감은 프랑스 공산당과 그의 산하 조직들뿐만 아니라, 훨씬 광범한 조직들 속에 만연해 있었다(우리는 1970년대 사회당의 좌익인, 사회주의 연구소CERES의 담론을 생각한다). 이것은 1989년 이후에 정치적 의식을 가졌고, 소련 체제의 미숙성과, 고르바초프Gorbatchev의 실패에 의해 역으로 증명된 그 체제의 개혁할 수 없는 성격을 당연히 여기는 세대들에게는 상상하기 어려운 일이다.

따라서 엘륄로서는, 1965년과 1977년에, 냉전의 두 진영에서 동시적으로 작동하고 있던 정치적 착각을 증명하기 위해, 서구 자유 민주주의와 모스크바와 북경의 "실제적 사회주의"를 평행하게 분석함으로써, 낭만적 신화들을 분쇄할 필요가 있었다. 그는 설득력 있는 방식으로, 그리고 당시로서는 최초로, 많은 사람이 근본적이라고 여겼던 양 진영 사이의 대립이 실제로는 인위적임을 강조한다. 사실, "철의 장막"의 양편에서, 각 사회는 모두 과도할 정도로 산업화와 기술적 개발에 의해 영향을 받았다. 정치 체제의 다양성을 넘어서, 하나의 같은 논리가 작동 중이었고, 그 논리의 장기적 효과는 심각하게 여겨지지 않은 그만큼 불길한 것이었다. 바로 이러한 관점 속에서 저자가 원래 텍스트 속에서, 서구와 소련의 경제 시스템의 필연적인 수렴을 주장했음을 이해해야 한다. 게다가 그의 분석은 약 15년 전부터 중국 공산주의의 변화에 의해 강하게 확인되었다.

마찬가지로, 저자가 1977년판의 후기에서, 우파도 집권하면 "공동 프로

으로 비난되었을 때, 1956년에 마지못해 인정한 후에, 프랑스 좌파 대부분은 사회주의의 영광스런 역사 속에서 불행한 예외라고 간주한 것을 다시 감추기에 급급하였다.

그램"의 좌파만큼이나 국유화와 계획경제의 필요를 느낄 것이라고 주장했음이, 돌아보건대 상당히 경솔해 보일 수 있다. 그렇지만, 그렇다고 해서 논쟁의 핵심을 망각하고, 확인된 사실들마저 부정해서는 안 된다. 즉 국유화와 계획화는 기술적 관리 수단으로서 유행이었다. 좌파도 이데올로기가 아니라 기술적인 이유로, 우파의 민영화 정책들을 비난하면서, 공기업의 민영화 정책을 단행하였다. 따라서 진정 중요한 것은, 오늘날과 마찬가지로 1970 –1980년대에도 경제 정치가 기술적 요인들에게 종속된다는 사실이다- 예전에는 경제 계획, 오늘날에는 시장 중심 그리고 정치인들은 끊임없이 현실을 거부하면서 자신들이 실제로는 수동적으로 겪기만 하는 어떤 변화의 주체라고 주장한다.

따라서 이 책의 중요성은 수십 년에 걸쳐 정치적 착각이 반복되는 데 있다. 그 착각이란 정치와 정치가들이 우리의 문제를 해결하고, 우리에게 행복을 가져다줄 수 있다는 그 어리석은 믿음을 말한다. 행복이란 또 물질적 안락, 포괄적인 복지 국가 그리고 갈등 해소라는 용어들로 광범위하게 정의되고 있다. 2003년 여름의 살인적 더위에 대한 대중적 반응은 –물론 매스컴에 의해 폭넓게 선동되기도 했지만-, 조물주의 반열에까지 오른, 글자 그대로 비와 좋은 날씨를 만들 수 있을 법한 정치 지도자들에 대해 우리 동시대인들이 갖는 터무니없는 기대들을 잘 말해준다. 거대 이데올로기들은 소위 위기를 맞이하였다. 그렇지만, 착각의 시장은 건강하게 잘 버티고 있다. 실망한 당원들과 속아 넘어간 유권자들의 세대에 뒤이어, 이상적 신화에 중독된 새로운 정치 십자군들이 몰려온다. 어제는 프롤레타리아 혁명이었고, 오늘에는 세계화 거부 운동이다. 어제는 국가였고, 오늘에는 유럽이다. 양심의 가책도 없는 정치꾼들이 이런 썩은 흙 위에서 번창하는데, 그만큼 믿고 희망하고자 하는 필요가 강력하고, 그만큼 자끄 엘륄 같은 사람의 비판적 명석함이 받아들여지기 어려워진다. 독일의 사회학자이며 역사가인 막스 베버Max Weber는 세상을 더 잘 이해하려면 우리가 미망에서 깨어나야 한다고 하였다. 그렇지만, 많은 사람들이 착한 사람과 나쁜 사람이 명확히 정해져 있는 요정 이야기를 선호한다. 그리고 프랑스 좌파는 그 옛날의 미국혐오적인 반제국주의를 단숨에 부활시킨 조지 W. 부시Georges W. Bush에 대해 매우 감사해 할 것이다. 그 앞에서는 단순한 흑백논리가 여전히 기승을 부리고 있다.

따라서, 우리 정신이 우리의 착각과 선동가들의 약속에 의해 휘둘리며 그런 식으로 방황할 때−현대 정치가들은 성공하기를 원한다면 필연적으로 선동가일 수밖에 없다−, 기술에 의해 강요된 제약 때문에, 자유로운 결정 공간이 거의 모르는 새에 신속히 침해된다. 확실히, 선출된 지도자들의 자유의지에 속하며, 그 어떤 기술적 결정에도 종속되지 않은 결정들이 남아 있기는 하다. 어떤 결정들은, 예를 들면 1981년의 사형제의 폐지처럼, 아주 상징적인 효과를 지니고, 의미 없지도 않다. 그렇지만, 이런 자유재량적인 행위들 대부분은 일시적인 것, 상황적인 것, 나아가 허망한 것에 속한다. 그런 것이 때로는 유권자를 감동시키고, 공개적인 논쟁을 유발할 수는 있다(우리는 최근의 "동성 결혼"에 대한 논쟁을 생각한다). 그러나 그것은 본질적인 변화들에는 아무런 힘이 없다. 나아가서, 공공 예산이 장관의 독단보다는 기술적인 논리에 종속된 지는 오래되었다(예산 선택의 합리화는 베트남 전쟁 중에 미국에서 발전하였다). 정권이 교체될 때마다, 새로 등단한 사람들은 자기들의 행동반경이 얼마나 제한되어 있는가를 보고 깜짝 놀라며, 또 때로는 그런 소문을 퍼뜨린다. 또한, 정치인들을 희생양으로 삼는 것은 헛된 일일 것인데, 정치인들은 그렇게 된 것처럼 하지 않을 수 없다. 정치인들은 한편에서는 정치적 착각에 희생된 대중들의 기대와, 다른 한편에서는 우리 존재를 실제로 결정짓는 것에 대해 영향을 줄 수 없는 자신들의 무력함에 잡혀 있다. 따라서, 엘륄이 지적했듯이, 정치가 하나의 구경거리가 된 이유는 -흔히는 아주 하찮은 구경거리이다- 바로 이러한 박탈감을 감추려는 것이다.

  기술 사회에서는, 그리고 그 사회가 최고의 가치로 삼는 효율성의 이름으로는, 결정은 언제나 더욱 필연적으로 되고, 오늘날의 선택들은 어제의 선택들에 의해 묶이게 된다. 즉 30년 전부터 프랑스에서는 모든 결정이 핵기술을 강화하고, 전력 소비를 권장하는 것이었는데, 어떻게 핵전력으로부터 빠져나 올 수 있겠는가? 자끄 엘륄이 기술에 대한 자신의 저작들에서 전개했던 이런 근본적인 직관은★ 현재 새롭게 확인된다. 즉 자유무역이 부를 창출하고, 생산에 더 효율적이기에, 우리는 거대한 시장으로 변모한 세상과 개발 피해의 일반화를 용인해야 한다는 것이다. 상업과 금융 세계화의 열렬한 전도사들인 신자유주의 이론가들은 실제로는 우리가 어찌할 수 없는 흐름을 따랐는데도, 하나의 가치를 의도적으로 선택한 것처럼 말한다. 금융 시장을 실제로 누가 통제하는가? 아무도 아니며, 확실한 것은 신마르크스주의자들이 비난하는 무서운 투기 자본은 결코 아니다. 사실, 많은 세계화 거부 주장자들처럼, 이런 논쟁을 이데올로기적인 차원으로 돌리는 것은, 다시 한 번 실제를 포기하는 것이고, 실제 통제를 포기하자는 것이다.

  마찬가지로 효율성의 이름으로, 생산성 제일주의가 농업을 포함한 모든 분야에서 강제되는데, 그것의 사회적이고 환경적인 영향은 점점 아주 심각하게 드러나고 있다. 효율성은 또, 질병과의 투쟁이란 이름으로, 따라서 가치의 자격을 얻은 생명 수호라는 이름으로, 인간의 정체성과 온전한 생

★ 1954년에 발간되었고, 1990년에 에코노미카에서 재발간된 『기술 혹은 시대의 쟁점』, 1977년 발간되었고, 2004년에 르 세르스 미디에서 장-뤽 포르케의 서문과 함께 재발간된 『기술의 체계』, 1988년에 발간된 『기술의 허세』. 이 마지막 작품은 불행하게도 재고가 없다. 그 작품의 이 부분에 대한 아주 훌륭한 소개를 보기 위해서는, 장-뤽 포르케의 『자끄 엘륄, 거의 모든 것을 예견했던 인간』, 르 세르쉬 미디, 2003을 읽기 바람.

명 상태에 대한 공격을 정당화한다. 유전자 조작 식물MGO이나 태아에 대한 실험을 옹호하기 위해 과학자들이 최근에 내세운 논증들은 기술·과학이 그 어느 때보다 얼마나 강력한가를 말해준다. "프랑스의 연구를 구하고, 미국과의 경쟁에서 잠재적 시장을 포기하지 말자!" 이것은 경제적 요구와 프랑스 국가주의 간의 짝짓기로부터 얻어낸 처방이다. 만약 엘륄이 이 분야에서 틀릴 수도 있었다면, 그것은 비판의 독설을 강요해서라기 보다 현재 진행되는 발전의 리듬을 과소평가해서이다. 기술·과학적 혁신들을 따라 법과 생명윤리가 수정되는데, 새로운 법 조항은 어제까지만 해도 파렴치 하다고 여겨진 것들을 허락하기 위한 것이다. 입양이라는 옛 해결방식을 선호하고 어떤 상황이건 시험관 수정을 반대한 엘륄이 그런 의미에서 옳았다. 왜냐하면 우리가 악순환의 고리에 손을 대는 순간, 양보로부터 포기로 가지 않을 수 없기 때문이다.

책임을 면하고자 하는 정치인들이 매사에 언급하는, 그 유명한 신중론이란, 모든 과학적 연구가 합법성을 얻게 되면 별 힘이 없는 양보와 속임수에 불과하다. "진보해야 할" 과학이라는 반박할 수 없는 권리를 가진, 유전자공학이나 원자력 연구 앞에서 이 원리를 내세운다는 것은 말도 안 될 것이다. 다른 의견을 제시한다는 것, 그것은 바로 1965년처럼 2004년에도, 자신을 즉각 몽매주의자와 반동주의자로 낙인 찍히게 하는 것이다. 20세기 중엽 이래로, 기술 숭배자들의 담론은 거의 바뀌지 않았다. 진보의 종교는 결코 새로운 물신이 없어 괴로워하지 않는다. 어제는 자동차와 전기이고, 오늘날은 유전자와 나노기술이다. 엘륄이 반복해서 말했듯이 기술에 의해 제기된 문제들에 오로지 기술적인 대답들만 주어지며, 원칙적으로 주권자인 국민은 복잡한 기술적 문제를 이해할 수 없기 때문에, 그저 믿고 따르라고만 촉구된다.

사실, 어떤 기술·과학적 혁신이 사회적으로 유용한가에 대한 토론은 결코 일어나지 않았다. 전문가들은 주민들이 수락할 수 있는 용어로 설명하는데, 문제는 기술을 그 반항자들이(특히 기술 관료들과 정치인들이 격렬히 비난하는 환경보호 단체들) 더 쉽게 받아들일 수 있도록 조화롭게 만드는 것이 아니라, 대중의 정신을 조작하는 것이다. 보르도의 "거대한 우회 고속도로"에 대한 공청회는, 공적인 토론 위원회에 의해 조직되고, 2004년 1월에 정부에 의해 강압적으로 중지되었는데, 그러한 경우의 전형적인 예이다. 모임에 참여한 공중은 예상되는 장비의 유용성 자체와, 상품의 유통을 조장하는 운송 정책 전체에 대해 문제를 제기하는 악취미를 즐긴다고 비난받았다. 마찬가지로, 농업부 장관은, 응용 연구와 영양농업이라는 두 로비의 연합 압력을 받고, 들에서 MGO 농업을 허가함으로써, 2004년 봄에 그 자신이 인터넷에서 조직한 공청회 결과를 고의적으로 무시하였다.

따라서 이러한 질문들은 인간 문명의 미래를 위해 아주 중요하다. 위에서 언급한 일시적인 일보다 훨씬 중대하며, 특히 정치인들이 하는 "짧은 문장"의 삭막한 유희나, 미디어를 동원한 별 의미도 없는 정당의 논쟁이나 경쟁보다 훨씬 더 중요하다. 과학을 위해 생물학적인 재료로 전락하고, "우리의 복지"를 위해 일련의 기술적 조정 속에 일단 갇히면, 우리의 인간적 자유는 정말 아무것도 아닌 것으로 전락하리라는 사실을 누가 알지 못하는가. 일단 정치적 착각이 사라지면, 오직 "대상들을 통한 대상들의 조직만 남는다"라고 엘륄은 우리에게 경고한다. 이 점에 있어서, 그의 호소는, 그와 동시대인인 귄터 안더스의 생각과 일치하고★, 그 모든 가치를 간직하면서 진정 예언적인 차원을 획득한다.

1990년대에 프랑스를 떠들썩하게 하였던 소위 "오염된 혈액" 사건은

★ 귄터 안더스Günter Anders, 『인간의 낙후성, 제 2차 산업혁명의 시기에 영혼에 대해』, 뉘장스 백과사전 출판, 2002. 엘륄은 안더스의 주장들을 결코 알지 못했던 것 같다.

정치적으로 선출된 자들에게 개인적으로 형사 책임을 묻기가, 실질적으로 그리고 법적으로 얼마나 어려운지를 보여주었다. 미래의 세대들이, MGO가 온 들판에 흩어지게 된 데 대해, 넘쳐나는 핵폐기물들에 대해, 또는 "온실 효과"의 비극적 결과들에 대해 따져보자고 했을 때, 오늘날의 지도자들은 어디에 있을까? 그러나 고전적인 정치적 책임을 묻는 것은 더 이상 별로 장래성 있어 보이지 않는다. 선거들이 기후 변화나 생명과학, 또는 운송 정책을 쟁점으로 삼지 않을뿐더러 이런 질문들이 토론에 부쳐진다 하더라도, 시민은 그것들을 통제하도록 양성되지 않았으며, 부분적이고 편파적인 정보만 받기에, 곰곰이 생각하기보다는 감정적으로 반응할 것이다. 소화시킬 수도 없는 지속적인 정보의 홍수에 잠겨있고, 사건을 상대화해 줄 과거의 기억을 빼앗겨서, 오늘날 과잉 정보를 받은 인간은 어떤 여론을 만들어 낼 여력이 없다.★

게다가, 엘륄이 삐에르 부르디외Pierre Bourdieu보다 훨씬 전에 예측했듯이, 도처에 존재하는 여론 조사가 그렇게 만들어 버렸는데, 여론 조사는 생각의 표현이라고 하는 이 복잡한 과정을, 두 개의 답 중에 하나를 고르는 단순한 질문들로 축소해버린다. 그렇게 조종되면, 공공의 여론은 기술적 질서를 전복할 위험이 없다. 요행히도 설문에 응한 대다수가 도시에서 자동차의 비정상적 증가에 반대하여 단호한 의사표현을 했다 해도, 전당의 수호자들과, 관련된 압력단체들은 즉각 그 여론 조사를 반박하는 다른 여론 조사를 실시할 것이고 (몇 퍼센트의 프랑스인들은 개인용 자동차를 포기할 준비가 되어있지 않다), 그렇게 변덕스러운 여론을 강력히 비난할 것이다. 여론이란 그렇게 변덕스러운데, 확실히 맞는 말이지만, 조작에 의해서이다. 같은 한 사람은 이렇게 기후 온난화에 대해 걱정하고, 동시에

★ 엘륄은 또 이 주장을 그의 두 주요 저서에서 개진하였다. 『선전』, 에코노미카, 1990 (1962), 『모욕당한 말』, 쇠이유, 1981.

기름값 인상에 적대적이며, 건강한 음식과 호르몬도 없고 '광우병'에 걸리지 않은 쇠고기를 좋아하지만, 자신의 식품에 대해 더 많은 돈을 내야 한다는 생각에 대해서는 반대이다. 도처에서 그를 공격하는 선전은, 상업 광고건 정치적 광고건, 그가 일관성 있기를 강요하지 않고, 오히려 그 반대이다.

유권자로서 시민은 명확한 정치적 옵션을 위해 의사표명을 하는 것이 아니라, 슬로건(미테랑Mitterrand의 "조용한 힘", 또는 시라크Chirac의 "사회적 단층") 아래 쓰인, 정치적 시장으로부터 나온 "생산물"을 소비하고, 엘륄이 1960년대부터 예감했던 것처럼 다소간 거짓인 이미지와 입장에("추락하는 프랑스", "가장 불운한 사람들") 대해 반응한다. 정당인은 당의 집단적 효율성의 이름으로 자신의 판단의 자유를 소외시켰기 때문에, 선거일 저녁에 그의 기쁨이나 고통을 더욱 더 한심하게 만드는 거대한 익살극에 속은 자이다. 또는 선거들이란 스포츠 경기의 한 특수한 형태에 불과하다고도 할 수 있다.★ 거대한 조직을 지도하는 정치적 기업인들의 전략 속의 어린 병졸인 그는 공허한 슬로건들과 신화들로 조종당한다. 1차 대전 직전에 로베르 미셸Robert Michels이 보았듯이, 진정 민주적으로 움직일 어떤 당은 권력의 정복에 효율적이지 못할 것이고,★★ 현대적 당의 지도자들의 야심만이 진정일 것이다. 정치는 하나의 기술이 되었고, 대의 민주주의는 하나의 시늉이 되었다.

2002년 프랑스 대통령 선거의 중간 투표는 정치 무대의 연극적인 비현실성을 잘 보여주었다. 지도 계급과 미디어에 의해 정교하게 무대에 올려

★ 이 당원들은 챔피언쉽 축구 경기의 지지자들과 정확히 똑같이 행동한다. 인류학자인 F.G 벨리Bailey는 『정치 게임의 규칙들』 속에서 당파적 경쟁들을 분석하면서, 당들을 지적하는데 스포츠 팀의 은유를 사용하기조차 한다.

★★ 그것은 그 초기에 녹색당들의 딜레마였다. 차후로 "그들은 학습 효과를 갖게 되었다". 그들은 정치 싸움의, 책략들의, 장관직 타협의 희열로 전환하였다. 아마 이 작품을 충분히 생각해보지 않았기 때문에, "정치가 다르게" 퇴장한다.

진, 극우 정당인 프롱 나쇼날Front National의 위협은 중세기의 키메라처럼, 우리의 집단적 착각을 조장하는 좋은 보조 수단으로 나타난다. 각자는 2차 투표에서 좋은 행동을 저질렀다는 감정과 함께, "공화당 우파" 후보에게 표를 던졌다(사회당 쪽이었다 하더라도 마찬가지였을 것이다). 그래 놓고 사람들은, "파시스트의 위협" 그건 대단한 것이라고 강변할 것이다. 그래서 찰리 채플린Charlie Chaplin 식의, 역겹지만 위험하지는 않은 어떤 "독재자"의 시끄러운, 그리고 늙어가는 상판대기가 우리 코 밑에서 소란을 피우는 동안, 어느 누가 자유의 대가로 사회적 통제가 점진적으로 증가하고 있음을 알아차리겠는가? 일반화되어 가고 있는 비디오 감시 장치, 정보 파일들의 상호 연결, 전화 대화의 청취(휴대폰의 놀라운 발전!), 신원 확인용 생체 인식 자료지문이나 안구 인식, 유전자적인 자료 파일들, 죄수들 전자 감시, 곧 이어 정신이상자들과 늙은이들에 대한 전자 감시….

  이러한 압제가, 지적된 악에 대항하기 위해, 그리고 우리의 복지라는 이름으로 – 안전의 확보, 재산가들의 행복 – 몸을 숨긴 채 전진해 간다. 악은 현재로서는 이슬람교 테러리즘으로 구현되고 있는데, 그 양태는 변한다. 그의 주요 저서인 『국가』 속에서, 엘륄은 그의 친구 베르나르 샤르보노Bernard Charbonneau★처럼, 진정한 독재는 현대 국가와 기술의 결합인데, 히틀러Hitler와 스탈린Staline의 이념적인(그리고 아직도 여전히 아주 비이성적인) 독재들의 퇴조에도 불구하고, 민주주의의 심장부에서 승리를 거두는 중이라고 강조한다. 우리 "역사의 종말"은 프란시스 푸쿠야마Francis Fukuyama가 예견한 자유 민주주의를 향한 전 세계적인 수렴보다는 앨더스

★ 자기 영감의 결정적 근원으로 엘륄이 고백했듯이 ("나는 그에 비해서는 빛나는 세컨드에 불과하였다"), 베르나르 샤르보노Bernard Charbonneau는, 자신이 "거대한 변화"라고 부른 것의 분석을 통해, 기술과 현대 세계에 대한 비평을 전개한다. 1987년에 에코노미카에서 발간된 위의 작품 외에도, 그의 훌륭한 논문, "시스템과 혼돈", 「에코노미카」, 1990 (1973)을 참조하는 것이 좋다.

헉슬리Aldous Huxley의 『최선의 세상』과 더 닮을 수 있을 것이다.

그걸 감수해야 하는가? 어떤 잘못된 비난이 자주 엘륄에게 가해졌다. 즉 그는 음울한 비평 속에서 자위나 하는 철저한 비관주의자일 것이고, 기술과 자유 사이의 모순으로부터 빠져나올 확실한 해결책을 제안하지 못할 것이다.★ 우선, 그의 전 생애가 이러한 비난에 대해 반박한다. 그는 반 나치 레지스탕스로부터 청소년 범죄 예방에 이르기까지, 또 환경운동 등 수많은 정의로운 운동에 참여하였다. 정치적 행위에 대한 그의 비관주의는 예를 들어 1944년 10월과 1945년 4월 사이에 보르도 시 해방 정부에 참여 같은 실제 경험으로부터 태어난다. 분명, 이 작품의 말미에서 그가 기원한 "탈정치화"는 어떤 오해를 낳을 수 있다. 오늘날 많은 사람들이 개탄하고, 엘륄도 그 속에서는 '게으름', '비겁함', '거짓' 만을 보는 그것은 바로 비정치주의이다. 문제는, 공공의 일에 대한 무관심이 아니라 더 잘 생각하고 행동하기 위한 이데올로기적인 독소 제거, 정치의 '탈신화화'이다.

따라서 저자는 사람들이 그에게 자주 비난한 포기와는 거리가 멀고, 기술적인 발전을 위해 국가가 우리를 포박하는 것에 대해 가차 없이 저항하도록 권유한다. 그러면서 그는 국가가 '뛰어넘을 수 없는 유일한 장애물'로, 자신의 자유를 수호하고자 하는 인간을 내세운다. 왜냐하면 "존재하기 그것은 저항하기"이니까. 아롱Aron적인 거짓 자유주의자 뒤에서 개인적이면서 —오래된 인격주의적 근본과 멀리 떨어져 있지 않다★★— 동시에 집단적인 저항의 가르침을 이끄는 진정한 무정부주의자가 그려진다. 사회를 바꾸기에 대해서는 공감한다. 그렇지만, 맹목적으로 정당에 가입하거

★ 참조. 마르셀 메를르Marcel Merle, "자끄 엘륄의 책, 『정치적 착각』에 관해", 『정치학 프랑스 잡지』, vol. 15, 1965.
★★ 엘륄과 샤르보노의 인격주의와 잡지 정신에 참여에 대해, 파트릭 샤스트네Patric Chastenet, "자끄 엘륄과 대담", 『라 타블 롱드』La Table Ronde, 1994, 특히 샤스트네 교수의 입문 장과 VII장에서 엘륄 자신의 해설들을 보기 바람.

나, 온갖 종류의 정치 지도자들에게 맹종하면서가 아니고, 투표를 통해 시민의 책임을 포기해버리면서도 아니다(엘륄은 투표를 한 적이 없다). 반대로 사적인 관계 위에 기반한, 그리고 '기술 체계'에 반대하고 '국가를 상대로 긴장의 극'을 창조하기로 결심한 인간들로 구성된 작은 집단을 만드는 것이 바람직하다. 사실, 자연과 긍정적인 상호작용 속에 있는 인간의 자유와 더 잘 어울릴 수 있는 방향 속에서 발전의 흐름을 재정립하기는 기본적인 제안들로부터만 나올 수 있다(이러한 인간의 자유는 신의 계시에 의해 깨달음을 얻은, 따라서 자신의 행동에 대해 책임이 있는 그리스도인에 대해 엘륄이 만든 개념과 상응한다).

후기 68세대 사회에 대해, 그리고 오늘날의 환경보호 운동에 대해 예견한 이러한 시각은 그 급진성에 의해, 그리고 그 구체적 차원에 의해 충격을 준다. 사람들은 흔히 엘륄이 숙명론자라고 하는데, 거꾸로, 엘륄은 어떤 진정한 선택으로 우리를 초대한다. 즉 탈인간화를 향해 자발적인 발전을 계속할 것인가, 또는 어떤 저항 속에 완전히 개인적인 참여를 할 것인가. 정치적 구원에 대한 종말론적 기다림이나, 쓸쓸하게 막을 내리는 필연적인 내일들은 전혀 없다. 그럼에도, 자끄 엘륄은 그의 다른 책★ 속에서 우리를 어떤 진정한 혁명으로 부르는데, 이것은 효과 없게 된 정치적 구조들 보다는 우리의 생활양식과 더 관계있는 어떤 전복이다. 겁먹은 순응주의자들과 행복한 척 하는 기술 찬양론자들은 "유토피아다!" 소리칠 것이다. 분명히 말하건대, 엘륄은 토마스 모어Thomas More, 카베트Cabet 또는 푸르니에Fournier가 말한 의미의 유토피아를 제안하기를 거부한다. 그가 잘 알고 있었던 마르크스Marx처럼★★, 엘륄은 도래할 사회를 그리기를 원하

★ 쇠이유, 『혁명의 변질. 불가피한 프롤레타리아 계급 생산 과정』, 1982.
★★ 그는 1929년에 마르크스를 발견하였고, 발간된 모든 텍스트를 읽었다. 그는 자신의 지적 발전의 큰 부분을 마르크스에게 빚지고 있다고 말했다. 나아가서 그는 은퇴할 때까지 보르도Bordeaux 시앙스 포Sciences po에서 이 독일 철학자의 사유를 가르쳤다. 그의 주목할

는 것이 아니라, 우리를 결정짓는 것을 똑바로 직시하면서, 기술적 필연성 대신에 자유에 대한 욕구를 내세우기 위해, 우리가 우리 운명을 책임지기를 권유한다. 이를 위해 치러야 할 대가는 물론 어떤 물질적 안락함의 포기처럼, 조악한 우리의 믿음들의 포기이다.

다니엘 콩파뇽★

만한 강의 "마르크스의 사유"는 미셸 우르카드Michel Hourcade, 장-피에르 즈즈켈Jean-Pierre Jezequel, 제라르 폴Gérard Paul이 정리하였는데, 그의 사후에, 2003년에 타블 롱드 출판사에서 출간되었다.

★ 다니엘 콩파뇽Daniel Compagnon은 보르도 시앙스포의 정치학 교수이다.

들어가기에 앞서

사람들은 17세기에 **희극적 환상**을 쓸 수 있었다. 오늘날 환상은 비극적으로 되었다. 그 환상은 정치적이다.★ 이 시대의 사람들은 19세기 때보다 더 많은 열정을 가지고, 정치적인 것에 정열과 희망을 싣지만, 특별히 불안한 최면 상태 속에서 살고 있다. 지나간 쓴 경험들에도 불구하고, 사람들이 그런대로 실제적인 시각을 획득한 것 같지 않으며, 신화들의 개입은 정치적 충동을 여전히 헛된 것으로 만들고, 사유를 철늦은 것으로 만든다. 물론 상황들은 어제의 정치적 확신들에 대해 다시 한 번 문제를 제기하도록 한다. 그리고 우리는 오늘날 영광스런 국민투표로 강력하게 확인된 공공 여론이 허약하며, 국민 주권이란 구현 가능성이 없는 기원 신화이고, "보통 선거가 권력을 통제하고 판단할 효율적인 방식이 아니며, 대립하는 사회적 정치적 힘들 사이의 투쟁을 실제적으로 완화할 수단도 아니고, 가장 적합한 통치자들을 선택할 방식도 아님"을 알고 있다.1)

20세기 상황은 이 모든 것을 우리에게 알려줬다 – 최소한 별로 환영받지 못한 사람들에게 알려줬다. 그럼에도, 우리 시민들 대부분은 여전히 시들어버린 신화들을 품고 산다. 감상적인 민주주의자들, 이상적인 그리스도인들, 과거 동경론자들에게는 1789년이나 1793년의 정치 외 그 어떤 정치도 가능할 수 없다. 그런데 이 위대한 터부들은 실제 사건들에 의해 짓밟혔다. 거기에 상응하였던 법적이고 헌법적인 구성들은 어떤 효율적인

★ 정치적이란 단어에 완전한 정의를 주고, 거기에 모든 사람들이 동의하게 하려는 것은 헛된 일이다! 우리는 이 분야에서 수많은 다양성이 있음을 알고 있다. 그럼에도 나는 이 용어를 한 편에서는 공통의 의미로, 다른 한 편에서는 제한된 의미로(다시 말해 모든 권력에게 적용되지 않는 의미로) 사용할 것이다. 예를 들어 나로서 정치적인 것이란 국가에 의해 관리되고 대변되는 공공의 이익 분야와 영역이다. 정치는 이 분야에 관계되는 행동이고, 정치적인 집단의 방향이며, 사람들이 이 방향 위에 행사하는 영향이다. 따라서 나는 이 마지막 용어 속에 사회 속에서 일어난 질문들에 대한 해결책들을 가져오겠다고 주장하는 집단들 사이의 경쟁처럼 "공공적인 일"의 방향도 포함한다.

외양을 간직하기 위해 여전히 더욱 복잡하게 되었다. 그러나 외양 그 자체도 이제는 유혹하지 못한다. 그래서 이제 약 20여 년 전부터, 우리는 새로운 별들이 떠오르는 것을 목도하고 있다. 즉 이미 죽어버린 것들을 교대하기 위해 새로운 신화들이 천천히 만들어지며, 언제나처럼 우리를 집요하게 뒤쫓아 다니면서, 우리가 제압할 수 없는 어떤 실재를 감추기 위한 새로운 정치적 착각이 만들어진다. 내가 보기에 우리가 집단적 삶 속에서 어떤 가치를 재발견할 기회를 가질 수 있다면, 그것은 이런 신화들을 거부하고, 있는 그대로의 정치 현실에 대한 완전한 인식을 한다는 조건에서만 가능하다.

다른 한편 나는 이 실재가, 오늘날에 가장 각광받는, 수학적이고 경험주의적이며 미시적인 사회학을 통해 도달될 수 있을 것으로 생각하지 않는다. 어떤 점에서는 아주 인상적인 이런 시도는, 자기 연구 대상 그 자체를 포기하는 희생의 대가로만 확실해진다. 하나의 인자를 연구하기 위해 수많은 다른 인자들의 제거, 분류를 위한 간결한 도식화, 지극히 객관적인 방법론들 아래 정교하게 숨겨진 전제들은 우리가 이런 사회학에게 반박할 수 있는 몇 가지 유보들이다.[2]

이 방법은 미시적 분석으로부터 거시적 분석으로 이동하게 해주지 못한다. 프랑수아 부리코François Bourricaud의 한 에세이는 이 문제의 복잡함을 잘 보여주면서, 거시적 분석 결과의 확장이 얼마나 낯선 세계 속으로 우리를 이끄는지를 보여 주었다.[3] 그리고 이 낯선 세계는 정치적 실재와 전혀 일치하지 않으며, 그 실재에게 이미지들을 덧씌우면서 틀을 강제하려고 하였고, 사람들은 그 틀과 정치적 재료를 일치시키려는 것이 아니라 틀 속에 정치적인 재료를 가두려고 노력했다! 언제나 하나의 조건이 부족했고, 언제나 하나의 본질적인 양상이 무시되었다! 담론적인 방식이, 겉으로는 덜 정확해도, 내가 보기에는 결국 더 정확해 보인다.

* * *

　말하기를 멈추면 거대한 공허에 직면할 것이기에 신과 기독교와 자기 신앙에 대해 무한히 말하는 기독교인들과 비슷하게, 우리는 상황의 공허를 무의식적으로 덮기 위해 정치에 대해 끝없이 말한다. 단어는 어떤 부재의 보상이고, 달아나는 현존의 환기이며, 주술적인 마술이고, 인간이 어휘를 통해 포착한다고 주장하는 것의 환상적인 현존이다. 말이란 자기 암시로서, "내가 그것을 말하고 반복하기에, 그것은 존재한다." 그 말이 존재하고, 우리는 일정 부분 그것으로 만족할 수 있음이 사실이다. 때늦은 그리고 비평적인 의식화에 대한 명백히 무의식적인 반응이다. 진정으로 그러하다면 너무나도 무시무시한 일이어서, 우리는 신속하게 그 침묵을 담론으로 메워야하고, 표현을 가지고 그 존재에 대해 우리 자신을 설득해야 하며, 공허가 무시무시하지 않게 하려면 공허가 울려야 한다. 인류의 가장 먼 곳까지 거슬러 올라가는 의식들이다. 사드Sade는 하찮은 것을 화려하게 만들기 위해, 그리고 하녀와의 사랑의 부재를 보상하기 위해 옥중에서 소설을 썼다. 사람들은 19세기 중엽에 문화에 대해 말하기 시작하는데, 그것은 동시에 문화의 위기를 개탄하기 위한 것이기도 하다. 그리고 문화에 대한 담론은 그 현실의 신속한 악화를 보완하기 위해 온다. 사납게 무장하는 국가는 끊임없이 평화를 떠벌리고, 올리브 나무와 비둘기를 언급할 나라이며, 자신의 경찰과 조직을 끝없이 조이는 독재자는 마침내 자유가 확보되었고, 마침내 민주주의가 실현되었다는 열광적인 담론을 아첨꾼들에게서 들을 것이다.

　대상을 실제로 가지고 있으면, 그에 대해 말하는 것은 헛된 일이고, 평화와 자유 속에서 살고 있다면, 왜 그런 것들이 담론의 대상이 되겠는가? 그 존재로서 충분하고, 그것들을 즐기는 즐거움으로 충분하다. 충만함이 거기에 있다면, 거기에 무엇을 더할 수 있을까? 사랑하는 대상을 가지고 있는 연인은 결코 시를 쓰지 않는다. 시는 부재와 찢김의 열매로 탄생한다.

 때로는 마키아벨리적인 의지, 자신은 속지 않으면서 가까운 자들을 속이기, 독재자의 말, 마법사의 주문으로서, 어쩌면 국민은 이러한 선동적인 말의 중개를 통해 빼앗긴 것의 현실성을 실제적으로 경험한다. 그리고 자유는 우리가 선택할 수도 없는 헛된 가능성들의 무기력 속에서보다는, 비밀경찰들의 그늘 아래 웅크린 두목에 의해 선언되면 더 실제적일 수 있다. 더 흔하게는, 이러한 언어화는 인간의 마음 깊은 곳으로부터 온다. 이것은 가장 마음을 사로잡는 것이 결국에는 패배, 그림자, 부재, 착각에 불과하다는 견딜 수 없는 확인을 가리기 위한, 깊은 무의식적인 반응이다. 우리는 거기에 매달리고, 그것을 가치로서 선택하였으며, 그것을 믿어야 한다. 더군다나 그것은 독립되고 지속적인 대상이어야 하며, 나는 거기에 기대고, 그 속에서 살아갈 수 있을 것이다. 그래서 나는, 내가 그것을 가지고 있고, 내가 그것을 알고 있으며, 내가 그것을 체험한다고 스스로 확신하기 위해 주술적인 양식으로, 그것을 말할 것이고, 반복할 것이다. 다음은 언제나 확인된 깊은 규칙으로서, 정치적 해석의 공식이 되어야 할 것이다. "어떠한 가치에 대해 가장 많이 말하는 체제는 의식적으로 또는 무의식적으로 그것을 부정하고, 그것이 존재하지 못하게 막는 체제이다." 그리고 이제 그것은 우리의 가련한 정치 수준에서 우리와 관련되어 있다. 매일 매일 정치와 민주주의에 대한 현학적이고 논쟁적이고, 논리적이며 철학적인 연구들이 나온다. 이 담론들의 각각은, 그리고 우선 나의 담론은, 우리가 이렇게 인간이 만든 환각적 작품에 매달려 있음을 증언하고 있으며, 또 오직 말잔치에 불과함을 속으로는 잘 알고 있기 때문에 우리를 괴롭히는 그 두려움을 증언하고 있다.

서론

정치화

오늘날 정치화에 대해 말하는 것은 흔한 일이다. 얼마 전에 누군가 정치화는 "도덕론자들과 양식 있는 사람들에 의해 규탄받는다"고 말했다.[4] 하지만 정치화는 무엇인가? 사람들은 이 용어에 두 의미를 부여한다.

> "정치화란 이데올로기 논쟁의 중요성과 잦음을 나타내거나, 모든 사회적 문제들을 정치적 방식으로 취급하는 경향을 나타낸다."

이 두 사실이 정치화 현상의 일부라고 하더라도, 그것들은 정치화를 설명하기에는 너무 특수하고 너무 축소되어 있다. 우리 사회의 정치화 양상 중 하나가 이데올로기적 논쟁의 잦음, 이념적 갈등, 체계적인 입장 취하기 등임은 자명하다. 그러나 정치화는 이데올로기 논쟁이 전면에 포진하지 않은 나라들에서도 창궐한다. 더군다나, 이러한 이데올로기 논쟁이 왜 증가했는지, 사람들이 여러 견해들 중 하나가 아니라, 정치적인 것에 대해 어떤 태도를 취하는지 자문해보아야 할 것이다. 다른 한편, 모든 사회 문제들을 토론과 청문회 같은 정치적 방식으로 다루려 한다는 것도 맞는 말이다. 그러나 이것은 정치화의 극히 좁고, 축소된 모습일 따름이다. 그런데 우선 분명 모든 문제들이 실제로 정치의 영역 속으로 들어갔다는 사실을 확인해야 한다. 단순히 습관적으로 정치적인 방식이 비 정치적인 일들에 적용된 문제가 아니다. 이런 문제들이 정치적인 것의 관할 속으로 들어간 것이 현실이다. 그리고 그런 문제들에 정치적 방식을 적용한 까닭은, 그것들이 정치적인 것에 종속되어 있기 때문이다.★

정치화의 전반적인 현상을 이해하기 위해 고려해야 할 첫 번째 요소는, 사실이라는 요소로서, 이것은 원인은 아니라 해도, 최소한 문제되고 있는 과정의 계기이고 매개체이다. 그 사실이란, 바로 국가 그 자체의 성장이다.

그것은 잘 알려진 사실이다. 국가의 행위가 적용되는 분야의 성장. 국가의 행위 수단의 성장. 인원과 기능의 성장. 책임의 성장. 이 모든 것은 필연적인 중앙집권화와 국가가 처분할 수 있는 사회의 전반적 조직화를 동반한다. 국가는 가장 중요한 현실이다. 그것은 우리 세계에서 경제적 사실보다 훨씬 더 근본적이다. 오늘날은 국가가 경제를 지도한다. 물론, 국가는 또 경제적 요인을 고려해야 한다! 경제는 자의적이고 변덕스러운 군주 군주가 마음대로 할 수 있는 무기력한 대상이 아니다. 그러나 경제를 잘 다루는 군주는 경제가 국가에 영향을 주는 것보다 훨씬 더 강하게 경제를 결정한다. 국가는 상부구조가 아니다. 마르크스적 분석은 19세기에 가치를 지닐 수 있었는데, 그때는 통제되지 않은 급속히 커진 경제적 힘이 연약한, 자유주의적인, 형태가 불확실한 국가를 통제할 수 있었다. 그러나 오늘날의 주요 사회적 현상은, 확장되고 확신에 차 있는 국가에 대한 현상으로 결국 모든 시선이 그런 국가를 향해 있다. 분명, 레닌^{Lénine}은 혁명이란 정치적이어야 한다고 말했는데, 그것은 그가 잘 본 것이다. 그러나 최후의 편지에서(또는 "유언"에서), 그는 소련이라는 국가의 비상, 진보, 일관성이 그로서는 놀랍고 불안한 현상이었다고 고백하였다. 흐루시초프

★ 우리는 상당히 높은 생활수준이 어떤 민주주의, 안정된 행정, 그리고 사회-정치적 기술의 발전을 허용해주었던 나라들에 대해서만 말할 것이다.

Khrouchtchev 이래로 권력이 축소되는 듯한 착각에도 불구하고, 소비에트 국가가 계속해서 강화되었는데, 상위의 목표들을 달성하기 위해서는, 그것은 위기도 아니고, 우연도 아니며, 고통스러운 필연도 아니다. 오직 순진한 신도들만 국가 쇠퇴의 교리를 아직도 믿고 있다. 오늘날 소련을 통해 일을 관리한다는 것은 전혀 소련의 쇠락이 아니라 그의 절대화를 의미한다. 연약한 국가로부터 강력한 국가로의 이동은 인간이 심리적으로 그것을 수락했기에 가능할 것이다. 이러한 국가 권력 확인은 소련에게만 있는 고유한 운명이 아니다. 소비에트 사회의 특수한 변화란 없으며, 사회주의로 변천은 전반적인 사회·정치적 경향의 어떤 것도 변경하지 못했다. 소비에트 사회에서 생산된 것은 실은 전 세계 국가의 모든 움직임이고, 국가의 성장이며, 그의 구조화이다. 잘 알다시피, 우리는 소련과 미국, 영국과 프랑스 사이에 있을 수 있는 모든 차이들을 알고 있다. 법적이고 헌법적인 차이, 실천과 의도의 차이. 이 모든 것은 존재한다, 그러나 결국엔 유사한 것들의 관점 특히 일반적 움직임의 기능에서 보면 그런 차이의 무게감은 미미하다. 1910년의 미국과 오늘날의 미국 사이에는(같은 헌법에도 불구하고), 오늘날의 미국과 소련보다도(헌법의 차이에도 불구하고) 더 많은 차이가 있다.

국가가 그 자체로 우리 사회에서 가장 중요한 현상이 되었다는 이런 생각은 제 3계급, 결국 정치적 권력 계급의 출현을(관료주의, 고위 경영자들, 정치권력 속에 통합된 고위 기술자들) 분석한 몇몇 마르크스주의자들에 의해서도 확인되었다. 정치적 권력이 자신의 계급을 만들어냈고, 널리 퍼뜨렸다는 사실은 아마도 국가가 사회에 대해 강력한 통제권을 갖게 된 가장 결정적인 표시이다.[5] 그리고 우리 시대에서 정치권력에 의한 개인의 장악은 경제적 소외보다도 훨씬 더 심각하고, 결정적이다. 오늘날의 사회 구조는 경제적 노예 상태를 정치적 노예 상태로 바꾼다. 정치권력은 19세기의 민주주의적이고 자유주의적인 국가라는 개념으로만, 그리고 국가가 필연적으로 사라진다는 믿음 속에서만, 허울 좋은 가치를 가졌었다.

이제 진짜 문제는 정치권력에 의한 시민 장악 문제이다. 어떤 의미에서는, 이제는 안심이 좀 되는데, 왜냐 하면 우리는 잘 알려진 문제로, 즉 정치인들이나 철학자들이 오래 전부터 논의해 온 문제로 되돌아왔기 때문이다. 인간과 권력의 관계? 플라톤Platon과 몽테스키외Montesquieu에게 호소해봅시다. 국가 속으로 개인의 흡수 위험? 여기엔 홉스Hobbes가 있고, 루소Rousseau가 있다. 그렇지만, 나는 권력에 대한 이런 항구적인 고찰 대신 (오늘날에는, 베르트랑 드 주브넬Bertrand de Jouvenel만 프랑스에서는 거기에 매달리고 있지★, 다른 사람들은 별로 생각하지 않고 있다), 우리 상황의 극단적인 새로움을 고려해야 한다고 말하고 싶다. 오늘날 그 문제에 관한 한 과거와는 여건이 같지 않다. 과거의 정치 철학은 우리 현실에 잘 맞지 않다. 내가 보기에는, 한편으로는 흔히 일의 겉모습만 보는 정치학자들과 헌법학자들이 연구한 영역과, 다른 한편에는 순수한 정치적 사유, 즉 어느 정도는 정치의 형이상학이라고 할 수 있는 것 사이에, 별로 탐사되지 않은 중간적인 영역이 있는 것 같다. 나는 바로 이 중간 영역에 머무르고자 한다.

사회의 정치화를 결정짓는 다른 요소는 정치 생활에 개인 참여의 증가이다. 여기서도, 나는 자세히 언급하지는 않을 것이다. 이것 역시도 완벽하게 알려져 있다. 민주주의의 이론적 성장, 공화국들의 다양한 준비, 대중을 권력에 접근시키는 인구의 증가, 커뮤니케이션의 가속, 교육의 발달, 이어서 국가의 결정이 더욱 더 모든 사람들과 관계 된다는 사실, 그리고 국가는 국민이 참여해야 자신의 합법성을 안전하게 느낀다는 사실. 이러

★ 특히 권력에 대하여, 포슈, 1977, 『주권에 관하여』 (1955), 『순수한 정치에 대해』(칼만-레비, 1963)을 보기 바람.

한 것들이 참여 증가의 원인이고 증거이다.6)

 이 모든 것은 오늘날 명확해졌다. 그러나 한 가지 사실이 간과되고 있다. 사람들은 18세기부터 개인의 정치 참여가 증가했다는데 동의한다. 그러나 그들은 그 반대 쪽에 대해서도 인정하지만(서구에서 18세기 이전에는 거의 참여가 없었다), 일반적으로 그 당연한 귀결은 생략해버린다. 즉 정치는 아주 드문 경우를 제외하면, 그 자체로서는 그리고 사람들이 보기에는 거의 중요성이 없었다는 사실을 말이다. 지금의 우리는 모든 것을 정치와 관련지어 판단하기 때문에 그런 사실이 믿을 수 없어 보인다. 이 지나간 세기들 동안에 정치가 관심과 열정의 대상이 아니었다는 사실을, 그리고 개인들이 더 많이 참여하지 않았던 이유가 권력의 전제적 성격 때문보다는 주체들의 무관심 때문이었음을 어떻게 받아들일 수 있겠는가? 그렇지만, 정치의 영역은 오랜 세기 동안 위축된 활동 대상으로서 어떤 전문 영역 속에 있는 일정 범주의 시민이나 주체들, 즉 전문가들의 일이거나, 소수의 개인들과 관련된 군주들의 게임이었다. 진정한 정치적 혁명들은 궁전의 혁명들이었다. 군중은 아주 드문 예외만 빼고 단역이나 배경의 역할이었다. 어떻든 간에, 대중의 적극적인 정치 참여는 새로운 상황이다.

* * *

 모든 것을 정치적 용어로 생각하고, 모든 것을 정치란 단어로 덮어버리며(지식인들은 플라톤Platon과 다른 학자들로부터 영감을 받아서), 모든 것을 국가의 손 안에 놓고, 모든 상황에서 국가에게 호소하며, 개인의 문제를 집단성으로 넘기고, 정치란 각자의 수준에 있으며 각자는 정치에 적합하다고 믿기, 바로 이것이 현대인의 정치화다. 따라서 그것은 원칙적으로 신화적인 모습을 띤다. 그것은 신념으로 표현되고 결과적으로 쉽게 감정적인 양상을 지닌다.

우리는 오직 중앙적인, 어디나 존재하는, 그리고 전지전능한 국가에 의해 지도되는 사회만 상상할 수 있다. 반면 국가가 뇌의 역할을 담당하는 사회에 대한 유기체적 관점과 함께 유토피아의 영역에 속했던 것, 우리는 바로 그것을 이데올로기적으로 결코 받아들일 수 없으며, 또 우리 의식의 깊은 곳에 통합시켜 놓을 수도 없다. 만약 그렇게 한다면 우리는 우리 사회의 모든 움직임과 극단적인 불일치에 놓이게 될 것이고, 그러한 고통을 견딜 수 없다. 우리는 정치 기능이(정부 기관의 기능이) 외적인 장애에 의해 제한될 그러한 사회를 상상할 수도 없다. 즉 우리는 권력을 정지시키는 권력이라는 일원론적 개념에까지 이른다. 또 우리는 더 이상 자율적인 매개 집단이나, 다양한 활동을 가진 그런 사회를 상상할 수도 없다. 이러한 정치의 탁월함은 오늘날 모두에게 공통적인 사회적 전제 중의 하나이며, 점차적으로 모든 나라로 확장된다.

모든 것이 국가의 권력에 복종해야 하는 것이 우리에게는 극히 자명해 보인다. 어떤 활동이 국가를 벗어날 수 있다는 것은 극히 이상해 보일 것이다. 국가의 개입 영역 확장이라는 실제적 상황은 우리 마음 깊은 곳에서 당연히 그래야 한다는 확신을 동반한다. 어떤 기업이나 대학, 자선 사업이 국가로부터 독립해 있어야 한다는 주장은 우리가 보기에는 무정부주의적으로 보인다. 국가는 직접 공통의 선을 구현한다. 국가는 거대한 조정자이고 거대한 조직자로서, 모든 국민들의 소리가 그를 향하고, 합리적이고 균형 잡힌, 사적 이익으로부터 독립된, 결국 정의로운 모든 해결책이 국가로부터 나온다. 우연히 우리가 국가가 그렇지 않다는 것을 확인하면, 우리는 깊이 분개하는데, 그만큼 국가의 완벽함의 이미지가 우리 속에 들어 있다. 우리의 눈에는 하나의 사회속에 다른 결정의 중심이란 있을 수 없다. 다시 한 번, 중요한 것은 그런 사실 만이 아니라, 우리의 자발적인 집착이고, 그 사실에 대한 우리의 내적인 정당화이다. 즉 세상이 질서 있으려면, 국가가 모든 권력을 담당해야 한다.

　역으로, 우리는 어떤 사회학자들이나 심리사회학자들의 이상한 태도를 확인한다. 그들에게는 모든 권위적 현상이, 그 수준이 무엇이고, 어떤 그룹에서 일어나든 그리고 그것이 어떻게 표현되든, 하나의 사건에 불과하며, 그 사건의 패러다임은 국가라는 것이다. 한 그룹에서 지도자가 선출되고, 아버지가 가족 속에서 권위를 행사하며, 한 기술자가 어떤 회사에서 자신을 강제한다면, 즉각 그런 권위적 현상은 그 개별 상황에서 빠져 나와 국가의 권위 속으로, 권위가 정치 속에서 취할 수 있는 형태로 들어간다. 그만큼 우리는 각각의 권위가 국가 권위의 축소된 모델일 따름이라는 그런 피라미드적 관점을 필요로 한다.

　그리고 우리 마음 속에서 국가와 정치 생활에 만들어 준 이런 위치는 역사에 대한 하나의 해석으로 이끈다. 역사는 우선 정치적 역사이다. 오랫동안 오직 왕국과 국가에 관한 사건, 전쟁과 정복, 정치적 혁명만이 중요했다. 아마 이러한 역사 개념은 지나갔다. 그러나 그것은 정치적이고 행정적인 구조에게 부여된 중요성으로 대체되었다. 하나의 사회는 그의 제도들을 통해서만 존재할 따름이고, 바로 이 제도들이 전혀 다른 견해보다 우세하다(경제적이고 사회적인 역사가 갖는 중요성에도 불구하고). 특히 우리는, 역사란 결국 국가의 기능이라는 이런 이상한 견해를 벗어나지 못한다. 국가가 있는 곳에는, 그 이름에 합당한 역사가 있다. 메로빙거 왕가 Mérovingiens 시대는 국가가 미미했기 때문에 그렇게 암흑기였다. "중세"는 국가가 위대했던 두 시기 즉 로마와 군주 국가 사이에 위치하기 때문에 매개적인 시기이고, 이름 없는 시기이다. 이 둘 사이에 있는 참으로 개탄스러운 매개물로서, 사람들은 거기서 사회는 형태 없는 것으로 생각하지 않을 수 없는데, 그 까닭은 최고 실권자가 강력한 힘을 원하지 않았고, 국가가 어떤 유일한 의지에 의해 활기를 얻지 못했으며, 구체적으로 조직되지 않았기 때문이다. 그 후에, 다행스럽게 왕들이, 무쇠 주먹으로, 국가를 회복시킨다. 프랑스는 다시 확실한 가치가 되고, 사람들은 이 움직임의 우월성을 신성로마제국의 기괴한 해체와 비교한다. 물론, 우리는 민주주의자이기 때문에, 루이 14세Louis XIV의 군주적 독재에 반대한다. 그러나 그는 국가였기 때문에, 우리의 비밀스런 애정의 대상이다.

그리고 우리는 드골de Gaulle에 대해 깊은 원한이 있다. 왜냐하면 그는 중앙집권적이고, 치우치지 않은, 강력한 국가를 말만 엄청나게 하면서 전혀 실현하지 않았기 때문이다. 너무 강력해서 이 국가는 자신의 힘을 행사는 하지 않고 보여주기만 해도 되었을 것이고, 이 국가는 논란의 여지가 없고 확실해서, 우리에게 휴식과 자부심을 주었을 것이다. 우리는 얼마나 자주 마침내 권위를 가진 그런 국가에 대한 열망을 읽고 들었던가! 이젠 더 이상 그 대가와 수단이 무엇인지 기억도 못하는 가련한 미아들이다! 국가에게 초월적인 역할을 부여하고자 하는 이러한 열망은 우리로 하여금 결국에는 모든 것이 국가의 역량 안에 있다고 간주하게 한다. 다음의 질문은 자명한 것으로 끝없이 되살아나고, 거기에 반대한다는 것은 터무니없는 일일 것이다. 즉 "결국, 정치적이지 않은 것은 무엇인가?"

분명 우리가 사회를 자체의 활기가 없는, 결코 자율적이지 않은, 그렇지만 어떤 일관된 체계 속에서 엄격한 자리를 얻은, 그리고 정치권력으로부터 지고한 생명 충동을 받은 그런 조각들 전체로 여기기 시작한다면, 우리는 명백하다고 간주된 대답을 받아들여야 한다. 그리고 그 대답은 우리 동시대인들에게는 자명하다. 그렇지만, 그 대답은 어떤 편견이나 선입관 위에 세워져 있음을 알아야 한다. 다시 한 번 더 현실에 가담함으로써 '진실'이 무의식 속에 파고든 경우이다. 우리에게서 정치화의 과정은 그러하다. 그렇지만, 그것은 즉시, 반대 효과로서, 우리로 하여금 모든 질문들을 정치적으로 만들게 한다. 본래는… 정치적이지 않았던 질문들을! 정치화가 강제되지 않았고 나타나지도 않았던 질문들. 그것들을 정치화해야 한다. 그 이유는 결국엔 모든 것이 정치적이니까 말이다.

모든 것이 정치적이다. 이러한 판단은 대중의 여론에 의한 것일 뿐만 아니라, 지식인들에 의해서도 공식화되고 정당화된다. 그래서 탈코트 파르송Talcott Parson은 다음과 같이 말한다.

> "정치는 사회 체계의 모든 요소들 통합의 중심이고, 그 자체로서는 특수한 요소로 인정될 수 없을 것이다."7)

예술이 정치적이지 않다면, 그것은 우리가 정치적이라는 사실을 간파하지 못했기 때문이다. 그 사실을 더 명확히 보려면, 정치적 의미와 가치를 부여하도록 살짝 건드려 보면 된다. 그럼에도, 예술가가 참여하지 않고, 반전운동을 위한 작품을 제작하지 않는다면, 그는 스스로 형편없는 자라고 생각할 것이다. 우리가 끊임없이 수행하는 정치와 사회 사이의 이러한 혼동은 역사 속에서는 새로운 현상이다. 사람들은 분명 다른 예를 찾아 낼 수 있을 것이다 – 아즈테크Aztéque 제국, 이집트Egypte, 어쩌면 중국, 부분적으로는 로마. 그렇지만, 여기에는 두 가지의 중대한 유보가 있어야 한다. 즉 당시의 국가는 자신의 주장을 실행할 수단이 없었다. 군중은 자발적으로, 그리고 존재론적으로, 정치와 사회를 혼동하지 않았다. 국가적 종교가 있었다 해도, 통상적으로는 국가를 직접적으로 섬기는 종교는 존재하지 않았다. 이러한 혼동 속에서는, 과거에는 사회적 맥 속에 들어 있던 것, 예를 들어 예술이나 문화처럼 그룹의 집단적 삶과 사회 구성의 일부였던 것이, 오늘날에는 그 연루가 직접적으로 정치적이어야만 참여적인 것으로 간주된다.8) 우리 사회와 밀접한 관계가 있지만 정치적이지 않은 일에 참여한다는 것은 무가치한 일로 간주된다. 탄원이나 데모에 가담하지 않고 시인으로 만족하는 사람은 즉시 자신의 상아탑 속에 갇혔다고 비난받을 것이다. 우리는 아리스토파네스Aristophane의 정치적 작품 몇 권을 전체 에쉴Eschyle 작품보다 좋아한다. 그래서 아주 정치적인, 유명한 프랑스 여배우는 다음과 같이 말했다. "우리는 세상에 어떤 메시지를 가지고 온다고 주장한다."시몬 시뇨레 Simone Signoret

이러한 일반적인 흐름 속에서는, 가치도 정치화된다. 바레스Barres가 언급했듯이 우리의 눈에는 모든 가치가, 정치적 합의, 나아가서는 정치적 내용을 지닌다. 자유는 어떤가? 사람들은 자유를 정치적으로 정의함에 있어, 자유가 어떤 체제 정의나 헌법 속에 기입되어 있지 않다면, 자유가 시민의 권력 참여하는 것이 아니라면, 그 따위 자유는 형편없는 것이라고 분개한다. 자유라는 것이 단순히 개인이 권력으로부터 벗어나고, 스스로 자기 삶의 의미를 결정하는 것이라고 한다면, 오늘날에는 너무 단순한 것이며, 가소로운 것이고, 사춘기적 반발 정도이다! 마찬가지로 정의도 더 이상 사적인 덕목으로, 또는 다소간 현행화된 법의 내용으로 존재하지 않는다. 그러나 우리가 정의를 어떤 진지한 것으로 만들기를 바란다면, 이 불행한 가치는 사회적 정의, 다시 말해 정치적 정의여야 한다. 정의가 지배하도록 하는 것은 바로 국가이다. 집단적인 정의만 존재하고, 수세기 전부터 내려온 법철학자들의 어려운 접근은 더 이상 의미가 없으며, 정의란 신의 은총을 받은 개인의 기적적인 변화라는 기독교적 주장은 더 말할 것도 없다. 오늘날 정치적 내용을 받을 수 없는, 또는 정치에 소용될 수 없는 가치는 결국엔 진지하게 받아들여질 수 없다.

* * *

실제로, 선과 악을 판단하는 기준으로 사용되는 것은 이젠 더 이상 가치들이 아니다. 오늘날에는 정치적인 것이 탁월한 가치가 되었고, 그것과 비교해서 다른 가치들이 정돈된다. 정치적인 것이 그의 추종자들과 함께(예를 들어 국가주의) 선과 진보의 기준이 된다. 정치적인 것은 그 자체로 훌륭한 것이다. 오늘날 사회에서 인간의 진보는 정치에 참여하는 것으로 이뤄진다. 이 점에 대해 우리는 얼마나 많은 논문과 선언을 읽었는가! 여성은 그녀가 "정치적 권리"를 얻었기 때문에 마침내 인간이 되었다. 여성이 가족의 어머니로서, 가정 깊숙이에서 자녀를 양육함으로써, 장기적으로는 진정한 창조자였고, 모든 정치의 진정한 선도자였다고 말하는 것은 반동주의자의 담론이 되었다. 누가 투표함 속에 투표용지를 넣을(진실로 마술 같은) 권리를 갖고 있지 않다면, 그는 아무 것도 아니며, 인간조차도 아니다. 진보, 그것은 이러한 극단적인 힘을 받는 것으로, 당신 대신 결정을 할 사람을 위해 자신의 결정을 스스로 상실하는 것으로 정의되는 이론적인 주권의 그 신비로운 한 부분을 받는 것이다. 진보, 그것은 신문을 읽는 것이다. 어떤 학자는(리베Rivet) 심각하게 다음과 같이 썼다. "정보를 얻기 위해 신문을 읽을 수 없는 남자는(아프리카에 관한 문제였다) 남자가 아니다." 남성성의 이상한 개념이다! "정보·참여·집행"이라는 정치적 삼위일체가 오늘날에 진보의 구호를 구성한다.

사람들은 자신과 가장 관계있는 일에 대해 자기 의사를 표현할 기회를 제공하는 경제적 민주주의를 위해 투쟁한다. 그리고 그들은 생산의 조건과 규범, 유통 관리, 계획, 가격, 수당, 모든 구체적인 것과 관계되는 이 경제적 민주주의를, 오늘날에는 추상적이고, 이론적이며, 환상적이라고 알고 있는 정치적 사이비·민주주의와 대립시킨다. 그렇지만, 200년 전으로 가보자. 이러한 정치적 민주주의를 요구했던 사람들에게는 무엇이 문제였던가? 직접적으로, 효율적으로 경찰을 통제하고, 자기 스스로 결정한 세금만을 내며(이 세금이라는 용어는 자율적 의지를 의미하기 위해 기여라는 용어로 대체되었다), 국민 스스로가 원했을 때만 전쟁에 나가고, 자신의 생각을 자유롭게, 공개적으로 표현할 수 있으며, 자기 스스로 공공의 여론을 형성할 수 있어야 하는 문제였다… 이런 것들이 추상적인 일들인가? 전혀 그렇지 않다. 무서울 정도로 세밀하고 구체적이다. 우리는 어떻게 "생이 깨지기 쉬운 꿈을 뒤쫓는가를" 알고 있다. 그래서 꿈과 상상 속에서 사물을 보는 관념론자들을 제외하면, 우리는 또 어떻게 경제적 민주주의가 만들어진 순간에 실패하는 중인가를 알고 있으며, 유고슬라비아나 소련, 프랑스에서 생산자들에게 부여된 권력이 얼마나 이론적이고 피상적인지 알고 있다. 정치적 결정에서 추상화 과정은 19세기에 일어났는데, 우리의 눈 아래서는, 개인에게 부여했다고 하는 경제적 결정에 대해서도 동일한 일이 일어나고 있다. 다시 일어나는 것은 동일한 공염불이다. 언제나 국가와의 관계 속에서 개인에게 어떤 힘을 부여해 준다는 주장이다. 그렇지만 아래의 사실을 이해해야 할 것이다. 즉, 국가가 개인에게 양도한 권한들은 별볼일없는 것들이다. 국가가 개인에게 권리를 줄 때에는 그것이 국가에게 이롭기 때문이다.

  아무튼, 정치 참여는, 그것을 못 가진 자들이 요구하는 것이고, 존엄성과 개성, 자유의 기준이다. 식민지 국민들은 그들이 유엔에 가입하기에, 마침내 개화된 국민이 된다. 아프리카 사람들은, 정치권력에 참여하기에, 마침내 존엄성을 갖는다. 그러자 사상가들은 "그들은 역사에 접근한다."라고 엄숙히 선언한다. 왜냐하면 사상가들에게는, 정치가 없는 곳에는 역사도 없기 때문이다. 그러한 깊은 정치화에 의해 영향을 받지 않을 사람이 누가 있겠는가! 무엇이라고? 남아프리카 흑인들인 반투족들의 그 거대한 모험이나 만주족에 의한 대륙의 변화는 역사가 아닌가? 고약한 농담이다. 우리 시대의 가장 깊은 확신은 바로 이 민족들은 국가적 구조와 서구형의 정치 생활을 채택하기 시작했기에 역사 속으로 들어왔다는 것이다. 중요한 것은 이러한 삽입이 아니라, 정치적인 기준 채택이다. 이제야 마침내 그들은 "자기들의 목소리를 듣게" 할 수 있을 것이다.

약간은 흥분한, 이 적극적 판단은 그의 이면을 품고 있다 – "비정치적인 자들"에 대한 엄한 단죄. 우리 사회에서 유보적 태도를 취하는 자, 투표하지 않는 자, 정치적 논쟁과 헌법적 변화는 피상적이어서 인간의 진정한 문제에는 영향을 미치지 못한다고 생각하는 자, 알제리 전쟁이 자기나 아이들의 육신에 타격을 주는 것을 잘 알지만, 선언, 동의, 투표가 거기에 어떤 변화도 주지 못할 것이라고 믿는 자, 그러한 자는 모든 사람들에 의해 가장 냉혹하게 평가될 것이다. 그런 자는 우리 시대의 진정한 이단자이다. 그리고 사회는 중세 교회가 마녀에게 했듯이 그를 파문한다. 그는 비관론자이고, 멍청이며(왜냐면 그는 정치적 게임의 아주 깊고 비밀스런 관계를 보지 못하니까), 숙명성에 무릎을 꿇은 패배주의자이며, 나쁜 시민이다. 분명 일이 잘못되면, 바로 그 사람 때문이다. 왜냐하면 만약 그가 시민 정신을 발휘한다면, 투표는 더 가치가 있을 것이고(80%의 투표율로는 불충분하다, 안 된다, 100%이어야 한다!), 민주주의는 효율적일 것이다! 그의 머리 위로 비판들이 쏟아진다. 그 비판들은 효율적인 평가이고 도덕적 평가인데, 심리적이기까지 하다(그 이유는 비정치적인자는 분명 약간은 편집증환자이거나 정신분열증 환자이니까).

오늘날 인간의 모든 것은 정치에 따라 평가되고, 그것은 최종적인 가치가 되었다. 우리의 판단 속에서는 모든 것이 정치적으로 되었고, 나아가서 정치는 궁극적 기호의 모습을 띤다. 그것은 전반적인 내용을 부여 받고, 나아가서, 그것을 넘어서는 것은 아무것도 없다. 정치는 정치에 의해서만 평가될 수 있다. 우리는 분명 정치는 인간이나 경제를 위해 봉사해야 한다고 말할 수 있다. 그럼에도 오늘날 종교적 상징과 대체된, 궁극적 상징은 국가의 위대함, 국가의 조직력, 정치를 통해서 집단으로 참여이다.

* * *

서구인의 무의식 속에 웅크리고 있는 전제들, 편견들, 명백한 것들 대신, 그의 감정적 태도를 고려해도 같은 결론에 도달한다. 어떤 사람이 정치에 접근하기만 하면, 그는 엄청난 정열에 휩싸인다. 정치적 대립은 우리 시대에는 결정적이고 최종적인 대립이 되었다. 오늘날 정부 형태에 대한 의견차이가 인생의 목적에 대한 의견차이보다 더 근본적임을 알기 위해서는 1934년의 파시스트들이나 공산주의자들, 또는 확신에 찬 정교분리론자들, 또는 마찬가지로 확신에 찬 드골 장군 지지자들과 접해보는 것으로 충분하다. 사람들은 반 기독교도들과 열렬한 기독교도들이 협력을 하거나, 부르주아 지식인들과 노동자들이 같은 위원회의 멤버가 되거나, 파시스트들과 이슬람교도들, 또는 기독교도들과 이슬람교도들이 형제처럼 뭉치거나 하면 인간 정신의 승리라고 축하를 해댈 것이다. 그렇지만, 우선은 종족이나 계급의 차이를 극복하게 해주고, 형이상학적이거나 종교적인 극렬한 차이를 지워버린 그 강력한 시멘트가 무엇인지 자문해보아야 할 것이다. 그것은 하나밖에 없는데, 바로 정치이다. 알제리 전쟁에 관한 찬성이나 반대에 비해서, 인생의 의미에 대한 차이는 무슨 의미가 있겠는가? 그리고 이질적인 자들의 이러한 화합과 합창의 이면에는 그만큼 강력한 분열에 의해 아주 혹독한 값을 지불한다. 사실 이러한 화합은 어떤 공통의 적, 정치적 적을 표적하는 대가로 수행되고, 그 적에 대한 증오가 크면 클수록 연합도 강하게 된다. 그래서 기독교인은 교회로부터 기독교인을 추방할 것이고, 이슬람교도는 이슬람교도의 목을 조를 것이다. 오늘날의 정치적 대립은 16세기 기독교도들 사이의 대립과도 같다. 그렇지만, 아마도 우리를 구원한 자가 정말 그리스도인지를 아는 것은 결국엔 어떤 조약의 체결보다, (개혁은 가능한 것부터 시작해야 한다는 19세기 사회당 일파의 주장인) 가능주의와 항구적인 혁명 사이의 선택보다 훨씬 덜 중요하다….

그러나 수백만의 생명이 거기에 달려 있는가? 그렇다. 왜냐하면 우리의 열정이 그렇게 되도록 하였기 때문이다. 우리의 생명, 그리고 그들의 생명이다. 정말, 현실 속에서다. 진정 정치적 대립, 정치적 해결, 정치적 문제, 정치적 형태는 최종적인 것인데, 그 자체로 그리고 원래 그런 것이 아니라, 우리가 그에 부여한 영광에 의해, 우리 각자 안에 품고 있는 중요성에 의해, 신성한 정치적 사건, 깃발, 수장, 슬로건 등이 우리에게 접근해 올 때마다 우리를 전율케 하는 그 폭발적 감정에 의해 그렇게 되는 것이고, 그 근본에는 확실히 성장 중의 국가라는 사실적 상황이 도사리고 있다. 그렇지만, 이 국가는 그 신민들이 인정한 권력만 가진다. 나는 국가가 우리의 신뢰에 상응한다고 말하지 않는다. 그보다 훨씬 더하다, 국가는 우리의 지지와 열정에 상응한다. 그렇지만, 마르크스가 정치적 소외에 대해 생각했던 치료법은 더 이상 적용될 수 없다. 이 국가가 헛된 환상으로 보이게 하려면, 인간이 국가에게 준 자신의 신뢰를 부정하고, 국가의 권위를 인정하지 않는 것으로는 더 이상 충분하지 않다. 오늘날 정치적 구조의 견고함, 국가의 행동 수단의 성장, 새로운 정치적 계급의 창조는 그것들이 실존하고 우리의 감정으로는 변화시킬 수 없는 한 돌이킬 수 없는 현상들이다.

따라서 우리의 열정은 정치를 강화만 시킬 수 있지, 약하게 만들 수는 없다. 이 길에 빠진 우리는 내적 분열 없이 살아남기 위해 정치적 갈등에 지고의 의미를 부여하도록 촉구되고, 이 방면에서 줄곧 인간의 길이었던 것과 거꾸로 나아가면서, 형이상학 속에서나 꽃피었던 정치로부터 빠져나오고, 기적도 없지만 목표도 없는, 상위 역사 속에서나 정치화된 그런 역사로부터 빠져 나오도록 촉구된다. 게다가, 정치는 위안을 주는 현존함이고, 종교적 인간들이 갈구한 그런 유형의 경험으로서, 이제 인간은 거기에 참여함으로써 일종의 신앙과 개종을 재발견한다. 교회에 의해 상실되었던 이 선택된 자들은 당에 의해, 최소한 그런 이름을 가질 만한 것에 의해 받아들여진다. 인간이 접근할 수 있는 목표, 사회 질서의 개선, 정의롭고 평화로운 질서 수립에 대한 신앙, 그리고 이 모든 것을 정치적 수단을 통한다는 것은 아마 우리 사회의 가장 깊고, 아마도 새로운 특징 중의 하나이다. 이를 통해 인간의 간단한 두 정의가 서로 합쳐진다 – 정치적 인간은 종교적 인간이기도 하다. 그리고 이 신앙은 기독교인들이 부러워할 적극적인 덕목들 속에서 구현된다. "정치적인 것에 사로잡힌, 이 열정적인 인간들이 얼마나 신심과 희생정신으로 가득 차 있는가를 보시오." 사람들은 그것이 그럴 가치가 있는가도 자문해보지 않는다. 이 사람들은 충성을 다하기로 했기에, 자기들이 섬기는 대상을 정열로 감싼다. 따라서 조국은 그것을 위해 희생된 수백만 사자들의 숭배의 대상이다. 이것은 진실이어야 했는데, 그 까닭은 그렇게 많은 사람들이 그 때문에 죽기를 받아들였기(?) 때문이다. 그러니까 국가와 나라의 독립, 그리고 어떤 정치적 이데올로기의 승리를 위해서….

그렇지만 충성을 다하기로 한 사람들이 보상과 이익을 받지 않은 것은 아니다. 그들은 다른 모든 곳에서는 잃어버렸던 정신적 연대감을 여기서 발견한다. 정치적 행위, 레지스탕스, 의원들 사이의 단결, 공산당 세포, 또는 공화국을 수호하는 엄숙하고 에너지가 넘치는 거대한 회합들 속에서, 인간은 꼭 필요한, 그런데 가족 속에서도, 자신의 지역에서도 직장에서도 이젠 더 이상 발견하지 못한 정신적 연대감을 발견한다…. 공통의 목표, 모두가 동참하는 어떤 거대한 민중적 박동, 동지애, 어떤 특수한 어휘, 세상에 대한 어떤 설명… 정치는 이러한 기호들과 기쁨들을, 연대감의 필수적인 표현들을 가져다준다. 내가 보기에는 그러한 것들이, 하나의 전체를 구성한 정치화의 다양한 양상이다. 하지만 인간이 그렇게 정치화되면, 어떤 사술의 희생양이 되고, 출구 없는 미로 속에 빠졌는지 자문해보아야 하지 않을까?

* * *

우리가 방금 기술한 것을 보고 어떤 사람들은 10년 전에 현대인이 탈정치화 되었다고 반박했다. 그리고 그 주제는 오늘날 하나의 위협처럼 계속 다시 나타난다. 이러한 탈정치화에 대한 분석을 하는 평론가들이나 정치학자들의 불안만을 보더라도, 우리는 벌써 어느 정도나 정치가 가치가 되었는가를 가늠할 수 있다. 만약 한 인간이 탈정치화 되었다면, 그가 예술가 또는 지식인이기를 포기하고, 심지어 감각적이기를 그만둔 것처럼, 그 얼마나 큰 재난인가. 탈정치화 된다고? 그러면 인간의 모든 차원이 사라지는 것이다. 정치란 분명 어떤 게임도 아니고, 실용적이고 유용한 그러나 수수한 어떤 활동도 아니다. 정치는 가치이고, 인간을 그의 운명 위에 유지시켜 주는 것이다. 따라서 내가 보기에는, 탈정치화가 일시적이고 지역적인 현상이 아니라고 할 경우(실제로는 그렇게 나타났다), 아무튼 탈정치화는 정치화와의 관계 속에서 이해되어야 한다. 현대인이 정치화되었기 때문에(분명 인간은 전에는 결코 그렇게 되어본 적이 없었다), 퇴조의 움직임이 느껴지고 눈에 띄는 것이며, 우리가 그것을 일종의 후퇴로 느끼는 것이다. 그러나 탈정치화가 정치화의 일반적 움직임과의 관계 속에서만 위치되는 것이 아니라, 그것이 자리 잡는 것은 또 이러한 발전의 내부 속에서이다. 탈정치화는 같은 차원들의 하나의 현상이 아니다. 탈정치화의 징후는 단순히 전도된 것만이 아니다. 탈정치화는 정치화보다 훨씬 축소되어 있고, 어떤 영역들, 행동들, 태도들에만 해당된다. 반면 정치화는 현재 생의 모든 개념에 해당되며, 탈정치화에까지 그것이 처음에 가진 것과는 다른 의미를 부여하기조차 한다.

이러한 탈정치화를 더 정확히 판단하려면, 다음의 관찰을 해야 한다 - 한편에서는, 탈정치화를 "탈참여", "탈이데올로기화", "탈정당화", 투표를 거부하기 등으로 받아들일 수 있다. 그렇지만, 또 다른 한편으로 옛 정치 그룹의 약화를 대체하는 새로운 그룹의 정치화가 있고, 새로운 정치적 문제에 대해 관심이 증가하고 있다. 칼베즈Calvez가 다음과 같이 아주 잘 말했다.

> "정치화된 정신은 탈정치화된 정신의 반대가 아니다. 정치화된 정신은 침범된, 짓눌린, 수동적으로 굴복한 정신이다. 이러한 굴종이 선동과 폭력을 자극하는 곳에서라도."9)

다른 한편, 사람들이 탈정치화를 어떻게 결론지을지도 확실치 않다. 이 문제에 관심을 가진 대부분의 저자들은(어떤 저자들은 출발부터 탈정치화가 있다고 확신한다) 이 용어가 다양한 현실을 덮는다고 인정한다(좌파는 당원들의 약화를 불평하고, 당들은 지지자의 상실을 불평한다). 그러나 결국엔 가장 흔하게는 전통적 형태의 정치 참여 쇠퇴 문제이다. 이것은 모든 참여를 거부하게 만들지는 않는다칼베즈Calvez. 그들이 여론 속에서 정치적 활동에 대한 회의나 무관심 경향을메를르Merle, 정치적인 것의 상대화를A. 필립Philip, "경험적인, 모호한, 신중한, 약간은 빈정대는 정치적 존재"를라보Lavau 확인할 때도 마찬가지다. 이 모든 것은 전혀 진정한 탈정치화를 내포하지 않고, 특히 우리가 훨씬 위에서 기술한 그런 정치화 현상을 다치게 하지 않는다. 그런 식의 탈정치화는 민주적 형태로 참여를 목표하고 있을 따름이다. 그러나 예를 들어 포기가 아니라 스스로 가담하여 국가의 손아귀에 잡힌다는 것은 정치화의 절정이다그로세Grosser. 마찬가지로, 민주주의에서는, 사회생활의 일반적 개념을 통한 정치화는 투표 참여보다 훨씬 더 중요하다. 정치에 대한 무관심과 동시에 정치의 과대평가가 있을 수 있다. 과거의 교리를 버리면서 논쟁의 "탈이데올로기화"와 동시에 국가의 "신화화", 그리고 문제의 "열정화"가 있을 수 있다. 그렇다고 한다면, 그것은 오직 피상적 양상만 탈정치화의 특징임을 의미하고, 상황이 바뀌면, 사람들은 버려진 것처럼 보였던 차원에서, 느닷없고 대량적인 "재정치화"를 보게 될 것이다.10)

* * *

클로드 르포르Claude Lefort의 아주 훌륭한 지적처럼, "보편적 계급으로서 프롤레타리아 계급 이론과 성령의 현시라는 종교적 개념이 우리를 데려가는 상상적인 피난처, 즉 역사의 긍정적인 개념 틀11)" 밖에서, 그리고 공허한 어떤 정치 철학의 저편에서(그리고 또 그것을 넘어서서), 정치적인 것의 어떤 현실을 꿰뚫어보고자 하는 시도가 중요하다. 이것은 궁극적인 문제는 해결되었다는 확신과 사실적인 문제만 남아 있다는 확신을 동시에 거부하는 것이다. 클로드 르포르가 잘 지적하듯이, 이것들은 같은 결과를 부르는 두 방향이다. "그러면 정치적 성찰은 제한된 지평 안에서 행해진다… 정치학과 마르크스 이데올로기가 오늘날 보수주의의 두 얼굴을 구성한다."

그러니까 정치적 분석은 일반적으로 철학적 수준이나 정치학의 과학적 수준에서 행해진다. 예를 들어 우리는 첫 번째 흐름에서는 베일Weil의 저서들을 발견할 것이다.12) 그러나 우리는 베일과는 달리, 오늘날의 중심 문제는, 국가가 수호할 역사적 윤리들과, 현대 기술이 강제하는 자연에 대한 투쟁의 세계적 조직화 사이의 타협으로 보지 않을 것이다. 이것은 정치 현상을 이론적으로 보는 방식으로, 이 책에서는 그걸 채택하지 않을 것이다.

두 번째 흐름에서는, 동일한 현상을 기술하고 분석하기 위해 과학적 방법을 적용하려 한다. 그와 같은 저서들은 무수히 많다. 그러나 우리는 여기서 다른 '접근'을 할 것이다. 우리의 시도는 따라서 과학적이지도, 철학적이지도 않다. 따라서 그것은 심각하지는 않을 것이다. 그렇지만, 헛되지만은 않다.

L'ILLUSION POLITIQUE

 필연성과 일시성

필연성과 일시성

정치의 전통적인 두 특징은, 별로 공식화되지는 않았지만 암묵적으로 인정되어 왔다. 우선 그것을 보자.

1. 정치가 있기 위해서는, 복수의 해결책들 가운데서 실제적으로 하나의 선택이 있어야 한다. 모든 선택들이 똑같이 정당하거나 효율적이거나 유쾌한 것은 아니다. 그렇지만, 모든 것이 가능하기는 하다. 그리고 어느 하나를 다른 것에 비해 절대적으로 우월한 것으로 선택할 수는 없다. 여기서는 평가와 상황의 거대한 우여곡절이 개입할 것이다. 다양한 가능성들 가운데서, 어떤 것은 도덕적인 이유로 해서 선호될 것이고, 다른 것은 유용성 때문에 선호될 것이다. 그렇지만, 각각의 결정은 다른 관점으로부터 비판받을 수 있을 것이다. 결정에 관한 최근의 연구들은 이러한 다양하고 우발적인 성격을 잘 드러내준다. 진짜 정치적인 인간은 장점들의 평균이 아니라, 평균 이상을 보장해 주는 해결책을 찾아낼 것이다. 어떻든 그는 꼭 효율적인 대답을 선택하거나 가장 훌륭한 가치를 표현하지도 않을 것이지만, 사실들과 여론들을 고려하여 최대 다수의 동의를 포함하고 미래로의 열림과 발전 가능성이 있는 답을 발견하는 사람일 것이다.

그렇지만 이 선택은 실제적으로 존재하는 해결책들 위에서 행해져야 한다. 다시 말해(정치의 각별한 기능인) 선택이 있기 위해서는 선택할 여러 해결책들이 실제로 있어야 한다. 한 나라가 군사적으로 짓밟히면, 다양한 해결책이 없다. 그 나라는 정복자의 조건을 수락해야 한다. 예를 들어

1940년의 폴란드와 같다. 이 순간에는 정치적인 결정이 없다. 정치적 결정은 자유를 가정한다. 자신의 선거민이나 법전에 너무 묶여 있지 않고, 어떤 일방적인 문화에 의해 너무 조건지워지지 않은, 또 상황에 의해 너무 결정지워지지도 않은 정치인, 효과적인 행동 수단을 소유하고, 자신이 변화시킬 수 있는 요소들을 결합시킬 자유가 있는 정치인은 바로 진정으로 정치적인 결정을 실제로 할 수 있는 사람이다. 물론, 그는 틀릴 수 있다, 그렇지만, 그렇다고 정치적 결정이 없는 것은 아니다. 정치적 결정은 결코 필연성에 단순히 따르는 것이 아니다. 정치인은 발생한 것을 기록하는 기계가 되는 것에 그칠 수 없다.

더 나아가서, 정치인은 편파적인 선택들로 자신을 한정할 수 없다. 정치적 결정은 필연적으로 목표와 관련된 선택을 포함하고, 수단과 관련된 선택을 포함한다. 그 둘의 분리는 정치에서 절대 인위적이다. 모든 위대한 정치인들은 수단의 중요성을 특히 잘 이해했던 사람들이다. 그리고 수단을 엄격하게 다듬고 선택하지 않고서는 진정한 결정이 없음을 이해했고, 정치적 결정은 소위 집행자에게 수단의 선택을 맡겨버린 "일반적 개념", 목적의 선택이 아니며, 될 수도 없음을 잘 알았다. 그런 것은 수단이 지금처럼 중요하지 않았을 때, 수단이 목적에 직접적으로 영향을 주지 않았던 시기에 속하는, 이미 완전히 지나가버린 관점이다. 더군다나, 목적의 선택이 진정성이 있으려면 수단에 대한 정확한 앎을 가정한다. 그리고 정치인의 임무는 수단을 자신이 결정한 목표에 종속시키기가 될 것인데, 그는 이 목표를 자기가 사용할 수 있는 수단과의 관계 속에서만 결정한다. 그와 같이 정치적 결정은 깊고 일반적이며 현행적이고 세분되어 있다. 그것은 일련의 부분적 선택들로 이뤄지는데, 이 선택들 전체가 결국 결정이 되기에 이른다. 이 모든 것을 요약하는 헤겔Hegel의 주목할 만한 표현을 보자.

"행위적 인간은 (정치인) 자신의 행동을 통해 필연적인 것이 우발적인 것이 되고, 우발적인 것이 필연적인 것으로 됨을 확신한다."

2. 그러나 다른 한편, 정치적 결정이 있기 위해서는, 어떤 지속이 있어야 한다. 그 결정은 즉각적인 사건에 관련될 수 없다. 그것은 미래에 대한 어떤 장악이고, 얼마 동안 한 국민이나 정부의 모습을 정한다. 진정한 의미에서 하나의 정치적 결정은, 가장 기본적으로 그 집행의 강제성을 포함하고 있을 뿐만 아니라, 어떤 지속성을 포함한다. 왜냐하면 이러한 결정으로부터 어떤 주어진 상황이 나올 것인데, 이 상황은 어떤 제로 점이 아니라(나는 예를 들어 1962년 6월 30일의 한 기사 제목을 생각한다 – 제로 점에 있는 알제리), 어떤 지속을 내포하는 곡선 상의 한 점이다. 법과 마찬가지로, 정치는 반드시 미래에 대한 장악을 포함한다. 시절과 상황이 지속적으로 요동친다 해서, 어제 결정되었던 것을 다시 문제 삼지 말아야 한다. 우연적인 여론이 세공된 목표와 선택된 수단을 수정해서는 안 된다(나는 특히 이것을 나의 저서 『선전』Propagandes에서 분석했다). 그렇지 않으면 우리는 더 이상 어떤 정치 앞에 있지 않게 된다. 선동가들은 정부란 여론의 단순한 표현이고, 여론 관철의 수단이어야 한다고 엄숙하게 말한다. 여론 지혜, 즉 평등하게 분배된 보편적 이성을 무작정 가정한 이러한 표현은 다른 한편 정치를 간단히 부정하는 것이다. 정치가 있기 위해서는 인간이나 권력의 제압이 아니라, 지속성을 제압해야 한다. 그러나 여론만 뒤쫓는 것은 지속성을 훼손한다.

물론 사람들은 그것은 인위적이라고 말할 수 있고, 생의 흐름은 유연하다거나, 행정과 법의 정지를 통해서 기술이 끊임없이 진보한다고 할 수도 있으며, 이런 변화를 고착시키는 경직된 정치 결정도 있다고 반박할 수 있다. 그러나 마르크스가 잘 지적했듯이, 법의 고정성이라는 기초 위에서,

그리고 어떤 미래를 포함한 정치적 결정의 기초 위에서 기술적이거나 경제적인 진보가 수행될 수 있다. 당연히 진보는 어떤 질서 속에서만, 어떤 고정된 틀 안에서만 일어날 수 있다. 나아가서 미래를 포함한 정치적 결정은 미래에 대한 단순한 예견도 아니고, 어떤 정지는 더더욱 아니다. 그것은 미래에 대한 장악이다. 분명 정치인이 하는 예견은 여러 변화 중에서 가장 그럴듯한 것을 지적하는 정치학자의 예견은 아니다. 정치인은 자신의 예견을 실현한다고 주장한다. 그는 미래를 강제한다고 하고, 그것을 적합하게 만든다고 주장한다. 이러한 주장이 없으면, 정치도 없다. 정치는 얼마 동안 하나의 체제, 제도, 동의, 조약을 고정한다. 그러나 이러한 고착은 어떤 변화 속에 내포되어 있다. 그것은 미래의 구조의 부분이 되고, 그러면 정치인은 더 잘 예견할 수 있다. 일단 취한 확신은 분명 영원하지는 않다. 그러나 그 확신은 정치인이 요동치는 사건들과 포착할 수 없는 일시적 현상들 가운데서 부분적으로 그 원칙과 흐름을 알고 있는 어떤 장치를 대변한다. 따라서 정치의 역할은 어떤 사회를 고정시키는 것이 아니라, 어떻든 그 속에 지속성의 인자들을 도입하는 것이고, 그것들이 없다면 그 집단의 일관성과 지속성은 우발적인 것이 된다. 항구적인 적응만 하다가는, 결국엔 인간과 사회의 실체를 신속하게 고갈시킨다.

 따라서, 우리는 오늘날 정치의 이 두 특징이 실질적으로 더 이상 존재하지 않으며, 사라지려 하고 있다고 주장한다. 우리 사회에서 수행되는 선택들이 있다. 그러나 이 선택들은 더 이상 정치적 의도에 속하지 않는다. 강화되는 지속성들이 있다. 그렇지만, 이 지속성들은 더 이상 미래에 대한 법적·정치적 장악이 아니다. 반대로 이 새로운 지속성들이 진짜 정치를 추방한다. 진짜 정치는 과거 자신의 개입 대상을 이제는 변형할 수 없기 때문에, 그 역량이 묶여 있는 상황에 있다. 아직도 정치가 개입할 수 있는 유일한 영역은 시사성의 영역, 일시성, 요동치는 것들이다. 그래서 사람들은 그러한 사실 때문에 정치적 결정의 심각한 의미를 상실해버린다. 텅 비어버린 것은 껍데기에 불과하다. 정치적 인물의 극도의 소란함은 이러한 공허 속에서 움직이는 무력감을 달래기 위한 것이다. 따라서 오늘날 정치의 결정적인 특징처럼 보이는 것, 그것은 이 두 모순적인 요소들의 결합이다 – 필연성과 일시성.

1. 필연성

분명, 정치권력들은 여전히 결정을 한다! 그러나 그것들은 심각한 수준에서는, 사이비·결정들이다. 왜냐하면 그것들은 정치인이 자유로이 선택할 수 없도록 아주 엄격하게 이미 결정되어 있기 때문이다. 우리는 여기서, 필연적으로 사회주의에 이르는 역사적 움직임의 엄격한 메커니즘, 즉 역사적 필연이라는 교리를 암시하는 것이 아니다. 게다가 주목할 만한 독특한 사실은 역사를 실현하기 위하여 가장 열심히 뛰는 사람들이 바로 이러한 필연성의 교조주의자들이라는 사실이다. 그 교리는 그런 가능성을 끌어내지 않았다. 그렇지만, 흔히 교리들은 논리적으로 기대할 수 있던 것과는 정반대의 행위들을 만들어낸다. 칼비니즘이나 불교에서도 그러하다. 마르크스주의에서도 그러하다. 레닌은 아마 달리 보면 우발적인 세계 속에서 정치의 주도권을 가장 잘 보여주었던 사람이다. 그래서 하나의 방법을 고정함으로써, 그는 자신의 후계자들에게 놀라울 정도로 효율적인 하나의 정치를 허용해주었다. 그렇지만, 착각해서는 안 된다. 유희의 가능성들은 거기서도 점차적으로 제한된다. 공산주의 정치도 필연성에 의해 침범 당한다. 이 필연성은 그 교리가 익숙하게 해주는 것이 아니라, 점점 모든 국가에 강제되는 것이다. 따라서 내가 보기에 결정적이거나 불안하게 하는 것은 어쩔 수 없는 역사의 흐름이라는 생각이 아니다. 비록 이 역사적 필연이라는 생각이 정치가 실제로 필연성에 종속됨을 표현하기는 해도 말이다. 상황에 영향을 준 것은 교리가 아니다. 교리는 의미와 발전에 대해 말하자면 상황을 표현조차 하지 못했고, 조건과 정치의 독립성 부재에 대해 말하자면 상황에 합쳐졌다.

* * *

정치적 결정 속에 진짜 선택이 있기 위해서는, 다양한 그리고 성격조차 다양한 여건들의 결합 가능성이 있어야 한다. 그리고 그것이 진짜 정치적이려면, 이 여건들이 상상적이고 이론적이며 이상적인 것이 아니라, 구체적이거나 믿고 있는 사실과 부합해야 한다. 따라서, 정치적 선택의 심각한 제한 중의 하나는 −보통 사람의 집단적 의식과 일반적 정신 상태, 자발적 태도 등의 밖에서− 가치들이라고 부를 수 있는 것의 제거이다. 막스 베버 Max Weber에게 가할 수 있는 모든 비판에도 불구하고, 사실들과(형이상학적인 것이 아니라, 신념적인 현상으로서) 가치들 사이의 긴장에 관한 그의 주장은 유익할 뿐 아니라 정확하다. 그것이 아무리 화나게 하고 그럴법하지 않아 보여도, 우리 시대의 사람들은 가치들에는 무관심하고, 가치들을 사실들로 데리고 왔다. 정의, 자유, 진실은 아직도 선전propagande에서는 유용하다. 그러나 정의는 물질적 자산을 공평하게 분배하는 행복을 의미하고, 자유는 생활수준의 향상 및 휴가와 동일하며, 진실은 사실 관계 속에서 다소간 정확함과 상응한다. 우리는 이런 예들을 많이 들 수 있고, 자세히 분석할 수 있다 − 여러 가지 이유로 해서, 우리 시대는 기준점과 목표점이 없고, 선택된 것들도 사실 그 자체에 밀접하게 종속되어 있으며, 그 사실을 평가할 수단과 사건에 대해 거리를 유지할 가능성을 제공하지 못할 것이다. 여기서 정치인은 극도로 약해졌고, 누가 보더라도 그가 사실에 직면해서, 또는 사실과 반대하여 가치들을 유효하게 작동할 수 없다는 점에서 그의 결정 능력은 제한되어 있다. 특이한 관찰이지만, 가치들이 멀어졌을 때, 그리고 정치인 스스로 순수한 사실주의, 냉소주의, 회의주의에 빠졌을 때, 그는 가끔 자기 자신을 가치들의 구속으로부터 해방된 것으로, 더 독립적으로, 더 효과적으로 간주한다. 마키아벨리에 대해 얼마나 자주 우리는 이런 판단을 하게 되는가. 그렇지만, 반대로, 정치적 결정에서 가치의 박탈은 정치를 순수한 사실의 영역 속에 빠지게 함을 어찌 보지 못하는가. 이것은 분명 정치에게 도덕적 규범 없이 행동할 가능성을 준다. 그러나 이것은 정치적 선택과 결정 가능성을 현저하게 축소한다. 왜냐하면 사실은 가치보다 더 밀접하게 정치적 선택을 조건지우기 때문이다. 어떤 왕이 루이 9세 식 행위보다는 마키아벨리식 행위를 채택하면, 그 왕의 행위들 사이의 연관성은 훨씬 엄밀해진다.

물론, 우리가 그렇게 판단할 때는, 한 사회와 나라에서 모두가 채택하고 믿고 있는 가치들을 생각하면서이다. 어떤 훌륭한 종교나 정교한 철학으로부터 나온, 왕에게만 특수할 수 있는 가치들은 아무런 무게도 없고, 어떤 결합 가능성도 어떤 선택의 자유도 주지 못한다. 그렇기 때문에 가치들에 대한 대중의 무관심은 아주 중요하다. 가치들은 유효기간이 지난 물질적인 것의 한부분이 되고, 누구도 믿지 않는 외양으로만 존속하게 된다. 그런 가치들은 제 3공화국과 제 4공화국의 "일요일의 담론" 속에서 다시 보았다. 그러나 자신의 행위를 그 가치들 위에서 조절한다는 것은 누구에게도 문제가 되지 않았다. 그런데 이러한 감독으로부터 유쾌한 해방은 훨씬 더 강제적인 어떤 필연성으로 이끌 따름이다. 하지만 이 필연성은 피부로 잘 느껴지지 않는데, 그 이유는 그것이 더 이상 선택하도록 하지 않기 때문이다. 사실 진정한 정치적 결정의 점진적인 사라짐을 이해하려면, 정치인은 그로 인해 전혀 고통 받지 않음을 부수적으로 지적해야 한다. 그는 열린 자유를 바라지 않고, 다른 누구도 바라지 않는다.13) 자유는 언제나 개인을 고통스러운 모순들 속에, 행사해야 할 책임감 속에, 선택과 쟁점 앞에 놓는다. 개인은 그렇게 되기를 전혀 바라지 않는다. 개인은 100배나 더 필연적인, 피할 수 없는, 명쾌한 행위를 좋아한다. 최소한 숙고하는데 보낼 시간이나 책임을 바라지 않는다. 자유라는 단어가 잘 지켜지기만 한다면, 자신의 노예적인 복종이 자유롭고 개인적인 선택의 영광스런 에너지로 장식될 수만 있다면, 개인은 언제나 필연성에 복종할 준비가 되어있다. 19세기와 20세기는 이런 무시무시한 위선에 다양한 방법으로 놀랍도록 익숙해졌다. 정치인도 다르지 않다. 그도 껍데기만 지켜진다면, 진정한 결정을 하는데 집착하지 않는다! 정치인은 생생히 살아 있고, 받아들여져서, 그를 고통스런 선택으로 몰아넣는 그런 가치들이 없다고 애석해하지 않는다. 나는 부툴Bouthoul이 정부가 할 수 있는 큰 옵션을 제기할 때 틀렸다고 믿는다14) −국가의 힘이나 국민의 행복, 주변 정부를 복종시키거나 생활수준을 향상시키기. 현재의 구체적 상황에서는, 선택들이란 이미 되어졌다− 모든 정부는 생활수준의 향상을 위해 존재하고, 아직도 존재하는 힘의 정치는 단순히 생활 수준 향상을 위한 수단일 따름이다. 이것은 많은 경우에 필연으로 남아 있는 수단이다!

*   *   *

다른 변화 역시 정치적 결정을 추방하려고 하고, 정치적 흐름을 필연성으로 만들려고 한다. 우리는 여전히 국가적인 틀 속에서 산다. 그리고 모든 국가주의의 과장된 증가를 생각해보면, 이러한 상황은 곧 사라질 것 같지 않다. 정부들은 국가적이다. 그러나 정치적 결정들은 오늘날 세계적 차원이다. 주권국이라고 주장하고, 정부가 정치를 한다고 주장하는 각 나라는 실제로는 한 블록 속에 들어 있다. 그리고 이 블록은 각 나라에게 자신의 결정을 하지 못하게 한다. 겉으로는, 각 정부는 나토나 코메콘동유럽경제상호원조회의에 대해 자신이 원하는 것을 할 수 있다. 그러나 실제로 거기서는 어떤 선택도 지배하지 못한다. 정부가 취해야 할 결정들은 필연적 결정들이다. 프랑스 의회가 유럽방위 공동체를 거부한다고 하면,15) 그것은 스캔들이고, 배신이다. 그래서 그 사건을 즉시 다른 이름으로, 다른 형태로 다시 취하여 동일한 결과에 이르러야 한다. 프랑스가 한 블록에 속하면 이 블록에게 필수적인 것을 거부할 수 없다. 블록의 요구와 다른 모든 독자적인 주장은 어떤 기왕의 상황에 대한 침해이다. 그렇기에 장시간 용인될 수 없을 것이다. 나는 사람들이 이 영역에서 취해진 수많은 정치적 결정들에 대해 반박할 것임을 알고 있으며, 그 결정들이 존재하지 않을 수도 있었고, 그럼에도 존재했었다는 것을 잘 알고 있다. 코민포름Kominform을 떠나는 유고슬라비아, 인내를 요구하고 자발적인 유럽연합의 창조, 유럽연합에 가입하거나 하지 않는 것에 대한 영국의 선택 시간, 중국에 관한 프랑스의 결정 등. 선택을 강요하는 더 높은 필연성들을 열거하기는 쉬운 일이다. 분명 나는 아직도 정치적 결정이 존재함을 결코 부정하지 않았다. 단지 정치적 결정을 짓누르는 결의들의 증가를 따져보는 일이 나로서는 중요하다. 이미 결정된 것들은 항상 존재했었다. 오늘날은 그것들이 어제보다 더 피할 수 없게 되었다. 여기에 문제가 있다. 유럽연합에 대해서, 수많은 저자들은 그것을 바라지도 않았고(그것은 중요하지 않다), 그것을 이상적으로 축조하지도 않았으며, 다만 그것이 사실들의 논리 속에 새겨져 있다고 보았다. 오르테가 이 가세트Ortega y Gasset는 30년 전에 "총체적인 단일 유럽 국가의 가능성이 기계적으로 강요된다"고 썼다. 그러나 필연성에 대해 말하면서, 우리는 정치인이 어떤 일을 저절로 되는 것처럼 본다는 말은 아니다! 분명 그렇지 않다. 정치인은 오늘날 프랑스에서처럼 유럽연합 건설을 위한 움직임을 방해하는 터무니없는 결정을 할 수 있고, 또는 엄청나게 소란을 피우고, 많은 주장을 펴고, 설득하려고 하며, 위원회나 제도를 만들고, 대중매체를 이용하고, 투쟁한다…. 그러나 그가 이러한 확신을 가진 것은, 그 확신이 사실들에 의해 그에게 강요되었기 때문이다. 그가 참여한 까닭은, 대상의 필연성이 이미 현재하기 때문이다. 그는 투쟁한다, 그러나 그 투쟁은 이미 옛 상황들의 열매이고, 기계적으로 행해지는 대상을 위해서다. 약간 빠르고 늦을 수는 있다. 그의 소란한 움직임이 대상의 피할 수 없는 성격을 그에게 가리고 있을 따름이다. 하지만 다시 확실히 해야 할 것은, 독자가 그로부터 성급하고 일반적인 결론을 내려서는 안 된다는 점이다. 나는 전혀 기계적이고, 숙명론적인, 유기체론적인 관점을 갖고 있지 않다. 나는 다만 오늘날은 매사가 자주 그렇다고 말할 따름이다!

　최소한 나는 진정 독립된 정치적 결정들은 더욱 더 축소되고, 예외적으로 된다고 말한다. 우리는 그 규칙이 너무 일반적이고 평범해서 미처 머리에 떠오르지 않았던 곳에서 예를 들 것이다!16) 나는 원칙적으로 국가들이 블록으로 통합되면서, 이 가능성들이 극도로 축소된다고 말한다. 일반적인 경우는 신생 국가들의 경우이다. 카스트로가 권력을 잡은 지 3개월 후에, 나는 그가 공산주의 블록 속에 들어가지 않을 수 없을 것이고, 자신의 사적인 정치를 할 수 없을 것이며, 이러한 가맹은 내적인 공산화로 이르게 될 것이라고 썼다(나는 그로 인해 본의 아니게 엄청난 비판을 당했다!) 마찬가지로 그 유명한 제 3세계도 그 세계가 독립적 실체로 존재하지 않는 정도에서만, 결국 모든 상상적 구성이 여전히 가능한 정도에서만, 말장난이 난무하는 정도에서만 존재한다. 아프리카와 아랍의 민족들이 자기들끼리 접착력을 가지게 될 때, 그 민족들은 엄격하게 닫히고 결정적인 시스템 속으로 들어가게 될 것이다. 이렇게 국가들이 더 큰 기구 속에 들어가는 것은 단지 결정의 장소만을 바꾸는 것이고, 결정은 언제나 한결같이 가능하리라고 누군가 주장하지는 말아주길 바란다. "우리는 다만 적응기를 통과하고 있다. 지금까지는 국가적 차원에 머물렀던 정치적 결정이 이제는 더 상위 차원의, 마찬가지로 자유로운 결정이 되었다. 고통스러운 상황은 다만 그 두 기관의 갈등으로부터, 그들 결합의 어려움으로부터 온다." 우리는 그런 반박을 알고 있다. 그에 대해 우리는 다만 하나의 일반적인 성격에 의거해 답할 것인데, 여기서 그에 대해 증명할 여가는 없다. 즉 어떤 기관이 덩치를 바꾸고, 상위적인 차원과 복잡성으로 이동할 때마다, 필연성의 무게는 증가하고, 선택과 적응의 가능성은 줄어든다. 사실 블록들은 더욱 완강한 메커니즘에 복종하고, 동시에 그들의 정치는 더욱 단순하고 예측가능해진다. 복수성, 톱니의 복합성은 하나의 메커니즘에 이르고, 이것은 작동을 원한다면, 최소한의 결정 및 새로움과 함께, 자동적으로 움직여야 한다.★

* * *

효율성이 정치 행위의 기준이 된 순간부터, 우리는 결정의 새로운 축소 앞에 서게 된다. 우리는 이런 시대에 살고 있다. 아무리 좋은 의도라도, 오늘날 누구도 이것과는 다른 정치적 기준을 선택할 수 없을 것이다. 민주주의의 게임은 이미, 그 통째로 효율성의 성공 위에 세워져 있다. 사람들은 어떤 프로젝트로 귀착할 수 있는 사람, 가장 성공의 재능을 내보이는 사람을 선출할 것이다. 어떠한 기획에서 실패하는 정부는 필연적으로 뒤집어

★ 아주 주목할 만한 예가 세계 교회 위원회에 의해 주어진다. 이 위원회는 처음에는 아주 간단하고, 어떤 정신적 의도를 표현했으며, '비형태적인' 만남의 가능성을 주었다. 그러나 거기에 가입한 교회들의 숫자가 증가할수록, 위원회는 구조화되었고, 엄격하게 되었으며, 세계적 만남을 그의 정신적 차원에서 경험할 역량이 줄어들었다.

진다. 실패는 용서가 되지 않는다. 패배한 국가의 지도자들은 전범으로 평가되고, 승리하면 재판관이 된다. 과거에 사람들이 다른 가치들에 의거했을 때는, 정복되었지만 합법적인 정부는 유지되었다. 프랑수아François 1세처럼 장 II 르 봉Jean II le Bon은 프랑스의 왕으로 남아 있다. 명예는 지켜졌고, 모든 것을 잃었어도 모든 것이 가능했다. 그건 오늘날에는 생각할 수 없다. 정치의 법은 효율성이다. 가장 선한 사람이 승리하는 것이 아니라, 가장 강하고, 능란한 사람이 승리한다. 그리고 모든 용어는 단 하나, 가장 효율적인 것으로 귀착한다. 소비에트 체제는 그의 교리에도 불구하고, 반공산주의자들의 눈에는, 전쟁을 승리했기 때문에, 그리고 생산을 증가시켰기 때문에 그 자리를 정복했다. 사실, 가혹한 경쟁 체제 속에서는, 그리고 기술화한 세계 속에서는, 효율성이 한 정부의 유일한 합법성의 기준이 된다. 그리고 누가 다른 것들을 선택할 수 있겠는가? 효율성을 택한 상대가 던진 도전에, 같은 길을 택해야만 응수할 수 있는데 말이다. 한 나라가 이 방향으로 결정하면, 모든 나라들이 그곳으로 가게 될 것이다. 만약 그 나라들이 가장 효율적인 나라에 의해 제거되지 않는다 해도, 내부의 군중들이, 특권과 성공을 부러워하며 이러한 방향을 강요할 것이다.

외적 경쟁을 통해서, 내적 압력에 의해서, 가장 효율적인 것 위로 줄서야 한다. 그렇지만, 이것은 적의 시스템을 채택해야만 하고, 가장 증오스럽게 보이는 자가 항상 우세함을 의미한다. 오래 전부터, 우리는 하나의 독재 체제만이 태동하는 다른 독재적 움직임을 타파할 수 있고, 예를 들어 1935-1939년 루마니아 선전만이 선전을 꺾을 수 있고, 합리적인 경제적 성장만이 계획 경제의 경쟁을 견딜 수 있음을 알고 있다. 그리고 결국 히틀러는 전쟁에 승리하였다! 사람들은 분명 다소간 긴 시간 동안 어떤 자유주의적인 형태를 유지하고, 그런 척 할 수 있다. 그러나 장기적으로는, 경쟁이 견딜 수 없어지고, 그러면 가장 짧은 지름길을 택할 수밖에 없다. 따라서 효율적 선택은, 그것이 비록 미리 명령되지 않았고, 언제나 같은 방향은 아니더라도, 어떤 주어진 순간과 상황에서 극도로 축소된다. 동시에 그 제재는 그만큼 더욱 엄격하고 신속하다. 즉 순수 간단한 제거이다. 누가 이렇게 선언할 시간도 더 이상 없다. '나처럼 효율성을 따르지 않고 정의만 지키다가는 망해버린다.' 당연히 대재난은 우리의 종말 전에 닥친다. 우리는 우리 정치의 다른 고정 인자를 이렇게 정의할 수 있다 – 효율성은 선택들을 극히 제한하고, 동시에 제재들을 가장 엄격하고 즉각적으로 만든다. 정치인은 더 효율적일 것과 덜 효율적일 것 사이에 선택할 수 없다. 그 선택은 정치인과 독립해서 행해진다. 분명 평가에서 그가 틀릴 수도 있다. 또한 그는 자기보다 더 역량 있는 사람들에게 의지해야 하고, 선택을 기술자들의 손에 맡겨야 한다.

* * *

우리는 여기서 최근에 자주 논의된 문제를 만난다.[17] 우리는 두 가지 점만 지적할 것이다. 즉 정치적 문제에서 오늘날 진정한 선택은 그 문제를 준비했던 기술자들과, 결정을 집행해야 할 기술자들에게 달려 있다.[18] 그로부터 "정치적 기능의 감소"가 나온다… 정치인이 할 수 있는 혁신의 여유는 더욱 더 축소된다. "큰 선택들은 사실 제한되어 있고, 그것들의 실현은 기술적 수단들을 강요한다… 이 기술적 수단들은 본질적으로 당이 다르다 해서 달라지지 않는다", 또는 정부가 바뀐다 해서 달라지지 않는다. 정치인은 기껏해야 "정치적 선택들을 주도한다는 착각"만 간직한다. "내각의 장관도 기술자들이 제시한 여러 다양한 것들 가운데서 선택하기 위해 협력자의 조언을 요구할 수 있을 따름이다."[19] 실제로 오늘날의 진정한 결정은 여론을 뒤흔든, 그리고 수많은 토론을 불러일으킨 스펙터클적이고 열정적인 문제들에 대해서가 아니다. 한 나라의 미래가 근본적으로 달린 결정들은 기술, 세제, 치안, 댐에 의한 전력 생산이나 사하라 유전 개발, 경제 계획 등에 관한 것이다. 따라서 이 수많은 결정들은 기술자들의 작업의 열매이다. 정치인은 이런 영역들에서 전문가가 아니라면 놀랄 만큼 무능하다. 전문가라면, 그는 그 문제에서만 그럴 것이고, 다른 모든 나머지는 자기 동료들에게 넘길 것이다. 그리고 결정은 더 이상 철학적이거나 정치적인 원칙에 따라, 어떤 교리나 이데올로기에 따라 취해지는 것이 아니라, 가장 유용하고 가능하고 효율적인 것을 기술하는 전문가들의 보고서에 따라 취해질 것이다.[20]

물론 기술자들은 다양한 해결책들을 가져올 수 있다. 그래서 사람들은 정치인이 결정권자라고 말한다. 그러나 그것은 틀렸다. 정치인은 기술자들이 만들어 놓은 틀 안에 들어 있다. 그래서 선택은, 정치인이 신중하다면, 기술적인 이유로 이루어질 것이다. 정치인은 다른 기술자에게 "가장 기술적인 것"을 평가하게 할 것이다. 물론 거기에는 실수가 있을 수 있다. 나는 기술이 절대 오류가 없다고 말하지 않았다.★ 그렇지만, 중요한 점은 정치적 결정을 기술적 평가에 종속시키는 필연적인 과정이다.[21] 순수하게 "정치적인" 결정들이 점점 덜 나온다. 정치가 언제나 가능성의 예술로 정의되는 것은, 오늘날 기술자가 이 가능성을 점점 더 정확하게 결정하기 때문이다. 이 모든 것은 우리가 길게 연구할 수 없는 수많은 힘들의 결과이다. 즉 국가가 사회를 책임지는 순간에 사회의 일반적인 기술화, 점점 더 기술의 열매인 것만 신중하게 여기는 여론 속에서 기술자들의 찬양

★ 기술자들에 의해 야기된 방향잡기의 실수를 언급하기는 너무 쉽다. 1945년 프랑스에서 장벽 건축, 1954년 소련에서 메마른 땅의 개간과 경작 확장 결정, 옥수수 경작 방향 등. 그러나 그 문제의 기술적 연구 앞에서는 반대할 것이 전혀 없다는 사실이다. 비록 결론이 그릇되었다 하더라도, 누구도 그것들을 논할 수 없다. 심리학적 흐름은 우리로 하여금 기술자에게 확실한 믿음을 갖게 하고, 그런 의미에서 그들의 힘은 실천적으로 꺾을 수 없다.

등.22) 어떻든 모든 결정 속에서 기술자들의 중요성은 대립하는 체제들을 접근시킨다. 혜안이 있는 모든 정치인들은 이러한 기술적 장치를 바란다. 그래서 미국이나 소련은 정치의 기술화라는 동일한 길속으로 들어섰다. "진보된 자유주의"나 "프랑스 색채의 사회주의"는 **겉보기와는 달리** 실제로는 정치를 같은 방식으로 생각한다. 그 이유는 기술자의 역할이 양쪽 모두에서 지배적이기 때문이다. 더군다나 그들이 갈구하는 사람들은 동일한 기술자들이다!

겉보기와는 달리라고? 겉보기에 불과할 따름이다. 한 편에서는 꽃으로 둘러싸이고, 다른 편에서는 조롱으로 둘러싸인 의회는, 똑같이 자유롭지 못하다. 한 편에서는 최고권자처럼 보이고, 다른 한 편에서는 책임자처럼 보이는 집행자는 완전히 기술적 구조에 종속되어 있고, 결정들은 모든 가정들 속에서 필연적으로 되어 있다.23)

우리가 주목하고자 하는 다른 모습은 한번 내려진 결정의 필연적 지속성이다. 가장 흔하게는 기술적인 내용을 가진 기술적인 결정들에 관한 문제들이기 때문에, 그 결정들은 긴 시간에 걸쳐 전개되고, 어떤 지속성을 가정한다. 어떠한 정치적 변화도 이미 정해진 것을 변경할 수 없고, 지속적으로 집행되어야 할 것은 더욱 더 변경할 수 없다. 그 이유는 기술적 인자들이 서로 서로를 조건 짓기 때문이다. 정부나 입법자, 나아가서 체제의 변화는 한번 정해진 계획에서 뭔가를 변경할 수 있을까? 그것이 석유나 핵 연구에 관한 결정들을 바꿀 수 있을까?

(라크Lacq나 피에르라트Pierrelatte의 새 공장과 함께 지속성의 좋은 예들이 주어졌다) 피에르라트 사건에 대해, 망데스 프랑스Mendés France는, 실수가 있다면 그 실수가 경제 계획 속에 포함되지 않았던 것이고, 또 의원들의 무능에 관한 문제들을 제기하지 않았던 것이라고 생각한

다.24) 이것은 정말 특징적인데, 그 이유는 이 문제에 대해 진정한 토론이 실제로 없었기 때문이다. 그런데 토론은 가능했었다. 그러나 여론은 구체적으로 정보를 받을 수 없었고, 정치인들은 기술적으로 그 문제를 토론할 수 없었으며, 그 사건은 기술자들의 토론밖에 될 수 없었다. 따라서, 정치 기관들이 개입하기 전에 그 문제는 기술자들의 의견에 좌우되었다. 1955년에 그 작업은 모든 정부들에 의해(원칙적으로 기 몰레 Guy Mollet 정부) 추구되었는데, 이 정부들은 1958년까지 계속되었다. 뒤이은 정부들에서는 1962년 6월~7월에야 그 실현에 대해 반대한다고 주장했는데, 그 핑계는 그 일이 군국주의적이기 때문이라는 것이었다.

여기서 우리는 기술적 행위의 지속성 앞에서 정치적 의견들의 연약함을 본다. 나아가서, 우리가 익히 알듯, 이런 종류의 기획은 그 자체로서는 "군국주의적"이지 않다. 작전들 사이에는 명확한 경계가 없다. 어떤 것은 평화라는 성과를 지향하고, 다른 것들은 전쟁이라는 성과를 지향한다. 정부의 정치적 방향이 무엇이건, 정부는 한번 시작한 것을 변경할 수 없다. 그런데 이 결정들은 실제적으로 국가의 존속을 위해 가장 중요한 것들이다. 겉으로 보아 큰 정치적 변수의 영향을 받아 보이는 결정들도 다시 문제 삼기 어려운데, 그 이유는 그 결정들이 아직도 여전히 품고 있는 기술적 지속성과 무게 때문이다. 우파 정권은 국유화를 할 수밖에 없는데(교리 때문에 하여진 것이 아니고, 내가 나의 저서 『기술』에서 증명하려고 했듯이, 우선적으로 기술적 동기 때문이다), 그건 그 정권이 사회 보장제도를 담당하지 않을 수 없는 것과 마찬가지다. 뒤로 되돌아가려고 시도한 영국의 예는 어느 정도나 정치적 결정이 무력하게 되었는가를 보여준다.

이 모든 점에서 우리는, 원인적으로는 극단적이고, 과정적으로는 잘 알려지고 뚜렷한 일반적 결과만을 도출하였다. 그러나 가장 흔하게는 우리는 사물들을 감히 정면으로 바라보지 못한다. 그래서 일반적으로 우리는 행정부 쪽으로 결정의 근원이 이동했다고 제한해버리고, 결정이 정치 속에 남아 있다고 간주한다. 그런데 이렇게 행정부 쪽으로 이동은 정치적인 것들의 점진적 제거의 한 단계일 따름이다. 또한 의회와 행정부를 다시 균형 잡히게 하려는 해결책들은 우리가 보기에는 헛된 일이다. 그 문제는 이미 지나간 일이다.

* * *

크로지에(Crozier 25)는 전문가의 역할은 일시적이지 결코 결정적이지 않다고 평가한다. 기술자들이 불확실한 영역들에 따라 변하고, 과학적 조직이나 경제적 지식이 합리적 예견을 허용해주면서, "궁극적 권력"(불확실한 상황들 속에서 심판의 권력, 다시 말해 진정한 정치적 권력)의 행사 속에서, 전문가들의 권력은 축소된다고 그는 주장할 것이다. 또는 신속히 변화되는 사회 속에서, 기술자들의 성공은 전문가들의 실제적 권력의 파괴를 부를 것이다.

"합리화 과정은 권력을 전문가에게 준다. 그렇지만, 합리화의 결과는 그것을 제한한다. 한 영역이 신중하게 분석되고 알려지자마자, 첫 직관과 개혁이 프로그램의 규칙으로 표현되자마자, 전문가의 권력은 사라지는 경향이 있다. 실제로 전문가들은 실제적인 사회적 권력을 진보의 전선 위에서만 갖는다. 이것은 그 권력이 무상하고 연약하다는 것을 의미한다…" "그리고 과학과 기술이 도달한 방법들과 프로그램들이 전문가가 아닌 사람들에 의해 사용되고 운영될 수 있는 정도에 따라" 그들의 권력은 더욱 더 약해질 것이다.

그러나 내가 보기에 크로지에는 전문가와 기술자를 잘못 혼동하고 있다. 분명, 전문가는 불확실한 상황에서 의견을 내도록 초빙된다. 그러나 기술자의 역할은, 그 역시도 전문가처럼 불려질 수 있는데, 거기에 그치지 않는다. 상황이 더는 불확실하지 않다고 해서 기술자의 역할이 줄어드는 것은 아니다. 그리고 기술이 그렇게 쉽게 확산되지도 않는다! 크로지에는 경제적 예측의 기술에 대해 말한다. 즉 그 기술이 발전하면 할수록, 그것은 아무나 손댈 수 없다. 두 번째로, 기술이 잘 알려지고 더욱 확실해지면, 그 기술자는 전문가 대접을 덜 받게 되고 또 그 역할은 임시적이고 약간은 애매해진다. 즉 그는 항구적인 자격으로 국가적 전체 속에 통합되고(그렇지만 그는 관료체제와는 혼동되지 않는다), 실제로 그의 입김이 강해진다. 왜냐하면 그는 지속적으로 결정에 참여하기 때문이다. 경제적 예측은 입안 그룹을 항구적으로 형성하게 한다. 그리고 기술자가 소유한 기술은, 그 혼자만 소유하면, 정치인에게는(크로지에가 생각한 좁은 의미의) 전문가의 "마술적 손" 만큼이나 신비스럽다. 마지막으로, 기술이 필요한 영역에서 국가의 개입이 커질수록, 더욱 더 기술자를 가져야 하고 전문가도 마찬가지다. 크로지에의 분석이 정확하기는 하지만, 그것은 다른 분야에서 다른 전문가에 의해 대체되기 때문에, 한 분야에서 전문가가 사라지기 때문이 아니며, 또 근본적으로 상황이 변하기에, 특히 정치권력과 기술자 또는 전문가 사이의 관계가 변해서가 아니다.

* * *

그러나 나는 문제가 무엇인지 안다. 즉 목적과 수단을 구분해야 한다는 것이다! 기술자는 질서의 계열 속에 위치하는데, 오직 거기뿐이다! 정치는 움직임 전체에게 주어야 할 방향, 목적, 일반적 선택사항의 영역에서 선택과 결정을 간직한다. "국가의 목표"를 지정하고 또 지정해야 하는 것은 바로 의회다. 계획은 이러한 목표를 달성하기 위한 수단으로 제한될 것이다. 사람들은 이러한 선택을 위해 나라 자체에게 호소할 수도 있다. 이 논쟁을 단순화하자면, 충족시켜야 할 욕구의 결정은 정치적 행위로 남아야 하고, 거기에 대답하기 위해서는 보통 선거에 호소해야 한다. 예를 들면 소비의 목표, 소비와 투자의 상대적인 몫, 또는 노동 시간 등 사이에서 선택하기이다.

그런데, 나는 이 모든 말이 무서운 착각이라고 주장한다. 분명 선택은 그 모든 차원에서 제한되어 있다. 상위적인 차원에서, 그 방향은 이미 취해졌고, 누구도 뒤로 돌아갈 수 없다. "신속한 경제 성장, 집단적 욕구의 충족, 저개발국에 대한 원조", 이러한 것들은 예를 들어(그리고 우리는 다른 예들도 들 수 있을 것이다) 누구도 결정해야 할 목표들이 아니다. 왜냐하면 그런 것들은 이미 결정되었기 때문이다. 가장 낮은 수준에서는, 결정은 실현 가능성·재정적 가능성·기술적 가능성에 종속된다. 여기서도 기술자가 가능한 것을 말할 것이다. 기술적 목표를 기술적 수단과 대립시키려 하는 것은 피상적이다. 오늘날 한편에서는 목표를 제한하고, 다른 편에서는 목표를 정의하도록 허용해주는 것은 바로 수단들이다. 그런데 우리가 위에서 지적한 상위적이고 하위적인 두 제한들 사이에서, 상대적으로 일반적인 정치적 결정이 자유롭다고 믿어야 하는가? 실제로 여기서 정치적 결정이 회피할 수 없는 다른 필연성들이 오는데, 그 필연성들은, 예를 들어 우리가 단지 기록만 할 수 있고 피할 수는 없는 사회적 흐름으로, 도시화 같은 것이다. 그리고 똑같이 바람직한 여러 목표들 가운데서 우선권만을 설정하는 문제일 때에도, 아주 정치적으로 보일 수 있는 문제들 중 가장 큰 논쟁은 실행들의 기술적 배치 논쟁이다. 연속적인 실행들이 어떻게 상호적으로 조건 지우는가를 보여주는 사람들도 기술자들이다. 피에르라트Pierrelatte에 공장을 세워야 한다면, 이 공장의 생산물이 이것을 허용해줄 것이고, 이것은 또 저것을 불러일으킬 것이기 때문이다.26)

기술자들의 판단이 없게 되면, 우리는 결정에 있어서 정치가 이상하게 무력함을 보게 된다. 정치적 권력이 기술자들을 만나 자율적인 권력을 보존하고 있음을 증명하기 위해 메이노Meynaud가 인용한 예들은 이러한 판단을 확인해 준다. 즉 사회적 긴장의 축소, 종교학교의 위상, 탈식민지화, 유럽 방위 공동체 문제들은, 정치인이 확실한 기술적 전문성 뒤에 피신하거나 의존할 수 없으면, 얼마나 무장해제 당하는가를 보여준다. 그렇기 때문에, 메이노가 기술자의 역할이 필수불가결하지 않을 많은 경우에도 정치인은 기술자의 의견을 따른다고 지적할 때 옳은 것이다.27) 그것은 특히 국제적인 조직에서 눈에 띈다. "순수하게" 정치적 문제들 앞에 섰을 때에, 예를 들어 알제리나 베를린 위기를 보자. 정치인들은 우리가 매일 확인할 수 있듯 결정을 하지 못하게 된다. 그러면 사람들은, 이렇게 순수하게 정치적인 문제들이 존재하고, 정치인이 주도권을 취할 수 있음을 당신은 인정하느냐고 물을 것이다. 물론 다음의 이중적 유보와 함께 인정한다. 즉 정치인의 불확실성은 여기서 그가 더 이상 자신의 후견인, 습관적인 조언자를 발견하지 못하기 때문이다. 그리고 특히 그는 다른 필연성들, 우리가 앞서 언급했던 필연성들에 잡혀 있다.

알제리 사건에서, 필연성의 결과가 아니었던 결정은 단 하나도 없다. 어느 정치인도 사건의 흐름을 돌릴 수 없었다. 그것이 가능했을까? 나는 그렇게 생각하지 않는다. 따라서 처음부터 민족해방전선F.L.N.의 승리를 피할 수 없는 것으로 제시하면서, 평화를 주장하였던 사람들은 어떤 가능한 필연성에 굴복하기를 권유했던 것이고, 더 큰 가능성 계산을 자유로운 행위와 주도권이라고 제시했던 것이다. 그렇다고 그들이 즉각적인 것에서나마 옳았던가? 그들은 1956년에, 그리고 1958년에도 70%의 프랑스인들이 프랑스에 속한 알제리를 찬성했고, 알제리계 프랑스인들은 말할 것도 없었고, 군대는 더 단호했다는 사실을 고려하지 않았다. 처음부터 예견 가능했던 필연성은 형태를 갖추었고, 점점 더 많은 사람들에게 얼굴을 드러내어, 결국 그 열매를 맺게 되었다. 1956년에서 1960년까지의 모든 독창적 해결 시도들은 실패했다.28)

* * *

분명 정치 세계는 "기계"가 되지는 않았다. 나는 정치 세계와 여론의 변화하고 변덕스러운 성격에 대해, 사회의 유동성과 "비정형적인" 관계들에 대해 주장하는 사회학파를 알고 있다….

분명, 나는 정치 환경에서는 어떤 흥분된 몸부림이 있고, 수많은 위원회들이 지배하며, 사람들은 거기서 무수한 결정을 내림을 알고 있다. 그리고 그들은 수많은 선언에 서명하고, 조약을 체결하며, 예산에 대해 토론하고, 후보자들을 제거하고, 공무원들을 임명하며, 절차와 행위 도식을 정하고, 조직을 꾸민다29)…. 이러한 차고 넘치는 행위가 분명 자유로운 행동의 착각을 준다. 이 수많은 말과 서류, 위원회는 결정의 착각을 준다. 실제로는, 이러한 행위 그 자체도 그 안에서 주도권과 자유가 큰 자리를 발견하지 못할 어떤 사회학에 종속되어 있다. 정치 세계는 아주 엄격한 규범에 따라 처신하고, 우리가 위에서 언급한 필연성들에 아주 정확히 복종한다. 그렇지만, 잘 알듯이, 수많은 미세결정들이 남아 있는데, 이것들은 일반적인 흐름 속에 포함되며, 정치인의 선택과 발명들을 표현한다. 그러나 우리는 더 나중에 그 의미를 보게 될 것이다.

그렇지만 사람들은 이데올로기적인 토론들이 존재한다고 말할 것이다. 어떤 이데올로기에 복종하지 않는 정치인이란 없다? 그리고 그럴 경우 바로 이러한 필연성들을 벗어나는 것이 아닌가? 이데올로기에 대한 일반적인 토론 속으로 들어가지 않기 위해, 나는 단지 중요한 유일한 이데올로기인 마르크스주의도 사실들과 상황들에 의해 강제된 것이지, 사람들의 자유로운 가맹에 의해 강제된 것이 아님을 지적하고자 한다. 나아가서 마르크스주의는 오늘날 바로 그것이 낡아버린 만큼 "가치 있고" 좋은 이데올로기로 나타난다. 마르크스주의는 19세기 중엽의 경제적, 법률적, 정치적 상황을 완벽하게 표현하는 이데올로기이다. 그것은 그 상황을 설명하고 제압하기를 허용해주었다. 1880년에 마르크스주의에 동조한 사람은 자유로운 행위를 하였고, 사건들의 흐름을 지배하려고 하였다. 그러나 이 이데올로기는 오늘날 아무것도 설명하지 못한다. 그것은 어느 점에서도, 그 철학에서, 경제에서, 전반적인 역사적 관점에서, 사회와 국가, 법의 개념에서 현재의 현실에 부합하지 못한다. 마르크스주의는 한 세기 전에 정상적으로 일어나야 할 것과 실제로 일어났던 것을 이해하게 해 주었다(상대적으로 이차적인 몇몇 문제는 예외로 하고). 그렇지만, 가능성들이 실현되었기 때문에, 사상으로서 마르크스주의는 동시에 소진되었다. 더 이상 이데올로기적인 어떠한 논쟁도 없고, 사람들이 했던 논쟁들은 학술적인 것이다. 사람들이 마르크스주의 이데올로기를 채택한 이유는, 사건이 확인을 해주었기에, 사람들이 사건에 다시 말해 가장 강력한 대세에 복종한 까닭이다. 마르크스주의자가 된 사람들은 소련이 가장 거대한 군대를 소유했기 때문에 그렇게 된 것이다. 그것은 언제나 깊은 철학의 표시였고, 완벽한 자유의 표현이었다! 그렇지만, 이러한 동조에 보충적인 다른 이유가 하나 있다. 즉 대중들은 이 이데올로기가 철지났기 때문에, 현재의 사회적이고 정치적인 현실과 더 이상 부합하지 않기 때문에 그것을 채택한다. 따라서 이데올로기는 현실을 가리는, 그리고 우선 스스로를 가리는 병풍이 되었다. 이데올로기는 사람이 모든 것의 열쇠를 미리 가지고 있기 때문에 그가 볼 수 없는 진짜 문제들과 대면하기를 피하기 위해 스스로에게 부여하는 보장이 되었다. 우리는 여기서, 정치인과 경제인의 견지에서, 기독교인들에게 흔히 했던 것과 동일한 비난 앞에 서게 된다. "당신의 기독교는, 신학, 체계, 도덕이 되어 모든 정신적이고 도덕적인 문제들의 해결책을 미리 포함하고 있다. 그래서 당신은 이 문제들을 피할 수 있고, 그것들은 당신에게는 존재하지 않는다." 바로 오늘날 마르크스주의를 향해 돌진하는 사람들은 이러한 간편함과 안전함을 추구한다. 그러나 거기에는 인간 자유의 표현은 전혀 없으며, 정치적인 것을 통제하고 길들이려고 하는 사람이 정치적인 것을 붙들었다는 단언은 전혀 없다.

이러한 이데올로기의 축출은 믿음, 전제 등의 사라짐을 의미하지는 않고, 극단적인 변화 열정, 진정한 혁명적 힘의 사라짐을 의미한다. 우리는 메이노Meynaud처럼 지배적인 이데올로기에 동조하는 문제라고 간단하게 말할 수는 없다. 그것은 어떤 답보 상태에 불과할 것이다. 대신 기술적 동기들을 위해, 그리고 기술적 수단에 의해, 그리고 기술적 지속성의 의미로 사회 경제적 발전에 동조하는 문제이다. 거기에서 이데올로기적인 토론은 더 이상 여지가 없다.

물론, 이 모든 것은 결정을 내려야 할 때에 기술자들과 정치인들의 절대적인 분할을 의미하거나, 모든 기술자들은 한 쪽에, 모든 정치인은 다른 쪽에 있다는 것을 의미하지는 않는다. 정치인들 사이에서처럼, 기술자들 사이에서도 분할이 있다. 때로는 정치권력이 기술자들의 의견을 무시하고 결정하는 것도 사실이다. 그러나 그것은 성공할 수 있느냐의 문제이다. 그 예로 알제리 정치, 사회보장제도의 새로운 관리, "프랑스식 원자로" 그리고 기술자들의 의견과 반대인 흐루시초프의 경솔한 결정들이 있다. 그리고 그 결정들로 해서 그는 결국 밀려나게 되었다! 메이노가 말하듯, 기술자가 자동적으로 최종 결정을 하지 못하는 영역, 기술자가 정치적 의도에 복종하는 영역에, 정치적이라는 용어를 남겨줄 수 있다고 일단 인정해 보자. 그러나 거기에서조차 그의 역할은 아주 중요하다. 그리고 완전히 독립된 정치적 결정은 일시성에 속한다. 전통적으로 "정치적"이라 불리는 문제들에 대해 기술자도 정치인보다 더 잘 알지 못하는 것도 사실이다. 그러나 거대한 일, 거대한 변화 그것은 여론이 효율성의 과정에 결합함으로써, 기술적 분야들의 증가로 해서, 기술자에게 호소하는 습관에 의해 소위 정치적이라는 문제들은 여론과 정치인 자신들의 눈에도 가치가 떨어지고, 그것들은 속상함, 실망, 불인정의 대상이 된다. 다음의 본질적인 사실을 고려해야 한다. 즉 통상 정치인만 결정할 수 있는 분야는 축소될 뿐만 아니라, 이차적이고 실망스런 분야로 간주된다.

모든 여론의 분석은 물랭Moulin의 주장이 오류임을 보여 준다. 그에 따르면 여론은 전문가에게 적대적이라는 것이다.30) 물론 때때로 여론은 전문가의 패배를 즐긴다고 쉽게 말할 수 있다. 그렇지만, 그것은 모든 "권위"에 반대하는 한 특수한 경우이다. 전문가와 정치인 사이에는, 여론의 선택은 거의 언제나 기술자 쪽으로 간다. 물론 사람들은 언제나 정치인에 의한 기술자의 장악을 희망할 수 있다. 그렇지만, 그것을 말하는 사람들은 순수한 희망을 말하고 있음을 확인하지 않을 수 없다. 아주 명확한 메이노조차, 이 문제에 접근할 때는 아주 모호하다. 예를 들어 "의회의 영향을 어떻게 강화할 수 있을까?" 또는 "정치적 힘을 어떻게 현대화할까?" 사람들은 그렇게 웅장한 움직임 앞에서 제안된 치료법들의 불확실성과 무력감에 사로잡힌다.31)

예를 들어 1960년부터 훌륭한 기자인 오리우Houriou가 의회의 역할을 가치 있게 만들기 위해서는, 의회에게 기술적 역할을 주어야 한다고 생각한 것은 아주 특기할만한 일이다. 그렇지만, 그는 이 기술적 역량은 겨우 산술적 수준에 위치할 수 있을 것으로 생각한다. 그런데 고려될 수 있는 다른 여러 가지 기술적 요소들이 있다. 다른 한편, 우리가 산술적 결과들 위에서 판단하게 되면, 선택은 배제되게 된다. 이러한 반대에 대해 선택은 기술적 연구 전에 이루어진다고 한 오리우의 대답은 일종의 패배이다. 왜냐하면 만약에 그렇다면, 우리는 오리우 자신이 확인했듯이 무슨 이유로 의회의 역할이 줄었는가 알 수 없기 때문이다!

* * *

이러한 선택권의 축소는 메를로 퐁티Merleau Ponty가 『휴머니즘과 테러』 속에서 분석한 것에 일치한다. 정치인이 모호성 속에서 살고 있는 한, 그가 필연적이지 않은 선택을 하는 한, 다양한 정치인들이 각자 자신의 관점이 있고(그 관점이란 분명 이성에 또는 정열에 기초한 관점 이상은 아니다), 그래서 자기들의 생을 그 관점 위에서 운용하는 한, 그때 정치는 테러이다. 그리고 만약 역사가 열려 있다면, 그리고 똑같이 그럴법한 수많은 가능성들이 있다면, 사람들은 결정의 우발성도 제거할 수 없고(그렇지만 그 우발적 결정을 한 사람은 그것을 강요하기 위해 미래를 강제해야 한다), 진실에 대한 확신도 제거할 수 없다(그러나 마찬가지로 그 확신을 가진 사람은 그것이 승리하도록 하기 위해 폭력을 사용해야 한다). "역사는 우발성이 있기 때문에 테러이다." 정치 행위가 하나의 선택 위에 세워진 참여인 순간부터(물론 그 선택은 자의적이지도 무모하지도 않은 것이다), 그것은 폭력의 범주에 속한다. 그러나 그 대안은 메를로 퐁티가 생각한 것처럼 역사의 엄밀하고 미리 결정된 의미가 있는가를 진정으로 아는 것이 아닐 뿐만 아니라, 역사의 합리성을 구현하고 의미 있는 움직임을 내포하는 유일자인 프롤레타리아 계급의 신비 속으로 빠지는 것은 더더욱 아니다.

내가 생각하는 대안은 상황, 방법, 분석의 기술화로부터 온, 점차적으로 강제적인 어떤 필연성의 창조인데, 이것은 만약 정치인이 비일관성으로부터 벗어나기를 원한다면 그를 최종적인 단 하나의 가능성 앞에 놓이게 한다. 그런데 그것은 못된 기술자의 일이 아니라, 다음의 상응 때문이다. 즉 정치는 더욱더 내재적으로 기술적인 영역들 속에서 결정을 내려야 한다. 그런데 이 영역들에 특별히 기술적인 분석 방식과 행동 방식들이 상응한다. 그러나 이러한 대안은 메를로-퐁티에게는 알려지지 않았다. 그렇기 때문에 그가 스탈린에 대해 한 분석은 공허해진다. 왜냐하면 스탈린을 특징짓는 것은 바로 기술적인 것의 수용이고, 역사와 마르크스주의가 필연성으로 알려진 기술에 복종하는 것이기 때문이다. 더 나아가서, 기술의 발전이 점차로 프롤레타리아 자체를 그의 존재 조건과 역사적 현실 속에서 제거한다. 그래서 프롤레타리아는 성격이 바뀌고, 역사 철학들이 그에게 배정한 역할을 더 이상 할 수 없다.★

2. 일시성

정치적 결정의 다른 극은 일시성이다. 그 수많은 결정, 투표, 명령, 선거, 계획, 우리가 위에서 암시했던 고유하게 정치적인 그 많은 활동의 열

★ 단어들의 힘은 놀라울 따름이다. 왜냐하면 위에서 언급한(아주 분노할만한) 주제들을 독자를 만족시킬 방식으로 제시하는 것이 가능할 것이기 때문이다. 나는 예를 들어 유명한 정치학자를 따라 이렇게 말할 수 있을 것이다. "결정들의 관료주의화, 기술성은 권력의 자의성을 제한하고, 자유 재량권을 축소하며, 정치적 수장에 대해 독립을 허용해주는 효과가 있다." 이것은 정확히 같은 것일 것이지만, 독자는 만족할 것이다!

매, 이 모든 것은 일시성 속에 포함된다. 그것은 우리 시대의 가장 감동적이고 아마 가장 비극적인 징후이며 특징이다.

우리가 필연성이 더욱 확실해진 사회와 역사 속에 들어가게 되었더라도, 우리는 지속성 속에 들어가거나 지속성을 위해 설정되지는 않았다. 우리의 모든 문명은 일시적이다. 만약 사람들이 많이 소비하는 것을 영광으로 여긴다면, 신속한 사용을 위해 만들어진 대상들을 신속하게 내던져야 한다. 사람들은 더 이상 고치지 않는다. 그들은 버린다. 플라스틱, 나일론은 아주 미세한 시간의 간격을 새것의 상태로 살기 위해 만들어진다. 그리고 값이 나가지 않기 때문에 그 새것의 반짝임이 지워지면 즉시 파괴된다. 주택은 그 감가상각의 기간 동안을 위해 건축된다. 그리고 미학적 세계 속에서는, 더 이상 대성당을 짓지 않고, 대신 영화를 찍는다. 영화는 그 속에 인간이 전부 들어가고, 거기서 그가 자신의 깊은 메시지를 전달하는 훌륭한 예술품으로서 몇 주 후에는 망각될 것이고, 몇 안 되는 감식가들이나 다시 찾을 필름 보관소 속에 묻히게 될 것이다. 우리는 한 편의 텔레비전 방송을 실현하기 위해 우리의 모든 정성과 지성을 동원한다. 이 방송은 20분간 지속될 것이고, 감탄한 시청자의 희미한 추억 속에서만 존재할 것이다. 이것은 인간과 그의 시대의 가장 특징적인 모습들이다. 기발한 보물들, 거대한 노동량, 자신이 한 것의 의미에 사로잡힌 인간의 정열은 이 일시성들로 귀착하고, 그로부터는 아무 것도 남지 않을 것이다. 신문은 전날의 신문을 지우고(그리고 독자의 뇌리 속에서 그것을 이어주지 않는다!), 새로운 기술은 낡은 기술을 지운다. 그것은 역사의 가속이지만, 그와 동시에 지속하면서 우리의 현재함을 만들었을 것이 재로 변해 사라지기이다. 자신의 뒤에 영원한 작품을 남기기 위해, 지상에 자신의 족적을 남기기 위해 일했던 인간이, 지속성의 이상한 포기 속에서, 오늘날은 가장 우연적이고 달아나기 쉬운 것을 추구한다. 그리고 현대의 성당이라 할 발전용 댐들이 한 세기를 지속하도록 기술적으로 건설되었지만, 새로운 방식에 의한 전력 생산은 그보다 훨씬 전에 그것들을 무가치하게 만들어버릴 것이고, 그것들은 이해할 수 없는, 점차 와해될 몰골들로 남게 될 것이다. 우리는 우리의 뒤에 잘 깎아진 부싯돌 하나 남겨놓지 않을 것이다.

* * *

정치는 바로 이러한 일시성 속에 그 수많은 결정들과 함께 들어간다. 애석하게도 우리는 정치에 열광한 자들을 그렇게 뒤흔든 모든 것, 우리 시대의 파시즘(사람들은 프랑스에서 그것의 공허함을 잘 보여주었다), 드골주의(뒤로 이어지지 않는 일시적 현상), 선거들, 당의 중요성 등을 그 일시성 속으로 밀어 넣는다. 이것들은 어떤 미끼처럼 현재의 정치 세계에 대해 실제적인 질문들을 하지 못하게 하는 질문들이다.

이러한 일시성의 여러 양상들과 원인들이 존재한다. "그건 아무 소용없다"라는 흔한 말 속에서 일반적인 징후가 포착된다. 우리는 한 당의 프로그램이 아무 소용이 없음을 안다. 사람들은 약속을 할 수 있고, 게시문을 달 수 있다. 그러나 내일이면 모든 것이 망각되고, 몇몇 못 된 성격을 가진 사람들만 그 약속들을 언급하고자 하는 불순한 생각을 품을 것이다. 여기서는 풍향계 이상의 아무것도 아니다. 감히 그것을 비난하려는 사람들에게, 우리는 아주 간편한 대답을 한다.

"뭐라고! 그런 생각을 어쩔 것인가? 그리고 변화는? 당신은 인간이 변하기를 금지할 것인가? 그리고 시간은? 뭐라고! 당신은 당신이 어제 말했던 것과 연결되어 있다고 느끼고 싶은가? 그렇지만, 그건 완전히 지나버린 인간의 개념이고, 과학적이지 않은 인류학이다. 당신은 개성이 변함을 알지 못하는가! 내가 오늘 그 반대로 말하는데, 당신이 알제리 전쟁에 대한, 또는 공산주의에 대한 나의 어제의 선언을 들먹인다면, 그것은 아주 간단히 당신이 생을 부정하기 때문이다. 단지 경화증에 걸린 자나, 마비된 자들만 움직이지 않는다. 당신은 지적으로 마비된 자이다."

우리가 이런 종류의 담론 수준으로 그친다면, 아주 심각하지는 않다. 그것은 정치인과 지식인에게만 훌륭한 자기변명의 수단들을 준다.

드골De Gaulle은 1958년부터 1962년까지 동일한 정치를 해왔다고 주저 없이 주장할 수 있었다. 나는 이 점에 있어서 사르트르Sartre와 그의 친구들이 그를 비난하는 것을 이해할 수 없다. 왜냐하면 이런 종류의 설명을 계속 정당화했던 사람들은(자기 자신들을 위해) 바로 그들이었기 때문이다. 그렇지만, 드골도 4공화국의 정치인들이 모두 틀렸다고 주장하면서도, 간단하게 기 몰레Guy Mollet의 정치를 했었다. 드골의 격렬한 반대자인 망데스 프랑스Mendès France도 알제리는 완전히 프랑스에 속하고, 그걸 넘겨주고자 한 사람들은 배신자라고 했었다.

정치인들의 수없는 변신은 다만 그들의 약함과 공허함을 보여줄 따름이다. 그것은 큰 의미로부터 유래한 것이 아니다. 마찬가지로 사람들은 헌법 자주 바꾸기는 프랑스에 특수한 현상이라고 주장할 수도 있을 것이다. 지속적인 방식으로 정치적 실천을 관장하기 위해, 안정되게 하나의 정치 구조를 구성하기 위해 만들어진 영원한 텍스트가 서로 다른 전문가들의 계산법에 따라 두 세기도 되지 않아 14번이나 또는 18번이나 바뀌었다는 사실, 그것은 프랑스 정치의 불안정, 우리 성격의 변덕스러움을 증명할 수 있을 것이고, 그 이상은 없다고 할 것이다.

내 눈에는 더 심각한 것이 있다. 그것은 법과 정치적 결정들의 변화가 **원칙**으로 형성되었다는 것이다. 누가 "우리는 원하지 않았지만, 양보해야만 했다"라고 말한다면, 나는 할 말이 없을 것이다. 나는 다만 실제로 필연적인 변화가 있음을 인정할 따름이다.

그런데 여기 법에 있어서 레닌주의가 있는데, 이 레닌주의는, 법에 대해 상부구조의 개념을 견지하면서, (착취 체제의 상부 구조인) 자본주의 상황으로부터 사회주의 체제에까지 펼쳐진다. 차후로 레닌주의와 함께, 법은 어떤 체제나 정치적 결정처럼 그 자체로는 조금의 지속도 없고, 사회·경제적 여건 위에 순수 간단하게 줄을 서야 한다. 법은 요동을 쳐야 하고, 상황에 저항할 때는 진보를 방해하고 변화를 가로 막는다. 그러면 법은 나쁘다. 다른 한편 사람들은 소련 체제에서 혁명 이후에도 법이 남아 있는 이유를 설명하기가 너무 어렵다는 것을 안다. 법은 세상과 관계들의 자본주의적 분할과 연결되어 있기 때문에 혁명 후에는 사라져야 했는데 말이다. 그러나 이 유지되고 있는 법은 그 어느 때보다도 상황의 변화에 종속되어 있다. 그것은 순간적인 표현에 불과하고, 사회·경제적인 관계들 전체의 일시적 형태화에 불과하다. 상황이 변했을 때, 거기에 따른 규칙도 사라진다는 것은 당연하다. 이러한 상황논리적 교리는 놀랄 만큼 법과 조약에 대해 히틀러적인 교리와 동일하다. 하나의 조약은 상황적인 가치밖에 없다. 여건이 바뀌면 조약은 저절로 무효가 되고, 당사자들은 그것에 대해 확실히 말할 필요도 없다.

우리는 여기서 법의 근본적인 변화 앞에 있다. 사실 이런 저런 경우에 있어서 우리는 이익에 기초한 어떤 교리와 관계하고 있다. 레닌이 말하길, 프롤레타리아의 이익 속에서 만들어진 것은 선이다. 아리안 족의 이익을 위해 만들어진 것은 선이라고 히틀러는 대답한다. 그리고 사람들은 이러한 공식을 두 방향으로 확장한다. 프롤레타리아는 신속하게 소련과 동화되고, 아리안 족은 제3제국과 동화된다. 이어서 선은 정의와 동화되고, 정의는 법적인 것과 동화된다. 따라서 법에 부합하는 것, 그것은 소련의 이익이나 제 3제국의 이익 속에 있는 것이다. 하나의 조약은 이러한 부합성에 따라서만 지속되고, 이익은 상황이 변하면 따라 변한다. 계약이나 제도의 안정성은 있을 수 없고, 법의 규범성이나 가치에의 의거는 있을 수 없다. 법은 정치적 결정 도구들 중 하나이다. 게임의 규칙이란 더 이상 없고, 사람들이 복종해야 할 사실들의 비일관성이 있다. 그리고 사르트르의 철학은 규범성의 거부와 비지속성의 교리를 통해, 권위에 있어서 히틀러적인 개념과 아주 만족스럽게 결합한다. 그리고 큰 목소리로 "사물들이란 현재 있는 그러한 대로의 것이기에…"라고 말할 때, 여전히 동일한 방향이다. 즉 사실들이 법이다. 오랫동안 사람들이 법과 규범만을 생각하였고, 법을 그 자체로 확실한 것으로 간주하며, 역사적 상황을 무시하는 경향을 보였지만, 오늘날 우리는 집단적으로 다른 극단으로 옮겨버렸다.

내가 이렇게 다른 생각들을 비교한 것은 그것들을 뒤섞는 즐거움을 위한 것이 아니다. 이편저편에서 교리라고 생각한 것은 사실은 상황을 따라가는 공통 경향의 표현임을 보여주기 위해서이다. 그리고 법에 대해 나는 정치적 결정의 가장 상위 표현, 즉 법의 창조에 대해 말했었다. 그것은 다른 많은 것에 확장될 수 있을 것이다. 우리는 오늘날 가장 훌륭한 지혜는 상황에 적응하는 것이라고 생각한다. 나는 그걸 고려치 말아야 한다고 말하는 것이 전혀 아니다! 그건 어리석은 일이다. 그러나 간단히, 나는 그것이 지금까지 인간이 법이나 정치라고 명한 것의 부정임을 확인한다. 다시 말해(법이나 정치는 인간의 수법에 의해 만들어진 의미로) 인위적인 방식으로 안정된 세계를 만드는 것인데, 이세계 속에서 인간은 형태들과 대상들을 알아보고, 이름과 장소를 지정하며, 그리고 그 세계의 유동성을 이용하여(그리고 거기에 반대하여) 어떤 지속성을 만든다. 법이나 정치는 인간 주권의 가장 높은 표시였다. 우리는 한편에서는 이익을 위해, 그리고 다른 한편으로는 사물들 흐름의 자동성을 인정하기 위해 그것을 포기했다. 그래서 우리는 여기서 정치적 결정의 독립성, "인격성"을 다시 볼 수 있다. 바로 이 수준에서 위원회, 사무실, 벽보, 당의 세포가 위치하고, 이 수준에서 모든 휴회, 휴정과 공허함이 가능하다. 그렇지만, 이 길을 통해 인간의 자유가 재도입되었다고 착각해서는 안 된다. 우리가 다루는 문제는 사건들에 대한 종속에 관한 것이다.

* * *

오늘날 정치가 매달린 일시성의 가장 중요한 현상은 뉴스이다. 우리 시대의 인간은 뉴스에 의해 포위되었다. 가장 늦게 일어난 사건이 필연적으로 가장 중요하게 보인다. 정치인도 그날의 정보에 종속된 그런 사람이다. 그러나 이 사람은 또 그저 그런 시민으로서, 나는 정치적 결정에 대한 그러한 시민의 개입과 영향력을 부정하지 않는다. 이 시민은 어제 일어난 일밖에 알 수 없다. 그는 최종적인 모험에 대해서만 정열적이며, 정치인이 이 사실 앞에서 결정을 내리기를 강요할 것이다. 다른 모든 나머지는 이 시민에게는 전혀 중요하지 않다. 그리고 정치인은 자신이 이러한 사실에 대해 질문 받을 것임을 안다. 따라서 정치인은 이 뉴스의 수준에서 입장을 취하게 된다.

최신 뉴스에 대해 모두가 보이는 열정으로 쉽게 확인할 수 있는 이러한 민감성, 뉴스의 이러한 본질적 영향력의 원인은 무엇인가? 여러 다양한 요인들이 하나의 전반적 상황을 창조하기 위해 결합한다. 물질적 요인들이 다른 심리적 요인들과 만난다. 한편에는 매스미디어의 거대한 발전이 있다. 이러한 하부구조가 없다면, 뉴스는 오늘날 중세기 정도의 가치밖에 갖지 않았을 것이다. 원래는 정치적인 것에 대해 전반적으로 정보를 제공받고자 하는 일차적인 욕구가 없었다. 지식인들은 자기의 의견과 소식을 확산시키고자 하는 욕구를 느꼈음은 자명하다. 초기에, 정치 소식을 접할 왕국의 신민은 정치에 초연한 호기심에 따라서 정보를 원했다고 말할 수 있다. 그러나 전달 장치가 고안되고, 정치 소식이 여론 발전의 일반적 과정 속에서 경우에 따라 모두에게 관계되는 사건이 되자, 그리고 그 사건에 대해 인간이 자신도 참여를 해야 하고, 나아가서 자신이 적시에 개입함으로써 그것을 변형시킬 수 있음을 알게 되자, 정보에 대한 욕구가 자리를 잡았다. 그리고 그것의 발전은 눈덩이가 불어나듯 놀라울 정도가 되었고, 언제나 더 많은 정보와 더 최근의 정보를 원하게 되었다. 그러나 그것은 다시 한번 경제적이고 기술적인 하부구조에게 종속된다. 그런데 이 경향은 오늘날 전적으로 다른, 그렇지만, 같은 방향으로 가는 심리적 인자들을 만난다. 아주 피상적으로 현대인은 최신 뉴스를 원한다. 왜냐하면 그것은 하나의 집단 안에서 반박할 수 없는 특권의 근원이기 때문이다. 다른 사람들에게 그들이 모르는 것을 알릴 수 있게 되기, 소식을 알고 있는 그런 전설적인 인물 되기, 정보를 더 잘 받는 우월한 자가 되기, 나아가서 어떤 비밀을 소지하는 자가 되어 다른 사람들에게 그것을 전달하고 그들의 반응과 놀라움을 기대해 보기, 게다가 이미 알고 있는 사람이 보이는 어떤 냉점함도 지니고, 그럼으로써 모르는 사람들에게 질문도 할 수 있기, 그러한 것은 분명 거장이라는 확인 아닌가! 우리 세계처럼 소식에 굶주린 세계 속에서는, 알고 전달하는 사람이라는 것은 주권적인 힘에 참여하는 것이다. 그래서 현재의 인간은 먼저 정보를 받으려고 노력한다.

게다가 집단적 흐름이 강력하게 관통하고 있는 사회 속에서는, 뉴스 정보는 또 참여의 본질적인 방식이다. 그리고 뉴스가 이목을 끌수록, 인간은 자신이 사회 속에 더 참여한다고 느낄 것이다. 그렇지만, 쏘비Sauvy가 생각한 것처럼 정보의 차원에서, 인간에게 깊이 참여하기를 요구해서는 안된다. 실제로 정보가 피상적이고 중요성이 없지만 이목을 끌수록 인간은 더욱 흥미를 가질 것이다. 더 나아가서, 이러한 조건들 속에서 인간은 행위를 거부하지 않는다. 그렇지만, 행위는 정열적인 뉴스 속에 잘 개입해야 하고, 그 속에서 인간은 행동할 여지가 있음을 명확히 느껴야 한다. 그러면 그 사람은 강력한, 영광스러운, 그리고 간단한 노력을 수락한다. 뉴스의 간결함 자체도 필요하다. 또한 뉴스는 끊임없이 새로워져야 한다. 뉴스는 그 속에 개입된 인간의 행위 가능성을 되살리기 위해 자신의 재로부터 다시 태어나야 한다. 마지막으로, 아주 잘 알려진 마지막 점을 지적하자. 즉 시사적 문제들에만 공공 여론이 일어난다. 여론은 오늘 그에게 중요한 것에 대해서만, 그것에 의해 자신이 접촉되었다고 느낀 것에만 형성된다(우리는 이 점에 있어 스토첼Stoetzel과 알포트Alport의 연구에 의존한다). 우리는 벌써 그것을 통해 어떻게 정치가 필연적으로 뉴스와 연결되게 되었나를 파악한다. 오늘날 권위의 유일한 근원이 공공 여론이라면, 명령권의 힘이 공공 여론 속에 있다면, 여론이 자동적으로 형성된 것이 아니라 밖으로부터 오는 것이 사실이라면, 이 여론이 시사적 사건의 경우에만 존재한다면, 우리는 시사적 현상의 영향과 그 현상이 정치에 부여하는 일시적 성격을 알 수 있을 것이다.

 뉴스의 우세는 원칙적으로 통치자나 시민 개인의 근본적인 정치적 무능력을 생산한다.

 뉴스의 첫 번째 효과는 분산 효과이다. 신문은 매일 도처에서 오는 소식들을 전하고, TV는 세계의 사건들을 마주하게 한다. 인간에 대한 아주 고전적인 관점은 이 전체 정보와 소식 앞에서 인간을 그 자체의 존재로 생각한다. 인간은 자신의 정보 양을 흡수할 것이고, 영양분을 자신의 극대 이익을 위해 흡수하고, 소화하며, 사용할 것이다. 그는 그것을 통해 더 영리해지고, 정보를 더 많이 받으며, 좋은 시민이 되기에 더 적합하게 될 것이다. 그러나 이러한 인간관은 실제 시험에 버티지 못한다. 실제로 인간은 주인이 되지 못하고, 지속적이며, 동화된 인격이 아니다. 그는 불연속적인 의식을 가지고서, 그를 분할하는 영향들에 종속된 유동적인 존재이다. 그리고 뉴스는 그 첫 효과로서 그가 좋은 시민이 되도록 적응시키는 것이 아니라, 주의를 분산시키고, 비워버린다. 결국 인간이 소화 못 할 너무 많은 정보들과 그에게는 아무것도 아닐 너무 다양한 정보들, 그리고 그의 의식 속으로 들어가지 않을, 숙고 재료가 되지 못할 순수한 사실만을 주게 되는 것이다. 그런데 뉴스는 하루 동안에도 공간 속에서 우리를 분산시킴과 동시에, 시간 속에서도 분산시킨다. 뉴스의 특징은 시시각각 다르다는 것이고, 방금 존재한 것에만 의거한다는 것이다. 어제 있었던 것은 더 이상 흥미 없다. 소식은 언제나 새로운 것이어야 한다. 그러나 그것은 하나의 뉴스는 반드시 다른 것을 대체함을 의미한다. 인간이 자신의 기억 속에 어제 알았던 모든 것을 귀하게 간직한다고 믿어서는 안 된다. 그러려면 인간이 갖지 않은 능력이 있어야 할 것이다(자끄 엘뤨, 『정보와 선전』Information et propagandes을 참고하기 바람). 이러한 끊이지 않는 홍수 속에 잠겨, 인간은 반드시 잊어야 한다. 우리는 나중에 이러한 기억 사라짐의 깊은 의미를 볼 것이다. 여기서 그것은 정보의 필연적인 효과임을 지적하자. 여기서 우리는 정치의 가장 피상적인 차원으로 인도되었다. 우리가 언급했던 풍향계의 출현으로서, 보통 사람의 일 뿐 아니라, 우리의 가장 훌륭한 정치학자들의 일이기도 하다. 그리고 이것은 우리가 말한 두 분산의 결합에 의해 더욱 심각해진다. 다시 말해 상당히 놀랄만한 지속성이 사라진다. 즉 동일한 주제에 관한 하나의 정보가 다른 정보를 지운다면, 그건 불행 중 다행일 것이다. 그렇지만, 정보가 하나의 문제에 관해 계속되는 경우는 아주 드물다. 계속 되었다면 우리는 그 문제가 탄생하고, 복잡해지며, 성장하고, 위기에 도달하며, 폭발하고, 해결되는 것을 보게 될 것이다. 그러나 가장 흔히는, 나의 주의는 오늘은 터키에 끌리고 내일은 뉴욕 증시 위기에 놓일 것이며, 모레는 수마트라의 낙하산 타는 사람들에게 쏠릴 것이다…
이 모든 중심에서, 특별히 훈련받지 않은 사람이 어떻게 조금치의 지속성
이라도 파악할 수 있을 것이며, 조금치의 정치적 지속성을 경험할 수 있을
것이고, 결국 이해할 수 있겠는가? 그는 뉴스에 글자 그대로 **반응**할 수 있
을 따름이다.32) 그런데, 다시 한번 잘못된 시민상을 갖지 않도록 조심하
자. 그가 만약 잘 정리된 어떤 정치적 교리, 판단할 수 있는 정치적 사고를
가졌다면, 어떤 정보들은 그에게 유용할 수 있을 것이다. 그러나 최소한
비독재적인 나라들에서는, 실상은 그렇지 못하다. 인간은 교리적인 내용
이 없는 어떤 판박이들 위에서(민주주의, 공화국, 파시즘, 사회적 정의
등), 그리고 사건을 이해하고 해설하기에 아무런 도움도 되지 않을 것들
위에서 정치적으로 산다. 따라서 그는 실제로는 헤일즈Hales의 유명한 개
구리처럼 반응만 할 수 있을 따름이다. 그는 순수하게 내장적인 "여론"을
가질 것이다. 그것은 편견과 환경, 이익, 선전 등으로부터 온 것이다. 그것
은 또 뉴스 속에 잠긴 인간적 상황과 밀접하게 연결되어 있다.

사람들은 언제나 편견, 환경의 영향 등이 있다고 말한다. 사실이다. 그
러나 뉴스의 새로운 사실이 거기에 두 차원을 더한다. 첫 번째는 끝없이
새로워지는 선동이다. 일반 시민이 아는 정치적 문제들이 드물었을 때에
는, 시민은 충동과 흥분을 아주 드물게 겪었다. 반대로, 현대 정보 상황은
끝없는 자극을 생산하고 계속된 반응을 자극하며 편견을 되살리고 집단을
경화시킨다. 그러면 우리는 개구리의 근육에 최종적으로 오는 것, 즉 경직
을 알고 있다. 이것은 정치적 성숙을 위해서는 좋은 결과가 아니다. 또 독
재 국가들에서는 시민의 정치 교육을 하는데, 완전히 만들어진 교리가 민
주 시민의 공허함을 대체하고, 뉴스는 실제적으로 존재하지 않으며, 전문
가들의 잘 정제한 정보가 교리 속에 이미 들어 있다. 그렇게 해서 착각을
위해 경직을 피한다. 뉴스가 가져온 두 번째 차원은 인간으로서는 정보를

지속적으로 세공하여 통합할 수 없다는 것이다. 왜냐하면 그는 시간이 없기 때문이다. 과거에 그는 자발적이고 개인적인 성찰을 통해 환경의 영향과 편견에 대항할 수 있을 만큼 한가하였다. 게다가 이 성찰은 아주 제한된 가치만 가졌고, 일반적으로 역사적이었다. 그렇지만, 오늘날 뉴스의 홍수는 인간이 정치적인 것을 심각하게 생각하기를 금한다.

> 이러한 비일관성의 놀라운 예는 1964년 5월의 프랑스 여론 연구소 I.F.O.P. 여론조사에 의하면, 대부분의 프랑스인들이 드골 대통령의 사회적 정치와 경제적 정치를 비난하면서도 결국 그에게 투표하는 것을 보게 된다.

그 전의 여론조사는 또 대부분의 프랑스인들이 드골 대통령의 외교 정치와 동시에 유럽 통합을 찬성하였다(그런데 이 외교 정치는 공개적으로 이러한 통합에 반대했었다).

내가 보기에 뉴스와 정치적 사유 사이에는 근본적인 대립이 있는 것 같다. 4가지 점에서 그러하다.

교양 있는, 훈련된 사람도 정치적이거나 경제적인 결합체를 포착하기가 더욱 더 불가능해진다. 한편에서는 소련에 관한 전반적인 관점들이 있을 것이고, 다른 한편에서는 공통점이 없고, 겉으로는 의미가 없는 무수한 시사적 사실들이 있을 것이다. 그로부터 어떤 문제에 관해 유력한 문서를 이용하여 쓴 저작들이 차후에 발생한 사건에 의해 신속하게 부인되는 고통이 일어난다.

C. 르포르Lefort 33)는 정치적 사유에 대해, 특히 사르트르의 정치적 사유에 대해 "사건"의 중요성을 잘 분석한다. 그는 특히 "지금 여기서

일어난 것의 진실에 전적인 몰입을" 수락할 수 없지만, 마찬가지로 "역사의 법칙이 결정적으로 서술된 어떤 체계 속으로 피신도" 수락할 수 없음을 보여준다. 분명 그러한 사건은 상징적일 수 있고, "시대의 진실을 읽도록" 허용해 줄 수 있다. 그러나 한편으로는 하나의 사건만 중시할 수 없고, 다른 한편 그것도 어떤 후퇴와 연기 후에만 이해 할 수 있다. 한 사건의 직접성 속에 몰입하고, 자신의 사유를 그 뉴스에 종속시키는 것은 필연적으로 "시대의 진실을 읽는" 모든 가능성을 파괴하는 것이다. 사건의 진행에 독단적인 틀을 외부적으로 적용하는 것도 마찬가지다.

우리가 어떤 전체를 파악하기에는 너무나 많은 다양한 색깔의 미세한 터치들이 그림을 덮고 있다.★ 그리고 뉴스는 여기에 더해지고, 그 뉘앙스는 무한히 부풀어간다. 우리가 파악할 수 없다면, 그 고유한 의미에서 정치적인 고찰은 얼마나 더 어렵겠는가. 우선 우리는 시간이 없다.

이어서 이러한 고찰을 하기 위해서는, 정지를 해야 하고, 시간을 멈춰야 한다. 어떤 틀 속에서 알고 있는 사건들 전체를 고찰해야 하고, 그것들을 어떤 개념적 틀을 통해 해석해야 한다(그것을 자의적이라고 하지 말자. 그것만이 유일한 과학적 방식이다. 알려진 생경한 사실은 어떤 사유 속에서 파악되고 해석되지 않으면 아무런 중요성이 없다). 그런데 물리학자는 연구된 사실이 자기를 기다린다고 확신하면서 조용히 있을 수 있지만, 정치

★ 사람이 뉴스 속에 묻힐 때, 그리고 그가 전문가일 때 "정치적인 것을 포착하기" 불가능한 것에 대해, 나는 그 예로서 W. 쉬러Shirer를 그의 제 3제국에 관한 책과 함께 들 것이다. 그는 지속적으로 문서를 통해 뉴스 속에 묻혔고, 엄청난 발굴 작업을 했지만 공허에 이르고 만다. 분명, 자신의 외교 기자로서의 전문성에 의해 제한되어, 그는 외교적 요소만 복원할 줄 알았다. 뉴스에 의해 제한되어서는, 그는 그것의 가장 극단적인 피상에 머물렀다. 실제로 그는 히틀러적 혁명에 대해, 그의 경제 요소들, 그의 전반적 성격에 대해 아무것도 포착하지 못했다. 반면, 우리는 1938년 6월 16일 21시 2분에 히틀러가 회색 바지를 입고서 말했다는 것만 안다… 바로 이 조건에서만 이 책은 베스트셀러였다.

적 성찰은 그렇게 할 수 없다. 우리가 뉴스에 빠져 있고, 시민이 뉴스의 정열에 젖어 있기 때문에, 그는 최후의 사실, 최후의 사건과 관계있는 것만 믿고, 받아들이며, 중요하게 여길 수 있다. 모든 정치적 성찰은 미리 가치가 하락된다. 왜냐하면 그것은 어제의 소식들과 관계있고,(최소한 겉으로는) 오늘 아침의 소식들을 고려하지 않고 설명하지 못하기 때문이다. 정치적 성찰이 보통 시민에 의해 받아들여지려면 뉴스만큼 순간적이어야 한다. 그것은 사설의 형식을 취해야 하고, 진짜로 성찰이 아니며, 그것이 한 전문가의 사실이 되었다는 점에서 다만 조금 더 세공된 반응의 계열에 속한다.

뉴스 속에 몰입하기는 더 나아가 다양한 정치 수준들에 대한 무지를 생산하고, 그것들을 파악할 수 없게 한다. 일상의 움직이는 표면 아래에는, 흐름들이 있고, 더 깊은 곳에서는 석산호처럼 느리게 변하는 해저가 있다. 그러나 뉴스만이 관심을 끌고, 나아가서 정열을 일으키기 때문에, 모든 주의력과 심각한 정치의 능력은 이제는 최근의 테러리스트적인 유괴나 1962년에 O.A.S.에 의해 설치된 폭탄에만 쏠린다. 이러한 때에 더 깊은 수준에 대해 말한다면, 예를 들어 소수자들의 권리를 보호하기가 전통적으로 어렵다는 것에 대해, 또는 더 깊이 모든 형태의 전체주의, 또는 사회의 기술화 등에 대해 말한다는 것, 그것은 시대의 밖에서 살고 있는 사람, 시대의 문제에 참여하지 않는 사람 같은 인상을 준다. 그런데 그러한 것이 진짜 정치적 사유를 이루는 것이고, 경우에 따라서는 뉴스를 설명할 수 있는 것이다. 그러나 누가 그런 설명에 마음을 쓰겠는가? 왜냐하면 뉴스에 붙들려 있어서, 시민들은 근본적인 문제들을 거부하기 때문이다. 게다가 시민들은 "우파와 좌파", "자본주의와 공산주의" 같은 완전히 지나버렸거나 쓸데없는 이미지들과 어휘들에 매달려 있고, 또 근본적인 정치의 문제는 그런 것이라고 간주하고 있는데 말이다!

뉴스의 포로인 시민은 또 거짓 문제들에,34) 즉 정보가 억지로 준 문제들, "정치적 스펙터클"의 일부인 문제들에 고정되어 있다. 오늘날 정치는 흔히 공연의 형태를 띠는데, 그것은 고객을 즐겁게 해주기 위해 정치인들이 제공한 공연이다. 히틀러나 소련의 대형 퍼레이드들, 선거와 국민투표라는 공연, 텔레비전에 나온 의원들의 공연, 정치 뉴스와 일치된 느낌을 갖는 공연. 텔레비전을 통해서 거대한 정치적 결정이 만들어지는 순간에 입회하고 있다는 전율, 위대한 인물들이 고차적인 문제를 토론하는 것을 직접 본다는 느낌! 이 문제들은 분명 가장 흥미로운 것처럼 보이고, 언론은 모두 그곳으로 몰리며, 자세하게 파헤치고, 그 문제들을 극적으로 만들며, 흥분을 준다. 그것은 현대 정치인을 특징짓는 정열적 움직임과 상응한다. 현대 정치인은 자신을 열심히 공연에 바친다(가장 흔히는 수동적인 방식이긴 하지만). 그러나 이것들은 거짓 정치 문제들이다. 왜냐하면 그것들은 더 깊고, 더 결정적인 현상들이 눈에 보이게 드러난 외양에 불과하기 때문이다. 이런 깊은 현상들은 최종적인 담론만큼 흥분을 주지 않기 때문에, 뉴스에 매달린 시민은 그것들로부터 등을 돌린다. 이러한 상황에서 가장 주목할 점은, 문제의 시민에게 진정한 문제들, 근본적인 현상들을 보여주면, 자신들을 현실로부터 등을 돌리게 하는 교란작전을 쓴다고 비난할 것이다! 내가 보기에 뉴스와 정치적 능력 사이의 모순은 바로 그런 양상으로 나타난다.

　더 깊이 가려고 노력해야 한다. 뉴스에 잠긴 인간은 기억이 없는 인간이라고 우리는 말했다. 경험적으로 그 일은 얼마든지 확인할 수 있다. 가장 정열적이었고, 영혼을 뒤흔들었던 뉴스도 간단히 사라진다. 그는 다른 흥분에 빠지고, 어제 그를 흥분하게 했던 것은 더 이상 그에게 속하지 않는다. 그런데 우리는 그것을 뉴스에 빠진 인간이 더 이상 자유가 없고, 예견 능력이 없으며, 더 이상 진실을 보지 못함을 의미한다고 평가한다. 르키에

Lequier는 "기억은 지나간 행위들을 다시 취하기 위해 지나간 행위들로 향하는 자유로운 인간의 행위"라고 말한다. 인격 속에서 기억은 자유롭고 창조적인 행위 가능성의 존재를 확인해주는 기능이다. 인격은 기억을 기초로 하고, 또 상호적으로 기억은 인격을 가능케 한다. "사람은 자기 자신만을 기억한다. 이것은 그가 이미 자기 자신이어야 하고, 기억하기 위해 스스로를 창조할 수 있어야 함을 의미한다." 그리고 여전히 이러한 개인적인 관점 속에서, 또 미래를 향할 수 있도록 해주는 것도 기억이기 때문에, 상상력과 기억 사이에도 관계가 있다고 말할 수 있다.

정치인의 관점에서도, 시민의 정치적 행위 속에서도 마찬가지다. 오르테가 이 가세트Ortega y Gasset가 정치 속에서 기억의 결정적인 역할을 언급할 때 그는 전적으로 옳다. 과거의 포착이 없으면, 지속성이 없으면 정치도 없다(뒤퐁 위트Dupont White의 명쾌한 말을 기억하자 – "지속성은 인간의 권리이다"). 실수에 대한 분석이 없고, 또 분석을 통해 이러한 지속성 속에서 현재를 이해할 능력이 없으면 정치는 없다. 그런데, 바로 뉴스는 이 모든 것을 사라지게 한다. 전문가들에게서조차 그러하다.(역사를 정치적 성찰 밖으로 점차 내모는 것을 생각해보면 충분하다!) 뉴스는 지속성의 의미를 추방하고, 기억을 사용하지 못하게 한다(그리고 과거의 사건들이 뉴스의 흐름 속에서 환기되었을 때, 그것들이 지속적으로 왜곡된다는 사실을 더해야 한다. 그래서 그렇지 않은 아무 현상에나 파시즘이라는 용어를 잘못 적용하여, 남성적 파시즘이라고 하기도 한다. 우리는 바르트Barthes 이후로 언어의 존재 그 자체가 하나의 파시즘이라는 것을 안다!).

그러나 바로 그것 때문에 뉴스 속 몰입은 예견을 금지한다.35) 현재의 순간 속에 고정되기를 바라면서 그로부터 어떤 변화를 끌어낸다고 주장하는 것은 중대한 실수이다. 뉴스의 분석은, 아무리 치밀하다 해도, 어떠한 결과도 주지 않는다 – 특히 통계적인 방식은 기억이 아니며, 일련의 뉴스들의 나열에 불과한 거짓 지속성을 제시한다. 그것은 아무리 지금의 뉴스에 열중한다고 해도, 진정한 정치적 사유와 예견을 허용하지 않는다. 게다가 이 뉴스에 빠진 인간이 왜 예견하려고 하겠는가! 왜냐하면, 어떻든 내일이면 뉴스가 그에게 꼭 필요하고 일상적인 정치적 식량을 제공해줄 것이고, 그는 아주 안전하게 살 수 있는데 말이다. 정치적인 것은 스스로 알아서 할 것이다!

요컨대, 뉴스 속에서 살면서 인간은 스스로에 대해 아주 만족하다. 그는 "자기 시대"를 살며, "시대의 흐름" 속에 있고, 가장 새로운 것이 가장 중요하다는 감정을 갖고 있다. 더 나아가서, 인간은 자기가 순간 속에 살고 있기 때문에 자유로운 인간으로 살고 있다는 확신을 갖는다. 우리는 그 저속한 수준에까지 도달한 어떤 철학의 이상한 변질을 목도하고 있다. 순간에 매달리는 것을 자유로 여긴다. 최신 논쟁에 느닷없이 참여하는 것은 가장 자유로운 시민의 소명이다! 놀라운 혼동으로서, 순간에 복종하고, 뉴스에 빠지는 것이 자유에 대한 가장 극단적인 부정임을 보지 못한 것이다. 자유란 지속성 속에 개입되는 것이고, 정보가 아니라 다른 길을 통해서 현실을 이해하는 어떤 프로젝트이다. 그러나 그런 사실을 보지 못한 것이다. 그것이 아무리 과도해보일지라도, 나는 내가 언급했던 제안을 뒤집기를 두려워하지 않을 것이고, 매일 신문을 읽는 사람은 분명 정치적으로 자유롭지 못한 사람이라고 주장할 것이다.

그리고 뉴스를 보고서 내린 이런 사이비 자유로운 결정들을 통해서, 시민은 정치적 권력에게 오래 생각하지 말고 빨리 행동하라고 요구한다. 왜냐하면 뉴스 속에서 움직여야 하기 때문이다. 정보가 그 문제는 화급하다고 도처에서 외치는데 3개월을 숙고한다는 것은 그 얼마나 엄청난 스캔들인가! 그것은 소리칠 필요도 없다. 그 문제가 화급한 것이 되기 위해서는, 그것이 현행적이기만 하면 족하다. 분명 뉴스의 인간은, 그가 자유롭지 못하고, 성찰과 프로젝트를 할 수 없기 때문에, 늦추기를 허용하지 않는다. 뉴스 속에서, 당장, 당장 해야 한다! 게다가 뉴스의 인간은 자기 눈앞에서 즉각적인 해결을 강요한다. 아마 그는 무의식적으로 내일이면 분명, 자기가 오늘 그렇게 열정을 불태우고, 완강하게 주장했던 그 문제조차도 잊어버릴 것을 알고 있다.36)

* * *

정치적 결정들의 영역만 유일하게 일시성의 영역이라고 선언하는 것은 과도하게 보일 수 있다. 그렇지만, 경험으로 보아 기술자들의 지속적인 작업은, 언제나 해체하고 다시 시작하는 정치적 작품들의 불확실성과는 아주 다르다. 기술적 작품들은 축적 과정이 있다. 그리고 앞선 팀이 시도했던 것을 다른 팀이 해체하는, 정부 팀들의 신속한 교체 때문만 아니라, 안정성의 경우에서도 동일한 사실을 확인할 수 있다. 비시Vichy 정부의 정치적 변형 시도는 금방 사라져버렸다. 프랑스에서는 정치 위기의 한 양상에 대해 수없이 말해졌다. 사람들은 드골을 위해 만들어졌던, 이제 더는 누구에게도 적합하지 않은, 그리고 그와 함께 사라져버렸어야 할, 헌법 전체를 유지하려고 매달린다 - 선거 체제, 의사-대통령제, 정부적 당, 입법부의 소멸. 하지만, 노블레스 오블리쥬! 이러한 연약성은 체제들과 정부들의 불안정성 때문이 아니라, 결정의 대상 그 자체 때문이고, 정치인이 정할 수 있는 문제들의 질 때문이다. 언제나 하나의 이중적 사실을 상기해야 한다. 즉 문제들이 심각하고 중요한 것으로 여겨질수록, 사람들은 더욱 더 그것들을 기술적 문제를 통해 해결하려고 한다. 이어서 기술에 매달릴수록, 더욱 더 기술적이지 않은 것에 무관심해진다. 이것은 여론의 두 현상이다. 말하자면 여론은 순수하게 정치적인 결정을 점점 덜 지지한다. 한 세기 전에는 커다란 반향을 일으켰고, 상황의 흐름에 영향을 미쳤을 정치적 결정은 더 이상 같은 가치가 없다. 왜냐하면 사람들이 그것에 더 이상 그런 가치를 부여하지 않고, 증가하는 기술이 그것이 아닌 것의 가치를 깎아 내리고, 기술이 축조하지 않은 것을 일시적인 것으로 만들기 때문이다.

  분명 정치는 언제나 존재한다. 정치가 기술로 순수 간단하게 축소되지는 않는다. 그렇지만, 메이노가 인용한,37) 가장 직접적으로 "인간적으로", "모호하게" 보이는 문제들에서 조차, "정치적 의미"가 그 모든 자리를 지켜야 할 문제들에서조차, 기술이 개입한다. 예를 들면 서로 대립하는 기술적 의견들 사이를 중재하기, "자기 선거민들을 관리하기", 여론의 추이를 살피기… 여전히 유동적인 영역, 비합리적인 선택들, 게임들이 있을 것이다. 그렇지만, 이 선택이 결정적일 때, 그것을 행하는 자가 보통의 정치인, 즉 의원인가? 메이노가 정부의 영역 속으로 들어가는 누구든 정치를 하는 것을 피할 수 없을 것이라고 말할 때 옳았다. 그렇지만, 어떤 조건들 속에서인가? 이러한 정치의 현재의 성격은 무엇인가? 그건 언제나 결정적인가? 그리고 누가 그 선택을 하는가? 분명, 우리는 결코 "명확한 과정" 속으로 들어가지 못하고, 언제나 모호성들이 있으며, 모든 것을 계산하고, 기술적으로 귀결시킨다는 것은 생각할 수 없다. 그러나 모든 것이 모호한 곳에서조차 현재의 경향은 기술적 수단들을 찾고, 모호성을 줄이려고 하며, 결정의 주관성을 축소하려고 하지 않는가? 따라서 문제는 그 움직임이 어느 방향으로 가는가를 아는 것이다. 즉 커지고 있는 그 영역은 무엇이며, 방법은 무엇인가? 그 대답은 내가 보기에는 명확하다. 그리고 나의 다른 모든 분석은, 정치의 사라짐이 아니라, 전통적 정치 형태들의 자유로운 유희가 착각이라는 관점 속에 위치한다.

*   *   *

이렇게 정치는 이제 필연성과 일시성에 종속된다. 둘 사이의 관계는 다양한 방식으로 수행된다. 때로 두 양상은 서로 결합한다. 다시 말해 필연성에 의해 생산된 같은 결정이 일시적 효력밖에 없고, 뉴스의 한 순간에 불과하다. 모든 사람은 그 유명한 프랑스 공동체가 거기에 대해 누구도 어떻게 할 수 없던 어떤 필연적 상황을 따랐음을 볼 수 있었다. 그리고 동시에 그것은 일시적인 기간 밖에 유지되지 못했고, 전이 단계에 불과했다. 나는 어떤 전이를 거치는 것이 유용하지 않다고 말하는 것이 아니다. 그것은 아마 필수불가결한 하나의 정치적 결정이었다. 그러나 거기에 영광과 번쩍거림을 주고, 사람들이 집착할 법적인 구조를 주는 것은 완전히 헛된 일이었다. 사람들은 곧 끝나게 될, 빠른 속도로 가버려야 할 어떤 축조물 앞에 있었다.

다른 경우들에서 우리는 정치적 활동 내부에서조차 어떤 단절과 마주한다. 어떤 결정들은 지속될 수 있다. 그러나 그것들은 필연성의 간단한 열매에 불과하다. 다른 결정들은 의도적이다. 그렇지만, 그것들은 일시적이다. 근본적인 커다란 결정들, 즉 다양한 기술자들이 내린 진정 심각한 결정들에 대해서는 필연성이 작동하고(그리고 이 수준에서 선전은 여론을 거기에 동조하게 한다), 피상적이고 반짝거리는 결정들, 거기서 권력과 여론의 변증법이 작용하는 결정들에 대해서는 일시성이 작동한다. 그런 의미에서 우리는 이것을 제 3장에서 분석할 것이다. 『알키비아데스』Alcibiade 속에서처럼, 정치의 본질은 움직이고, 또 타인들을 움직이게 하는 것이라면, 오늘날 정치인은 그의 행동을 무의미하게 만들어 버리고, 그의 개입을 효율적이면서도 깊이 없게 만드는 선결의 망 속에 갇혔다.

일시적인 결정들이 다른 것들보다 더 자유로운가? 흔히 겉보기에 그렇다. 사람들이 아래와 같이 말할 때는 바로 그러한 결정들을 생각하면서이다. '그러니까 정치인들을 보자. 그들은 자유롭게 선택한다. 그들은 자기 스스로 결정한다!' 그렇지만, 그들은 자유로운 확신을 따라서가 아니다. 그들이 얼마나 자기 집단에게 잘 보이려고, 여론의 압력에 굴복해서 결정들을 하는가. 또는 그들이 여론에 대해 자유를 지키려면, 그들은 거짓 정보의 베일을 드리워야 한다! 그러나 그렇게 되면 그들은 벗어날 수 없는 기술의 필연성 속에 다시 떨어진다. 이렇게 일시성과 필연성은 정치에 어떤 때는 자유에 대한 착각을, 다른 때는 심각하고 중요한 것에 대한 착각을 주기 위해 끝없이 결합한다. 그 굽이굽이를 그리면서 유연한 법칙에 복종하는 필연적인 흐름을 소유하고 있는 물의 흐름처럼, 정치는 그의 정치적 "제도들"의 수준에서 뿐만 아니라, 그 모든 사회 속에서 결정, 이데올로기, 교리, 선택, 민중의 의지가 어떤 몫을 갖지 못한 채 흘러간다. 그러나 흐름의 표면에는 소용돌이가 있고, 역풍에 의한 잔물결이 있으며, 느닷없는 격류, 항구적인 턱들이 있다. 그래서 사람들은 놀라운 다양성, 언제나 변화하는 다양한 형태들이 있다는 인상을 가질 수 있다. 그래서 이 흐름에 실려 간 병마개는 엄청난 가능성의 인상을 — 오른쪽 왼쪽으로 갈 수 있고, 나아가서는 흐름을 거슬러 올라갈 수 있다는 인상을 가질 수 있다(그러나 그것은 언제나 실패하게 되어 있다!). 그는 자신이 일반적인 흐름에 복종하고 있음을 알지 못한다. 게다가 우리를 잔물결의 수준에 묶어 놓는 — 우리의 주의, 관심, 심각성을 그런 잔물결의 형태와 반짝임에 묶어 놓는 — 시사적 정열의 존재를 상기하자. 흐름에 실려 가면서, 온 힘을 다해 피상적인 것에 매달리는 사람은 조그마한 관심도 이 흐름에 반대하여 기울일 수 없고, 거기서 등을 돌릴 생각도 못한다.

    나는 다음의 드골의 표현을 인용하는 것보다 더 나은 결론을 내리지 못하겠다. "우리는 정치를 한다. 다른 나머지는 우리에게 관심 없다." 정치적 착각의 기막힌 예이다! 드골 정부에서 지속적이었던 것은, 기술자들에 의해 설립된 결정들의 순수 간단한 적용이었다. 그 밖에서 논의 되어진,(유럽에 대해, 영국에 반대하여 등) "위대한" 결정들은 기껏해야 유효기간 만료를 늦출 수 있던, 그렇지만, 흔적도 없이 사라지게 되어있던, 일시적인 유희의 영역이었다.

L'ILLUSION POLITIQUE

2장

정치의 자율성

정치의 자율성

1. 폭력의 독점

전통적으로 정치는 도덕학의 하나로 분류되었다. 그러나 지금은 사회과학에 속한다. 그래도 사람들은 도덕, 종교, 정치 사이에 밀접한 관계가 있다는 환상을 포기하지 않았다. 종교와 정치는 과거에만 연결되었다 하면서도, 우리가 말할 어떤 사람들은 여전히 종교의 정치적 역할이 있다고 확신한다. 그들 모두는, 또는 거의 모두는 정치는 자율적이 아니라고 한다. 다시 말해 정치가 어떤 도덕율에 종속되어 있고, 정치는 그것을 표현하거나 창조해야 하며, 정치는 가치 판단에 종속되어야 한다고 생각한다. 이런 생각에 대해 의심을 하는 사람이라면 즉각 마키아벨리를 떠올리고, 그의 이론에 대해 말할 것이다.

전통적 논쟁은 명확하다. "정치에 가치를 섞는다면, 당신은 정치를 불가능하게 만든다. 또는 그렇게 하지 않는다면, 당신은 정치로부터 모든 의미를 박탈하는 것이다." 누가 더 가치 있는가, 아이스키네스Isocrate인가 데모스테네스Démosthène인가? 서기 350년의 아테네에서, 자유는 일단 상실되었기에, 더 이상 내용이 없는 헬레니즘인데, 그 헬레니즘의 확장을 택해야 하는가, 아니면 파국으로 이끌 자유를 택해야 하는가? 마찬가지로 1957년의 프랑스에서, 프랑스 문명의 모든 가치를 무시하고 프랑스 알제리를 택해야 하는가, 아니면 국가의 "결정적" 쇠퇴를 대가로 이 가치들을 존중해야 하는가? 그렇지만, 이러한 문제 제기 방식은 오늘날에는 지나간 일이다. 선택은 이미 되었고, 정치는 다른 의미를 갖는다.

여기에는 상당한 오해가 있다. 정치가 도덕에 종속되어 있다고 확신하는 사람들은 실제로 하나의 명제를 만들고, 정치에 어떤 모습을 부여하며, 어떤 윤리에 의거하고, 둘 사이에 어떤 바람직한 관계를 설정한다. 그렇지만, 그것은 바람직한 것, 명령적인 것의 수준에 머무른다. 그런데 이 바람직한 것 속에서 불편한 것은, 국가와 관련하여, 현재의 정치적 인물과 함께, 구체적으로 그러한 이상적 정치를 생각할 수 없다는 것이다. 사람들이 국가라는 개념으로부터 추론하기 시작하고, 또 물론 정치가(이론적인) 여러 가능성 가운데서 (표면적인)선택을 하는 만큼, 그들이 도덕을 재도입하는 데는 아무 잘못이 없다. 반면 마키아벨리에게서는, 진정으로 교리라는 것이 없었다. 또는 교리는 이차적인 역할에 불과했다. 여기서 중요한 것은, 마키아벨리즘이 아니다. 중요한 것은, 그의 시대에서 정치적 상황의 실제를 확인하는 것이고 정치의 조건들이 어떠했냐를 확인하는 것이다. 그리고 마키아벨리는 정치 영역에서 자율성을 사실로 결론 내린다. 어떤 일반적인 정치를 이끌어낼 수 있다고 하는 그의 주장 속에, 그리고 그가 효율성을 가치로 채택하면서, 결국 더 효율적인 가능성으로 나타난 어떤 정치의 형태화 속에 교리가 스며든 것이다. 그의 출발 태도는 훌륭해 보이고, 정치적 성찰은 현재 존재하는 정치 세계의 현실로부터, 당시의 국가 구조로부터, 그리고 근본적인 흐름으로부터 만 할 수 있는 것 같다. 그런데 이러한 관찰은 현재 정치는 자율적인 영역임을 쉽게 확인하게 한다(가치로서, 희망으로서, 그래야 하는 것으로서가 아니다!). 더 나아가서, 마키아벨리에 비해, 우리는 효율성이 더 이상 선택된 가치가 아니라, 순리에 의해 정치 속으로 통합된 상황 속에 있다. 나는 마키아벨리의 시대에는, 기독교적 정치 양상이 존재했었고, 사람들은 기독교인이면서 기독교적 도덕을 따랐다고 주장하였다. 마키아벨리는 왕의 역할을 보여주려고 하였는데, 그것은 우선 효율적으로 되는 것이다. 그렇게 하면서, 그는 새로운 관점을 도입하고, 그의 시대를 개혁하며, 효율성을 가치로서 선택한다. 오늘날 우리는 더 이상 선택이 없다. 효율성은 정치의 일반적 법칙이지, 도덕적 법칙이 아니며, 모두에 의해 인정된 법칙이다. 우리는 그에 대해 앞서 얘기했다.

 사람들은 모든 사람이 같은 목표를 추구한다고 가정한다. 이것은 사실이다. 이 가정된 목표는 더 이상 연구의 대상이나 조사의 대상이 아니다. 전반적인 사회적 차원에서, 소련은 미국과 정확히 같은 것을 추구하고, 또 미국도 마찬가지다. 이러한 추구 속에서 가장 효율적인 것은 가장 좋은 것이다. K씨가 소련에게 요구했던 칭호, 그것은 바로 결국에는 미국보다 더 효율적으로 되는 것이다. 따라서 효율성의 가치를 선택할 여지가 없다. 그것은 더 이상 가치가 아니다. 효율성은 현재 정치에서 필연적이고 피할 수 없는 행동이다. 정치적 성찰 속에서 조금이나마 신중해지기를 원한다면, 분명코 자율성뿐만 아니라, 언제나 똑같지만은 않았던 그 차원을 인정해야 한다. 그렇게 말하면서, 나는 정치의 일반적인, 형이상학적인 성격을 표명하자는 것이 아니다. 나는 다만 오늘날, 19세기 동안 점차적으로 형성된 상황 속에서, 그리고 20세기에 절정에 이르고 얼마나 지속될지 알 수 없는 상황 속에서, 우리는 정치를 가지고 자율적인 세계로 만들었다고 말한다. 우리의 의도, 우리의 민주적 도덕성, 우리의 자유주의적인 또는 평등주의적인 휴머니즘, 우리의 사회주의적 가치에 대한 희망 등이 무엇이건 상관없다. 불안하고 특이한 일종의 회귀에 의해, 가장 순수한 도덕적 의도들이 그 어느 때보다도 자율적인 정치 분야를 만들었다. 인간의 완전한 차원을 회복하고자 하는 어떤 사회주의에 대한 희망은 그 어느 때보다도 엄격하고 기술적인 독재를 탄생시켰고, 그것은 계속 존재하고 있다.

* * *

이러한 정치의 자율성은 본질적으로, 막스 베버Max Weber가 말했듯이, 현대 국가의 특이한 법, 바로 폭력으로 특징된다. 정치 분야는 엄밀하게 폭력이 행사되는 분야로 정의된다. 이러한 폭력의 중요성은 모두가 자신의 정치적 상대가 폭력을 사용했다고 비난하는 사실 속에서 명확하게 볼 수 있다. 폭력과 상스러움에 관한 장 주네Jean Genet의 기사는 그것의 훌륭한 예이다.「르 몽드」, 1977년 9월 15일

우리는 샤틀레Chatelet 38)가 "어떤 결정권이 설정되는 순간 국가가 존재하게 되고, 국가는 전반적인 사회를 위해 정당한 것과 정당하지 못한 것, 합법적인 것과 합법적이지 않은 것을 결정할 권한을 가진 것으로 모두가 인정한다"고 말할 때 옳다고 생각한다. 그렇다 하더라도 이 저자가 즉각 빠져든 말 그대로 신학적인 낭만주의는 이해할 수 없다. 그는 국가는 민주주의를 내포하고, 정치적 존재를 실현하기 위해서는 두 용어, 즉 복종하는 주체이면서 동시에 창조하는 주체를 일치시켜야 하며, "민주주의는 국가가 보편적인 영역을 결정하는 만큼 국가의 진실이고, 그 보편적 영역에서는 각자의 결정은 기본으로 인정된다"고 주장한다. 사람들은 이렇게 사실적 상황의 확인으로부터 이상주의적인 사다리로 넘어갔다. 나 개인적으로는 이러한 이상주의에 마음이 쏠린다. 그러나 그것은 하나의 간절한 소망임을 알아야 하고, 그것이 국가의 본질이거나, 그러한 정치밖에는 없다고 주장해서는 안 된다. 현행의 세계에서는, 국가는 위협적인 때에만, 그리고 국가가 자신의 존립을 위해 사투를 벌이면서 스스로를 방어할 때만, 신중하게 생각되어진다. 모로코 정부가 적을 추방하기 위해 어떤 음모를 꾸몄다고, 알제리 정부가 적을 감옥에 가뒀다고, 아프리카의 모든 신생국가들이 독재국가라고 그것들에 대해 분개하는 것은, 분명 덕있는 일이지만, 정

치적으로는 유치하다. 우리는 자유로운 정치적 선택 수준에 있는 것이 아니라, 엄격하고 피할 수 없는 필연성의 수준에 있다.

이 주제에 관한 아주 흥미로운 토론이 미국에서 실베스터Sylvester에 의해 열렸다(1962년 10월-12월). 그는 펜타곤Pentagone에서 공적인 업무를 담당하고 있었다. 그는 "정부가 자신을 구하기 위해 거짓말 하는 것도 자신의 권리라는 사실은 역사를 통해 여일한 일이다. 그것은 내가 보기에 근본적인 것이다"하고 선언하였다. 그리고 그는 덧붙였다. "정보는 권력의 도구이다." 이렇게 정보와 여론 조작은 같은 것이 되었다. 한편으로, 정부는 윤리의 규범 바깥에 위치한다. 다른 한편 정보는 하나의 무기이다. 실베스터는 이렇게 아주 정확히 레닌의 이론과 합치한다. 물론 이러한 냉소주의는 누구의 취향도 아니다. 정치는 덕이고, 워터게이트Watergate 사건이 터졌을 때(얼마나 평범한 일인가, 그리고 그런 일은 도처에서 볼 수 있다!), 모든 사람은 어떤 신성모독의 공포를 느꼈고, 정치인이 그렇게 나쁘게 처신하다니 하고 느꼈다. 그러나 실제로 실수는 그 정도로 거짓말을 잘하지 못했던 것이다!

국가의 특이한 사실, 그것은 국가가 폭력을 독점한다는 것이다. "현대 국가는 영토의 한계 안에서 폭력을 독점하려고 하는 제도적 성격의 지배집합이다…" 국가는 다른 집단들의 폭력을 배제한다. 어떤 조합, 당, 도당이 폭력을 통해 움직인다는 것은 더 이상 적합하지 않다. 개인이라면 더더욱 적합하지 않다. 그는 범죄자에 불과할 것이다. 오랫동안 집단들에 대한 주저가 있었다. 그러나 오늘날은 집단들이 폭력을 사용하려고 하면, 국가의 반응은 더욱 가혹하고, 더욱 엄격하게 되었다. 경찰은 결정적인, 그리고 필수적으로 통제받지 않는 한 요소가 된다. 그렇지만, 사람들은 폭력이라는 용어가 국가에게는 적합하지 않다고 말할 것이다. 합법적인 제약과 폭력을 잘 구분해야 한다고 말이다. 예를 들면 경찰은 어떤 합법적인 제약을 행사하기 위해 거기에 있고, 경찰이 폭력을 행사하면 자신의 역할을 벗어난 것이다. 그러면 시민은 항의해야 한다. 합법적 제약은 합법적 권위에 의해, 그리고 법의 틀 안에서, 법의 통제 아래서 행사되는 제약일 것이다.

정말 낙관적인 이상주의이다! 그렇다면 합법적인 권위란 무엇인가? 신학자들은 우리에게 그 설명을 해주는데 완전히 실패했고, 18세기와 19세기의 정치 철학자들은 더 그랬다. 물론 사람들은 훌륭한 정의들, 만족할 만한 기준들을 발견한다. 그러나 그것들은 거기에 머무른다. 실천적 상황을 고려해보면, 사실로서 유지되는 권력들은 합법적이다. 강제에 의한 정복이라도 합법성에 해를 끼치지 않는다. 이어서 이 합법성은 두 개의 보충적인 요소들로부터 결과한다 – 국민의 지지와 다른 국가들에 의한 합법성의 인정. 첫 번째 버팀벽은 순수하게 인위적이다. 국민은 언제나 자기에게 지지를 요구하는 정부에게 열정적인 지지를 보낸다. 유고슬라비아, 공산 헝가리, 히틀러의 독일, 알제리 그리고 파시스트의 이탈리아에서 국민투표는 언제나 90에서 99%의 호의적인 표를 이끌어 낸다.39) 그것이 언제나 꼭 어떤 압력이나 압박, 선전의 결과만은 아니다… 공공 여론의 자발적인 움직임이 있으면 그러기에 충분하다! 그리고 필요하다면, 정치권력은 거기에 선전을 추가하고, 전체 국민의 지지를 결정한다. 이것은 그의 합법성을 만들어 낸다.40) 다른 한편 국가는 다른 국가들에 의해 인정받을 때 합법적이다.

게다가 극히 적대적인 국가들 사이에서 조차, 권력의 단결 같은 것이 있다. 잘 알다시피, 극도로 적대적인 당에 속한 의원들도 동료의식으로 연결되어 있어서, 어떤 공통의 이익에 있어서는 함께 지지한다. 각각의 국가,

각각의 권력, 각각의 정부는 누가 조금만 긁으면… 해골이 드러난다는 것을 잘 알고 있다…! 그러니까 그들은 서로 서로를 인정해준다. 필요한 단 하나의 조건은 바로 지속성이다. 새로운 체제가 "지속되면", 그것이 좋기 때문이다. 따라서, 그리고 바로 이 유일한 이유 때문에, 소련은 히틀러의 독일처럼, 고물카Gomuka는 안토네스코Antonesco처럼 모두에 의해 인정받을 것이다. 상상할 수 없는 스캔들은 공산 중국이 그렇게 늦게 인정받았다는 것이다. 그러나 버티기 위해서는… 국가는 제약을, 그리고 때로는 폭력을 사용해야 한다. 누가 헝가리나 동독의 공산주의 체제의 합법성이나, 나세르Nasser의 합법성을 부정한 적 있는가? 따라서 폭력은 합법적 국가에 의해 행사되면 합법적 제약이 되고, 국가도 폭력을 통해 유지되면 합법적이다.

법의 틀로 다시 들어와 보자! 폭력은 법과는 반대이다. 얼마나 가련한 패배인가! 법, 그것은 모두의 동의를 얻어, 상황에 따라 종속된다. 그것은 경우에 따라, 그리고 압력에 따라 변한다. 프랑스에서조차, 얼마나 많은 법학자들이 법이 규범적이라는, 불필요하고 낡아버린 생각을 버리고, 순수한 사실로 간주하고 말았는가. 그러나 법이 이렇게 하나의 사실이 된 순간부터, 법은 더 이상 하나의 방벽, 사실들의 한계가 될 수 없고, 그 어떠한 합법성의 기준은 더더욱 될 수 없다. 사실들이 법과 부딪친다? 그러면 사람들은 법을 바꾼다. 이런 조건 속에서는, 어떻게 법의 준수가 폭력을 합법적 제약으로 바꿀 수 있겠는가?41)

다시 더 멀리 가야 한다. 이젠 이런 전통은 잘 세워졌다. 즉 아무 일도 일어나지 않으면 법은 국가에 의해 잘 지켜진다. 그렇지 않으면 비상사태나 긴장 상태가 선언될 것이고, 그 동안에 예외적인 법이 만들어질 것이다! 그런데 이것은 한 집단이 자신의 이익을 위해 어떠한 폭력을 사용하고자 할 때 일어난다. 그 순간에 국가의 반응은 가차 없다. 국가는 법의 틀을 버리고, 문제의 집단과 폭력의 경쟁에 들어가서, 움직이는 이 힘을 분쇄하며, 그것을 다시 정돈된 열 속으로 밀어 넣는다. 달리 말해 국가가 힘을 사용하지 않을 수 없는 상황에 처해지면, 국가는 결코 법을 고려하지 않으며, 우리는 적나라한 폭력 앞에 있게 된다.42) 이어서 이러한 폭력의 사용을 합법화한다. 한 철학자가 제시한, 제약의 수단으로서 합법적인내적인 경찰과, 폭력의 질서에 속할 군대 사이의 구분이라는 단순주의를 주장할 필요도 없다. 정치에서 그 두 사실은 동일하다. 이렇게 법이 "정상적인"(아주 드문!) 상황들을 위해 섬세해질수록, 권력은 조금만 위기가 닥쳐도 더욱 광분하며, 권력이 공공질서의 혼란이라고 부르는 것은 더욱 더 사소한 일에까지 해당되며, 더욱 더 엄밀해진다. 19세기에 때로는 상당한 혼란을 야기했던 학생 데모와 카니발은 제약과 징벌의 대상이 아니었다. 오늘날에는 사람들은 그에 대한 반응의 과격함을 안다. 그런데, 그것은 단지 프랑스의 예만은 아니다! 그 경향은 도처에서 동일하다. 독자적인 아주 사소한 데모도 즉시 국가가 행사하는 폭력의 독점에 대한 공격으로 간주된다.

그러나 혹자는, 그래도 시민들의 반항이 있고, 우리는 그걸 기대할 수 있어야 한다고 말한다. 이러한 국가의 태도 앞에서, 도덕의⋯ 그리고 법의 이름으로 봉기하는 것은 시민의 정치적 의무라 한다. 폭력의 진짜 한계는 바로 시민이어야 한다! 우리는 그에 대해 단지 이렇게 말할 수 있다. 즉 시민은, 바로 우리가 앞에서 말했던, 뉴스 속에 잠긴 사람이고, 당황한 사람이고, 올바른 정치적 성찰을 할 수 없는 사람이다. 더군다나, 시민은 정치적인 문제들에는 관심이 없을 것이다. 그 경우에 그는 국가에 대하여 한계가 아니고, 단순한 대상일 것이다. 또는 시민은 정치 게임 속에 들어간다, 그러면 그는 오늘날 시민 이상으로 당원이고 투사이다. 어디서나 그런 것은 아니라고? 나는 부분적으로 영국과 미국을 예외로 하길 바란다. 그러나 이들 나라들도 조심해야 한다. 왜냐하면 이 나라들도 지금 우리와 같아지고 있기 때문이다. 프랑스는 정치적 성찰을 위해 선택된 장소이다. 다시 한번 프랑스는 전위아방가르드에 자리한다. 그렇지만, 그것이 진보인지는 확실하지 않다. 투사인 시민? 그것은 정확히 그가 다음처럼 주장함을 의미한다 ― 즉 국가는 자기 당에 대해 제약을 가할 권리가 없고, 모든 제약은 즉시 폭력으로 정의된다. 상호적으로 국가는 나와 적대적인 당에 대해서는 폭력을 사용해야 한다. 그리고 국가가 그렇게 하지 않는다면, 분개할 만한 직무유기이다. 좌파인 사람은 경찰의 폭력, 고문, 자기 동료들을 가둔 구치소들에 대해서 항의할 것이고, 우파 사람들에게 적용된 동일한 사실들은 망각할 것이다. 또는 예를 들어 자유의 적들에게는 자유가 없다는 거대한 원칙의 이름으로 폭력들을 합법화할 것이다. 우파의 방식도 같을 텐데, 이때는 완전 반대 방향이다. 따라서 국가에 의해 행사된 폭력과 합법적인 제약 사이를 구분한다는 주장은 오늘날 철저히 공허하다. 분명 도덕론자나 신학자는 모든 욕구를 제시할 수 있고, 모든 이론을 세울 수 있을 것이다. 그러나 그것이 정신에 만족을 줄 수 있다 해도, 주요한 결점은, 이러한 정의들이 전혀 상호 일치하지 않을 뿐만 아니라, 그 어떤 것도 '적용할' applicable 수 없다는 것이다. 나는 '적용된' appliqué이라고 말하지 않는다! 국가가 폭력을 사용하지 말아야 한다고 말하는 것은, 단순히 국가가 국가이어서는 안 된다고 말하는 것이다.

전쟁에 대해서도 같은 문제이다. 자신이 지도하고 대변하는 사회적 집단의 생존을 보장하는 한, 국가는 전쟁을 피할 수 없다. 반전주의자들이 자기들의 국제적 운동이 모든 국가에게 적용 되어야 한다 하고, 또 실제로 그렇게만 된다면 그들이 옳다고 말하겠다. 국가에게 전쟁을 못하게 하는 다른 모든 태도는 국가의 부정에 불과하다. 그리고 전쟁은 폭력처럼 법적으로 따져서 "정당한" 것이 아니다. 전쟁은 존재한다. 그것이 전부다. 전쟁법을 정하거나, 정당한 전쟁이 무엇인가를 정의하려고 하는 것은 대단히 진술한 것이지마는 또 대단히 허황된 것이다. 정당한 전쟁의 기준이 아주 다양함을 상기시키는 것으로 충분하다. 성 아우구스티누스Augustin에 따른 정당한 전쟁은 그라티엔Gratien에 의한 것처럼 정의되지 않는다. 그리고 이러한 연구들은 레닌Lenin의 의한 정당한 전쟁과는 공통점이 없고, 레닌의 것은 또 마오Mao의 정의와는 아주 다르다(사람들은 이들이 정당한 전쟁에 대해 많은 연구를 했음을 망각한다). 따라서 어떤 전쟁은 레닌의 기준을 적용하면 완전히 정당한데, 그라티엔의 기준을 적용한 기독교인에게는 완전히 부당할 것이다. 전쟁법에 대해 보자면, 그 법을 강제해야 한다고 항구적으로 주장되었다. 그러나 그 법은 폭력으로 강제하는 우월한 힘에 의해 정의되거나(예를 들면 중세의 신성 동맹), 또는 신사협정의 열매인데, 우리는 그 한계를 너무 잘 안다. 전쟁법은 승리를 방해하지 않는 정도에서만 지켜지고, 전세가 기운다고 느끼는 쪽은 가차 없이 어길 것이다. 전쟁법은 전쟁이 없을 때만 실제로 지켜진다. 진정 전쟁의 유일한 법은 전쟁을 승리하는 것이다. 이러한 조건에서는, 우리는 모든 전쟁은 부당하고, 모든 폭력은 단죄 받을 만하다고 말할 수 있을 것이다. 그러나 그것은 개인이나 도덕론자의 일이고, 국가는 전혀 그렇게 판단하지 않는다. 전쟁법을 지키는 국가는 단순히 사라질 것이고, 법을 주저 없이 위반하는 다른 국가에 의해 대체될 것이다. 민주주의에 관한 마르크스의 생각을 상기해보자. 민주주의는 극도의 조심성으로 마비되어, 감히 폭력적 수단을 사용하지 못하기 때문에만 받아들여질 수 있는 체제이다. 따라서, 마르크스가 말하길, 그것은 뒤집기에 가장 쉬운 국가이다.

 마지막으로, 오랫동안 물리적이기만 하던 이 폭력이, 오늘날은 새로운 차원을 획득했음을 덧붙이자. 그것은 심리적 폭력이다. 국가가 선전을 사용할 때, 국가가 "군중을 능욕할 때", 국가가 행동을 기만적으로 결정할 때, 그것은 더 광범위한 같은 문제이다. 폭력은 경찰에 의해 행사될 뿐만 아니라, 개인의 내부로 파고들어 개인으로부터 열광적인 지지, 충실한 행동, 헌신을 끌어낸다. 여전히 동일한 문제에 관한 일인데, 그렇게 하면서, 국가는 여전히 자율적이다. 나는 다른 책에서 어떻게 선전이 모든 기준과 모든 도덕적 통제를 벗어나는가를 증명하려고 하였다. 그리고 물론, 이렇게 발전함으로써, 국가는 어떤 지적이거나 심리적인 영향을 행사하려는 모든 집단을 제거하고자 한다. 교회, 대학이 중화되거나, 국가·언론에 봉사한지 오래되었고, 다른 대중 커뮤니케이션의 수단들, 그리고 점차로, 더 최근의 개인적 운동들은 국가의 틀 속으로 들어간다. 국가는 이 영역에서도 독점을 한다 – 국가를 제외하곤, 누구도 심리적 압박 수단을 사용할 수 없다. 바로 그러한 점에서도 그것은 국가이다. 사람들은 언제나 국가는 언론 자유에 대항해 싸운다고 말한다. 그러나 이 투쟁은 14세기와 15세기에 봉건 영주들에 대항한 국가적 투쟁의 현대판 양상에 다름 아니다!… 폭력의 독점, 정치의 자율성….

* * *

이러한 자율성의 다른 근원이 있다. 국가가 모든 문제를 일관된 방식으로 해결한다고 하고, 시민들은 국가가 모든 문제를 해결해주기 위해 존재한다고 철저히 믿고 있음을 상기해보자. 국가에 대한 인간의 이러한 태도는, 우리가 인간의 의도와 욕구가 변했음을 수락한다면, 더욱 더 특징적인 것이다.43) 그는 일반적 문제에 대해 훨씬 덜 예민해지고, 흥미를 갖지 않는다(그 문제에 대해 그는 영향을 행사하고, 개입하려는 의지는 가질 수 있을 것이다). 그는 차라리 자신의 사적 존재의 온전한 보장을 요구한다. 그는 "안전한 수입"과 "안전한 소비"를 욕구하고, 전반적인 안전한 존재를 지향하고, 자기 자신에 대해 책임지기를 포기한다. 그런데, 이 모든 것을, 그는 잘 알고 있으며, 오로지 국가만이 그것을 조직하고 관리할 수 있다고 생각한다. 시민의 "정치적" 의견이 무엇이건, 국가에 대한 그의 호소는 그의 이데올로기보다 더 깊은 곳으로부터, 그의 사회 참여의 깊은 곳으로부터, 사회 속에서 그의 위치 자체로부터 나온다. 사회의 대부분의 문제들이 정치적이지 않다고 하면, 그 말은 더 이상 진실이 아니다. 그리고 실제로, 어떤 질문이 전혀 정치적이지 않다 하더라도, 오늘날에는 사람이 그것이 정치적이라고 믿고 그 대답을 국가에게 맡기기 때문에, 그 문제는 정치적이 된다. 정치가 전부라고 말하는 것은 거짓이다. 그렇지만, 우리 사회 속에서 모든 것이 정치적이 되었고, 옥수수 대신에 잠두콩을, 귀리 대신에 개자리를 심는 결정은 정치적인 일이 되었다.1961년 12월 23일 흐루시초프 연설 그러나 이러한 정치화가 당연히 국가의 전체주의화로 귀결되고, 전체주의화 자체도 필연적으로 정치적 자율성으로 표현됨을 이해해야 한다. 그것은 실제로 모든 국가의 결정은 결국 공동체 전체에 해당되고, 국가는 실제적으로 그의 열망과 의지 속에서 각각의 시민을 대변한다. 우리가 매일 듣고 매일 읽는 것은 바로 이것이다. 모로코가 알제리와 대립할 때, 우리는 영토 분쟁 지역이 자기 영토이어야 한다는 것은 각 모로코인의 깊은 가슴 속에 있는 감정이고, 반대로 이런 독립을 지킨다는 것은 각 알제리인의 가장 강한 열정임을 안다. 대부분의 모로코인과 알제리인이 이런 주제에 대해 아주 모호한 인상만을 가지고 있을 수는 있다. 그러나 대중들과 연결된 국가는 그런 식으로 말하는데 능숙하다. 물론 잘 알다시피, 상호적으로, 이것은 국가가 각 시민에게, 결국에 그것이 시민과는 아무 상관이 없어도 참여하기를 요구할 수 있다는 사실을 말해준다. 시민은 국가가 담당하는 어떤 전체성 속에 싸여 있다. 그리고 이러한 전체성의 길을 통해, 국가는 각자를 대변하고 영향을 끼치며 참여시킨다.

우리는 자본주의와는 아무 상관없는, 그리고 다른 어느 곳보다 소련에 더 만연한 새로운 소외 앞에 있다. 국가가 모든 것을 담당한 순간부터, 누가 국가를 통제할 것인가? 국가가 관료화한 순간부터, 어떤 유효성이나 합법성의 규범이 외부로부터 부여될 수 있는가? 국가가 시민 생활의 모든 것을 담당하는 순간부터, 어떻게 정치가 자율적이 되지 않겠는가? 다음과 같이 외침은 환상이다. "권력들의 익명성을 추방하기 위해서는… 시민의 특수성과 정치권력 소지자들의 특수성 사이에 새로운 이해의 흐름을 만들어내야 한다."『국가와 시민』, p. 128 그러나 모든 근본적인 것이 정치화되는 순간부터(우리 사회의 경우가 그러하다), 시민의 특수성이란 더 이상 없다. 그 말은 시민들이 같은 취향을 가지고, 같은 옷을 입으며, 같은 얼굴을 하고, 그들이 같다는 것을 의미하지는 않는다! 그건 어리석은 일이다! 물론, 각자는 자기 고유의 직업, 사랑의 선택을 할 것이다. 그러나 그것은 정치 속에서는 아무것도 아니다. 국가가 시민을 완전히 담당했기 때문에, 시민의 정치적 특수성이란 더 이상 없다(시민이 비록 정치적 "생각들"을 가지고 있다 해도). 따라서 동일한 기호를 가진 두 극 사이에 전류가 흐르지 않듯이, 더 이상 흐름이란 있을 수 없다. 흐름 부재는 일반적 정치화의 필연적 결과이다. 그리고 이 흐름이 존재하지 않기 때문에, 그리고 존재할 수 없기 때문에, 정치적 행사는 엄격하게 자율적이다.

인간의 정신적 자율성을 환기하는 것은 환상에 불과하다. 게다가 사람들은 덧붙인다. "정신적 자율성이 정신의 표준화보다 우세하기 위해서는 거대한 교육 작업이 수행되어야 한다."『국가와 시민』 그러나 이것은 간절한 소망에 불과하다. 분명 정신적 자율성이 존재한다면, 정치의 자율성에 대한 대답이 가능할 것이다. 그러나 전적으로 안락의 추구와 물질적 생활수준의 향상, 그리고 이를 위해 전력을 기울이고, 더욱 더 체계적 수단을 가지고 개인을 통합시키는 문명 속에서, 어떻게 사람들이 정신적 자율성에 접근하는 리스크를 감수할 것인가? 그렇게 생각되어진 여가 자체조차 반대로 나아간다. 그리고 이러한 정신적 자율성이 일종의 숙고된 방향으로부터(정신적 자율성은 반대로 모든 사회적 자발성의 열매이다!), 어떤 교육으로부터 비롯될 수 있다고 믿는 것은 상황에 대한 피상적인 관점이다. 게다가 누가 이 교육을 할 것인가? 분명 국가이다. 그렇다면 그렇게 방향 지워진 이 국가가 정신적 자율성의 방향으로 교육을 해 갈 것이라고 어떻게 믿겠는가? 최근 반세기 동안의 전개 속에서는 어떤 것도 그걸 기대하게 해주지 않는다. 우리는 기술 교육과 현대 사회에 적응의 필연성이 더욱더 강해짐을 본다. 그것은 모든 교육 개혁의 프로그램이다! 그러나 그런 말을 하는 사람은, 바로 그 말을 통해 모든 정신적 자율성의 부정을 말하는 것이다. 그리고 우리는 도처에서 사람들이 기다리는 새로운 발걸음을 느낀다. 즉 결국 시민교육은 하나인데, 책임감의 교육이고(사회에 대해), 정치적 신중함과 참여의 교육이다. 또한 시민교육은 좋은 시민을 만드는 덕의 양성인데, 그것은 아주 정확하게 실제로 정치는 더욱 더 자율적일 것임을 의미한다. 왜냐하면 좋은 시민은 개인적 의식에 따라 반대할 것이 없을 것이고(그럴 경우에는 그는 천박한 개인주의적 무정부주의자이다!), 현재 상태에서는 정치적 자율성의 산물인 집단적 사회도덕을 적용할 것이다.

그리고 다음은 이 자율성의 최종 모습이다. 우리는 국가 조직의 힘과 수단의 증가를 지적했다. 그것은 오늘날 통용되는 교리가 무엇이건, 자율성의 본질적인 성격이다. 분명 우리는 **힘이 커질수록, 가치들은 해체된다**는 것을 결정적인 원칙으로 제시할 수 있다. 앞에서 우리가 두 질서 사이의 모순에 대해 말할 때, 그것은 실제로 힘과 가치들 사이의 모순이었다. 목적과 수단 사이의 대립은 더욱 더 틀린 것으로 간주된다. 정의, 자유, 진실에 도달하고 실현하기 위해 힘·수단을 키워야 한다고 생각하면 완전히 착각이다. 가치들은 인간으로서는 모호한 상황 속에서만, 가치들을 수행하기 위한 인간 자신의 어떤 긴장 속에서만 존재한다. 가치들이란 결코 그 자체로서 존재하는 어떤 주어진 바가 아니며, 현존하게 되는 대상으로 현실화시켜야 할 것이 아니다. 그런 식으로 믿기 위해서는, 어떤 주어진 사회 질서가 자체 안에 이런 정의, 자유, 진실을 내포할 수 있다는 환상을 품어야 할 것이다. 그것은 칼 마르크스와는 반대로 마르크스주의자들이 굴복했던 신화이다. 마르크스 자신은 가치들을 제거해야 한다고 주장했다. 그러나 인간은 가치들 없이 살 수 없기에 거기에 이르지 못했다. 인간은 가치들을 재발명하고, 인간이 정치화될 때는, 그는 국가적 차원에서 가치들의 결합을 구성한다. 그러나 국가의 힘의 증가는 결국 이 가치들의 의미를 지우고, 가치들이 그어 놓은 경계들을 지운다. 국가에 힘이 주어지면, 더 이상 정의와 부정, 진실과 허위, 선과 악 사이에는 가능한 경계가 없다. 진정한 경계는 가능성과 불가능성의 경계이다. 그리고 국가는 자신에게 가능하게 된 것을 하고, 그것이 선결적으로 정의와 진실이 된다.

이러한 사실 확인 속에서, 우리는 권리의 이론과 멀리 떨어지지 않았다. 이 이론에 따르면 권리는 바로 국가가 정하는 것이다. 따라서 정당한 것을 정하는 것은 국가이다. 달리 말하면 국가가 정하는 것은 정당하다. 나는 과장하는 것이 아니다. 이러한 권리의 이론은 수많은 철학자들과 아주 다양한 정치·여론 법학자들에 의해 지지되었다. 그러나 국가는 덕에 따라 정하는 것이 아니라, 자기에게 가능한 것에 따라, 다시 말해 자신의 힘에 따라 정한다. 그리고 국가가 충분히 발전하면, 국가는 윤리적으로 지고의 위치에 있게 되며, 선을 지명하고(그것이 악일지라도), 악을 지명할 수 있다(그것이 선이더라도)! 타락한 국가라고? 아니다, 힘의 정신이 깃든 국가이고, 국가는 다른 식으로는 국가가 될 수 없을 것이다. 오직 제한된 국가만이 자신의 외부적인 선, 정의의 대립을 받아들일 수 있고, 경계를 받아들일 수 있다. 그러나 국가의 힘이 성장할수록, 가치들의 경계는 더욱 밀려나고, 시민들의 머릿속에서도 가치들이 설정한 구분들이 지워진다. 아주 강력한 국가는, 그의 성격과 교리가 무엇이건, 결코 외적 가치의 실현과 그 경계를 수락하지 않았다. 이것은 역사적 확인으로서, 나는 그 상황이 왜 변할까 알지 못한다. 내일은 상황이 그렇지 않을 거라고 주장하기, 그것은 절대 실현되지 않을 무모함을 주장하는 것이다.

민주화와 국가의 제한으로 이르는 삶의 수준의 향상에 대한 이론은 환상적이다. 왜냐하면 힘의 결정적인 후퇴에 관한 어떠한 증거도 없기 때문이다. 제시된 모든 예들은 전혀 다른 사실로 설명될 수 있다. 그래서 혁명적 긴장의 시기에는 사람들은 공포를 사용하고, 다소간 긴 시간이 지나 국가가 자리 잡고 반발이 잠잠해지면, 어떤 긴장 완화가 있다(생활의 질은 아주 먼 액세서리에 불과하지, 직접적인 인과관계가 없다). 그러나 이러한 과정 속에서, 국가가 과거 가치들을 존중하는 회귀는 없다. 국가가 선언한 가치들만 있고, 그것이 전부다. 국가의 후퇴는 없다. 국가가 폭력과 공포를 통해 얻었던 것은, 상황이 안정되었다고 해서 사라지지 않고, 일단 국가가 확보한 것으로 남아 있게 되고, 정상화되며, 제도화되고, 결국 안정을 주는 것이 된다. 브레즈네프적인 국가는 분명 스탈린적 국가에 대해 힘의 후퇴가 아니라, 국가의 원칙들 위에서 사회의 정상화가 더 진행된 것이다. 그것이 전부다! "힘·가치"의 모순은 가치들이 마침내 공적인 길을 통해 달성된 것처럼 보이는 우리 시대 인간들의 비극적 환상에 도달하게 해준다. 그런데 이 공적인 길은 가치들을 파괴하고, 자율적인 힘이 된다.

2. 이의제기

정신주의자들과 도덕론자들은 이러한 담론을 이해할 수 없다.★ 전자들에게는, 이런 저런 방식으로 기독교적 정치를 하고자 하는 유혹이 여전히 크다. 그러나 이런 정치가 어떻게 비기독교 국가에 의해 적용될 수 있을까? 그리고 기독교 국가의 과거 경험들 또는 현재의 경험들조차 고무적이지 않다. 사람들이 그들의 위선을 비난한지 오래 되었다. 그리고 우리는 이런 이상한 상황을 본다. 즉 소위 기독교 국가는 기독교적 원리를 적용한다고 주장했고, 기독교적 도덕을 실천한다고, 신의 명령에 복종한다고 주장했으며, 그의 첫 의무는 교회를 선양한다는 것이었다. 그런데 실제로 이 국가는 자기가 말했던 것을 전혀 실천하지 않았고, 복음서에 의거하지 않는 정치를 했으며, 국가의 선언들은 위선적인 병풍에 불과했다. 따라서 사람들은 그런 사실을 증명하기 위해 실제로 기독교 국가의 정치가 무엇이었던가를 찾아 냈다. 그렇게 해서 그들은 이 병풍을 찢었고, 거짓을 고발했⋯. 그러나 이제는 사람들은 이러한 상황을 용인할 수 없고, 기독교적 국가가 비밀로 힘의 정신, 폭력의 사용, 권력의 폭주 등 기독교 국가가 은밀하게 그러하다 비난을 받았는데 현대 국가가 노골적으로 그러하다는 사실을 용인할 수가 없다. 어떤 대가를 치르더라도 다른 분위기를, 다른 보호막을, 다른 병풍을 재창조해야 했다. 현실은 너무 잔인했다. 그래서 한편에서 기독교인들은 다른 형태 아래서 자기들의 작업을 다시 시작했는데, 프랑스에서는 기독교 국가를 원한다는 사실을 슬며시 부인하면서, 국가가 실현해야 할 기독교적 프로그램들을 설정하거나, 국가의 신학을 구성하거나, 더 흔하게는 비기독교 국가의 행위에 반대한 선언들, 항의들을 하였다. 아무튼, 기독교 국가는 정치로서는 아주 공허한 시도였는데, 그 이유는 적용할 수 없었기 때문이다. 기독교인들은 기독교 국가 실천의 길

★ 우연히 한 국가 수반이 냉소적으로 말하면 모든 사람들이 분개한다. 나는 "사실이 그렇기 때문에", 그리고 또 과거 우리가 알제리에 정착했던 것이 그랬던 것처럼 지금 "떠나는 것이 우리의 이익"이기에, 알제리를 해방시켜야 한다고(1961) 하는 드골 대통령의 연설을 환기한다. 모든 옹호자들의 분개를 불렀다!

과 수단을 전혀 예상하지 않는 간편주의를 스스로에게 부여하였다. 그들은 권력을 잡지 않을 뿐만 아니라, 조금이라도 권력에 참여하려 하지 않았다는 점에서, 그리고 거부와 비판, 비난이라는 아주 편리한 입장에 머무르면서, 책임을 거부하였다.

도덕론자들, 인본주의자들이 뒤를 이었다. 이제 국가에게, 국가에 대해 말하는 자들은 더 이상 기독교인들이 아니다. 새로운 자들은 인간의 권리를 대변한다고 하는 이상주의자들이다. 불행하게도 최근 여러 해의 경험은 이 이상주의자들이 자기들의 인간관이나 윤리관에 따라 선택을 하는 것이 아니라, 우선은 좌파나 우파적인 정치적 선택을 함을 보여준다. 그런데 이 정치적 선택은 가치로부터 독립된 아주 엄격한 정치적 자율성 속에 새겨진다. 그들은 좌파나 우파인데, 좌파나 우파가 대변하는 가치들을 위해서가 아니라, 일종의 본능에 의해, 사회적 압력, 순응주의, 열정의 결과인 원초적인 충동에 의해서이다. 좌파와 우파가 대변하는 "도덕적 반신불수"는 선결적인 것이다. 그리고 가치들, 휴머니즘 등은 우리의 자유로운 선택을 장식하기 위해, 우리의 결정을 정당화하기 위해, 우리의 입장을 예찬하기 위해 내세운 논쟁들에 불과하다. 다시 말해 기독교적 위선으로 완벽한 회귀이다. 내가 좌파인 것은 인간의 가치를 위해서가 아니라, 내가 좌파이니까 나는 인간의 존엄을 언급하고, 좌파로서는 당연한 일이다.(즉 도덕적 가치 때문에 정치적 입장을 취하는 것이 아니라, 정치적 입장 때문에 도덕적 가치를 언급한다.) 물론 나에게 적대적인 사람들은 앞서 말한 인간을 부정하는 자들이다. 내가 우파인 것은 명예 때문이 아니다, 나는 자기가 손대는 모든 것의 명예를 더럽히고, 속되게 만들며, 추잡하게 만드는 좌파에 반대하여 명예를 언급한다. 우리 정치 철학자들과, 유명한 휴머니스트들의 사유의 전개를 조금 더 가까이에서 그들의 일반적 글을 그들의 구체적 입장과 대조하며 분석해보고, 그들의 선언을 살펴보면, 특히 그들 행위의 결점들을 살펴보면(왜 그들은 이 경우에는 침묵하는가? 왜 그들은 한 쪽 상황만 고려하는가? 왜 그들의 교리는 이런 문제를 그냥 두는가?), 그러면 우리는 그들이 가치들로부터 독립적인 정치의 자율성에 대한 가장 훌륭한 증인이라는 것을 알게 되고, 그들의 철학, 신학, 도덕이 정치적 결정에 반대하여 전혀 힘을 쓰지 못하고, 상황을 명확하게 인식하지 못하게 하는지 알게 된다. 우리는 일반적으로, 가치들과 정치 사이의 긴장은 완전히 끝이 났고, 정치의 자율화가 자율성을 부정하는 이 휴머니스트들의 철학을 흡수해버렸다고 말할 수 있다. 또한 마르크스주의자들의 독단적인 거부도 언급해야 한다. 마르크스주의자들은 역사에 어떤 의미를 주었기 때문에, 사물이 자기들이 도식화한 것과는 달리 진보한다는 것을 받아들일 수 없다. 그래서 그들은 정치가 자율적이라는 것을 받아들일 수 없고, 절대적인 이상주의 속에 잠긴다(예를 들어, 전쟁은 자본주의와 함께 **필연적인 결과로 사라질 것이다**).

* * *

그러나 더 엄밀히 정치적인, 다른 이의제기가 있다. 이것은 민주주의자들로부터 온다. 그들 역시, 그러나 다른 길을 통해, 이러한 자율성을 부정한다. 여기서는 정치를 민주주의나 사회주의라는 도덕적 형태 속에 통합시키는 문제이다. 정치체(Corps social)란 의지를 가진 도덕적 존재이고, 이 일반 의지는 언제나 각 부분의 보존과 안위를 지향한다고 루소Rousseau는 주장한다. 따라서 선과 일반 의지 사이에는 어떤 일치가 있고, 이 일반 의지는 특히 정치적 의지이다. 불행하게도 이 일반 의지는, 오늘날 알다시피, 거의 식별되지 않고 도덕적 존재의 표현으로서는 더 더욱 적용되지 않는다. 그렇지만, 장 조레스Jean Jaurès는 사회주의가 필연적일 뿐만 아니라,

나아가서 선이기 때문에, 궁극적으로는 사회에게 그 형태를 주고야 말리라는 것을 증명하려 한다. 마르크스는 자신의 해석으로부터 가치들을 극단적으로 제거하려고 했는데 반해, 조레스는 그것들을 다시 도입하여, 필연적인 정치적 진화와 인간적 양심이 알고 있는 선과 정의의 완수가 동일함을 증명하려고 한다. 그렇지만, 우리는 선결적인 조건들을 실현하기에는 너무나 멀리 있다. 우리는 또 그 문제들이 단순히 자연의 빛에 호소한다 해서 해결될 수 있는 시대에 살고 있지도 않다. 우리는, 그것도 민주주의의 산물인데, 시민들이 공통의 몇 가지 가치들을 만장일치로 지지하지 않는 시대에 살고 있다(그리고 이것은 만장일치가 조작에 의해 만들어지는 나라들을 제외한 모든 나라들에 해당된다). 그런데 만장일치는 정치가 자율성을 벗어나기 위해서는 필수불가결한 선결 조건이다. 시민들이 만장일치로 동일한 가치들을 수락해야 하고, 그러면 이 가치들은 정치에 적용될 것이다. 그렇지만, 민주주의는 이러한 만장일치를 훼손하고, 말하자면 결핍을 통해 정치에게 자율성을 보장한다. 반면 마키아벨리에게서는 정복에 의한 자율성의 문제일 것이다. 게다가 이 정복에 의한 자율성은 독재 국가들에서는 언제나 확보된다.

다른 한편 부리코Bourricaud는 결국에 사람들은 "분리와 환원"을 통해 정치의 자율성을 제거하려고 한다고 하면서 매우 유력한 비평가들을 소개한다. 분리란 시민들의 역량 밖의 기술적 문제들과 시민들이 결정권을 가지고 있는 정치적 문제들을 구분하는 것을 말한다. 동화에 대해 말하자면, 그것은 정치와 도덕을 동일시함을 말한다. "불행하게도, 기술과 도덕사이의 구분은 가장 힘들어 보인다!"라고 그는 아주 정확하게 말한다. 라고 그는 아주 정확하게 말한다. 그의 모든 작업은 정치에서 도덕적 선택을 연구하는 것인데, 그에 따르면 정치는, 기술적 명령에 따라 명확하게 결정되지 못할 때에는 "다양한 우연들 위에서의 내기"로 되돌아간다.

우리는 여기서 다른 양상을 강조하고자 한다. 즉 정치의 자율성에 대한 이상주의자들의 무시는 오류투성일 뿐만 아니라, 위험하기까지 하다. 정치적인 가장 큰 실수들, 즉 최근의 반세기 동안 가장 많은 피와 무질서를 불러온 실수들은 바로 다음의 사실, 즉 개탄할만하고, 단죄되어야 마땅한, 그리고 혐오스러운 사실을 거부하는 사람들 때문이었다. 그것은 당시 정치가 자율적이었다는 사실이다. 그런데 이 사람들은 정치가 자율적이지 않은 것처럼, 정치가 반박할 수 없는 규칙들과 가치들에 복종하고 있는 것처럼 행동하였다(게다가 바로 이 정치인들조차 자신들이 수호하는 가치들을 명확히 규정할 수 없었다.) 한편에서 스탈린이나 히틀러처럼 교리론자들이 득세하면서, 언제나 아주 명확하게 자기들이 하고자 의도한 것을 말하였는데(스탈린에게서는, 마르크스주의를 신봉함에도 불구하고, 수단의 과도함, 전략과 전술의 팽창은 결국에는 이러한 자율성으로 되돌아온다. 경제적인 것과 사회적인 것이 정치적 체스판의 졸이 되었기 때문이다), 그들이 주장한 것을 심각하게 받아들여야 했다. 그런데, 민주주의자들은 결코 그렇게 하지 않았으며, 그들은 지속적으로 스스로를 속였다(아마 처어칠만 예외인데, 그 이유는 그 역시 계속해서 정치의 자율성을 주장하였기 때문이다). 민주주의적 정치인들, 사회주의자들, 휴머니스트들, 기독교인들이 그렇게 단계 단계로 속았던 것과 그들이 히틀러나 스탈린의 선언들, 그리고 민족해방전선F.L.N.과 피델 카스트로 또는 나세르의 선언들이 자기 자신들이 일요일이면 반복하던 선언들과 비슷한 담론들이었다고 믿었던 까닭은, 바로 자기들의 깊은 신념으로부터 왔던 것이다. 즉 "그럴 수는 없다 – 정치는 도덕으로부터 자율적이지 않다. 그런 불순한 생각을 갖는다는 것, 법을 조롱한다는 것, 약속을 지키지 않는다는 것, 광대한 정복을 한다는 것, 혁명을 자극한다는 것, 집단 수용소에 가두는 것, 그것은 불가능하다. 물론 폭력과 정복에 의해 사회주의를 설립하는 것도 불가능하다."

히틀러가 권좌에 오를 때, 교회 사람들은 "정신적인" 의미 속에서 독일의 재건은 선이라고 보았다. 그렇지만, 그들은 히틀러가 자신의 계획에 대해 말한 모든 것을 믿을 수가 없었다. 마찬가지로 독일의 경제인들은 히틀러가 승리할 것으로 판단하고(그 사실에 대해서는 정확한 판단이다), 그렇지만, 한 혁명가가 그렇게까지 잔혹할 것으로는 생각하지 않았고, 자기들이 그를 길들일 수 있을 것으로 판단하고서 그를 도왔었다. 그런데, 이러한 "가치적" 판단이 그렇게 부정확했던 이유는, 그들이 정치란 "합리적인" 것이거나, 히틀러가 스스로 예고했던 곳까지는 갈 수 없을 것이라고 판단했기 때문이다! 실제로는, 히틀러는 자기가 말했던 대로, 그들을 지배했고, 그들이 복종하도록 강제했다. 우리는 민주적 지도자들에게서도 동일한 판단의 실수를 발견하는데, 그들은 폴란드나 체코에서 공산주의자들과 협력해야 한다고 판단하였다. 그것은 레지스탕스의 어떤 사실주의로부터, 특히 공산주의자들도 "우리와 같은 도덕"에 복종하고, 조국을 위해 헌신하고, 정의와 진리를 추구하기 때문에, 그들과 손을 잡을 수 있다는 확신으로부터 왔다. 거기에는 공통의 이상주의적인 고원이 있었고, 정치 행위를 상대화하는 가치들이 있었다. 당시에는 공산주의자들을 다독거리고, 그들을 민주적으로 만들며, 사회주의적인 경제 정책을 수락하면서도 이상주의적이고 정치적인 자유주의에 접근할 수 있다는 희망을 품을 수 있었다. 불행하게도, 사실들이 보여 주었듯이, 모든 연대, 양보, 대화 등은 공산주의적 전술에 사용될 따름이었고, 이 전술은 자유주의적이거나, 다원적이지 않았고, 민주적 가치들을 따르지도 않았다.

완전히 자율적인 정치 행위 앞에서는, 어떠한 가치를 내세워도 아무 소용이 없다. 평화의 사랑, 그리고 무엇보다도 민중의 행복은, 사람들이 설마 자율적인 것으로 받아 들여지지 않은 어떤 정치의 표면상 내세운 최종 명령으로서, 아비시니Abyssinie에서 무솔리니Moussolini의, 스페인에서 프랑코Franco의, 체코슬로바키아에서 히틀러의 승리를 보장한다. 최종 한계에 이르러서야 이상주의자들은 정신을 차리고, 정지의 일격을 가한다. 그런데 이것은 무서울 정도로 큰 대가를 치르고, 피를 부른다. 왜냐하면 정치가 자율적이라는 것을 알았다면 취할 조치들을 제 때에 하지 못했기 때문이다. 오늘날, 전쟁이 진정 최후의 수단이기에, 그리고 그런 조건에서만 수락할 수 있는 것이기에 정당하다고 말한다면, 그것은 다시 한번 도덕도, 가치도 없는 시대 속에서 기독교주의에 빠져 있는 판단을 하는 것이다. 다시 말해 가장 현실적인 사람에게, 정치의 자율성에 가장 잘 적응한 사람에게 상당한 행동 여지를 남겨주는 것이다. 그러면서 동시에 가장 혹독한, 가장 무서운 전쟁을 치르게 될 것이다. 그 이유는 처음부터 움직이지 않았기 때문이고, 도덕적으로 세심한 사람들에 의해 정지되었기 때문이다. 그렇다고 나는 여기서 전쟁이 좋은 것이고, 바람직하며, 정당하다고 말하는 것은 아니다. 나는 다시 한번 주장하기를, 모든 전쟁은 부당하다. 어떤 국가도 전쟁을 하면서 선의를 가질 수 없다. 그러나 정치가 자율적인 세상에서는, 정치를 하는 사람은 전쟁이나 전쟁의 위협은 정치의 정상적인 수단임을 알아야 한다. 그리고 이러한 자율성을 거부한다는 것, 그것은 덕이나 이상의 덮개 아래서, 결국엔 공동체에게 가장 해로운 정치를 하는 것이다. 오늘날 승리자이면서, 정의와 법을 대변하는 선인은 없다. 그리고 결코 패배자이면서 현실적인 정치인이, 악인이 되는 경우도 없다! 만약 히틀러가 승리자였다면, 우리는 소련과 서방 국가들을 비난하는 아주 좋은 행동을 하였을 것이고, 이 행위는 분명 정확한 사실들에 기반하였을 것이다! 그리고 이런 사실들은 우리 정치인들에게는 죽음을 가져다주었을 것이다!

정치의 자율성이 오직 독재자들만의 일이라고 믿어서는 안 된다. 민주 국가에서도 여러 다양한 수준으로 존재한다. 흔히 하듯이, 위선적인 의원을 비난하기, 그것은 다른 것이 아니다. 실수는 바로 독재자들이나 공산

체제를 비정상적이고 예외적이며 결국엔 환원될 것이자, 예전의 규범 속으로 다시 들어갈 경우로 생각하는 것이었다. 실수는 가치들 위에서, 존중되고 인정된 법에 의해 규제된 정치, 도덕에 복종하는 정치, 법을 지키는 전쟁이 정상적인, 당연한 상황이라고 믿은 것이었다. 실수는 그것이 본성이라고 믿은 것이었다. 그러나 그것은 무한히 연약한 상황이었고, 의지와 희생을 가지고, 그리고 지속적인 쇄신 속에서 붙잡아야 했던, 인간의 정말 놀라운 정복이었음을 이해했어야 했다. 정복적인 긴장이 풀리자마자, 그 상황은 다시 현재의 것으로, 즉 자율적인 정치, 법 없는 전쟁으로 되돌아왔다. 우리가 반세기 전부터 겪어 왔던 시련은, 비록 우리 마음에 들지 않고 또 인정하고 싶지 않더라도, 독재국가들과 공산주의 속에서 표현된 상황은 정상적인 상황이 되었음을 우리에게 확신시켜 주어야 했다. 그리고 우리는 적용될 기회란 전혀 없는 이상적인 민주주의가 아니라, 그런 상황과 관련하여 정치적 문제를 고려해야 한다는 것을 깨달아야 했다. 우리는 이미 전체주의 국가들의 관습들이 민주국가들을 점령했음을 알고 있다. 이미 공안적인 체제, 수용소(강제수용소, 집단 수용소, 노동 수용소… 이 모든 것은 중앙화의 여러 모습들에 불과하다!), 통제받지 않는 행정부의 막강함, 비정상적인 여론들과 소수자들의 체계적인 제거는 그러한 점령의 명확한 징후들이다. 여론의 차원에서, 역사의 의미(역사는 정치적 자율성의 이데올로기적인 위장에 불과하다), 그러한 그대로의 사물들, 자유인 노동, 또는 법을 만드는 필연성에 대해 상투적인 말을 채택하는 것도 마찬가지다.

    그리고 민주주의의 내부에서 정치인들, 또는 정치 집단들 사이의 관계를 보면, 그것은 힘, 협박, 압력, 야합, 위세, 공모적 관계일 뿐이고, 도덕적 규칙이나, 가치 따위는 전혀 없음을 금방 알게 된다.[44] 아주 순수하게 이데올로기적인 집단들 속에서조차(나는 좌파 지식인 그룹과 같은 것을 생각한다!), 공적인 선언에서는 이 집단들이 덕, 휴머니즘, 도덕의 옹호자로 자기를 표방한다 하더라도, 그 관계는 때로는 야비하며, 이러한 정치의 자율성을 눈부시게 보여준다.

물론, 사람들은 완전한 정치적 자율성 속에서도 도덕과 정신적인 것의 화려한 어휘를 간직한다. 그래서 히틀러와 흐루시초프는 끝없이 신을 들먹였다. 마찬가지로 "사회적"이라는 단어는 정치적 행위에 대한 일상적인 윤리적 정당화가 된다.45)

정치의 자율성을 확인해주는 중요한 요소, 그것은 바로 도덕적 가치를 언급하는 시민들에 의한 그 사용의 문란함이다. 프랑스에서 30년대의 광경은 그것을 잘 보여준다. 우리는 여기서 다음을 확인한다.

- 자기가 옹호해야 할 운동에 따라 가치를 선택하기. 프랑스에서 유권자를 얻기 위해서는 자유를 선택하지만, 어떤 사람이 프랑스 공산당에 속해 있다면 이 주제에 대해서는 완전히 도피적 자세를 취한다. 소련에서 자유에 대해, 그리고 자신이 우파에 속한다면 브라질에서의 자유에 대해 언급하기를 회피한다.

- 동일한 사람에게서도 사안들에 따라 다른 가치들. 즉 분리 독립권은 팔레스타인이나 사라우이Sahraouis에 관한 때면 불가침의 권리이지만, 쿠르드족Kurdes이나 비아프라Biafra에 관한 일이면 아무런 중요성이 없다. 또 "분리주의자들"은 남아프리카 국가의 통일성을 신성한 가치로 내세운다.

- 서로 대립하는 적들에 의해 동일한 가치를 내세우기. 인권은 상황에 따라 좌파와 우파에 의해 교대로 제기되고, 평화와 인권침해를 다룬다는 러셀 법정Tribunal Russel은 발트인들Baltes과 베사라비아인들Bessarabiens의 강제 이주에 대해서는 눈을 감아버린다. 역사로부터 획득한 권리에 대해서도 마찬가지다. 즉 팔레스타인들은 그 지역에 대

해 절대적인 권리를 가졌지만(그들 대부분은 시조르다니Cisjordianie에 기껏 2세대 전부터, 또는 그보다 더 짧게 살아왔다), 거기서 3백 년 전부터 살았던 아프리카인들은 아무런 권리도 없다.
- 정치적으로 적대자들이 주장하는 도덕적 논거들은 정확하게 동일하다. 즉 정의, 자유, 단결, 국가의 독립(프랑스 공산당이 국가주의자라고 하는 것처럼 기묘한 것도 없다), 모든 것을 정당화하는 필연성. 이런 가치들은 모든 관점에서 누구도 심각하게 여기지 않는 단순한 논거들에 불과하다. 그렇지만, 그것이 없다면, 여론은 뭔가가 부족하다고 여길 것이고, 사람들은 이런 담론을 하지 않는 사람을 자신의 운동에서도 확신을 못가진 자로 의심할 것이다.

도덕적 논거들은 언제나 국가에 대한 훌륭한 공격 수단이다. 사람들은 국가가 어떤 상황에서 당신의 도덕 기준을 따르지 않는다면 분개하면서, 독재국가라고 비난한다. 어떤 사람이 좌파라면, 제5플랜은 자유 침해로서 기술관료적 독재인 혐오스러운 행위이다. 그러나 소련의 플랜은 "민주주의적 존경"을 부르는 경이로운 일이다! 또 어떤 사람이 드골주의자라면, 이 동일한 플랜은 프랑스를 진보의 궤도 위에 올려놓는 놀라울 정도로 민주적인 것이다. 여기서는 "사실적 판단"의 문제라고 말하지 말자. 두 적대자들은 언제나 사실적 판단을 제시할 것이다. 그것은 진실로 "미리 가정된 가치들"에 관한 문제이다.

이 모든 것을 하나하나 세분하자면 한이 없을 것이지만, 지금 언급해야 할 것은 어떤 기묘한 메커니즘이다. 즉 가치들은 사실을 정당화하는데 사용된다. "해방시켜주는 폭력이 있고, 노예로 만드는 폭력이 있다." "국가를 탄생시키는 테러는 합법적이고, 국가를 파괴하는 테러는 그렇지 않다"(여기서 가치는 자유와 국가이다). 그러나 가치들은 실제로 다른 사실의 표현일 때만 고려된다. 예를 들어 자유는 역사의 의미 속에 들어 있을 때만, 그것이 성공할 때만 중요하다. 소련에서 봉기에 실패한 도형수들의 자유는 중요하지 않다. 거기에는 성공할 확률이 전혀 없다. F.L.N.의 자유는 중요하다. 그것은 성공했기 때문이다. 국가에 대해서도 우리는 옛날의 아주 훌륭한 한 인용문을 들겠다.

"F.L.N.과 O.A.S. 사이에는 큰 차이가 있다. F.L.N.은 그 혼자서도 알제리 공화국을 수호할 수 있다. 반면 O.A.S.는 프랑스의 도움이 없이는 프랑스령 알제리를 살아남게 할 수 없다" 「르 몽드」, 1962년 3월 14일

우리는 힘들지만 가치의 언급 속에 들어 있는 위선과 정치적 자율성의 은근한 확인을 더 깊이 파헤칠 수 있다.

이 작은 예들은 정치에서 가치의 언급이 실제로는 핑계, 정당화, 변명, 양심의 계보에 속함을 보여준다. 우리는 다음의 선언에 동의하지 않을 수 없다.

"인간적인 일에 종사하는 사람들이 있다. 그러나 그들은 그 사람이 자기들의 정치적 의견과 관련있을 때만 그에 대해 신경을 쓴다." 틱시에-비냥쿠르Tixier-Vigancour, 살랑Salan 소송

안타깝게도 그 저자는 우선 위선의 탈을 벗어야 했다!

*　*　*

도덕적 문제와 정치적 문제 사이의 대립은 아이크만Eichmann 문제에 대해 경건한 유대인 골란츠Gollancz와 브럭버거Bruckberger 신부 사이의 논

쟁에 의해 아주 잘 드러난다. 골란츠는 영적 증언을 대변하면서, 아이크만을 사형시키는 일이 무용하다고 주장하였다.

"한 사람 더 죽여서 무슨 소용있겠는가? 이런 조치가 아우슈비츠 Auschwitz가 인간성 위에 던진 잔인과 증오의 베일을 찢어낼 수 있는가? 아이크만은 신에게 속한다. 그리고 신만이 그를 판단할 수 있다. 우리를 인도해야 할 것은 응보적 정의라는 신화적 생각이 아니라, 영적 보상이라는 생각이다. 악이 크면 클수록, 긍휼도 그만큼 더 커야 한다. 히틀러의 극단적인 악행은 극단적인 선행으로 보상되어야 한다…"

분명 도덕적이고 영적인 가장 깊은 진실을 표현하는 이 담론은 국가에 의해 수용될 수 없다. 정치는 어떤 점에서도 그것을 적용할 수 없다. 그렇다면, 정의, 진실 등을 적용한다고 주장하는 것은 사기며 위선일 따름이다. 사형을 선고하면서 정의를 수행한다고 주장하는 사람들은 예수가 바리새인들에게 비난한 위선적 판단 아래 떨어진다. 분명 이렇게 적용한 정의나 진실은 바로 인간이 자신의 행위를 정당화하기 위해 세공한 이데올로기적 구축물이다. 즉 이 행위들은 사회가 기능하고 존속하기 위해 유용한 것들이다(그것은 바로 브럭버거 신부의 주장이다. "살인자들에게 자비를 베푼다면, 아 좋습니다! 당신의 사회에게 행운이 따르기를!"). 비 순응자들, 광인들, 무정부주의자들, 부적응자들, 범죄인들을 제거하는 것은 집단의 존속을 위해 유용한 일이고, 그 집단이 법관들, 군인들, 정치인들을 통해 그렇게 움직이는 것은 합법적이다. 그리고 최대한 그렇게 하는 것은 정치의 역할 자체이다. 이런 조건에서는 가할 비난은 전혀 없다. 하지만 혼동하지 말아야 한다! 그러니 가치들, 선, 그리고 덕에 대해서는 말하지 말자! 모든 문제는 거기에 있다. 정직성의 문제로서, 누구도 냉소적이거나 회의적이라고 하지 않을 것이다. 그건 오직 사람 그대로가 되는 것이 중요하고, 사람이 하는 대로 하는 것이 중요하다.

* * *

따라서 우리는 이러한 상황으로부터 이상주의자들과 휴머니스트들에게 아주 불쾌한 결과들을 끌어내야 한다. 우선 정치적인 사실들을 어떤 도식, 정신적이거나 도덕적인 어떤 틀을 통해 해석하려는 것은 무서운 편의주의적 발상이다. 우리는 이상주의자들이 범한 실수를 다시 언급하지 않을 것이다. 그러나 사람이 매달려 있는 이상적 가치와 정치적 현실 사이의 관계를 발견하고서, 냉소주의자나 회의주의자가 되지 않는 것도 편의주의이다. 그것은 언제나 고통스러운 모순을 직시하지 않으려는 수단이다. 우리가 어떤 도덕적 기준에 따라 정치를 해야 할 책임을 지고 있지 않은 시민인 경우에, 정치인들의 행위를 이 기준에 따라 판단하는 것은 스스로 위선자가 되는 것이다! 그리고 우리가 아주 사소한 정치적 행위를 할 때, 예를 들어 어떤 모임에서 정치적 주장을 펴거나, 선언문에 서명을 하거나, 벽보를 붙일 때, 자신의 행위를 도덕적 동기 때문이라고 해석하는 것, 그것도 하나의 편의주의다. 나는, 탄원서를 나에게 내민 사람이 친구이고 또 이것은 친구들과 연대적인 행위이기에 서명한다. 나는 그런 사람이 실제로 부당한 조건 속에서 체포되었기에 이런 주장을 편다. 나는 선한 마음을 가졌으니까, 잔인하게 희생된 사람들을 구하려고 한다. 나는 그가 곤경에 처했기에 비밀 조직원이 탈출하도록 돕는다. 나는 정의와 진실 위에서 도덕적 판단을 한다…. 그리고 상호적으로 나는 내가 한 행위의 순수한 정치적인 의미들을 고려하기를 거부한다. 분명 자신의 선의에, 자신의 좋은 감정에 몸을 맡기는 것이 훨씬 더 편하고, 자신의 기질을 따르고, 우정에 의해 움직이는 것이 훨씬 더 편하다. 내가 한 행위에 대한 실제로 정치적인 결과들을 보고 이해하려고 하는 것보다, 스스로에게 도덕적이고 개인적인 질문을 던지는 것이 훨씬 더 간편하다. 내가 전반적인 윤리적 질문을 제기하지 않고, 개인적인 수준에 머문다면, 대답은 일반적으로 명쾌하다. 한 사람이 물에 빠진다, 나는 그를 구해야 한다. 마찬가지로, 한 사람이 적의 추격으로 죽음의 위험에 빠진다, 나는 그를 구해야 한다.

사람이 정치적 의미를 더한다면, 모든 것은 복잡해지고 불가능해진다. 그 순간 현상들은 모호해지고, 상황들은 불확실해진다. 내가 구한 인물은 위험한 살인자로서, 구원을 받은 후에 자신의 정치적 살인 행위를 계속할 것이다! 또는 간단하게 그는 전체주의적 정치 조직에 속해 있고, 이 조직의 명령에 따라서만 행동하며, 그가 계속해서 섬길 이 당에 의해 저질러진 모든 부정이나 살인과 연결되어 있다. 누가 나에게 자비로운 행위를 택해야 한다고 말했다고 하자. 좋다. 그러나 이 자비로운 행위의 정치적 결과를 알아야 한다. 그리고 특히 그 행위로 인해 다른 사람들이 목숨을 잃거나 고문을 당할 것이다…. 나는 자유를 옹호하고 싶고, 표현의 자유를 옭아매는 모든 것에 대항해 봉기한다. 좋다. 도덕적 판단에 의한 것이다. 그러나 그렇게 함으로써, 나는 이 박해의 순간에 다른 힘을 위해 일한다. 그런데 이 다른 힘은 공개적으로 표현의 자유를 부정한다. 나는 그 힘이 권력을 향해 접근하도록 돕는다. 그런데, 이 힘이 권력을 잡으면, 그 힘은 자기 자신을 위해서 끝없이 요구해왔던 것, 즉 표현의 자유, 정의와 경찰에 관한 개인의 보장 등을 제거한다. 따라서 정치적 결과를 확인하지 않고 도덕적 이유로 선택된 행위로 인해, 나는 결국엔 내가 바라는 것과 정확히 정반대를 수행하고 말 것이다.

그런데, 이런 종류의 결정들은 개인적으로는 도덕적인 의미, 정신적인 동기를 가질 수 있지만, 공동체적이고 집단적이며 공공적인 차원에서는 더 이상 아무런 의미도 갖지 않는다. "나는 탄원서의 내용에는 동의하지 않는다. 그렇지만, 나는 기독교인들이 나서야 하기 때문에 서명한다. 나는 어떤 벽보의 증오스런 의도를 좋아하지 않는다, 그러나 나는 참여해야 하기 때문에, 그리고 거기에 내 자신의 자유의 확인이 있기 때문에 벽보를 붙일 것이다…" 반대로 나의 정신적 유보는 나의 의식과 동기들을 뛰어넘지 못할 것임을 알아야 한다. 아무리 내가 유보했다고 해도, 나의 이름과 직함은 의심스러운 텍스트 하단에 나타날 것이고, 이 텍스트는 오로지 정치적 효과만을 가지게 될 것이다.

전반적 효과는 오로지 정치적이다. 그리고 우리는 바로 이 효과를 우선 고려해야 한다. 그 텍스트는 여론 속에서 정치적인 운동을 강화할 것이고, 이 운동은 정치적 자율성의 영역 속에 들어 있다. 나는 개인적 의식의 차원에서는 그것을 제거할 수 있다. 그러나 나는 정치적 의미를 갖고 있는 나의 행위가 결국 이런 정치적 자율성 속으로 들어가지 않게 할 수 없고, 결국엔 도덕적이거나 정신적인 가치를 상실하고, 오직 하나의 정치적 행위만을 남기게 한다. 그 정치적 행위에게 나는 바로 나의 "도덕적" 경고를 했을 것이다. 나의 사적인 지지는 바로 그것을 통해서 내가 그렇게 싫어했던 정치적 자율성을 강화하고야 말았다! 이것이 바로 정치적 판단의 부재, 도덕에 의거한 이러한 치명적 실수가 낳은 극적인 결과들이다.

분명, 요약하자면, 모든 정치적 입장은 우선 내가 그것에게 주고자 했던 개인적 해석들과는 독립해서, 정치적 의미를 갖는다. 그러나 이러한 정치적 의미는 집단성에 의해 주어지고, 이 집단성은 오늘날의 정치의 틀 안에서, 다시 말해 자율성의 틀 안에서 판단한다. 유명한 도덕론자, 휴머니스트, 영적 지도자, 기독교인이 몸소 참석하여 지지하고 행동함으로써, 정치 속에 정신적인 의미와 도덕적 가치를 주입할 수 있다고 믿는다면, 일종의 낭만인 착각에 빠지는 것이다. 분명, 누가 정치에 도덕적 의미를 부여하는 것으로는 정치가 그것을 받아들이는데 불충분하고, 정치가 가치들에 복종해야 한다고 선언하는 것으로 그렇게 되기에는 불충분하며, 한 당의 당수나 한 국가의 독재자가 어떤 이상주의나 정신주의에 감화되어 결정을 취하는 것으로도 불충분하다. 정치의 자율성이 중단되려면, 그것이 공통의 가치들에 복종해야 할 것이고, 정당이나 국가 기구 자체가 아무런 자율성을 갖지 말아야, 다시 말해 기술화되지 말아야 할 것이고, 도덕적 이성에 감동된 행위와 결정이 모든 사람들의 눈에도 동일한 성질을 지녀야 할 것이다. 그런데, 국민의 교육은 반대 방향으로 갔다. 국민의 눈에 자율성이 자명한 것이 아니기에 국민은 부패와 정치의 마키아벨리주의에 대해 너무 확신하고 있다.

그러나 이것은 두 개의 새로운 결과가 나타나게 한다. 상황이 그러한 순간에, 우리는 정치적 사실들을 우리에게 적합한 수준에서가 아니라 그 실제적 수준에서 분석하고 행동해야 할 의무가 있다.46) 내가 이런 규칙을 말하지만, 사실에 순응하거나, 사물들을 사물 그대로 포착해야 한다고 선언하는 것은 아니다. 그건 또 효율성에 대한 우려는 더욱 더 아니다. 그렇지만, 나는 정치적 사실들에 대해 영적 판단을 내리거나 가치들을 부여하는 지식인들의 그런 습관적 편의주의의 유희를 거부하자는 것이다. 여기서, 정치인들이 정치적 사실에 정치적이지 않은 다른 의미나 결과들을 부여하지 않으면, 그들이 옳은 것이다. 만약 기독교인이 신의 절대적 요구를 제시한다면, 그렇게 하도록 하라. 그렇지만, 그는 그것은 정치에 대한 것이 아니고, 모순에 불과하며, 경우에 따라서는 그것이 대화의 개시이고 공통의 척도가 없음을 알아야 한다. 그리고 그는 허공에 대고 공허한 소리를 하는 대신에 정치 세계를 조금이나마 알고서 그렇게 하기 바란다. 다른 한편 우리가 우리의 선의를, 우리의 휴머니즘을 선양하고자 한다면, 정치 속에 끼어들지 않도록 하자. 정치는 더 이상 인간의 온정에 가까이 할 수 없다. 우리가 어떤 정치적 행위를 한다면, 우리가 정치적 기획에 참여한다면, 우리는 내재적인 효과들과 결과들을 아주 심각하게 검증해보아야 한다. 다시 말해 그 속에 어떤 환상적인 어휘를 뒤섞지 말아야 한다. 분명 우리는 다음을 확인할 수 있다 - 가치들의 개입은 어휘적인 수준에 불과하다. 자유, 정의 그리고 민중의 자결권, 인간의 존엄성 등은 사회적 순응주의의 나약한 정당화에 불과하다. 물론 나는 정의나 진실이 존재하지 않는다고 말하는 것은 아니다! 정치의 자율성에 비교해 볼 때, 오늘날 사람들이 그러한 것들을 언급하면, 그것들은 순수 상태로 축소되어 버린다. 다시 말해 그것들은 그 어떤 엄밀한 내용도, 공통의 내용도 없으며, 정치적 결정에 접근할 어떤 길도 없고, 구체화될 어떤 가능성도 없다(여기서 나는 상대적 가능성이 아니라, 어떤 가능성도 없다고 말한다!) 그것들은 내세워지더라도, 정치적 자율성에 입각하여 어떤 정치적 의도에 이용되기 위해 내세워진다. 그것은 정당화와 심리적 동기에 속한다. 그것은 또 정치인이 흔히 자기의 행동에 대해 스스로를 속이는 것이고, 스스로에게 축복을 내리는 것이다.

끌어내야 할 다른 결과는 우리는 사람과 정치적 사실들 사이에 어떤 거리를 유지해야 한다는 것이다. 만약 우리가 사람이 영적인 생활을 하고, 어떤 가치가 있으며, 그 가치는 어떤 윤리적 소명을 완수하면서 실현되는 것이라고 믿는다면(그리고 우리는 실제로 굳게 믿는다), 그렇다면 사람과 정치 사이에는 거리가 있음이 명백하고, 또 필수적이다. 다시 말해 우리는 사람이 정치의 길에 의해서만 실현된다고 하고 인간은 정치적 참여에 의해서만 자기 자신이 된다는 판단에, 그리고 정치를 하지 않는다는 것은 비현실적으로 된다는 판단에 굴복하지 않는 것이다. 그것은 인간은 경우에 따라서는 이런 행위를 할 수 있다는 것인데, 자기가 하는 것을 정확히 알고서라는 조건에서이다. 그렇지 않고 사람이 이러한 거리를 유지하지 못한다면, 그것은 그가 정치 속에 흡수된다는 것이다. 다시 말해 자율성의 영역 속으로 축소된다는 것이다. 물론 우리는 인간이란 도덕적 주체가 아니고, 영적인 소명이 없기 때문에, 이런 정치적 자율성의 영역으로 아무 탈 없이 들어가고, 거기서 자기 몫을 다할 수 있다고 생각할 수도 있다. 분명 바로 거기서부터 정치에 관한 현대의 대부분의 판단들이 나온다. 그 순간에는 인간이 정치를 하거나 하지 않거나 하는 것은 별로 중요하지 않다. 그것은 더 이상 아무런 관심도 없고, 아무런 의미도 없다. 아무런 관심도 없는 이유는 정치 조직에 봉사하는데 그치는 인간에 비해 정치 조직이 하나의 기계처럼 작동할 것이기 때문이다. 우리는 왜 인간이 정치에 참여해야하는 가를 알 수 없다. 아무런 의미도 없는 이유는, 우리는 도덕적 주체가 아닌 사람에게, 정치에 참여할 의무가 무엇인지 알 수 없기 때문이다. 인간에게 참여를 자극하기, 그것은 인간이 어떤 의미를 가지고 있다고 미리 가정하는 것이다. 그렇지만, 이 경우에, 정치적 자율성은 어떤 거리를 강요한다. 행위의 사적 차원은 존재할 수 있으나 집단적 으로 연루되어 있지는 않다. 개인 은 정치적 참여를 할 수 있다. 그러나 그 속에서 자기가 표현되거나 실현된다고 주장할 수는 없다. 그렇지 않다면 개인은 아주 간단하게 존재하기를 멈추게 된다.

L'ILLUSION POLITIQUE

이미지의 세계에서 정치

이미지의 세계에서 정치

3

우리는 지금까지 겉으로 서로 모순되는 두 결과에 이르렀다. 한 편으로 정치는 피상적인 행동반경만 가지고 있기 때문에 묶여 있고 한정 되어 있다. 다른 한편 정치 영역은 자율적으로 되었고, 그것은 정치인에게 가치로부터 완전한 독립과 자율성을 준다. 그런데 모순은 아직 끝나지 않았다. 이제는 다른 인자, 즉 여론을 고려해야 한다. 여론의 지지 없이는 그 어떤 정치도 이제는 불가능하다. 정치는 이제 왕들의 게임이 아니라 여론과의 일치를 가정한다. 그러한 의미에서 이제는 민주주의 체제와 군주 체제 사이에는 아무런 차이가 없다. 한편으로, 독재자는 끊임없이 여론에 의지하며, 민중이 자기를 그렇게 하도록 하기 때문에 움직인다는 인상을 주기 위해 여론을 조작하지 않을 수 없다. 거꾸로, 민주 정부는 자신이 종속된 여론을 선전을 통해 쥐고 있지 않으면 완전히 마비된다. 정부는 여론을 형성하고 방향지우며 통일시키고 공고히 다져야 한다.

이제는 대중이 정치 생활에 접근하였고, 우리가 여론이라고 부르는 것 속에서 자신을 표현하기 때문에, 대중을 정치 생활 밖으로 추방하거나, 여론에 반하여 통치한다는 것은 생각할 수 없다. 선전을 통한 정치의 깊은 변화를 이해하기 위해서는 바로 이런 명증성으로부터 출발해야 한다.

1. 정치적 사실

1. 사실

정치 세계에는 사실들이 존재한다. 사실들은 구체적이고 실제적이다. 사람들은 그것들을 직접 알 수 있고 경험할 수 있다. 그렇지만, 놀랍게도 오늘날의 정치적 사실들은 더 이상 과거의 것과 유사하지 않다. 19세기 전에는, 두 범주의 정치적 사실들을 구분할 수 있었다. 한편으로는, 지역적이고 직접적인 관심이 있으며 직접 확인할 수 있는 사실들이 있었다. 지역적인 기근, 왕가에서 후계 계승의 위기, 시 행정관의 파산 등 모든 사람들은 관계된 집단 속에서 사실들을 개인적으로 알 수 있었다. 비밀은 지키기가 극도로 어려웠다. 그 이유는 사실의 결과가 축소된 세계 속에 새겨졌기 때문이다. 이해 당사자들이 직접 알게 되고 그에 따라 결정을 내리는 그 사실은 언제나 지역적 입장들과 관계되는, 지역적 사실로 남아 있었다. 거기서는 세계적인 연대감도, 국가적인 연대감도 없었다. 지역적 정치는 거대 정치와는 아주 먼 관계만 가지고 있었다. 다른 한편, 일반적 이해의 정치적 사실들이 존재했고, 그것들은 주민 전체에게 알려지지 않았다. 게다가 주민들은 이 일반적 사실들에 별로 관계가 없었다. 일반적 사실들은 정치적 "엘리트"들에게만 해당되었다. 궁전의 혁명, 전쟁의 결정, 동맹의 변화는 사적인 일에 열중한 주체로부터 아주 멀리 있었다. 그는 떠돌이 배우들과 음유시인들을 통해서가 아니면, 그런 사실들을 거의 몰랐다. 그는 자신이 전쟁의 중심에 있지 않으면, 거기에 전설 정도의 관심만 가졌다. 그럴 경우 그는 아주 멀리서나 그 결과를 겪을 따름이었다. 정치 엘리트들은 문제의 사실들을 아주 직접 알고 있었다. 그 사실들은 그들의 수준에 있었다.

상황은 놀랄 만큼 바뀌었다. 오늘날에는 여러 길을 통해 설정된 세계적 연대를 통해, 세계 속의 모든 역사적이거나 정치적인 사실은 누가 어디에 있든 모든 사람에게 관계된다. 라오스에서 전쟁, 이라크에서 혁명, 미국에서의 경제 위기는 보통의 프랑스인들에게 직접적인 결과를 초래한다. 두 번째 변화 – 정부가 국민 위에 기초하기 때문에, 국민은 모든 것에 자신의 의견을 내도록 되어 있다. 따라서 국민은 이러한 세계적인 사실들을 알 수 있어야 한다. 그로부터 앎의 문제가 제기된다. 앎은 더 이상 직접적인 앎이 아니고, 언어적이며 수많은 매개물들을 통한 앎이다. 이러한 정보는 여론에 이르러야 한다. 그러나 여론의 중요성 때문에, 하나의 사실이 여론의 주의를 끌면서, 자신을 중심으로 여론이 형성되는 정도에 따라서만 정치적으로 된다고 말할 수 있다. 그런데 여론을 끌지 못하고, 제 때에 정치적 사실이 되지 못한 사실은 아무리 중요해도 사실로서 존재할 수 없다. 바로 이것이 우리가 증명하려는 도식이다.

사실에 대한 여러 수준의 앎과, 그것의 정치적 사실로 변화하는 것으로부터 시작해보자. 1939년 3월 히틀러에 의한 체코 침략은 하나의 사실이다. 히틀러와 침략군을 지휘한 독일 장군들, 하차Hacha 대통령과 그의 장관들에게는 구체적이고 실제적인 사실이다. 침공 사단에 속한 군인들과 침략당한 지역의 체코 주민들에게도 구체적이고 실제적인 사실이다. 그러나 그것은 이미 약간은 다른 질의 사실이다. 그것은 앞으로 필연적 고리들로 접착하게 될 다른 경험된 사실 전체 속에 포함되지 않았다. 그것은 정치적 복합 속에도, 정치적 필연성 속에도 속하지 않는다. 그것은 있는 그대로의 사실이다. 독일 병사들은 군에 속한다. 그들은 거리를 행군한다. 그들은 숲을 통과한다. 체코인들은 공포와 수치 속에서 독일군이 행군하는 것을 본다. 이어서 이 사실은 그 결과에 있어서 부채처럼 전개될 것이다. 침략의 사실을 보지 못했던 체코인들은 체포될 것이고, 침략에 참여하지 않았던 독일인들은 보헤미아Bohemia로 보내져 그곳을 식민지화할 것이다. 여기서도 우리는 구체적이고 실제적인 사실들 앞에 있다. 이 사실들은 그것들을 경험했던 사람들에게는 제한된 힘만 가지고 있다. 즉 그들이 독일에 의해 체코가 침략 당했다는 사실을 아는 것은 단순히 유추에 의한 것이다. 그런데 이러한 앎은 여전히 사적인 것이고 유추에 의하기는 했지만 확실하고 직접적이다. 그렇지만, 이 모든 것은 아직은 여론을 형성하지 못한다. 여론은 프랑스인, 영국인 등이 자기들의 신문에서 방금 일어난 사실의 언어적 표현을 읽었을 때 형성될 것이다.

정치적 사실의 경험 밖에서만 여론이 있다. 분명 이러한 경험은 언제나 그리고 반드시 제한되고 파편적이다. 예를 들어, 누구도 1914년 전쟁의 정치적 사실을 경험할 수 없다. 그것을 짐작하기 위해서는 옛 전사들의 말을 들어보는 것으로도 충분하다. 그들이 별로 교양도 없는 단순한 군인들이라면, 그들은 세부 내용에 대해 끝없이 이야기하지만, 그 전반적인 성격에서는 어떤 전쟁 경험도 갖지 않고 있다. 그들은 그 전쟁의 여러 단계들과 연쇄 고리들을 기술할 능력이 없다. 그것은 스탕달Stendal 소설 『적과 흑』의 주인공 파브리스 델 동고Fabrice del Dongo에게 진실이었듯이, 우리 전쟁의 전사들에게도 진실이다. 그러나 전쟁의 세부 내용을 알고 있는 각각의 군인들은 결코 자기 경험으로 어떤 여론을 형성하지 못할 것이다. 앎이 어떤 여론을 만들어내기 위해서는, 대중들이 관계되고 움직이기 위해, 추상적이고 전반적인 성격을 취해야 한다.

오늘날에는, 언어적으로 또는 이미지로 표현된 것이 사실이 된다. 이 사실은 거의 누구도 경험할 수 없는 전반적 성격을 얻기 위해 재작업 된다. 이렇게 표현된 것은 커뮤니케이션의 수단을 통해 수많은 개인들에게 전달

된다. 이 표현에 그 사실을 경험했던 사람들에게는 분명 없었던 어떤 색깔을 입힌다. 바로 이러한 추상적 사실 위에서 여론이 자리를 잡고 공고해진다.

2. 정치적 사실

이러한 변형과 전달 속에는, 구분해야 할 여러 단계가 있다. 하나의 사실은 그것이 그 소유자를 통해서 도시의 삶에 직접 또는 간접으로 관계될 때 정치적이라고 말해질 것이다. 그렇지만, 이미 현재 주목할 만한 변형이 있다. 하나의 사실은 실제로 두 가정 속에서만 정치적이 된다. 우선 정부나 강력한 집단이 그것을 고려하기로 결정하고, 이어서 여론이 이 사실을 그대로, 그리고 정치적으로 고려할 때이다. 따라서 지금 정치적 사실이라고 불리는 것은 그 자체로서 사실이 아니라, 여론을 위해 표현된 사실이다. 왜냐하면 정부는 이러한 여론에 따라 통치해야 하기 때문이다.

자기 혼자만 알고, 대중에게 사실을 숨기기로 결정할 정부는, 전적으로 이해되지 못하기 때문에 즉시 비대중적으로 될 것이다. 그것은 어떤 구체적 사실들을 제거하기에 이른다. 그 사실들은 원래 정치적인데, 여론의 형성이 없기에 결코 정치적으로 되지 않을 것이다. 차후로, 그 소지자에게는 완벽히 정치적인, 수백 또는 수천의 사람들에 의해 경험된 하나의 사실은 만약 그것에 대해 여론이 만들어지지 않으면 "존재하지" 않을 수 있다. 그에 대한 가장 특징적인 예는 나치의 수용소이다. 우리는 눈으로 볼 수 있는 물질적 여건들 위에 세워진, 수천의 사람들에 의해 경험된 중대한 사실 앞에 있다. 그런데 아직 1939년에는, 그것은 존재하지 않는 사실이다. 분명 나치의 극렬한 적들이 있어서 수용소의 존재를 주장하지만, 사람들은 일반적으로 그것을 그 사람들의 과장과 증오라고 간주한다. 누구도 그들을 믿고 싶지 않고, 그들조차 이 수용소와 일반 감옥 사이에 큰 차이를 보지 못한다. 되니츠Doenitz 『제독의 일기』는1958 1945년에도 그가 수용소에서 실제로 일어났던 일을 몰랐음을 설득력 있게 증명한다. 그는 그것을 미국의 문서들을 통해서 알았다. 따라서 오늘날에는 여론이 정치의 결정적인 힘이기 때문에, 여론이 사실로 인정하지 않는 것은 정치적 존재가 없다. 이 사실을 경험했던 사람들의 증언은 여론보다 우세할 수 없고, 여론 형성에 관여할 수 없다. 왜냐하면 개인들은 대중에 대한 커뮤니케이션 수단을 가지고 있지 않기 때문이다.

그리고 내가 언급한 것과 같은 일이 일어났어도, 그것만으로는 미래의 여론을 경고하기에는 불충분하다. 그래서 10년 동안 숨겨 왔던 독일 수용소에 대한 앎은 러시아의 수용소에 대해 대중을 깨우치는데 20년 동안 아무 도움이 되지 못했다.47) 러시아의 수용소에 대해, 동일한 의심, 동일한 주저가 떠돌았다. 다만 차이라면 여론은 이제 그러한 통치 방식이 20세기에도 가능했으며, 수용소와 감옥 사이에는 큰 차이가 있음을 안 것이다.

그러나 혹자는 그러한 사실의 제거는 독재국가에서만 가능하다고 말할 것이다. 그러나 동일한 분석이 민주국가에서도 전적으로 유효하다. 거기서도 여론이 알지 못하기 때문에 존재하지 않는 사실들이 있다. 그것들은 독재 체제에서처럼 근본적인 사실들로서, 거의 모든 사람이 (암묵적으로) 알지 못한다는 것에 큰 이해 관계가 걸려 있다. 이런 엄청난 사실의 하나는, 19세기와 20세기 초에 영국과 프랑스의 노동 조건이다. 여론은 순수 간단하게 노동 계급의 조건을 몰랐다. 어린이 노동, 빈민굴, 저임금, 질병, 비인간적인 노동 조건, 이 모든 것은 존재하지 않았었다. 그렇게 중요한 사실의 존재를 여론에게 강제하기 위해서는 지속적인, 때로는 폭력적인 노동 운동이 필요했다. 그러한 사실을 국민의 15-20%가 경험했고, 노동자들 주거 구역을 거닐기만 해도 알 수 있었다. 그렇지만, 이런 조건들에도 불구하고, 여론은 그 사실을 지워버렸다.

1962년에, 우리는 미국에서 강제 노동과 함께 같은 현상을 발견하였다. 거기서도 50만에 이르는 주민이 노예 상태에 떨어졌다. 그렇지만, 여론은 순수 간단하게 그 사실을 몰랐고, 결과적으로 정치적 차원에서 존재하지 않았다. 그것을 밝히기 위해서는 유엔의 조사가 필요했고, 또 수많은 항의와 제한들이 필요했다. 게다가 우리는 유엔 보고서의 발표가 여론에 경고를 보낼 수 있다고 말할 수 없고, 또 여론을 형성할 수 있다 하기는 더욱 어렵다.48) 오늘날에도, 몇몇 유엔 회원국들에서 행해지는 엄밀한 의미의 노예제가 문제이다!

    그리고 프랑스에서도 수용소 현상은 마찬가지로 의식 밖에 있다. 누가 1939년에 귀르스Gurs의 수용소나, 1945년에 에이세Eysses나 모작Mauzac의 수용소가 존재했음을 아는가? 누가 이 수용소들에서 생활 조건을 아는가? 누구도 또는 거의 아무도 알지 못한다. 실제로 사람들은 그것들이 사라진 후에, 거기에 대해 여론이 형성될 수 없을 때 그것을 알게 되었다. 왜냐하면 그것은 이미 지난 사건에 관한 문제로, 더 이상 정치적인 사실이 아니기 때문이다. 분명 이 사실들은 체제의 적들에 의해 똑 같이 알려졌고, 그들의 언론 속에서 비난받았었다. 귀르스의 수용소는 공산당 기관지 **뤼마니테**L'Humanité에 의해 비난받았고, 에이세 수용소는 (우파인) **레포크**L'Epoque에 의해 비난받았다. 그러나 그것은 여론을 형성하지 않는다. 그 이유는 이 신문들은 친구라는 좁은 범위 밖에서는 아무도 설득시킬 수 없기 때문이다. 모든 사람들은 그들의 정보를 불신한다. 왜냐하면 사람들은 그것들이 당 기관지임을 알기 때문이다. 이러한 불신으로 인해 여론이 생길 수 없다. 오직 당이나 작은 패거리만 감동을 받는다. 그렇지만, 그 순간, 그 사실은 자체로서 존재가 없다. 그 이유는 그것은 미리 존재하는 확신 속에 묻혀버렸기 때문이다. 이 확신은 자양을 공급하기 위해 사실들을 필요로 하지도 않는다. 거짓이건 참이건 똑같이 좋다. 따라서 비현실적인 유추를 사실로 주장하게 하거나, 실존하는 사실이 미리 결정된 여론과 맞지 않기에 부정하게 하는, 선결적인 참조 시스템을 통해서만 사실이란 존재를 갖는다.

여론이 부재함으로 해서 사실이 사라지는 이런 영역 속에서, 또 국제 연맹의 권고를 예로 들어야 한다. 즉 국제 연맹은 1927년에 국제 평화와 국민들 간의 좋은 관계를 훼손하는 모든 출판을 자제할 것을 권고하였다. 따라서 이것은 어떤 사실의 체계적인 제거에 관한 문제이다. 동기가 좋고 계획이 권할만하기에 현상이 성격을 바꾸는 것은 아니다. 여론이 사실을 그렇게 만들기 때문에, 사실은 변덕스럽게 정치의 생 속으로 접근하지 못할 것이다. 우리가 말할 수 있는 모든 것은 이 권고가 지켜지지 않았다는 것이다. 그러나 이 권고는 민주주의 사회에서조차, 어떻게 이런 현상이 일어날 수 있는지, 무의식적으로 뿐만 아니라, 자발적으로 그리고 "좋은 의도"로도 일어날 수 있는지 보여준다.

이렇게 대중은 하나의 외양만 안다. 그리고 이 외양은 여론을 통해서 정치적 사실로 변형된다.

3. 사실과 정보

그러나 만약 사실이 여론에 의해서만 존재하면, 문제를 해결하기 위해서는 좋은 정보만 있으면 충분한가? 달리 말해, 어떤 정직한 정보가 사실들을 모두 제 때에 표현하고 그것들을 대중에게 전해주면, 그러면 결국 이 사실들을 정치적으로 만들고, 현실과 일치하는 여론을 객관적으로 깨울 것인가? 그것은 좋은 꿈에 불과한데, 매스미디어와 민주주의 사이에 화해를 주장하는 모든 사람들이 꾸는 꿈이다.

이것의 실현에는 두 장애가 있다.

우선, 하나의 정보는 사실에게 정치적 성격을 주기에 충분하지 않다. 정보가 지나고 나면 사실은 망각된다. 그것은 관심의 장 속으로 들어가지 않는다. 하나의 정보는 다른 정보를 뒤쫓는데, 그것이 5일이나 6일 지속된다 해도 그러하다. 대중은 자기가 잘 이해하지도 못하는 단순한 설명에 사로잡히지도 않고, 그것에는 주의를 기울이지 않는다. 대중이 정보를 받았으나 여론의 영역으로 들어가지 못한 수없이 많은 사실들이 있다.

그 중 하나의 예를 보자. 로젠버그Rogenberg가 미국에서 처형되었을 때, 베를린에서 소요가 일어났다 - 대량 체포가 있었다. 그리고 사람들은 6월 18일에 데모대 중의 한 사람인 괴틀링Goettling이 재판을 받고 간첩죄로 총살당했음을 알았다. 이 두 사건은 엄밀하게 평행한 상태에 있다. 간첩죄, 증거의 불충분 - 처형. 그런데 여론은 로젠버그 재판에 대해서는 뜨겁게 일어났는데, 괴틀링 재판에 대해서는 누구도 그것을 언급하려고 하지 않았다. 괴틀링 재판은 정치적 사실이 되지 못했고, 그 정보는 다음날부터 대중의 기억 속에서 체코나 모스크바 등으로부터 온 다른 정보들에 의해 지워졌다.

두 번째 장애, 그것은 하나의 정보는 결코 여론을 형성하지 못한다는 것이다. 정보를 받은 수천의 사람들은 여론을 형성하지 않는다. 여론은 신비로운 명령에, 유동적인 비밀에 복종하고, 비합리적으로 형성되고 해체된다. 반면 정보는 명쾌한 앎의 차원에, 명료한 의식의, 이성의 그리고 순수한 지적 메커니즘 차원에 있다.

정보는 그 자체로서는 관심을 끈 후에 여론을 형성할 정도로 충분한 지속과 집중도를 가지고 있지 않다. 다양한 정보가 있다는 바로 그 이유 때문에, 단 하나로서는 다양한 관심들을 집중시키는데 충분하지 않다. 아주 많은 사람들이 같은 순간에 같은 사실에 관심을 가져야 할 것이다. 그런데 그것은 생각할 수 없다. 앞으로 보겠지만, 순수한 사실은 그 자체로서는 아무런 힘도 없기 때문에 더욱 그러하다. 여론이 형성되고 조직되기 위해서는 상징들의 세공이 필요하다.49)

따라서 정보가 하나의 사실을 정치적 생명으로 태어나게 하고, 사실에 정치적 성격을 주기에는 충분하지 않다. 오로지 선전만이 거기에 이른다. 오직 선전만이 그런 사실을 의식한 여론을 깨우고, 대중의 유동적인 관심을 그 사건에 묶어둘 수 있으며, 그런 조치가 일으킬 결과를 가르쳐 주고, 여론을 응집시키며, 정치적 사건이나 정치적 문제가 된 사실과의 관계 속에서 여론에게 방향을 준다. 오직 선전만이 개인적 경험을 여론으로 변화시킨다. 이러한 과정이 일반적임을 증명하기 위해서는 모든 정치적인 큰 사건들을 들어야 할 것이다. 우리는 몇 개의 예만 들겠다.

*　　*　　*

그러나 그 전에 다른 질문이 나타난다. 그 자체로서 "중요한 사실"은 직접적으로 움직이는가? 우리는 이 점에 있어서 캉트릴Cantril이 제기한 여론의 법칙을 발견한다. "여론은 중요한 사건에 아주 민감하다."50) 그러나 사건의 중요성을 누가 결정하는가? 반대로, 수많은 경험들을 보건데, 진짜 중요한 수백의 사실들도 여론을 무관심하게 내버려 둔다. 예를 들어(루스벨트Roosevelt의 뉴 딜New Deal 정책에 의해 시작된) Tennessee Valley Authority에서는 사람들이 정직하고 평화로운 정보에 매달려 있을 때에는 전혀 여론의 관심을 받지 못했다. 여론은 광란하는 선전으로부터만 움직였다. 영Young이 여론은 "공적인" 문제에 관계될 때만, 다시 말해 모든 사람들과 관계될 때만 공적으로 된다고 말할 때, 그것은 실제로는 그 문제가 진짜 일반적 관심의 문제임을 증명하기 위해 여론에 대한 강압이 있었음을 내포한다. 분명 혼자서는 개인은 그것을 모른다. 그리고 여론은 선전이 어떤 문제를 중심으로 그것이 중요하다는 감정을 만들었을 때부터 생긴다.

많은 미국 저자들은 사실이 저절로 여론에 작용한다는 것을 증명하기 위해, 여론이 F.B.I. 진흥법을 수락하게 한 린드버그Lindergerg 아들 납치 사건을 예로 들거나, 의약품 통제에 관한 코프랜드Copeland 법을 통과하게 한 것은 설폰아미드 중독이었다고 주장한다. 그러나 이러한 사실들은 선전에 의해서만 활성화되었다. 분명 대중에게 주어진 것은 있는 그대로의 사실이 아니라, 관심 속으로 들어가거나 토론에서 사용될 수 있도록 조건 지워진 사실이다. 다른 수많은 어린이 유괴, 많은 약물 중독들이 있었지만, 그것들은 역사적으로 되지 못했다. 왜냐하면 그것들은 선전의 대상이 되지 못했기 때문이다. 이것은 단순하고 제한된 사건이 아니라, 상황과 관련되면, 더욱 더 명확하다. 예를 들어, 미국에서 1952년의 선거 때에, 민주당에게 유리한 중요한 사실은 국가의 번영이었다. 민주당의 관리는 아주 훌륭했고, 경제 정책은 성공적이었으며, 실업은 감소했고, 생활수준은 향상했다. 이것들은 그 자체로서 중요하고, 누구나 확인 가능한 일반적인 사실들이었다. 그런데 그것은 선거 여론의 형성에서 중요한 역할을 하지 못했다. 그 이유는, 그 사실들이 거의 선전에 적합하지 않았기 때문이고 (정보로서는 예, 선전으로서는 아니오), 그것들이 전혀 감동적인 힘이 없었기 때문이며, 쉽게 이미지로 전환될 수 없었기 때문이다. 분명 여론적 사실이 되기 쉬운 범주의 사실들이 있고, 그것들은 꼭 객관적으로 중요한 사실들은 아니다.

1959년 3월에 드골 장군이 정부의 최근 치적을 작성할 때도 정확히 똑같다. 그는 현 정부에서 취해진 조치들의 중요성을 강조한다. 화폐 가치 회복, 물가 억제, 자유 환거래, 균형 예산, 프랑스로 자본의 유입 등. 그러나 그는 이러한 객관적으로 중요한 긍정적인 사실들이 대중에 영향을 주지 못하고, 대중이 정부에 호감을 갖게 만들지 못함을 확인한다. 그것은 절대적으로 정확하다. 그것은 이 사실들이 아무리 중요해도, "각광을 받지 못했고", 대중의 관심을 끌도록 잘 만들어진 선전에 의해 여론의 의식 속에 심어지지 않았기 때문이다. 정치나 경제적 구조를 실제로 변경하는 객관적으로 중요한 사실은 여론에 의해 직접적으로 받아들여지거나 포착되지 않는다. 그런데, 사실이란 여론이 거기에 집착해야지만 정치적으로 중요해지기에, 현행의 상항 속에서는, 매스미디어의 영향 때문에, 그 자체로서 중요하거나 그렇지 않은 사실은 더 이상 없다고 말해야 한다.51) 국경 분쟁, 추락한 비행기, 평화로운 나라에 가한 폭격은 사람들이 그 사건을 "제작해야" 중요해진다. 중립적이고 순전히 객관적인 정보는 여론을 달구지 못한다. 여론은 오로지 어떤 캠페인이 일어났을 때, "가치들"을 가동했을 때(평화, 정의, 생명 등), 독자에게 그 사실을 판단하라고 호소할 때 그 사실을 심각하게 받아들인다. 그 순간부터 독자들은 관계가 있고, 반응하기 시작하며, 여론을 형성하기 시작한다. 그리고 바로 이 순간에 사실은 정치적으로 심각하게 될 것이다. 그리고 캠페인이 일어나면, 정부는 이렇게 제기된 문제에 대해 결정을 내리지 않을 수 없을 것이다. 그러나 거꾸로 국경 침범 이후에 객관적으로 교환된 외교 문서만을 보여준다면, 어떤 여론도 형성되지 않고, 어떤 움직임도 개입하지 않는다.

그럼에도, 어떤 사실들은 겉으로 보아 선전이 없는데도 처음부터 여론을 달군다. 그런 일은 드물지만 확인할 수는 있다. 이 현상을 분석해보면, 문제된 사실이 여론 속의 고정 관념에 저촉되었을 때 그렇게 된다. 하나의 예 – 1959년 7월에, 우리는 런던에서 범인인 포돌라Podola가 경찰에 의해 가혹행위를 당했음을 안다. 이 순수한 정보는 여론에 충격을 주었다. 그렇게 된 까닭은 영국 여론 속에서는, '영국 경찰은 죄수를 고문하지 않는다', '사적 자유는 아주 중요하고, 영국에서 보호된다', '유죄자도 존중받아야 한다'는 생각이 확고한 편견이기 때문이다. 이러한 도식들이 흔들리지 않기 때문에, 그에 저촉되는 정보는 어떤 감정을 자극한다(린드버그 이미지는 유괴에 대한 반응이 나왔던 미국식의 고정관념이었다고 말할 수 있다).52) 그러나 두 가지 사실을 알아야 한다 - 이 고정관념들은 그 자체가 흔히 여론에 대한 영향의 산물이고, 간접적인 선전이나 교육의 산물이다. 아무튼 "사회적 훈련"의 산물이다. 두 번째로, 동일한 사실이 재발하면, 여론은 훨씬 덜 민감하게 반응한다. 고정관념은 더 이상 처음의 신선도를 갖지 못하고, 그렇게 확고하지도 않다. 이 순간에는, 그것을 다시 활성화하고, 여론을 재창조하기 위해 선전이 있어야 한다. 요약하자면, 하나의 사실은 실제로 그것이 확고한 사회적 고정관념에 저촉되거나 매스미디어가 여론을 조종하여 그 사실을 중요하게 만들 때만 중요성을 갖는다.53)

*   *   *

하지만 한 발 더 나가야 한다. 우리는 나중에 존재하지 않는 사실로부터 정치적 문제나 여론을 만들어낼 수 있다는 것을 볼 것이다. 나는 다른 곳에서 정보의 상황과 정보의 객관성이 거의 불가능함을 밝혔다. 우리는 여기서 정보를 받은 사람, 독자 또는 청취자를 보아야 한다. 그는 결코 사실을 개인적으로 확인할 수 없으며, 사실을 언어로 표현한 것만을 제공받고, 언어적 세계 속에서 살고 있다. 이 사람에게는 사실에 대한 어떠한 보장도 없으며, 그것의 존재나 내용에 대한 보장도 없다.

아주 의미심장한 작은 예 - 1954년에, 오스트레일리아의 소련 외교관 부인인 페트로프Petrov가 소련으로 귀국하기를 거부하였다. 그래서 오스트레일리아에서 크레믈린Kremlin의 두 정보원에 의해 체포되어, 강제로 송환될 참에, 오스트레일리아 당국에 의해 풀려났다. 이것은 오스트레일리아 언론에 의해 그렇게 밝혀졌고, 영국, 미국, 프랑스 언론에 의해 반복되었다. 그러나 러시아에서는 그 사실은 다르다. 페트로프 부인은 귀국하고자 하였는데, 오스트레일리아 경찰에 의해 체포되어 억류되었다. 똑 같은 사진이 「맨체스터 가디언Manchester Guardian」과 폴란드 신문 「스와이트Swait」에서 그 소식을 나타냈다. 그러나 그 사진에 대해, 한 쪽에서는 페트로프 부인을 체포하는 소련 요원들 사진이라 하고, 다른 쪽에서는 오스트레일리아 요원들 사진이라고 했다.

이 두 이야기 중 하나를 어떻게 믿을 수 있을까? 실제로, 각자는 자기의 정치적 충성심에 따라 이 쪽이나 저쪽을 지지할 것이다. 그러나 그 어느 경우에도 사실에 관한 문제는 아니다. 이런 종류의 예는 수없이 많다. 제20차 공산당회의에서 흐루시초프가 낸 보고서에 대해 프랑스 공산당의 첫 번째 반응은, 그것은 자본주의자들이 조작해서 만들어낸 것이라고 선언했다. 더 강력한 반응도 있다. 1957년 5월 10일, 흐루시초프 자신이 이런 유명한 말을 했다.

"나는 당신이 무슨 담론에 대해 말하는지 모르겠소. 나는 미국 정보국에서 그런 텍스트를 만들어 발표했다고 들었소. 바로 이 텍스트를 내가 20차 회의에서 낸 보고서라고 퍼뜨리고 있답니다."

그런데 차후에 모스크바에 의해 공식 발표되었던 보고서의 문장들은 1956년 6월에 발표된 첫 텍스트와 정확하게 일치한다.

또한, 당연히, 사실은 사라질 수도 있음을 지적하자. 즉 1956년 헝가리에서 소련의 행위에 대해 이집트에서는 아무런 정보도 주어지지 않았다. 30개월이 지나서야 최초의 정보들이 주어졌다.

우리는 거의 모든 사실들에 대한 정보 통신문들을 세밀히 읽어봄으로써 이러한 분석을 할 수 있다. 누가 신문들은 각자 사실을 다르게 "제시하고", 우리가 읽은 신문에 따라 우리는 다양한 관점을 갖게 된다고 말하면, 문제를 전반적으로 잘못 제기하는 것이다. 견해에 따라 다른 제시의 문제 이전에, 다음의 질문이 제기되어야 한다. 즉 사실이란 무엇인가? 그런데 거기에 대답하기는 실제적으로 불가능하다. 다만 오랜 조사와 모든 텍스트의 분석을 거치고, 경제적·정치적 상황 안에서 그 사실을 재분류 한 이후에야, 그리고 충분한 세월이 흐른 다음에야 우리는 사실에 대한 어떤 개연성에 도달할 수 있다. 다시 말해 그 사실이 역사적으로 되어서, 더 이상 뉴스의 무게가 없고 여론이 그에 대해 무관심하게 되었을 때 도달할 수 있다.

즉각성 속에서는 어떠한 확신도 얻어질 수 없다. 황당한 사실에 관한 문제인 경우에는, 당국도 동일한 어려움 앞에 놓이고, 정보를 더 잘 받지도 못한다.

브롬버거Bromberger의 책은 『5월 13일의 13개의 음모』 정부도 사건들에 대해 절대적으로 아는 것이 없음을 잘 보여준다. 잘 알다시피, 그것은 엘리제Elysée 궁과 팔레부르봉Palais-Bourbong 등을 "기만 선전" 하는데 성공했던, 그리고 진짜 작전을 하지 않고도 심리적 승리를 가져다주었던 알제리의 선전 활동 때문이었다(프랑스도 뭐라 할 수 없는 성공적인 선전이 있었음을 지적하자).

그러나 이것은 물질적 사실이 언어적 조작을 통해서만 알려지기 때문에 가능하다. 그리고 어떠한 조작도 더 이상 자발적이거나 비자발적인 해석으로부터 자유로울 수 없다. 『13개의 음모』속에서, 사람들은 정확한 사실들의 단순한 발표도 (예를 들어 **혁명력**) 그 자체로서 선전 작전이 되기에 충분하였음을 지적하였다. 따라서 당국은 정확한 사실을 알 수단이 너무나 없다. 그렇지만, 어떤 정치적 사실이 정당한지를 증명해야 할 때는, 사람들은 정치인들의 의견이나 국가의 주요 인사들의 의견에 호소한다! **뤼마니테**Humanité가 러시아 돈을 받았는가를 알기 위한 뤼마니테와 **로로르** l'Aurore 사이의 소송에서처럼1954년 3월, 증명할 수 없는 그 사실은 그 사실이 "정치와 행정의 고위 당국자에 의해 확실하다고 주장되었기에"(센느 Seine 법정의 판결) 받아들여졌다. 하나의 정치적 사실의 존재에 대한 기준은 그러한데, 그 이유는 "정보·선전"의 맥락에서는, 사실의 존재를 결정하기가 불가능하기 때문이다.

그렇다면 "정보" 앞에서 보통 사람은 어떻게 반응하는가?★ 지식인은 불가지론의 유혹을 받을 것이다. 그렇지만, 그는 "이 모든 것, 그건 다 허풍이다"하고 선언하면서도, 그것을 믿는다. 그러나 우리는 '믿는다'라는 커다란 단어를 발음하였다. 사실에 대한 앎은 이렇게 신념의 문제로 돌아온다.54)

      1957년에 알제리인들이 리옹Lyon에서 고문당했다고 주장하자, 리용 대주교는 분명 고문이 있었다고 확인한다. 법무부 장관은 고문이 없었다고 주장한다. 사실은 어디에 있는가? 사람들은 실제로 이 두 명사 중의 한 사람만 믿어야 했다. 1957년 5월에, 알제리인 텔리지Telidji가 모든

★ 일반적으로 그는 그에 대해 의심을 하고, 정보를 경계한다. 특히 그는 그것이 아무리 정직하다 해도, 국가의 공식적인 모든 정보를 거부한다(쏘비Sauvy, 『사회적 자연』, p. 282 이하). 흔하게는, 중간적인 인간은 공식적인 정보보다는 소문을 더 선호할 것이다. 감춰져 있고, 인간적인 선을 통해 오기 때문에, 소문은 그에게는 더 신뢰가 있어보일 것이다(알비그Albig, 『현대 공공 여론』, p. 363).

당국자에 보낸, 그리고 공개된 편지에서, 경찰이 두 달 전에 자신을 고문했다고 고발한다. 물론 당국은 그것을 부정했다. 가능한 물질적 증거는 하나도 없다. 그리고 가장 객관적인(공식적이지는 않은) 조사 이후에, 사람들은 알 수 없다고 결론을 내린다. 여기서 또한 사람들은 신념의 문제로 되돌아온다. 경찰이 알제리인들을 고문했다고 믿는 사람은 텔리지와 대주교를 믿을 것이다. 그는 거기서 보충적인 증거들조차 발견할 것이다. 그러나 이 고문은 공산주의자의 선전이라고 믿는 사람은 이 모든 것을 부정할 것이다. 고문에 대한 모든 증언들은 아무 증거도 되지 못한다(법관들에 대한 피고인의 반응, 영웅이 되고 싶은 욕구에 불과하다고 생각한다). 알레그Alleg 같은 사람의 선의의 주장은 아무 증거도 되지 못한다. 그 사람처럼, 모스크바의 16인의 의사들의 유죄를 확인했던, 또는 세균전을 확인했던 의심할 수 없는 사람들은 많이 있었다.★ 이 두 사실은 이어서 소련 자체에 의해 제거되었다.

모든 것은 정보를 받은 사람의 정보에 대한 "신뢰 역량"으로 축소된다. 그런데 이 신뢰는 일정수의 편견을 만드는 선결적인 선전의 결과이고, 그로부터 시작해서 인간은 그러한 정보를 받아들이거나 거부한다. 편견이 설정되고 고정관념이 만들어지며 정신적 도식이 존재하게 되면, 사실들은 그것과 관련하여 구분되고, 사실들 그 자체로서는 아무것도 바꾸지 못한다.55) 사건이 터지고 난 2년 후에, 나기Nagy 재판에 관한 모든 문서, 증언,

---

★ 스탈린이 죽기 얼마 전에 그를 죽이기 위해 16인의 의사들이 공모했다는 정보가 퍼졌다(대부분이 유태인). 그리고 이 정보는 아라공Aragon의 논문 「프랑스 편지」에서 심각하게 고려되었다. 세균전에 대해서는, 소련은 미국이 한국전에서 세균전을 했다고 비난하였다. 조사 위원회가 현장에 파견되었고, 긍정적으로 결론 내렸다. 특히 프랑스의 졸리오-퀴리Joliot-Curie는 생화학 무기를 사용했다고 강력히 주장하였다. 그 후에, 1956년에 흐루시초프는 의사들의 공모란 없었다고, 그리고 세균전은 선전부에서 전적으로 조작한 것이라고 선언하였다. 두 경우가 모두 순수한 교란 작전이었다.

정보들을 모아 출간할 때, 사람들이 그 실체에 가장 가깝게 접근할 때, 이러한 사실 평가는 무엇을 가지고 올 것인가? 누가 이 두꺼운 작품을 읽을 것인가?(『나기 사건의 진실』, 1959년). 분명 여론은 사실이 밝혀졌다 해서 영향을 받지 않을 것이다. 그리고 사실들은 보통사람의 믿음과 굳건한 고정관념에 아무것도 못 바꿀 것이다. 그리고 그 사람에게 1956년의 사실들은 모든 흥미를 잃어버렸다. 그러한 도식은 있는 그대로의 사실보다 더 많은 힘을 가졌다. 선전의 고정관념에 습관이 든 사람은 어떤 증명이나 정확한 사실에 결코 영향을 받지 않는다. 편견에 저촉되는 사실은 "선전"의 범주 속에서 부정되고 거부된다. 왜냐하면 그것은 그의 인격의 일부인 편견을 문제삼을 것이기 때문이다.

그렇다면 객관적인 사실은 존재하지 않는가? 실천적으로 존재하지 않는다고 대답해야 한다. 그 반대라고 할 만한 것은, 바로 쏘비Sauvy 같은 사람의 태도인데, 그는 (당연히) 정확한 정보의 중요성을 주장하면서, 언제나 통계로 돌아온다. 오직 숫자만이 엄밀히 말해 하나의 정보가 될 수 있다. 그렇지만, 우리는 숫자화 할 수 있는 사건들은 아주 극소수이며, 그런 사건들만 가지고는 진정한 정보를 구성할 수 없는 그런 세상을 살고 있다.

2. 심리 · 정치적 세계와 정치적 문제들

정치 세계는 이제는 이렇게 구성된다. 그것은 실제적인 세계가 아니고, 거짓의 세계도 더더욱 아니다. 그것은 우선 심리적 세계로서, 현실에 비해서는 허구적이다. 그렇지만, 또 다른 현실 위에 포개진 새로운 현실이고, 상대적으로 독립되어 있으며, 인간을 특이한 세계 속에서 살게 하기 위해 보통의 현실로부터 이끌어 낸 슬로건, 이미지, 판단들로 구성된 현실로서,

자체의 논리와 일관성을 가지고 있고, 점점 더 혼자서는 물질적 세계로 되돌아갈 수 없는 인간을 가두고 있다. 그런데 바로 이러한 세계 속에서 정치인은 움직여야 한다. 이제 정치 행위는 과거의 원칙에 따라 조직될 수 없고, 과거 정치와도 비교될 수 없다. 우리가 행위를 계산할 때 항상 고려해야 할 결정적인 하나의 인자가 도입되었다. 즉 사실을 언어로 해석하기, 이미지로 이뤄진 세계.

한 사건의 공표만이 그 사건을 지속적으로 만들어 준다는 역사적 관점에서 보면 우리가 방금 기술한 상황을 항구적인 상황과 다르게 만드는 것은 바로 "세계"의 이러한 성격이다. 앙드레 시그프리드André Siegfried는 재미있는 예를 제시한다. 라이프 에릭슨Leif Erikson은 11세기에 아메리카를 발견하였다. 그렇지만, 서양에서 누구도 그 사실을 알지 못했다. 반대로 모든 사람들은 콜럼부스Colomb가 아메리카를 발견했다고 알고 있다. 그렇지만, 콜럼부스는 아메리카Amérique에게 자신의 이름을 주지 못했다. 그 이유는 아메리고 베스푸치Amerigo Vespucci가 자신의 여행에 관한 책을 배포하였기 때문이다. 더 잘 구성된 공표가 그의 이름을 이 새로운 땅에게 부착시킬 것이다. 사람들은 이 이야기를 자주 반복할 수는 있다. 그러나 우리 시대까지 사람들은 주요한 사실들에 관련된 환상적인 세계에 이르지 못했고, 인간은 이런 세계 속에서 살지 않았다. 완전히 변해버린 것은 바로 사실의 전반적인 성격이다. 이러한 세계와 우리가 시간의 흐름 속에서 재발견할 수 있는 사건적인 사실들 사이에는 아무런 공통의 척도가 없다.

이것은 정신적인 세계에 관한 문제이다. 다시 말해 거기서는 모든 것이 이미지로 표현되고, 모든 것이 이미지이다.56) 그렇게 표현되거나 변형된 것은 하나의 사실이 아니라 전체이다. 전통적인 사회의 인간에게는, 집단적 메커니즘에 의해 이미지로 변형된 사실들은 희귀하고 이차적이다. 음유시인은 역사적 주제에 관한 노래를 가져왔고, 상인은 먼 세계의 소식을 가져왔다. 그러나 그것은 이런 이야기에 이방인이었던 청취자에게 진정으로 관계가 없었다. 그것은 하나의 오락이었지 그가 살고 있던 환경이 아니었다. 반대로 매스미디어의 결과인 언어적이거나 시각적 이미지들은 현대인이 사는 전체 세계를 구성한다. 그는 토양적인 지구 차원에서 살지만, 그는 거기에 대해 매개된 경험, 하나의 표현만을 가지고 있다. 그는 재번역되고 재구성된 세계 속에서 산다. 현대인은 더 이상 어떤 사실과도 직접적인 관계를 갖지 않는다. 이러한 공식은 과장되어 보일 수 있다. 그러나 개인이 관심을 가질 일반적 사실들 역시 매개물이 가지고 왔음을 주목하자. 한 개인이 신문 속에서 파업, 전투, 자기도 그 자리에 있었던 사고의 묘사를 다시 발견한다. 그 사람은 표현되고 설명되었으며 재구성된 것을 볼 것이고, 이러한 집단적인 이미지에 대해 그의 경험은 아무것도 아닐 것이다. 그는 곧 자신의 경험과 이미지 사이에서 구성해야 할 것이다. 결국 이미지가 승리할 것이고, 사실들을 지우고 말 것이다. 특히 언어적 표현이 고정관념의 틀 속에 포함될 때는 더욱 더 그러하다. 경험적 사실들은 그것들의 표현에 대항해서 아무것도 할 수 없다.

우리는 1957-1958년 헝가리 사태에 대해 공산당이 시도한 번역과 해석이 그 사건의 인상을 어떻게 희미하게 만들어버리는가를 볼 수 있었다. 가장 분개했던 사람들도 결국엔 안심하게 되었다. 그들은 친숙하고 안심시켜주는 언어적 세계로 돌아온 것이다.57) 다른 예는, 1957년 6월 1일, 멜루자Melouza에서 300명의 아랍인들이 학살당했다. 첫날 F.L.N.은 그들은 M.N.A. 일원들이라고 하면서, 그 일이 자기가 한 일이라고 하였다. 그러나 도처에서 비난이 거세지자, F.L.N.은 다음날부터는 그 책임을 부정하기 시작했다. 그러자 프랑스의 F.L.N. 당원들은 그 표현과 해석을 수용하기 시작했다.

사실 그 자체가 아주 신속하게 사라지기 시작했다. 모호함이 도입되었다. 최선은, 사건을 언급하지 않는 것이다. 그러면 사건은 당황스럽거나 불확실하게 나타난다. 가장 분개한 사람들도 몇 주 정도 주저한 다음에 자기들의 처음의 가정으로 되돌아온다. 생경한 사실은 심리·정치학적인 정신세계 속으로 통합된 덕택에 추방되게 된다. 그러나 그것을 통해서, 이 지역적이고 때로는 이차적인 사실은, 보편적인 차원을 부여받게 되고, 모든 사람들에게 알려지며, 집단적 수단들에 의해 실려지게 된다. 그런데 매스미디어는 우리가 이미 지적했듯이 독특한 성격이 있다. 즉 그것은 대중 속의 개인을 겨냥한다. 그래서 매스미디어는 청중에게서 사적인 것과 집단적인 것의 놀라운 혼동을 유발한다.58)

인간은 신문, 영화, 라디오의 그물망 속에 잡혀 있기에 개인적인 것과 자신의 밖에서 사회적으로 존재하는 것을 구분하지 못하게 되고, 이러한 사실들의 범주 속에서 실제적인 것과 그렇지 않은 것을 구분하지 못하게 된다. 이 놀라운 수단들, 특히 라디오는 멀리 떨어진 다양한 사건들을 즉각적이고 동시대적으로 만들어버리는 효과가 있다. 아나운서가 말하는 순간에, 사건은 전개되고 청중은 거기에 참석한다. 지구는 하나의 점에 불과하고, 거기서는 모든 것이 포착될 수 있다. 시간은 청중이 발음할 있는 "지금"의 무한한 연장에 불과하다. 라디오는, 그리고 물론 신문은("최종판"에 대한 대중의 열광을 생각해보는 것으로 충분하다) 사건과 생의 다양한 지속을 공시화 한다.

이렇게 매스미디어에 의해 보편적 범주로 올려진 사건은 다른 사실들을 의식할 수 없게 한다. 이 다른 사실들은 매스미디어에 오른 다른 사건이 많이 존재할수록 그만큼 존재하지 못한다. 그 사실은 이제는, 인간에게 허구적 세계를 창조해 준 커뮤니케이션으로부터 현실성을 받는다. 일상 생활의 사실들은 그 생을 살고 있는 바로 그 사람에 의해 격하되고 무시된 다. 우리가 텔레비전에서 보는 사건에 비하면, 판에 박은 노동은 무엇이고 친숙한 경험은 무엇인가! 바로 인간이 이러한 언어적이고 허구적인 세계 속에서 살고 있기에, 친숙한 생 역시 매스미디어에 의해 수용된다. 아내는 예를 들면 **마리 클레르**Marie Claire의 매개를 통해 남편과의 관계를 더욱 강렬하게 체험 할 것이다. 그리고 소설은 이러한 체험 기능을 큰 차원에서 수행한다. 따라서 모든 사실들을 통합하는 세계, 또는 거기에 통합되지 않은 사적인 경험들을 격하하고 억압하는 세계에 관한 문제이다.

이러한 작업은 위인들을 만들었던 작업과 같은 종류이다. 위인의 전설은 이제 더 이상 음유시인들과 소문 퍼뜨리는 사람들의 자의성에 맡겨지지 않는다. 사람들은 이제 이런 작업에 전문가들이다. 옮겨지고 밝혀지며 정리된 위인의 인생의 사실들은 진실과 허위의 범주로부터 빠져 나오고, 환상적인 것이 가장 가까운 현실보다도 더 실제적으로 된다.

선전에 의해 창조된 정치적 문제들의 환상적 세계와 철학자들이 제기한 낡은 문제를 혼동하는 것은 어리석은 일이 될 것이다. 그들은 말하길, 우리는 외부 세계를 우리의 감각에 의해서만 알 수 있고, 우리는 우리 감각이 우리를 속이지 않는다는 어떠한 보장도 없으며, 나아가서 외부 세계가 존재한다는 어떤 보장도 없다. 게다가, 어떻든 우리는 세계를 우리의 이미지들을 통해서만 인식한다… 그런데 세상의 철학적 해석을 즐기는 사람들과 "새로운 것은 아무것도 없다"를 주장하는 사람들은 바로 이런 동일화를 하고 싶을 것이다. 그러나 어떠한 것도 이러한 접근을 허용해주지 않는다. 사실을 실제 경험해서 아는 것과 언어적 스크린을 통해 아는 것 사이에는 다름이 있다. 디오게네스Diogène가 거기에 대해 이미 대답했었다.

이 정신적 세계는 거짓이 아니다. 그러나 그 세계는 모든 해석과 번역을 허용해준다. 바로 그 이유로 해서 정보의 변화들과 선전의 전환들이 가능하다. 또한 사람들이 이미지의 세계 속에서 살고 있기 때문에, 군중에 대한 행위는 상징들의 유희로 데려올 수 있다. 우리가 직접 경험의 소우주 속에서 살고 있다면, 상징들에 대한 조작은 우리에게 아무 효과가 없을 것이다. 그리고 물론, 그것은 한 저자에게 아주 신속하게 견해를 바꿀 수 있게 해준다. 이 저자의 견해는 어떤 교리나 사건에 따라서가 아니라, 이런 사건들의 이미지에 따라 바뀐다.★ 이 세계는 전반적이고 조직적이다. 표현된 사건들의 전체는 하나의 완전한 시스템과 세계관을 형성하기 위해 서로 결합한다. 모든 사실들은 동일한 작업과 굴절을 겪고, 하나가 다른 것에 상대적으로 위치하면서, 같은 차원에 놓이게 된다. 선전의 차이는 이런 환상적 세계의 형성에 아무것도 바꾸지 않는다. 다른 한편 이 세계는 자발적으로, 과학적으로 조직된다. 그것은 개인적 태도의 열매도 아니고 다양성들을 포함하고 있지도 않다. 그것은 매스미디어를 대량적이고 집단적으로 사용하여 생산되고, 마키아벨리즘이나, 속이고자 하는 욕구로부터 나온 것이 아니다. 그것은 사건을 체계적으로 언어로 표현한 결과로서, 눈에 보이지는 않지만 보편적인 창조물이다. 그런데 정보 제공자들은 이러한 표현을 조직하며, 그 결과 그 속에서 현대인이 움직이면서 현실과 혼동하는 이 정신 세계를 만들고 발전시키며 더욱 더 복잡하게 만들고 강화시킨다.

* * *

★ 또한 각자가 사회적이거나 정치적인 문제에 대해 입장을 취할 때, 그가 자기 나라의 대부분의 사람들이 그와 함께라는 확신을 가질 수 있게 해주는 것도 이런 세계이고, 인간이 자발적으로 행하는 정보 거르기 작업을 허용해주는 것도 이 세계이다. 하나의 경험을 거부하는 문제라면, 그것은 아주 어려울 것이다. 그러나 수많은 상징들 사이에서는, 당신의 정신세계와 상응하지 않는 상징들을 제거하기는 언제나 쉽다(립셋Lipset, 『여론의 형성』, 위망, 쉬슬레, in Katz).

바로 이 정신 세계 속에서 이제 정치적인 문제가 제기된다. 사실이 여론적 사실, 정치적 사실이 되면, 그것은 정치적 문제를 낳을 수 있다. 오늘날 선전은 모든 정치적 문제의 창조자이다. 결국 선전에 의해 만들어지지 않은 정치적 문제는 거의 없다. 그 자체로서 객관적으로 존재하는 정치적 문제는 거의 없다. 대부분은 선전이 그것들을 조직했을 때라야 진정한 문제들이 된다.

물론, 우리는 정치의 정상적 흐름 속에서 해결해야 할 문제들이 없다고 말하지는 않는다! 그건 터무니없을 것이다. 권력의 조직, 주택난, 알코올 중독 또는 가동해야 할 경제 조직 등이 있다. 우리가 여기서 강조하고자 하는 것은, 오늘날에는 여론을 만들어서 사건들을 문제의 차원으로 끌어올리는 선전의 정신적 개입을 통해서만 위기가 있고, 날카로운 문제가 있다는 점이다. 여론이 개입한 순간부터, 문제는 더 이상 기피될 수 없고, 중간적이고 평화로운 해결을 바랄 수 없게 된다. 즉각적이고 극단적인 해결책이 있어야 한다. 그리고 문제는 시간과 함께 더 악화된다. 확실히 알제리 봉기는 처음에는 작은 사건이었다. 즉 아주 소수의 아랍인들이 움직였다. 한편에서는 아랍인들을 동원하고, 다른 한편에서는 프랑스 여론을 움직여 그 문제를 해결할 수 없고 날카롭게 만든 것은, 바로 이 두 방향에서의 선전이다.

우리는 문제가 그 자체로 존재하고, 정보는 그것을 여론에게 제출하는 것으로 제한된다고 생각하는 습관이 있다. 현실은 이런 도식과는 전혀 맞지 않는다. 저절로 존재하는 여론은 없다. 오늘날 저절로 존재하는 문제는 거의 없다. "정보·선전"이라는 전반적인 메커니즘의 작용은 다음과 같다 – 표현되고 해석된 사실들이 매스미디어를 통해 확산된다. 선전은 그것들에 대해 어떤 여론을 구성한다(그렇게 보편적으로 된 사건에 대해서 여론은 만들어진다). 여론은 사실들에 달려들어, 이제는 자신이 그것들을 재조직하고, 거기에 잠재적인 열정, 격렬한 색채들을 씌운다. 선전은 이러한 자발적인 움직임을 이용하고, 이 순간에 정치적 문제를 구성한다. 이 문제에 대해 여론은 공고해지고, 해결을 강경히 요구하며, 은밀하고 중간적인 해결책을 받아들일 수 없기 때문에 위기는 더 이상 피할 수 없게 된다. 선전은 이렇게 온갖 수단을 동원해 극적인 문제들을 생산할 수 있다. 물론 여론이 조작되어진 순간부터 비록 그 출발은 미미했을지 몰라도 문제는 존재하게 된다.

조금 덜 치열한 수데티인Sudètes 문제를 들어보자. 1918년 체코에 편입된 독일인들은 민족적이고 정치적인 소수였다. 전체적으로 그들은 나쁜 대접을 받지 않았다. 객관적이고 공식적으로 그들은 체코의 다른 국민들과 동등했고, 동일한 권리를 가졌다. 구체적 현실에서 그들은 약간의 모욕을 당했다. 행정적인 어려움이 있었고, 사람들이 그들을 좋아하지 않았기에 체코 국민들의 반발이 있었지만, 그것은 결코 큰 규모는 아니었다. 몇몇 수데티인들이 불평을 하기는 했지만, 그것은 지엽적인 문제였다. 히틀러의 선전은 이러한 모욕과 적대적인 반감 등에 덤벼들어, 그것들을 키우고 고착시키며 그것들을 다발로 결합시킨다. 그것은 수데티인들에게 얼마나 자신들이 불행한지, 체코인들에게는 자기들이 얼마나 수데티인들을 싫어하는지 의식하게 한다(그리고 이 사실로부터 그들은 불신으로 강화된 인종차별의 대상이 된다). 독일인들은 자기들의 분리된 형제들에 대해 책임감을 느낀다. 이제 정치적 사실이 나타나고, 정치적 문제가 발전되며, **이 순간부터는** 반드시 해결해야 한다.

유태인들에 대해서도 마찬가지다. 잘 알다시피, 유태인들이 한 나라 안에서 낯선(차라리 이국적인) 사회를 형성하는 것을 작은 범위에서는 용인할 수 있다. 그들은 지식과 경제 환경 속에서 몇몇 사람들을 불편하게 하는 자리를 차지한다. 그들은 약간 침략적이고 또 실제로 몇몇 결점들에 대해 비난 받는 것도 사실이다.⋯ 그러나 다른 비유태인에게 하는 것 이상은 아니다! 낡은 전통들은 그들에 대해 불신이나 친밀성의 토대를 형성한다. 그러나 독일, 프랑스, 미국에서는, 유태인의 객관적으로 특이한 사실이란 없다. 선전이 어느 순간 그들의 약점을 물고 늘어진다. 선전은 일반적으로 맞고 실재하는 설명된 사실들을 사용한다. 그 순간 여론이 형성된다. 그러면 유태인의 특이한 사실은 존재하게 된다. 그것은 정치적 문제가 된다. 사르트르Sartre와 맥두갈McDougall이 유태인 문제의 핵심은 유태인 종족 속에 있는 것이 아니라, 반유태주의 심리 속에 있다고 주장할 때, 그들은 부분적으로만 정확한 길을 보여주었고, 충분히 깊이 파고들지 못했다. 분명 그들은 그 현상의 근원에 있는, 골수 반유태주의자를 겨냥한다. 그런데 이 현상은 여론의 지지에 의해서만 중요성을 갖는다. 만약 반유태주의가 몇몇 개인들의 견해로만 남아 있었다면, 그것은 멀리 가지 못할 것이다. 그러나 선전은 이 견해를 가지고 공적 태도의 요소가 되게 한다. 오직 이 순간에 우리는 유태인 문제가 있다고 말할 수 있고, 이러한 확산은 잠복되고 일관성 없는 몇몇 자연적 기질과 유태인들에게 비난할 수 있는 몇몇 진짜 사실들 위에 동시에 근거하게 된다.

그런데 선전이 어떤 정치적 사실에게 부여하는 공격적인 요소를 잘 보여 주는 것, 그것은 사실이 선전으로부터 받은 확산이다. 즉 유태인 문제가 제기되면, 그것은 나치 독일에서만이 아니라, 점차적으로 미국, 소련에서도 드러난다. 이제 그것은 하나의 문제가 되었기 때문에, 특수한 확산력을 지닌다. 우리는 1950년 이래 베를린이나 이스라엘, 이집트 문제에 대해서도 같은 분석을 할 수 있다.

대중은 한 편을 들도록, 다시 말해 어떤 태도를 취하도록 초대된다. 선전의 작용까지, 대중은 형태가 없는 상태이다. 이 형태가 유일하게 대중에게 결정적이다. 이 순간에 정치적 사실은 정치적 문제가 되고, 그것은 마침내 깨어나서 불안해하는 여론을 만족시키기 위해(직접적 이해관계가 있는 사람들을 위해서가 아니라), 문제를 해결해야 함을 의미한다(사실들의 현실 속에서는, 그것이 전혀 문제가 아니라도 마찬가지다). 그리고 정부는 여론의 강요를 피할 수 없다. 보통 사람이 문제라고 확신하는 것에 대답해야 한다. 거기에 정치적 사실이 있지 다른 곳에 있는 것이 아니다.

그런데, 위에서 사실이란 정보가 여론에게 어떤 지속성을 지니고, 정보가 선전에 의해 실제로 실려져야만 존재한다고 지적하였다. 따라서 **함구**가 만연한 나라는 더 이상 실제적인 정치적 문제들을 알지 못한다. 괴틀링 문제는 없었고, 로젠버그 문제는 있었다. 북베트남에서 학살과 고문의 문제는 없었고, 현 체제 초기에 고문당하고 학살된 중국인들은 없었다. 반면 알제리에서의 고문의 문제는 있었다. 오랫동안 소련의 반유태주의와 인종차별 문제는 없었고, 미국이나 남아프리카의 인종차별 문제는 있었다. 중국에 병합된 티베트인들 상황은 어떤가? 카스트로 독재 치하의 쿠바인들의 상황은? 그것은 어떤 나라에서 정보가 지워지면, 정치적 문제들은 여론을 위해 존재하지 않게 됨을 의미한다(정치적 문제들은 체제에 적대적인 사람들에게만 존재하고, 비일관적인 요소들 위에 세워진다). 달리 말하면, 여론의 움직임은 선전에 의해 조작되지 않으면, 널리 퍼지고 알려지게 된 사실들에 대해, 민주적이고 자유주의적인 체제들에 반대해서만 작용할 수 있다. 사실과 문제들을 감춰 기화시켜버리는 독재 체제에 반대해서는 여론은 움직일 수 없다. 그 때문에 민주 국가들의 부정의에 반대하여 일어난 여론은 사실에 근거하고, 독재 체제에 반대한 여론은 선전에 불과하다고 주장하기가 쉬운 것이다. 이것은 대부분 옳다.

알제리 전쟁 중 고문에 반대한 캠페인이 있었다는 사실은 아직은 민주 체제에 있었다는 것을 증명한다. 그러나 그것은 동시에 이 체제의 가장 허약한 점이기도 하다. 언제나 스캔들로 흥분한 여론은 이 체제에 반대하여 일어서고, 다른 체제를 요구한다. 그러면 그에게 주어질 체제는 **필연적으로** 하나의 독재체제일 것이고, 여기서는 사실들이 제거될 것이다. 차후로는 모든 일이 잘 될 것이다. 그렇지만, 하나의 민주 체제는 더 많은 민주주의를 요구하는, 가장 민주적인 여론에 의해 도살장으로 끌려가는 것을 인내할 수 있을까? 그 체제는 스스로를 옹호하고 싶은 유혹을 받지 않을까? 하나의 정부는 종교적 희생과 성스러움의 소명을 가지고 있는가?

그런데, 여론에게 정치적 문제가 존재한다는 감정은 모순적인 두 개의 선전이 있을 때 더 강화된다. 사람들은 흔히, 민주 체제에서 적대적인 선전들의 존재가 우리가 기술했던 메커니즘을 파괴한다는 인상을 갖는다. 그러나 실제로는 전혀 그렇지 않다. 실제로 하나의 사실과 관련된 주장들 속에서 모순이 발생하게 되면, 사람들이 취하는 정확한 태도는 불가지론이다. "사람은 아무 것도 알 수 없다." 따라서 한편에서는 정치적 사실의 순수하게 허구적인 성격이 확인된다. 이러한 태도는 흔히 같은 힘을 가진 두 선전이 서로 다투는 나라들에서 발전된다. 동시에 전체 정치 생활에 대한 일종의 무관심이 있다. 그러면 정치는 여론이 질려서, 멀어지는 환상적인 게임으로 나타난다. 이것은 아마 1948년 이래로 프랑스 정치 생활의 중요한 특성 중의 하나이다. 그러나 가장 흔하게는, 모순적인 주장 앞에 있는 여론은 사실의 현실성과는 아무 관계가 없는 기준들에 따라 나눠진다. 사람은 어떠한 주장의 진실성을 경험으로 확인했기에 그것을 받아들이는 것이 아니라, 그 주장이 우리의 편견이나 환경 등과 일치하기 때문에 받아들인다(여론을 특징짓는 비합리적인 것). 또는 한 방향 속에서 만들어진 선전이 다른 방향 속에서 만들어진 선전보다 더 잘 되었기 때문에 받아들인다.

그렇지만 사실들에 대한 의심과 주저가 있다고 해도, 모순적인 선전 앞에 있는 한 집단의 전체 여론은 어떤 "문제"가 심각하게 있음을 느낀다는 것을 강조해야 한다. 그래서 반유태주의는 유태인 문제를 반유태주의자에게 뿐만 아니라, 다른 사람들에게도 제기한다. 유태인 문제는 그것을 거부하는 사람에게조차 제기되고, 여론은 그것이 분할되었다는 바로 그 사실에 의해 그 문제를 더욱 강화하거나, 그 문제를 더 잘 창조한다. 분명, 두 선전에 대답하는 여론의 두 파가 서로 서로를 향해 일어서는 순간부터, 그로부터 결과된 것과 정치 문제를 형성하는 것은 바로 이러한 여론의 분할이고 논쟁이며 증오이다. 그리고 "주저하는 자들"은 두 적대적인 선전들의 경우에 정치적 문제를 더욱 강하게 느끼고, 스스로를 보호할 수 없게 된다.

선전은 구체적 사실을 정치적 사실로, 이어서 정치적 문제로 변형시킬 뿐만 아니라, 환상적이며 존재하지 않는 사실로부터도 거기에 이를 수 있다. 그리고 대중의 대부분이 사실은 존재하지 않음을 알고 있어도 그러하다. 여러 예 중에서 하나만 들어보자.

공산주의의 평화 선전은 스탈린Stalin 치하의 소련의 정치 속에서 객관적으로 아무것과도 상응하지 않았다. 스탈린은 1948년부터 1952년까지 평화를 위한 긍정적 행위를 하지 않았다. 그는 국제적 해빙을 위해 구체적이고 실천적인 조치를 취하지 않았다. 소련이 제안했던 모든 것은 전혀 적용할 수 없는 것들이었다. 동시에 소련은 자신의 군대를 무한히 부풀렸고, 가능한 모든 군사적 조치를 취했다. 그런데, 전적인 사실 부재 위에 근거하고 있지만, 평화의 투사들이란 선전은 평화의 문제를 공산주의의 용어로 제기하였다. 그 선전은 평화를 위한 다른 모든 비 공산주의 운동들을 지워버렸고, 전반적인 여론이 미국의 전쟁 의지를 믿도록 설득하는데 성공하였으며, 공산주의와 소련이 평화라는 단어를 독점하게 하는데 성공하였다. 평화는 공산주의의 상징적 어휘이면서, 그 태도가 되었다. 여기서는 동조자들이나 공산당 비밀 당원들의 믿음 문제가 아니다. 그것은 모든 사람들의 문제이고, 반 공산주의자들조차 평화의 정치적 문제를 선전이 제기했던 대로 생각하지 않을 수 없었다. 평화를 위해 투쟁한 모든 사람은 그 순간에 공산주의자로 의심을 받고, 여론 전체는 누구도 평화를 위해 공산주의자들처럼 하지 못한다고 확신한다59)….

사람들은 때로, 반대자들과 동조자들이 아마도 환상적이서 통제할 수 없는 하나의 사실로부터 토론을 벌이는 것을 본다. 맥두갈McDougall은 환상적인 사실로부터 자기를 방어할 수 없음을 분석한다. 여기서는 한 신문이 말한 파업에 관한 일이다. 사람들은 반박할 수 없는(그렇지만 제작된) 증언들을 제공한다. 노동계 언론은 절대 부정할 수 없다. 따라서 그 언론은 그 사실을 설명하고, 변호하려고 한다. 그리고 놀랍게도 존재하지 않는 사실에 대한 분분한 해석과 토론이 일어난다. 힘든 조사 이후에, 사실이 존재하지 않음을 알게 되어도, 대중은 그러한 사실 부재에 의해 영향을 받지 않는다. 왜냐하면 대중은 그 사실을 잊어버렸고, 다만 그 이야기와 토론의 일반적인 인상만 갖고 있기 때문이다.

존재하지 않는 것을 존재하는 것으로 언급하기, 무로부터 정치적 문제를 창조하기는 선전의 가장 놀라운 잠재력 중 하나이다. 1957년 11월 흐루시초프의 선전 캠페인을 상기해보자. 터키가 시리아를 침공하려고 하였고, 그 4부작으로 된 작전계획이 소련 사령부의 손에 있다. 우리는 작전의 날짜를 알고 있었고, 나토는 지중해에서 터키를 돕기 위해 작전 수행 중이었다. 멘데레스Menderes에게 모욕. 터키에게 위협. 군대의 소집, 전면전의 환기. 사람들이 알아본 바에 따르면, 이 모든 것은 아무 것도 존재하지 않았다. 게다가 한 달 후에, 흐루시초프는 어떠한 위험도 없고, 데탕트라고 선언하였다. 데탕트의 구체적 신호는 더욱 찾아볼 수 없었다. 이 캠페인의 목적이 무엇이건(아마 시리아를 소련에 밀착시키기), 그것은 무로부터 만들어진 것 같고, 2주 동안 어떤 사람들은 극도로 흥분하였으며, 다른 사람들은 공포에 떨었다. 우리는 1959년 2월의 유명한 베를린 문제에 대해서도 동일한 분석을 할 수 있다.

이렇게 마술사는 지팡이 한번 침으로써 문제를 만들거나, 그것을 사라지게 한다. 그렇지만, 일단 문제가 환기되면, 비록 그것이 무에 기반하더라도, 여론이 그것이 존재한다고 믿기 때문에, 그리고 여론이 그것에 대해 형성되고 분열되기 때문에, 그것은 존재한다. 누가 여론의 이러한 모습에 대해 회의적이라고 생각하는가? 그러나 구체적 경험은 여론은 그러한 것임을 보여주고, 무로부터 여론을 창조하는 잘 알려진 작은 재주는 언제나 성공적임을 보여준다.

1947년 타이드Tide가 금속법에 대해 수행한 유명한 여론 조사를 보자. 그는 미국인들에게 이 법안에 대한 여론을 물었다. 질문 받은 사람들의 70%는 그들의 견해를 밝혔고, 30%는 밝히지 않았다. 의견을 낸 사람들 중, 21.4%는 그것은 미국을 위해 좋은 일이라고 생각했다. 58.6%는 그것은 개인적인 결정에 맡겨야 한다고 했다. 15.7%는 그런 결정은 아마 외국에게 이로운 일이고, 미국에서는 피해야 할 것이라고 했다. 4.3%는 그런 법은 아무런 가치도 없다고 했다. 그런데, 가장 주목할 만한 일은 그런 금속법이란 결코 존재하지 않았다는 사실이다. 그렇지만, 거기에 대해 여론이 존재했다.60)

3. 정치적 행위

그렇다면 이제 정치적 행위의 양상은 무엇인가? 첫 번째 원칙은, 정치인은 여론이 알고 있는 그대로의 정치적 사실에 따라 행동해야 한다.

장관은 직접적인 정보 출처를 통해 보고 받을 수 있다. 그러나 그 혼자만 알고 있는 사실들은 고려하지 않는 것이 좋다. 국가의 모든 비밀 결정, **그렇지만**, 그 효과가 선전에 의해 공적으로 될 위험이 있는 그런 결정은 단죄되어 마땅하다. 만약 한 정부가 혼자만 아는 정보에 따라 움직이면, 여론은 아주 신속하게 경계태세를 취할 것이다. 왜냐하면 이해할 수 없는 여건들 앞에 놓이면, 여론은 경직될 것이기 때문이다. 자신의 정치적 지성과 민주적 가치에 대해 확신하고 있는 거리의 인간은 소외당하는 것을 용인하지 않는다.61) 이 사람은 정부의 스캔들이나 부정을 수락할 준비는 되어 있다. 그러나 그는 자신이 이해할 수 없는 정치 세계 속에 들어 있고, 거기에 영향을 줄 수 없다는 것을 받아들이지 못한다.

차후로 정부는 다음과 같은 가능성들 앞에 놓인다.

혹은 정부는 대중에게 결정해야 할 모든 사실, 정보를 제공한다. 그러나 이것은 많은 어려움에 봉착한다. 우선 우리가 다른 곳에서 연구했던, 대중 정보와 관련된 상대적인 어려움이 있다.62) 이어서 한 정부가 대중에게 비밀을 넘겨 줄 수 없는 불가능성이 있다. 이것은 흔히 군사나 외교 차원에서 뿐만 아니라, 경제적 차원에서도, 밝히면 대파국이 될 그런 사실이다. 혹자는 이런 "비밀"에 대해 반박하였다(쏘비Sauvy, 위너Wiener 등). 그리고 위정자들은 그것을 과장하는 경향이 있다고 하는 말도 옳다. 그러나 지금 준비 중인 화폐 개혁을 대중이 알게 된다면, 엄청난 파국이 될 것이다.

혹은 정부는 자기 혼자만 알고 있는 사실을 고려하기를 포기한다. 여기서 우리는 쏘비의 주장에 대한 비판과 만난다. 쏘비는 경제적 분석, 원칙적으로 통계가 보여주는 사실에 따라 행동하지 않는다면 정부로서는 미친 짓이라고 생각한다. 이런 주장은 겉으로는 반박의 여지가 없다. 그러나 그 주장은, 정확하게 정보를 받을 수 없으며 스스로를 정치의 최종 결정권자라고 여기는 여론에 부딪치게 된다. 차후로 이 정치인은 사실이 아니라 여론을 따를 것이다. 그는 자기가 확보할 수 있는 정확한 문서를 무시하고서 여론에 따라 결정한다. 그렇게 그는 "사실"이 자기와 반대하게 할 수 있다. 그러나 그렇게 하는 것은 단기적으로는 여론을 자신에게 반대하게 하는 것보다는 훨씬 덜 심각하다.

또는 마지막으로 정부는 자신의 사적인 정보에 따라 행동하지만, 동시에 그 행동을 정당화하고 설명하며, 정치적 사실로 바꾸고, 여론이 보기에 옳게 만드는 선전 작업을 한다. 물론 우리는 여기서 대중에게 건네진 동기와 이유는 정부가 비밀로 하고 있는 동기와 이유가 아니라고 생각한다. 이건 진정한 의미의 선전이 아니고, 정보의 수집과 관련된 것이다. 이런 분야에서 소련의 태도는 아주 모범적이다. 다시 1962년에, 탈스탈린화 캠페인 중에, 전체 정보 중에서 탈스탈린화에 이용될 것만 선택해야 한다고 당에 지침이 내려왔다. 이렇게 흐루시초프의 시스템은 근본적으로 스탈린의 그것과 조금도 다르지 않았다. 에렌버그Ehrenbourg의 이 주목할 만한 말을 들어보자. 『회상록』, 1936-1941

"아직도 순진하게, 나는 진실한 정보가 정치에 이롭다고 생각했다. 진실은 그 반대였다. 사람들은 수행된 정치의 정당성을 확인해 줄 정보를 요구하였다."

이렇게 여론이 형성되고 자리를 잡는 곳은 굴절된 정치 세계 속에서이다. 그러나 이러한 방향이 가능하려면, 일방적인 선전이 있어야 한다. 즉 다른 모든 선전을 배제하는 독재적인 정부가 있어야 한다. 이런 경우에만 민주주의로서 선전의 복수성은 깊은 영향력을 행사한다.

이 세 해결책 중에서, 민주적인 정부들은 대체로 두 번째를 선택한다고 말할 수 있다.

게다가, 정치인은 여론이 알고 있는 사실들만 고려해야 할 뿐만 아니라, 이해와 해석에 있어서, **여론 그 자체처럼** 그 사실들을 고려해야 한다. 그래서 여기서는 선전이 주요 역할을 한다. 즉 하나의 행동을 시도하는 사람은 여론이 이 행위의(진짜 또는 가짜의) 이유를 알 수 있도록 사전에 여론을 조작해야 한다. 이미 말했듯이, 독재자들은 이러저러한 결정을 위해 여론을 만들고, 그러면서 대중의 의지를 따르는 척을 잘한다. 또한 어떤 기업, 정부 등을 둘러싼 '분위기를 조성하고', 정치적이거나 경제적인 조치를 준비하는 것은 **홍보**이다. 차후로 기업이나 정부의 파트너는 홍보가 정치적 존재로 만들어 놓은, 이어서 여론이 해결책을 강요하도록, 또는 최소한 그것을 받아들이도록, 정치적 문제로 변형시킨 사실들을 선택한다. 정치 게임은 이렇게 생명을 불어 넣은 사실들의 선택 위에 세워진다. 이 게임은 독재 체제에서는 손쉬운 일이고, 야당이 정부의 행위를 반박하는 사실을 들고 나오는 민주주의에서는 아주 복잡해진다.

많은 경우에 있어서 검열은 한 사실에 대한 여론적 패닉이나 터무니없는 해석이 합리적인 결정을 불가능하게 만들기 때문에 정당화된다. 수많은 예들 가운데, 바스토뉴Bastogne를 공격할 때에, 아이젠하워Eisenhower는 우선 그 일에 관한 모든 보도를 금지했다. 사람들은 우선 사기 저하나, 결정을 방해할 여론의 흔들림을 두려워하였다.63)

이제 정치 게임은 더욱 더 추상적으로 되어 간다. 그 이유는 선택되고 밝혀진 사실들이 여론의 반향에 따라 각각의 진영 속에서 추상적이기 때문이다. 즉 야당이 정부가 감추고 있는 진실을 밝힌다고 믿어서는 안 된다. 예를 들어 공산당이 부르주아 체제에 반대하여 진실을 밝히고 있다고 믿어서는 안 된다. 공산당은 정부가 밝히는 사실 중에서 부르주아 사회에 적대적인 면만을 퍼뜨린다. 사실 그 자체에 대해 말하자면, 그 마저도 기화해 사라져버린다. 이 순간에 정치 게임은 환상주의를 향해 간다. 따라서 정치인은 대중이 사실에 대해 알 수 있는 지식에 따라서, 그리고 이 지식의 방향 속에서 움직여야 한다.

본질적인 것은 어떤 "인상", "감정"을 얻어내는 일이다. 국민이 민주주의 안에서 산다는 인상만 갖는다면, 정부가 여론의 눈에 민주적으로 "보이기"만 한다면, 그것이 바로 본질적인 것이다. 우리는 독재적이라는 인상을 주는 아주 민주적인 정부들을 알고 있고, 반대로 자기들을 민주적으로 느껴지도록 여론을 창조할 줄 아는 독재적인 정부들을 알고 있다. 민중적 민주주의들이 그러하다.

* * *

여론의 영향이 이렇다는 것을 고려하면, 여론의 눈에는 정치적 행위는 어떠해야 하는가?

우선 이 행위는 여론이 알고 있는 일련의 사실들 속에 정상적으로 들어가야 한다. 이 행위는 선전에 의해 유포된 사실들과 동일한 계열이어야 하고, 대중의 눈에 그 사실들과 상응해야 한다. 대중은 위정자들의 행위 속에서 명백한 논리를 발견하고자 한다(반면 사회학자들은 대중의 여론과 경향은 비논리적이라고 주장한다). 어떤 합법적인 조치는, 정치적 사실의 앎과, 정치적 문제에 대한 확신 위에 근거한 선결적인 여론과 합쳐져야만 적용될 기회가 있다.

결국 여론을 창조하는 사람은 그것을 통해서 정부의 행위를 구속하고, 어느 방향으로 가게 한다. 이러한 상황에서는 사람들은 여론을 일으킬 수 있는 도구를 가지고 있는 사람들만을 실제로 고려하게 된다. 이런 저런 방식으로 사실의 재현에 영향을 미칠 수단을 보유하지 못한 사람은 정치 세계에서는 존재가 없다. 바리케이드를 쌓는 포도농민들, 파업을 벌이는 교사들은 여론을 일으키겠다는 목적밖에 없다. 분명 그들의 방식은 아주 초보적이고, 정형화되지 못했으며, 결과적으로 가장 덜 효율적이다. 그러나 그들은 이 순간부터 비로소 정치적 행위를 하는 것이다. 정치적 재현을 변경하는 힘만이 정치판의 일부이다. 다른 나머지도 실제적이고, 합법적이며, 정당할 수 있다. 그렇지만, 정치 행위는 그것을 고려할 여지가 없다. 따라서 정치 행위가 효율적이려면 여론의 선결적인 작업에 종속되어야 한다.

아무튼, 국가는 자신의 행위가 언어적 세계 속에 위치하고, 여론은 우선 언어적 성격을 가짐을 알아야 한다. 따라서 정치적 행위는 다음의 두 원칙에 복종해야 한다 – 정치 행위 자체는 이러한 이미지와 고정관념의 흐름 속에서 표현되어야 하고, 실제 사실을 이 이미지와 대립시키지 말아야 한다.

리프만Lipmann의 분석에 따르면, 현대인이 세상 위에 덧씌워서 세상을 보는 이미지는 고정관념이다. 고정관념은 두 개의 특성을 갖는다. 우선 고정관념은 우리와 사물 사이에 가로 놓인다. 우리는 이 고정관념을 통해서 사물을 보고, 사실을 받아들이며, 우리 환경을 이해한다. 따라서 정치 행위는 필연적으로 여론이 쓰고 있는 이러한 굴절시키는 안경에 따라 생각되어야 한다. 어떤 집단이 어떤 행위를 어떻게 이해할까를 알기 위해서는 그 집단의 고정관념을 이해해야 한다. 왜냐하면 이 행위는 모든 객관적인 현실처럼, 그 자체로서는 의미가 없기 때문이다. 이 행위는 영향력도 색채도 가치도 없다. 이 행위는 고정관념이 부여한 영향력, 색채, 가치를 갖는다.

이어서 이 고정관념은 현실 그 자체보다 더 강력하다.[64] 우리는 인간이 어떤 사실을 자신에게 유리하게 해석하는 역량이 있음을 알고 있고, 또 우리의 신념과 고정관념을 거역하는 사실을 억압하고 망각하는 능력이 있음을 알고 있다. 하나의 사실은 결코 누구를 설득하지 못하고, 누가 가지고 있던 세계관을 변형시키지 못한다. 라즈크Rajk 재판과 같은 여러 재판들에 대해서, 또는 독일 · 소련 조약에 대해서, 또는 1953년 6월 베를린 봉기에 대해서, 우리가 공산주의자들에게서 확인하는 놀라운 심리적 억제는 예외적인 것이 아니다. "사실들의 현실"을 재현에 대립시키려고 하는 것은 아무짝에도 쓸모없다. 하나의 정치 행위는 이러한 객관적이고, 포착할 수 없는 현실 위에 세워져서는 안 된다. 정치 행위는 사실을 가지고 고정관념을 반박해서는 안 된다. 그렇게 해서는 아무것도 얻지 못한다. 따라서 모든 것은 일련의 심리적 조작으로 축소되고, 이 조작의 목적은 우리가 점점 더 잘 알게 된 메커니즘을 통해, 고정관념 그 자체를 변경하는 것이다.

* * *

우리는 이제 선전이 정치 행위 자체에 강제하는 큰 법칙에 이르렀다. 정치 행위는 현재 이중적 성격을 지녀야 한다. 예전에는 하나의 정치적 결정은 사실적인 결과에 비춰 계산되었다. 다시 말해 정치적 결정은 어떠한 환경이나 정부 위에 구체적으로 영향을 미쳤다. 예를 들면 구체적인 경제적 영향을 포함하고 있었다. 그리고 정상적으로는 이런 행위는 성공하기 위해 행해졌다. 정치적 결정의 사실적인 유효성은 사물과 상황을 변경하고자 하였다. 그것이 바로 대부분의 민주국가들, 특히 프랑스에서 사람들이 가지고 있는 정치 행위의 개념이다.

오늘날은, 정치 행위는 두 개의 목표에 따라 계산되어야 한다. 한편으로는, 언제나 그랬던 것처럼, 경제나 군사, 행정 등의 영역에서 도달하고자 하는 명확한 목표이고, 다른 한편으로는 이 행위가 제공하는 선전의 가능성이다.[65] 이 최종의 요소를 고려하면서, 우리는 한 발 더 나아간다. 지금까지 우리는 어떠한 사실적 결과를 얻기 위해 (자발적이거나 준비된) 현존하는 여론을 어떻게 고려해야 하는가를 보여주었다. 따라서 이러한 염려가 하나의 행위를 위해 규정해야 할 첫째 목표 속으로 들어간다. 그렇지만, 여론은 정치 행위에 대한 반응 속에서 다시 한번 느껴진다. 따라서 우리는 다음의 질문들을 제기해야 한다.

- 이 결정은 여론에게 영향을 줄 눈길을 끄는, 혹은 사실적인 결과들을 가지고 있는가?
- 이 결정은 그 자체 속에 선전의 요소를 품고 있고, 또 사실적 결과들과 여론에 의한 해석 사이에서 자발성이 일어나게 할 수 있는가? 여론이 이 결정으로부터 얻게 될 방향은 바람직한가?
- 이 결정은 어떤 선전 활동의 계기가 될 수 있는가?

있는 그대로의 사실은 선전에 사용되고, 우리는 정치 행위를 있는 그대로의 사실로 생각해야 한다. 그래서 그것은 어떤 캠페인의 계기가 되든가, 조건반사를 새롭게 하는 자극이 되든가, 신화에 더 강렬한 색채 부여가 될 수 있다. 이것은 우리가 정신세계에 대해 했던 묘사를 반박하지 않는다. 그 이유는 우리가 말했듯이, 이 세계는 예외를 제외하고는, 날것의 사실들로부터 구성되기 때문이다. 그러나 정치인이 스스로에게 제기해야 할 질문은, 자신의 행위가 이러한 정신세계 속으로 들어갈 수 있는가이다.

오늘날 하나의 정치적 결정은 그것의 구체적 영향과 실천적 의미에 의해서보다는, 그것이 자극할 수 있는 여론의 반응에 의해 더 중요하게 되었다. 사실에 대해서도 마찬가지로 말할 수 있다. 예를 들어 스파우트니크 Spoutnik 쇼크를 상기해보자. 물론, 위성은 사용될 수 있는 것이고, 경험상 미사일 부문에서 소련의 우위가 증명되고, 결과적으로 군사적 우위가 증명된다. 그러나 이것은 심리적 충격에 비하면 아무것도 아니다. 우리는 선전의 승리를 목도하고 있다. 미국 여론의 위기, 공산주의 사회 신화의 강화, 저개발국 국민들의 명예, 중립론자들의 매력. 모든 영역에서 심리적 영향은 막대하다. 소련인들은 사실을 선전 속에서 극도로 능숙하게 사용할 줄 알았다. 그들은 과학적 사실을 전반적인 정치 행위 속에 통합된 정치적 사실로 변형시켰다.

따라서 이러한 선전적 영향에 따라 정치적 결정을 계산해야 한다. 그것은 선전의 어떤 지속성과, 모든 결정의 선결적인 방향을 가정한다. 따라서 이제는 어떤 경제적 조치를 단지 경제학적 여건에 따라서만 취하는 것이 아니라 선전과 상대적인 관점에서 취해야 한다. 공산주의자들만이 이러한 결합에 있어서 대단히 능숙하다. 특히 이러한 능숙함은 방금 우리가 말한 탁월한 행동 기술 위에 기초한 지속성 덕분이다.

그러나 오늘날의 완전한 정치 행위는 더욱 멀리 가야 한다. 정치 행위는 그 실제 결과와는 상관없이 좋은 선전의 계기가 되도록 선택될 것이다. 그것이 사실상 성공하거나 실패하거나 상관없다. 우리는 여기서 가장 미묘한 요소를 보고 있다. 결정이 기대했던 좋은 결과를 가져오면, 그것을 여론 속에서 발전시키기는 더욱 쉽다. 그러나 전통적으로는 사람들은 하나의 면만 고려한다. 승리를 바라는 로마 장군은 승리만 찬양하였다. 그런데, 선전의 모든 가능성의 사용은 이것을 변형한다. 즉 결정이 실패하고, 적이 승리하며, 기대했던 결과를 얻지 못한다고 하자. 그래도 일반적인 행동 방향은 이 실패도 선전에 사용될 수 있어야 한다. 이렇게 이해하자. 즉 실패를 감추고, 애매한 설명으로 실수를 만회하며, 패배를 전략적 후퇴로 미화하는 문제가 아니다. 오늘날 모든 사람은 그것을 의식하고 있으며, 누구도 더 이상 그것에 휘둘리지 않을 것이다. 처음부터 계산된 행위에 관한 문제로, 혹시 성공한다면, 바라던 구체적 결과에 대해 만족하면 되고, 혹시 실패한다 해도 이 실패 자체가 어떤 운동을 위한 훌륭한 선전 도구가 된다. 공산주의자들이 잘하는 계산은 바로 이러하다. 그래서 그들은 항상 자기들의 적을, 그 두 해결책 모두가 공산당에게 유리한 딜레마로 몰아넣는다. 공산당이 F.T.P.에 대해, 또는 급여 연동제에 대해 법안을 내놓을 때, 그 목표가 요구된 개혁의 확보인지, 아니면 정부에 반대한 선전을 하기 위한 그 실패인지 구분할 수 없다. 즉 공산주의적 행동 속에서는 사실적 요소와 선전적 요소가 그토록 잘 결합하여, 그것들을 구분할 수 없다. 공산당의 모든 정치적 행위는 실제적인 목표와 동시에 선전적 목표를 갖는다. 급여 연동제에 관한 법이 통과된다면, 그것은 자본주의 체제를 조금 더 위험하게 만들고, 그 체제에 깊은 경제적 고뇌를 안겨 준다. 더 나아가, 이것은 그 법을 제안한 공산당에게 긍정적인 선전 효과를 준다. 국민의 눈에 그 정부는 이러한 진보를 예견할 수도 없다. 오직 공산당이다. 법안이 부결되면, 노동자 계급에게 적대적인 부르주아 체제에 반대한 엄청난 선전이 쏟아진다. 이 부결은 계급 사이의 분리를 강조한다.

국제적 차원에서 소련이 한 대부분의 제안들은 이러한 이중 출구로 특징된다. 소련이 한 모든 프로젝트는 보통 여론이 보기에 바람직한 심리적 양상으로 덮여 있다. 만약 누가 객관적인 시선으로 검사해보면, 이 프로젝트가 합리적이라고 말해야 한다(예를 들어 정상 회담, 핵무기 통제 프로젝트, 점령군의 철수, 폴란드 중립화 제안). 그러나 이런 프로젝트는 다음의 의미를 갖는다. 즉 혹시 그 프로젝트가 수락되면, 그 프로젝트는 성공한다. 그래서 한편으로는 심리적 영광은 제안자인 소련에게 온다. 다른 한편, 구체적으로는, 그 성공은 소련에게 유리한 결과를 준다. 또는 혹시 그 프로젝트가 거부되면, 그것을 거부한 자는 전쟁 도발자이고, 협력과 공존을 거부하는 자이다. 그리고 일반적으로 단 하나의 프로젝트 속에 여러 요소들을 묶는다는 사실은 아주 유효하다.

1962년에, 소련은 쿠바에 미사일 기지를 건립하면서, 이러한 이중 출구를 가진 정치를 구사한다. 혹시 그 작전이 성공하고, 미국이 아무 말도 하지 않거나, 감히 말을 하지 못한다면, 그 사실로써 미국을 겨냥한 위협적인 무기가 있게 되는 것이다. 또 혹시 미국이 반응하면, 선전의 관점에서 이것은 주목할 만한 작전이 된다. 즉 미국은 그렇게 약한 적을 공격함으로써 자신의 제국주의 근성을 드러내는 것이다. 그리고 세계 여론은 독립국가의 내정 문제에 개입한 것을 보고 분개할 것이다. 불행하게도, 흐루시초프의 맹방들은 두 번째 가능성 속에서 그의 책략적 자유를 제한해버렸다.

이러한 이중의 이용 가능성은 극도로 완강한 태도를 유지하게 해준다. 그들은 적에게 아무것도 양보할 수 없다. 만약 적이 양보를 거부하면, 그에게 불리하게 돌아설 것이기 때문이다. 진짜 하나의 결과에 이른다는 것은 중요하지 않다.

판문점Pan Mun Jom의 정전협상 대표들이 전형적으로 그러하다. 공산주의 관점에서는 그들이 성공한다면 잘 된 일이다. 그렇지만, 서로 아무 양보도 하지 않을 것이다. 그리고 그들이 성공하지 못하고, 유엔 동맹국들이 계속 전진한다면, 중국이 바라는 바에 가까워진다. 그들이 실패하면, 더 잘된 일이다. 그것은 유엔 동맹국들의 잘못이 될 것이고, 그들은 이렇게 전쟁 의지를 드러낼 것이다. 이것은 평화의 수호자들이라는 선전을 증가시킬 것이다. 그리고 이 두 경우에, 그들은 상대의 체면을 깎아 내린다(적이 받아들일 수 없는, 그렇지만, 객관적으로 합리적인 요구).

두 가능성이 결합된 행위의 미국 쪽 예는 동독 주민에게 생필품 꾸러미의 배분이다(1954). 여기서도 우리는 양방향의 가능성을 본다. 만약 생필품 배분이 계속된다면, 서구인들에게는 얼마나 좋은 선전인가(굶주린 자들에게 양식을 준다는 무시할 수 없는 결과는 계산할 것이 없다)! 그것이 금지된다면, 공산주의 정부에 대한 엄청난 선전이다! 공산 정부에 대한 비난은 명백하다. 선전 캠페인을 여러 개 할 필요도 없다. 사실 그 자체로부터 심리적 결과들이 자발적으로 도출되도록 내버려 두면 된다. 우리는 여기서 행동이 그 자체 속에 선전을 품고 있는 절묘한 선전 형태를 본다.

이런 조건에서 진행된 정치적 행위는 상당한 정치적 노력을 절약하게 해준다. 즉 제약을 통해 얻어야 했던 것을 지지와 격려를 통해 얻게 해주거나 적이 가진 가능성들을 무산시키거나 전쟁을 면하게 해준다. 예를 들면, 정부 내에 스파이가 있기 때문에 정부를 움직이지 못하게 하고 적을 수동적으로 만드는 선전은, 정치의 특별한 한 수단이다. 게다가 선전이 전쟁을 피하게 해준다는 것도 사실이다. 오스트리아가 체코로 하여금 양보하게 한 괴벨스Goebbels의 선전, 체코에 대한 스탈린의 선전, 쿠바를 위한 흐루시초프의 선전 등은 예전에는 힘으로밖에 얻을 수 없었던 결과들을 전쟁 없이 얻게 해 준다.

이러한 확인들을 통해서, 우리는 방금 말한 두 출구를 가져야만 정치 행위를 해야 한다고 말할 수 있을 것이다. 행위가 정말 유용한가는 별로 중요하지 않다. 중요한 것은, 이러한 모호성 속에서 그것을 사용하는 것이다. 오늘날의 정치는 이중적 성격을 제시하는 결정에 따라, 그리고 그것이 모호한 성격을 가지고 있기 때문에 가다듬어져야 한다. 다른 모든 방향은 철지난 이상주의나, 궁여지책으로 일관성 없이 하는 정치의 결과이다.

이러한 긴 분석의 말미에서, 우리는 명백하게 상호적인 이중적 선결성을 기술하기에 이르렀다. 정치인은 여론의 이미지적 세계 속에서 움직인다. 그러나 그는 또 정보와 선전을 통해 이 이미지들을 만들고 변형시킬 수 있다. 역으로, 이 세계 속에서 형성되는 여론은 그에 따라서만 통치할 수 있는 정치를 결정한다. 그러나 실제로 모든 것이 이미지의 세계 속에 놓인다면(잘못 정보를 받은 정부가 여론에 대해 형성한 이미지도 포함하여!) 결정들은 자동적이지도 않고 엄격하지도 않다. 정부는 여론을 만들지 않는다. 여론은 또 제거하기 어려운 고정관념들과 편견들과 관계있다. 그리고 여론은 정부를 강요하지 않는다. 왜냐하면 여론은 특수한 표현 수단이 없기 때문이다. 실제로 우리는 이중의 효율성보다는 이중의 마비 앞에 있다. 이러한 일관성 없는 여론의 무게에 의해 마비된 정부로서, 여론에 반대하여서는 통치할 수 없고, 또 이 일관성 없는 여론은 끊임없이 효율성에 방해가 될 것이다. 진정으로 스스로 표현할 수 없는 여론의 마비로서, 여론이 자기를 표현한다 하더라도 그것은 오직 유일하게 활발한 여론을 구성하는 선전의 압력에 의해서이다.

  그러한 사실은 우리로 하여금 이 두 정치 요소들의 인위성 개념을 형성하게 한다. 그것들은 상호적으로 어떤 외양적인 상황으로 이르게 한다. 즉 각자는 다른 것을 지배하고 통치하는 모습을 띤다. 그러나 각자는 실제로는 인위적인 힘밖에 가지고 있지 않다. 그것은 하나가 다른 하나에 종속된 사실로부터가 아니라, 둘 다, 공통으로, 실제적인 문제들에 대해서는 공격을 할 수 없고, 진정한 힘을 가지고 있지 못하기 때문이다. 분명, 우리가 수차 말했듯이, 이 유희 속에는 제3의 파트너, 행위 수단의 소유자가 있다. 이러한 이미지의 세계에서는, 이 소유자는 바로 정보전달자·선전자이다. 그런데, 겉보기에 선전자가 정치가의 명령에 따르는 듯 보이지만, 그는 바로 앞서 연구되었던 기술자의 상황 속에 있다. 겉보기에, 자유주의적 민주체제에서, 그가 "정보 자유의 표현"이라면, 우리는 그가 시민에 대해서는 전혀 신경 쓰지 않지만 정치적이거나 경제적인 관심들을 대변하고, 그 관심들에 따라 여론을 형성할 그런 기술자임을 안다. 바로 이러한 용어들과 이러한 이미지의 세계와의 관계 속에서, 정치적 착각이 발전한다. 이 착각은 오늘날 특별히 정치적인 권력 행사를 통해 현실을 변경할 수 있다고 믿는 사람들의 착각이다. 정치 게임에 참여함으로써 국가를 지배하고 통제할 수 있다고 믿는 사람들의 동일하지만 전도된 착각이다.

L'ILLUSION POLITIQUE

4장

정치적 착각 : 국가의 통제

정치적 착각 : 국가의 통제

국가 기관들과 국가의 힘의 증가, 그리고 정치의 자율성 현상을 보면서, 사람들은 오늘날 습관적인 반응을 보이는데, 그 반응이란 시민이 효율적으로 국가를 통제하기에 이르러야 한다는 것이다. 최근의 어떤 저작물들은 정확한 분석 방법을 통해, 시민은 그의 수동성으로부터 빠져 나와야 하고, 상황을 손에 쥐고 있어야 한다고 주장한다. 많은 사람이 그것은 어렵지만 가능하다고 평가한다. 가장 흔하게는, 정치인을 통제하고, 보통 선거의 의미를 재규정하며, 의사결의 원칙의 재가치화, 또는 특수한 민주주의의 구성, 예를 들어 소위 조직화된 민주주의를 구성하는 문제일 것이다. 일반적으로, 이 모든 일은 시민의 역량과 정치 참여 위에 세워진다고 평가된다. 커다란 악, 즉 국가의 독립성이 국가에게 준 것, 그것은 실제로는 시민의 비정치화일 것이다. 시민이 교육받고 자신의 권리와 의미를 의식하면, 정치에 개입하고 결국에는 자신의 의지를 국가에 강제할 수 있을 것이다.★

이러한 주장은 내가 보기에는 인간의 이상주의적 관점과 국가에 대한 옛날의 관점 위에 세워진다.66) 인간의 이상주의적 관점에 대해, 우리는 일반적으로 제기된 역량의 문제는 언급하지 않고, 다만 시간의 문제만 언급할 것이다. 즉 누가 당신에게 모든 정보와 수단을 준다 하여도, 사람이 진정으로 문제의 흐름을 파악하고, 어떤 일을 뒤쫓을 시간이 없는데, 어떻

★ 훨씬 위에서 검토된 문제와는 다른 문제이다 - 국가의 자율성에 대한 한계로서 개인. 여기서는 시민이 국가를 통제할 가능성이다.

게 권력에 대해 유효한 통제를 할 수 있을까(그리고 통제란 항상 가장 어려운 것이다)? 국가에 대해 진정한 통제를 행사한다는 것은 완전한 가처분성을 내포한다. 이러한 조건에서 시민이 된다는 것은, 하나의 직업이다. 이것을 그리스인들과 로마인들은 완벽하게 이해했다. 우리에게 예고된 소위 여가의 문명 속에서, 나는 정치가 자유로운 인간의 주요한 기능이 되기를 정말 원한다. 그러나 이러한 여가의 문명은 우리의 도달 범위에 있지 않다. 그리고 나는 큰 실망이 우리를 기다리고 있을까 정말 두렵다. 그리고 비록 그렇게 된다 해도, 이러한 한가하고 선의를 가진 인간이, 정치 영역 속에서 점진적으로 제도화되었던 것을 거슬러 올라갈 수 있을까도 확실하지 않다. 이러한 일들은 흔히 말하듯 그렇게 말랑말랑하지 않다. 이러한 악순환 속에서 시민의 실제적인 개입을 생각한다는 것은, 상황을 구체적으로 보지 않고 권력과의 관계에서 유효한 경험을 갖지 않는 것이다.

마찬가지로 국가 통제에 관한 문제가 될 때에, 우리가 정치적 권력에 대해 가진 관점은 옛 것임을 곧 알게 된다. 즉 여전히 구조들과 구성들, 법적 방식의 추구, 역량과 통제의 고정 등에 중요성이 주어진다. 그러나 이 모든 것은 물론 중요하지만, 진정한 변화를 결코 허용해주지 않으며, 국가의 진보 의미를 변화시키지는 더욱 못한다. 나는 현대 민주적 국가가 독재 국가와 동일하다고 말하는 것은 아니다! 나는 법적 규칙이 중요하지 않다고 말하지도 않는다! 시민에 의한 정치권력의 통제에 관해 내가 읽은 모든 저서들은 국가에 관한 완전히 지나가버린 관점에 의거하며, 저자들은 거기서 치명적으로 위험한 착각을 제시하고 있다.

1. 관료주의

시민이 국가를 통제해야 한다는 생각은, 국가 속에서 의회가 효율적으로 정치체를, 행정 기관들과 기술적 기관들을 지도한다는 비전 위에 세워진다. 그런데, 우리는 여기서 완전한 착각을 보고 있다.★ 뵘Böhm은 대의 민주주의의 기관들은 전문가들과 압력 단체들이 내린 결정을 지지하는 일만 한다고 지적한다.67) 마찬가지로, 사르토리Sartori 68)는 의회에 관한 예외적인 연구에서, 의회가 민주주의 이데올로기가 부여한 기능들이자 아직도 시민이 국가를 통제할 수 있다는 순진한 확신을 지탱해주는 기능들을 하지 못함을 증명했다. 사르토리는 특히 국가의 중심에 있고, 정부와 동일시되는 의회의 현재 위치는 의회 국가의 기본들을 극단적으로 변경함을 보여준다 – 대의적 생각, 통제의 생각, 법에 의한 보호의 필요성. 이것은 정치인의 전문직업화와 정당에 예속됨으로써(의원은 정당을 대변하는 경향을 띤다) 대의 정치의 실패를 보여준 가장 명쾌한 연구의 하나이다. 그는 의회는 국가 전체에 비해 "이형적"이라고 결론짓는다. 우리는 이 분석을 자세히 언급하지는 않을 것이다. 왜냐하면 의회주의의 문제는 그 자체로서는 이차적이라고 생각하기 때문이다.

사람들은 항상 결정 기관으로서 국가가 상대적으로 단순하다고 말한다. 결정이란 미리 만들어진 규칙적인 절차에 따라 취해지기 때문이다. 우리는 이미 결정의 대상이 현저하게 변했고, 군중의 관심이 그 위로 몰리는 정열적인 정치적 문제가 아님을 이미 지적하였다. 결정의 과정도 마찬가지다. 그것은 더 이상 헌법 속에 설정된 명확한 법적 절차의 단순한 시스

★ 나는 어떤 가치적 판단을 하지 않는다. 나는 관료체제가 좋거나 나쁘다고 말하지 않는다. 이러한 유형의 조직은 현재 사회의 모든 움직임과 일치해 보이고, 이러한 사실로부터, 나에게는 불가피하게 보인다. 더군다나 그 문제는 내가 보기에 관료주의와 민주주의 사이의 갈등이라기 보다는(참조. 미셸Michel, 『정당들』), 관료주의에 의한 정치적인 것의 축출로 보인다.

템이 아니다. 물론 이러한 절차는 언제나 존재한다. 그러나 중요한 것은 그것이 아니다. 결정의 과정은 사적인 판단들, 전통들, 국가의 다양한 기관들 사이의 갈등, 외부 단체들의 압력의 복잡한 전체로 만들어진다. 그리고 결정의 중심이 여럿임은 정치적 기관 내부의 규칙이 되었다. 분명 이 기관은 단순한 전체가 아니다. 우리가 대통령, 장관들, 의원들에 대해 말할 때, 우리는 정확히 아무것도 말하지 않는다. 국가는 거대한 몸체가 되었고, 모든 것을 담당하며, 수많은 중심들, 사무실들, 실무들, 설비들을 소유한다.

내가 지적한 모든 것은 정치학자들에 의해 완벽히 알려졌다. 아주 사실적인 수많은 세부적 연구들이 구조에서만큼 결정 과정에 대해서도 이뤄졌다.69) 그런데 여기서 특이한 심리적 문제가 제기된다. 정치학자들은(이 질문을 완벽히 알고 있는데) 정치 논문을 쓰거나 주어진 문제에 대해 답할 때, 국가에 대한 옛 개념으로 되돌아오기 위해 자신들의 세세한 분석들을 완전히 망각해버리는 것 같다. 정말 놀랍게도, 정치적 미래가 이런 외양들에 달려 있기라도 한 듯이, 그들은 다시 대통령제나 선거 절차에 대해 토론한다. 또 내가 보기에는, 국가의 현실에 대한 구체적 연구들과 현대 세계에서 정치에 관한 고찰 사이에는 끈이 안 보인다. 특히 권력의 통제에

★ 정치의 영역과 관료제적 구성 속에서 기술자들, 전문가들의 영향력 사이의 차이를 강조하는 것이 우리에게는 본질적으로 보인다. 이것은 흔히 잘못 구분된 두 현상이다. 크로지에Crozier 그 자신도 (**관료주의적 현상**) 그 차이를 항상 보는 것이 아니다. 그는 때로 사실들 속에서, 그리고 어떤 조직 속에서 그것을 본다(p. 183). "이러한 보수적이고 관료주의적인 조직의 리더들은 변화의 철학을 발한다. 반면 기술자들은… 근본적으로 조직의 문제에 있어서 보수적이다." 이것은 사실 이 두 입장의 아주 특징적인 것이다. 마찬가지로, 그는 전문가의 권력, 다시 말해 조직의 기능에 관해 어떤 불확실을 통제할 수 있는 사적인 역량과, 기능적 위계적 권력, 다시 말해 어떤 개인들이 조직 속에서 그들의 기능에 따라 소지한 권력 사이의 차이를 명확히 본다(p. 219). 그러나 우리는 이 후자들이 전문가의 권력을 통제하거나 대체할 수 있다고 생각하지 않는다. 전문가가 관료주의 속에 포함될 때는, 그것은 맞다. 그러나 정부 기구들과 관계를 맺고 있는 전문가들을 생각해야 한다. 그러면 우리는 다른 도식을 갖게 된다. 우리는 훨씬 위에서 전문가들의 실제 영향과 미래에 대해 크로지에와는 동의하지 않음을 밝혔다. 그들의 역할을 최소화하기는 그를

관해서는, 현대 국가가 무엇인가에 대한 실제적인 앎과 시민이 국가를 통제할 수 있다는 항상 되풀이되는 주장 사이에 명백한 모순이 발견된다.★

현대 국가는 우선 중앙집권화된 결정 기관, 또는 정치적 기관들의 총체가 아니다. 국가는 우선 관료들로 이뤄진 거대한 기계이다. 현대 국가는 두 모순적인 요소들로 구성된다 – 의회들과 각의들의 정무적 공무원들, 그리고 관료들과 함께 행정적 공무원들(게다가 정무적 공무원들과 행정적 공무원들 사이의 구분은 점점 덜 명확하다). 그에 대해 전통은 의회들, 각의들, 투표들, 정무적 공무원들의 선정에 아주 큰 중요성을 부여한다. 바로 거기에 정치적 사유가 머무르고, 바로 거기에, 민주주의적 관점에서, 국민 주권의 표현이 있다. 사람들은 동시에 행정에 대해 잘 알려진, 아주

실수로 이끄는 것 같다. 예를 들어 그는 일상적인 차원에서 전지전능하고, 변화의 문제 앞에서는 무력한 관료주의적 권력 때문에 프랑스에서 변화는 거의 불가능하다고 생각한다. 그는 여기서 기술적인 차원에서 기술적 변화를 자극하는, 그리고 관료주의에 영향을 미치는 기술자들의 영향을 무시한다. 그는 기술자들과 어떤 관계 속에 있는 관료주의적 시스템의 변화의 차이를 연구해야 했었다. 우리는 실제로 기술자들의 요구에 복종하는 섹터들 속에서 상당한 변화를 확인한다. 변화를 자극하는 사람들은 의결적 하위시스템의 정치인들보다 그들이다. 사실, 크로지에가 생각하는 것과는 반대로, 정치인들은 관료주의적 변화를 선양할 수 없다.

이러한 분석의 결함은 크로지에가 경제적 예견이 발전한 어떤 시스템 속에서는, "미래가 더욱 합리적으로 세공되는" 시스템 속에서는, 행정적인 딱딱함이 유지될 수 없다고 주장할 때, 더욱 확실해진다(p. 377). 즉 새로운 합리성이 나타나고, 이것은 전통적 모델의 와해를 자극할 것이다. 그리고 그는 예로서 플랜 위원회를 든다. 우리가 기술자와 기술적 행정과 함께 지적한 것은 바로 이것이다. 그러나 이러한 새로운 유형의 행정은 다른 필요와 상응하고, 다른 기능들, 그리고 다른 행위 양식들을 가진다. 그것은 자동적으로 다른 기능을 가지고 있는 전통적인 관료주의적 행정들을 문제 삼지 않는다.

메이노Meynaud는(앞의 책, p. 59 이하) 관료주의와 기술자들의 영향 사이의 차이와 접합점을 명확히 보여준다. 기술주의의 영역은 관료주의적 영역을 추월한다. 우리는 모든 기구들 안에서 두 일련의 형태들의 결합을 본다. 그래서 메이노가 지적하듯, 기술자들이 관료주의적 기구에게 의존하고, 그 요소들을 조작할 때, "기술적 관료주의"가 있다.

마지막으로, 관료주의와 기술자들의 역할을 결합하려고 하는 여러 노력을 확인해야 한다. 이 둘은 서로 보완한다. 그렇지만, 여전히, 가장 흔하게는, 대립하거나 서로 모른다. 1964년의 경찰 개혁은 이 두 요소를 결합하고자 하는 아주 특징적인 의지이다. 하위 경찰서에 부여된 역할은 명백히 관료주의적 국가의 행위를 기술적 명령과 상응하게 하려는 것이다. 그러나 이러한 결합은 다시 한번 정치적 국가의 희생으로만 해질 수 있다. 게다가 우리가 언급한 개혁은, 중앙 권력에 밀접하게 종속된 기구를 만들려는 의지에도 불구하고, 정치적 국가에 대해, 정치권력에 대해, 행정의 독립에 기여할 것이다.

고전적이고 안심시켜주는 도식을 제시한다. 즉 행정적 공무원들은 정치인들에 의해 임명된다. 따라서 공무원들은 전적으로 정치인들에게 종속된다. 공무원들은 국가에 대해 어떤 자유도 없는 공무원단을 형성한다. 아주 당연히 행정적 공무원들은 자신들의 직업적 이익을 위해 파업권이 있다. 행정은 정치단체의 결정을 집행하기 위해 거기 있고, 그것이 그의 유일한 역할이다. 행정은 두뇌의 결정에 의해 움직인다. 이 거대한 행정적 신체는 따라서 전부라 할 수 있는 정치적 중심이 없다면 아무 것도 아니다. 이러한 행정 앞에서, 아마 시민은 효율적으로 보호된다. 시민은 호소할 데가 있다. 그러나 그 이상으로, 시민들은 선거들을 하고, 각의들과 의회들을 선출하기에 주인들이다. 그들은 국가의 결정들 위에서 움직일 수 있고, 결국 행정 위에서 움직일 수 있다. 행정은 단지 하나의 배달, 메커니즘, 전달벨트이다.

  이러한 아주 간단한, 아주 고전적인 관점은 국가와 사회 사이를 연결해주는 것이 행정이라는 헤겔적 생각을, 행정은 국가의 수단이라는 마르크스적 생각을(그것들을 알지도 못하면서) 요약한다. 그리고 또 행정에 대한 연구가 미미했음을 설명한다. 행정에 대한 진정한 사회학적 연구는 거의 없다. 게다가 『국가와 시민』이라는 행정에 호의적인 책에서도, 우리는 행정에 대해 재미없는 몇 줄밖에 보지 못한다. 그런데, 우리는 실제로는 국가가 점점 행정 속에 흡수된다고 생각한다. 어떤 행정가나 각의 속에 정치적 권력의 모습이 존재한다하더라도 그것은 한 면에 불과할 따름이다. 권력이 인격화된 독재 체제에서조차 그렇다. 진정한 정치적 문제, 국가의 일상 문제, 시민과 공권력 사이의 문제, 권위의 증가 문제, 경제 권력의 문제는 관료들의 관할 속에 들어 있다. 거기에 현대 국가의 현실이 있다.

  행정은 우선 대단히 복잡하다. 공무원단 속에서 어떤 단순한 규칙과 위상을 보고, 행정을 어떤 일반적인 구조로 정리한다는 말은 정말 좋다. 그러나 그것은 현실을 모르고 하는 말이다. 행정을 정리하고자 하는 사람은 그와는 반대로 관료들과 그들의 역량, 장관 한 명에게 소속된 수많은 업무들, 분과들, 위계들, 특히 연결 기관들 속에서 헤매게 될 것이다. 실제로 행정 분야들 사이의 관계는 무서울 정도로 복잡해졌고, 수많은 연결 기관들이 있다. 하나의 서류는 일단 시작되면, 다섯, 열, 스무 부서를 통과해야 하고, 각각은 또 서류를 덧붙인다. 그리고 이 부서들이 다른 부나, 다른 장관에 속한다면, 그 연결이 명확한지 확실하지 않다. 서로 다른 부서 사이의 연결 기관들은 그 끈을 알고 있고, 한 부서를 다른 부서와 관계 짓는다. 관료주의의 팽창에 대해 항의하지 말자. 이러한 복잡성은 국가 그 자체의 복잡성, 그리고 국가가 책임진 업무들의 복수성 때문이다.70) 우리는 이것을 다시 언급할 것이다. 누구도 이 거대한 기계의 정확한 모습을 볼 수 없고, 내가 알기로는 조직도는 없다. 장관을 위한 조직도가 있다 해도, 이것은 대단한 것이 아니다, 왜냐하면 이웃한 장관들, 그리고 지방 행정 기관들과의 관계는 이 조직도를 빠져나갈 것이기 때문이다. 누구도 전체를 파악하지 못하고, 누구도 실제로 그 전체를 통제하지 못한다.

그런데 이런 관료주의가 국가를 관통한다는 것을 알아야 한다. 장관은 하부 관료 구조가 없다면 정말 아무것도 아니다. 장관직이란, 실제로 거대한 행정 기관이다. 우리는 관료주의가 정치적 지도부에 스며들고, 정치적 지도부는 관료주의적 복합기구로 귀결된다는 것을 알고 있다. 혹자는 이렇게 반박할 수도 있다. 즉 장관은 결정을 내리고, 비록 그가 모든 관료들과 모든 행정 조직을 알지 못한다 해도, 여러 다른 국장들을 잘 안다. 국장들은 팀장들을 알고 있고, 팀장들은… 일련의 위계 조직을 통해, 각자가 각 단계에서 직접 하위직들과 자기 명령 아래 있는 관리들을 알고 있다. 잘 조직된 기계는 결국 머리에 종속된다. 나는 거기서도 일을 이론적으로만 보고 있다고 주장한다. 하나의 원칙적인 전반적 결정이 장관에 의해 내려진 순간부터, 그 결정은 그를 벗어나고, 자기 고유의 삶을 살며, 여러 부서들을 순환한다. 결국 모든 것은 관료들이 그에 대해 하기로 결정한 것에 종속된다. 아마도 처음의 의지에 합당한 명령이 나올 수 있을 것이다. 또 어쩌면 아주 동떨어진 텍스트가 나올 수도 있을 것이다. 더 흔하게는 아무 것도 나오지 않을 것이다. 결정은 수많은 행정적 순환 속에서 소진될 것이고, 구체적으로 빛을 보지 못할 것이다. 우리는 장관의 명령이 어떤 장소에서 자의적이건 아니건 단순히 막혔기 때문에 아무 결실을 보지 못하는 경우들을 안다. 우리는 원칙적 결정이 한 줄의 법령으로 발표되고, 거기에 실행 명령들이 첨가될 거라고 부언되는 많은 경우들을 안다. 이 실행 명령들은 결코 빛을 보지 못한다, 그것들은 전적으로 관료주의에 종속된다.71)
나는 결코 적용되지 못했던, 1945년의 언론에 관한 크고 본질적인 명령을 인용할 수도 있다. 1951년과 1959년 두 차례에 걸쳐, 장관은 실행 조치들을 취하라고 명령을 내렸다. 그러나 그 조치들은 결코 취해지지 않았다. 그렇다면 단순한 무질서라고 할까? 공모라고? 수장의 무능력? 행정의 난맥? 나태? 실제로는, 그것은 더 깊은 현상이다. 즉 관료들은 이제는 독립적인 생을 가졌고, 관리는 정치적 권력의 밖에서, 개인적인 이익이나 압력보다는 기능적 법칙들에 훨씬 더 굴복하며, 검열과 결정 권한을 소지한다. 흔히 간과된 사실은, 행정 기구의 복잡성이 단 하나의 중심에 의한 결정을 불가능하게 하고, 관료주의의 육중함이 모든 기관에게 명령을 하달할 머리에 의한 추진을 불가능하게 한다는 것이다.

   국가의 마비, 파산으로 결론 내려야 하는가? 전혀 그렇지 않고, 상상할 수도 없이 중요한 어떤 변화이다. 즉 전달의 시스템이었던 것이 점차 결정의 시스템으로 변하고, 내각이었던 것이 하나의 권력이 되었다. 그러나 우리는 결정의 다양한 중심들의 대립적 복수성이 아니라, 직접적으로 책임이 있거나 동일한 기구 속에 내포되지 않은, 서로 상관적인 결정 중심들의 복수성을 본다. 오늘날 국가는 바로 그것이다. 우리가 매일 하나가 아니라, 수백, 때로는 수천의 결정 기관들과 관계된다는 것을 생각하면, 그것은 더욱 강화되었다. 그런데 이 전체 결정들은 개인적 사실이 아니다. 그 결정들이 어떤 일반적 결정의 적용과 다양화에 불과하다고도 할 수 없다. 그것들이 어떤 근본적 선택에 의거한다고 해도, 이 선택에 그 색채와 가치, 효율성을 준 것은 바로 이 수천의 조각난 결정들이다. 일반적 선택은 거의 아무 것도 아니다. 예를 들어, 에비앙Evian 조약과 같은 것은 아무것도 아니다. 이 조약을 뭔가로 만드는 것은, 다양한 행정들에 의해 취해진 수천의 결정들이고, 수천의 해석들이다. 그리고 이 조약이 일반적 노선을 결정할 것이라고도 말할 수 없다. 소위 적용적 결정들과 이론적 텍스트들을 정당화하는 해석들을 결정하게 될 것은 바로 다른 일반적 노선들이다.

"총 책임자의 인격이 무엇이건, 결정 권한은 필연적으로 여러 다양한 부서들로 나눠진다. 그리고 각 부서 안에서도, 그것은 정해진 문제 해결에 다소간 집단적으로 참여함으로써만 구체화된다. 지도자가 관료주의와 구분되는가 아닌가를 자문하는 것은, 문제를 잘못 제기하는 것이다. 위계질서가 결국 어떤 상위 지도자의 기능을 정의하는 모든 기관 속에서는, 상위 지도자가 그에 종속된 모든 기관들을 어떤 방식으로 추월한다. 그럼에도 이 지도자 자신은 자기가 지배하는 틀의 일부가 된다…"클로드 르포르 Claude Lefort

그것이 바로 우리가 정치적인 것을 구체적으로 고찰하려고 하자마자 부딪치는 진정한 대상이다.★

★ 크로지에가 (**관료주의적 현상**) 국가적 관점에서 뿐만 아니라, 인간의 관점에서 관료주의의 필연적 성격을 보여주려고 할 때 그는 정말로 옳다. 관료주의 발전의 깊은 이유 중 하

* * *

    그런데 이 기구는 어떤 법칙에 종속된다…. 헌법이나 의회의 법칙들이 아니다. 행정적 권리에 의해 설정된 규칙들도 아니다(물론 형식적인 관점에서 이 규칙들이 분명 어떤 세계에 적용되고, 그 속에서 구체적으로 통제, 상호 관계, 그리고 위계들이 설정되기는 하지만!) 그것은 조직, 사회학적 경향, 관습의 법칙들이다. 지나는 길에, 항상 인용되는 것만 지적하기로 하자 - 지속성, 안정성. 행정은 남고, 정치인은 변한다. 사실이고 거짓이다. 우리는 체제가 변했을 때 인물들로 행정을 청소하려는 경향을 보았다(1940, 1944, 1958). 우리는 또 정치인이 자신의 직업이 된 정치 속에 뿌리 내리는 것을 보았다. 권력으로부터 밀려나도, 정치인은 그래도 중간에 낀 인물을 통해, 영향력을 통해 거기에 남아 있다. 그래서 정확한 것은, 행정적 인물의 변화 뒤에서, 구조적인 지속, 전통의 계속성이 행정의 진정한 힘을 보장한다. 인물을 변화시키고 규칙들을 변화시킨들, 당신은 큰 것을 변화시키지 못한다. 효율성을 상실할 어떤 시행착오와 흔들림 이후에, 사람들은 다시 곧 옛 방식으로 되돌아 올 것이다. 그것은 옛 방식들이 관리의 자의성, 고정된 방식, 그리고 어리석음이 아니었기 때문이다. 그것들은 75%가 원하는 결과를 얻기 위해 가장 잘 적응했던 것이고, 가장 효율적인 것이었기 때문이다!72) 그것은 분명 보통 시민의 감정이 아니라, 다른 일이다!

    이 행정 구조의, 아주 잘 알려진 다른 법칙은 전문화와 합리화이다. 관료주의의 증가와 그 복잡성의 근본적 원인 중 하나는 바로 최대의 역량과 효율성에 도달하기 위해 업무의 전문화와 기능의 분화가 일어나기 때문이

    나는 권력과 종속의 관계들을 제거하고자 하는 욕구이고, 인간들을 통치하는 대신에 사물들을 행정하고자 하는 의지이다.

다. 그로부터 작업에 있어서 세밀성, 결정과 집행의 비 모호성 그리고 또 신속성이 나온다. 행정의 굼뜸에 대해 많은 사람들이 말한다. 그런데, 문제의 복잡성, 과도한 업무, 받아들이고 전달된 정보량을 생각해보면(정보의 수단들이 계속 증가하는 문서를 수집하고 사용하게 해 준다. 그리고 그렇게 하지 않는 것이 나쁠 것이다!), 우리는 실제로 인원의 증가와 비례하지 않는, 놀라운 전달과 집행의 가속화가 이뤄졌음을 알게 된다. 결국 이 기구의 모든 법칙은 바로 효율성이다. 진정 이 기구는 명령을 통해서 세상과 기술의 이데올로기와 관계를 맺고 있다. 관료주의는 가치들과는 아무 상관이 없다. 그것은 사회 정의나 정치적 자유가 무엇인지 모른다. 관료주의는 정치·경제·사회적 전체가 기능하도록, 그것이 전체로서 나아갈 수 있도록 거기에 있다. 그것은 진실을 선양하려 하지 않는다. 그것은 개인들을 고려할 수 없다. 그것은 효율성이라는 유일한 규칙에 복종한다… "그렇다. 그러나 하나의 목적을 달성하기 위해서이다!… 그리고 이 목적은 정치에 의해 고정된다!… 그리고 이 목적은 가치이다!…" 전혀 그렇지 않다. 만약 하나의 목적이 정치에 의해 고정된다 해도, 그것은 기구 안에서 희석되고, 곧 더 이상 의미가 없어진다. 관리는, 더 이상 중앙의 추진력에 복종하지 않고, 목적과 가치를 알지 못한다. 각자로서는 단지 자신의 경제적·정치적·사회적 분야가 위기 없이, 멈추지 않고 잘 기능하는 문제이다. 각자는 자신의 분야가 있고, 전체를 알지 못한다.

그렇지만 또 전체를 관장하는 것은 정치권력일 것이라고 믿지 말아야 한다! 이 분야들 사이에는 협력하고 상호 독립적인 관계와 또 위계적인 관계들만이 설립된다(따라서 그들 내부에서 유일한 규칙은 효율성이다). 그러나 이 위계들은 법과 공무원의 위상에 의해 예견된 것들이 전혀 아니다. 사회 그 자체와 국가의 필요로부터 나온, 어떤 조직의 다소간 큰 효율성으로부터 나온 아주 미묘한 복수적 이유들로 해서, 관리들은 다양한 비중과 가치들을 지닌다. 사람들은 어떻게 "재정"이 다른 모든 나머지의 열쇠였던가를 안다. 그러나 이것은 더 이상 절대적으로 정확하지 않다. 나라들에 따라, 선전 행정이 결정에서 가장 비중 있는 행정이 될 수 있고, 또 경찰 또는 과학과 기술 연구가 그럴 수 있다. 우리는 또 어떻게 사회적 차원에서, 프랑스에서, 다리와 도로 행정이 힘을 가지고 있고, 그 행정이 내린 결정은 실제로 공격할 수 없으며, 이론적으로 동등한 다른 모든 행정들이 거기에 복종해야 하는지를 알고 있다…. 이것은 자신의 특수한 구조와 변화 원칙을 가지고 있고, 순수 정치로부터 독립적인 동기를 가지고 있는 조직에 관한 문제임을 지적하기 위한 것이다. 그런데, 사람들이 지적했듯이, 이러한 관료체제는 안정성 그 자체 때문에, 어떤 고착성, 경직성을 지향한다.

"행정들은 그 교조적인 경직성이 이 권력 체계의 반영인 이데올로기적인 정통성을 배포한다."라파사드 G. Lapassade 물론, 행정은(선전 행정은 예외로 하고) 어떤 이데올로기 유포 기관이 아니다. 그러나 무의식적으로, 비의지적으로, 행정은 사회를 위해 이러한 경직성을 야기한다. 오늘날 가장 명확한 예는 홍보들로, 이것은 문제의 행정에 사회를 완벽하게 심리적·정신적으로 적응시켜, 행정의 더 큰 효율성을 보장하자는 목적만을 가지고 있다.

마지막으로, 우리는 마찬가지로 신속하게 마지막 특성들을 지적할 것이다 – 익명성과 비밀.73) 취해진 결정들은 익명이다. 이것은 전후 나치 재판의 경우에 명확히 나타났다. 누구도 결코 어떠한 결정도 취하지 않았다. 이것은 아이크만Eichmann 재판에서도 다시 재연되었다. 이렇게 말해서는 안 된다. "그것은 변호사의 궤변이고, 거짓말이다." 그것은 반대로 현대 국가에서 일어나는 모든 것의 정확한 이미지였다. 개인적인 수장이 할 수 있는 모든 것은 일반적인 지도 방침을 지정하는 것이고, 이것은 통상 그 자체로서는 구체적 결정을 포함하지 않는다. 그래서 결과적으로 맨 마지막에 나타나는 구체적 행동의 진정한 책임을 내포하지 않는다. 그러나 각각의 단계에서는, 새로운 결정이 취해지고, 이것은 관료들, 기술자들, 상황들의 협력의 열매이기에 익명이다. 마지막으로 각각의 결정은 모든 사람으로부터 독립적이다. 결정이 익명인 것처럼, 판단의 기준, 과정, 각 부서의 행동 방법, 각 관료주의적 요소의 행동 방침은 결국엔 완전히 비밀이다. 여기서도, 공개된 공식적인 법적 형태들과 오직 이해당사자들에게만 알려진 규칙들(그리고 그것들이 알려져 있다 해도 이해당사자들에게만 알려질 것이다. 왜냐하면 그것들은 너무 많고, 너무 기술적이기 때문이다!), 그리고 결정적이면서, 엄격하게 비밀로 남아 있는 관습들을 구분해야 한다. 이 모든 것은 결국 관료들은 필연성을 따르고 있기 때문에 오는 것이다.

행정의 누구에게나, 또 행정 기관 그 자체에게나, 언제든지 가능한 결정적인 선택은 있을 수 없다. 그들은 우리가 첫 장에서 기술했던 것의 가장 좋은 예인, 필연적인 결정들만 알 수 있을 따름이다. 그런데 전반적인 결정은 국가라는 이 관료주의적 구조 때문에, 더욱 더 소위 정치적인 기관의 차원에서 취해질 수가 없다. 우리는 자유주의적 국가와 제국주의적 행정 사이의 갈등을 잘 안다. 자유는 관료주의 질서 속으로 어떤 단계에서도 삽입될 수 없다.

2. 행정과 인간들

나는 사회학자들이 제기하는 이의를 안다. "행정이란 조직이 아니다. 그것은 법칙에 복종하지 않고, 관료주의는 알려진 규칙들에 복종하지 않는다. 모든 것은 추상적이다. 실제로, 행정은 인간들이 하는 것이고, 그것은 개인적 약점, 무질서, 성향을 따르며, 또 개인적인 추진력, 결정에 따른다. 영향력이 큰 공무원 집단이 있고, 조직과 커뮤니케이션의 비정형적 네트워크가 있다. 순수하게 인간적인 습관들, 적용되거나 기피된 가치 체계들, 자율성보다 훨씬 더 중요한 심리적이고 도덕적인 요소가 있다. 공무원들 사이에 직업적 갈등이 있고, 실제로 작업은 어떤 개인적 자격을 내세우거나 유지하는 데 달려있다. 관료주의는 전체가 이런 사적인 경쟁과 종속 네트워크로 만들어진다. 계급투쟁이 있는데, 흔히 정치적이거나 혹은 조합적인 이유로 분리 되어 있다. 그리고 정치적인 큰 변화가 있을 때, 중요 직책의 임명은 전리품 분배와 같다. 정치는 여기서 자신의 모든 권위를 되찾는다74)…" 실제로 이 모든 것은 내가 보기에는 이차적이다.★

인간에게 더 높은 가치를 부여하기 위해, 사람들은 인간의 자유를 주장하는 형이상학적 이유들을 댈 수 있다. 그렇지만, 그들은 전체 시스템을 가리고 만다. 이것은 나무가 숲을 가리는 전형적인 경우이다. 너무 "공무원을" 보려고 했기에, 그들은 관료주의를 망각해버린다. 나는 앞서 보고

★ 크로지에Crozier는 그의 세밀한 분석 속에서(관료주의적 현상), 베버Weber에 이어, 국가 속에서 그리고 국가에 관해 관료주의적 시스템의 충격에 관해 우리가 가질 수 있는 개념을 거의 변경하지 않는다. 분명, 크로지에는 관료주의적 구성 속에서 권력 관계의 중요성을 증명할 때 옳았다. 그러나 그것은 관료주의적 시스템이 자기에게 외적인 정치적 힘들을 제거하는 움직임을 바꾸지는 못한다. 그는 베버의 분석으로부터 출발하여 관료주의의 합리적이고 효율적인 성격과 그의 "역기능들"(판박이, 억압성 등) 사이의 관계, 그리고 또 시스템과 그에 속하는 사람들 사이의 관계를 검사해야 함을 증명하였다. 그러나 그가 간과한 양상은 "거시사회학적인" 양상이다. 그가 "관료주의적" 성격들은 오늘날보다는 옛 조직들 속에서 더 뚜렷하다고 주장할 때, 그는 옛 관료주의에서는 시스템은 실용적이고 단편적이었고, 반면 우리 사회와 현대 국가를 특징짓는 것은, 관료주의적 시스템의 보편화임을 검사하지 않았다. 현대의 관료주의가 보편적으로 되었다는 사실은 그에게 아주 경직된 성격들을 "부드럽게" 해준다. 사회가 관료주의화 될수록, 합리, 익명, 위계화 되기 위해 그의 경직성을 상실한다. 왜냐하면 일반화라는 사실 때문에, "역기능"은 일반화한 안정감 때문에 덜 느껴지기 때문이다.

그렇지만 나는 프랑스의 관료주의 시스템과 미국 시스템 사이에 크로지에가 설정한 대립이 정확한지 확신할 수 없다. (공적이기보다는 사적인) 미국적 관료주의의 억압은 외적이기보다는 심리적인 수단들을 통해 움직이기에, 더 내적인 다른 것이다. 중앙화는 덜 눈에

된 사실들을 하나라도 부정하는 것은 아니다. 다만 그것들은 앞에서 언급한 체계의 **내부에서**, 그리고 **거기에 종속되어서만** 존재한다고 주장한다. 관료가 자신의 작은 재량권, 진보, 경쟁의 영역을 만드는 것은 바로 관료주의의 특징들에 비해서이다. 모순이란 없다. 보완조차도 없다. 게다가 앞에서 언급된 모든 "인간적" 사실들은 통상 여론이 안 좋게 본다는 점을 생각해보자. 여론은 행정이 하나의 기계처럼, 엄격하게, 객관적이고 신속하게 기능하기를 요구한다. 여론은 영향력 투쟁, 배경, 게임 속에 당이 간섭하는 것을 이해하지 못하고, 그러한 것에 대해 쉽게 분개한다. 여론은 그것이 부패한, 나쁜 "공무원" 정신이라고 생각한다. 그리고 여론은 분명 관료주의가 그래야 하는 것을 모델로 강요하면서 움직인다. 그리고 국가 자체도 파벌적인 영향력을 차단하려고 하고, 기능을 정상화, 객관화하려고 한다. 물론 결코 순수한 기계적 수준에는 이르지 못할 것이고, 인간적 요소의 부유가 여전히 불가피할 것이다. 그렇지만, 그것은 아주 미약한 수준으로 축소될 것이다. 이것은 관료주의의 특징들에 대해 실제적인 영향이 없는 각 공무원에게 아주 중요한 일이다.75)

* * *

띄지만, 모든 사람을 인간관계와 같은 수단들을 통해 관료주의 시스템 속으로 포함시키려는 노력이 그것을 대신한다. 비개인적인 규칙들이 거기에서도 넘쳐나는데, 크로지에가 해야 할 일을 규정하는 비개인적인 규칙들과(프랑스 유형), 갈등의 해결 방법을 주는 규칙들을(미국 유형) 대립시킬 때, 그것은 진정한 대립이 아니라, 관료주의 시스템의 변화의 도식이다. 그리고 우리는 프랑스에서는 미국적 유형으로 변화하고 있는 중이다. 이것은 크로지에가 그의 결론에서 관료주의는 급격히 성장하는 산업 사회의 압력 아래서 형태와 방법이 변할 수밖에 없다고 할 때, 그 자신이 제안하고 있는 것 같다. 그러나 그는 관료주의의 한 단편적인 모습에만 머물러 있다.
내가 보기에는 벤스만Bensman과 로젠버그Rosenberg가 (『대중, 계급과 관료주의』, 1963), 관료주의화는 하나의 행정만을 보면서 단편적인 방법으로 연구할 수 있는 현상이 아니라고 할 때 크로지에보다 훨씬 더 잘 보았다. 그들은 정확히 새로운 형태의 전반적인 사회에 관한 문제라고 주장하는데, 그런 관계 아래서 보면 크로지에의 몇몇 결론들은 상당히 불충분하다.

이러한 사실 앞에서, 정치인, 장관, 의원, 의회는 무엇을 할 수 있을까? 이미 앞서 지적한 양상은 옆으로 치워두자. 정치인은 일반적으로 해결해야 할 문제들에 대해 역량이 없음을 상기해보자. 특히 그가 정치 전문가가 되었다면 말이다(이것은 의무적인 일이다). 그렇지만, 여기서 구분을 해야 한다. 왜냐하면 우리는 정치라는 용어에 있어서 어휘적인 이상한 혼란을 겪고 있기 때문이다. 그럼에도 우리는 "정치를 한다"는 사실이 무엇인지 잘 안다. 그것은 언제나 권력을 쥐기 위한 체계적 행위에 관한 문제이다. 꼭 정치적 "직업"을 위한다거나 사적인 성공을 위한다거나 돈을 벌기 위하거나 할 필요는 없다. 단순한 권력 취향이면 충분하다. 자본주의 국가와 공산주의 국가 사이의 차이는 더 이상 없다. 중국의 화국봉은 타르디외Tardieu나 라발Laval, 또는 히틀러가 그랬던 것처럼, 권력을 쥐기 위한 체계적 행위를 함에 있어서 노련한 정치인이다. 방법은 약간씩 다를 수 있다. 본질은 동일하다. 경쟁자들을 제거하고, 고객을 안심시키며, 접근로와 전략적 거점을 확보해야 한다. 정치는 당 내에서도 최고의 자리를 차지하기 위해 진행된다. 그것은 당의 동료들 사이에서 단검을 쥔 전쟁이다. 그리고 이 자리에 오르면, 그것을 유지해야 한다(몰레Mollet, 망데스 프랑스Mendès France는 우리에게 좋은 예를 제공하였다). 동시에 당이 중요하게 되도록, 더 많은 지지나 유권자를 얻도록 밀어야 한다. 당은 당신 자신의 운명과 연결되고, 상호적으로도 그렇다(S.F.I.O.가 블럼Blum에게 그렇듯이). 그리고 권력을 잡으면 헌법적, 법적, 반불법적, 또는 순수하게 정치적인 복병들과 계략들로부터 그것을 지켜야 한다. 정치인은 직업 정치인일 수밖에 없다. 그리고 직업 정치인이라는 것, 그것은 자리를 정복하고 지키기 위해 노련한 기술자가 됨을 의미한다. 독재체제에서도 상황은 마찬가지다. 히틀러는 천재적인 전략가였다. 그러나 그는 통치기간 전부를 친구들이라는 복병들을 감시하는데 보내야 했다. 우리는 분명 정치의 고상하고 이상적인 의미와는 아주 멀리 있다. 이상적 의미의 정치는, "공통적으로, 정당한 제도, 도시의 좋은 관리 등을 추구한다." 그런데, 이런 두 의미 중에서, 첫째 의미, 즉 정당한 제도가 우선권을 갖는다는 것은 명확하다. 그것은 직업 정치인이 정직하지 못하고, 모사꾼이거나 야망의 화신이어서가 아니라, (가능한 이 모든 것을 제외하더라도) 그가 우선 권력을 쥐어야만, 그리고 그것을 보존해야만, 그는 정당하고 바람직한 개혁들을 할 수 있을 것이고, 공통의 선에 신경을 쓸 수 있을 것이기 때문이다! 따라서 거기에 첫째 목적이 있다. 그리고 권력을 잡으면, 이상적이거나 혁명적인 모든 정치는 필연적으로 그 권력을 유지해야 한다.

그러나 나는 이 권력을 잡는 것과 좋은 정치를 하는 것은 실제로는 양립 불가하다고 주장한다. 그것들은 극단적으로 다른 자질을 요구한다. 정상에 오르기에 노련한 정치가가 된다는 것은 공통의 선을 분별하거나, 가장 정당한 결정을 내리고, 일반적인 정치적 혜안을 가지며, 경제적 문제를 잘 라내는데 절대적으로 자질을 갖췄음을 말하지 않는다. 그리고 역으로, 어떤 진정한 정치를 생각하고, 경우에 따라서는 실행할 수 있도록 지적 역량과 도덕적 자질을 갖춘다는 것은 권력을 잡을 아무런 기회도 주지 않는다! 정치 직업의 전문가는 어떤 문명의 선양자나, 도시의 정확한 관리자가 아니고, 그렇게 되지도 않을 것이다(그리고 그가 거기에 매진하려해도, 그는 그것을 할 여가가 전혀 없다!) 나는 정치의 항구적인 모습이 아니라, 현대 국가 속에서의 모습, 다시 말해 수없이 많은 인간들 가운데서 기능하는, 광대하고 복잡한 당이나 행정들 앞에서의 정치의 모습을 말한다. 그것은 더 이상 소규모의 그리스 도시에서의 정치와는 커다란 공통점이 없다. 그리고 페리클레스Périclès의 예는 우리에게는 소용이 없을 것이다![76]

따라서 어떤 체제에서건, 정치인은 권력을 잡고 유지하는 게임을 하게 되어 있기에, 그것 때문에 정치를 생각할 수 없다. 그는 성급하게 만들어지고 교육받아, 정치를 숙고할 시간이 전혀 없는 아마추어에 불과할 것이다.

전혀 다른 관점에서, 관료주의와 정치의 관계를 다시 생각해보면, 정치인은 행정 관료들 앞에서는 어떠한 비중도 없게 된다.77) 그는 관료들을 잘 모른다. 그는 사무실들을 자기 사람들로 채우지 않고서는, 자신에게 복종시킬 수단이 전혀 없다. 그는 분명 어떤 결정권을 간직한다. 그러나 우리가 앞에서 말한 그러한 무능력자인 만큼 순수하게 이론으로만 가지고 있는 권력이다. 그리고 이것을 관료들은 완벽하게 알고 있다. 그는 영주 제도를 이용할 수도 없고, 관료들을 봉신제나 성직록으로 자신에게 고정시킬 수도 없다. 그런 일이 일어나면, 신속하게 스캔들이 일어난다! 오직 같은 당의 공무원들이나 경우에 따라 충성을 할 수 있다. 그럼에도 그는 관료들을 신뢰해야만 한다, 왜냐하면 그가 의회나 공식 연설에서 한 모든 것, 그가 서명한 모든 문서들은 그들로부터 나오기 때문이다. 더 심한 것은, 이 정치인은 매일 서명한 수백 건의 문서들을 물리적으로 다 읽을 수가 없다는 사실이다. 그러나 그는 읽지도 못하고 서명한다. 따라서 이상한 이중적 현상이 일어난다. 즉 정치인은 그가 진정으로 하지도 않은 결정들과 행동들, 실천적으로는 알지도 못하거나, 몇 개 밖에 모르기 때문에 대답도 할 수 없는 결정들과 행동들에 책임을 지기 위해 거기 있다! 그렇지만, 그는 여론이나 의회의 눈에는 책임자이다! 관료들의 통치에 대립되는 정치인은 결국엔 희생양에 불과하고, 그의 주도권과 결정권은 아주 제한된다.★

★ 우리는 여기서 크로지에의 지적을 더할 수 있다(『관료주의 현상』, p. 72). 그것은 다른 상황에 관한 것이지만, 일반화할 수 있는 것이다. "결정들은 자기들 행동이 행사되는 영역에 대해서나, 거기에 영향을 미칠 수 있는 것들에 대해 직접적 지식이 없는 사람들에 의해 취해져야 한다. 이러한 직접적인 지식이 없기 때문에, 책임자들은 그들에게 진실을 감출 이익이 있는 하위자들에 의해 주어진 정보들에 의거해야만 한다… 필요한 정보들을

그런데, 관료주의 기계가 커질수록, 정치인으로서는 그것에 관한 효율적인 지식을 가질 수 없고, 거기에 효율적인 힘을 행사할 수 없으며, 전적으로 어떤 추진력을 주거나 지도할 수 없다. 그가 부분적으로는 사람에 대해 행동할 수 있다 하더라도, 실제로는 그것이 아무것도 변경하지 못함을 보았다. 행정적 구조의 무게는 훨씬 더 묵직하다.[78]

우연히 사람들이 구조의 변경과 뒤집기에 착수하더라도, 그것은 커다란 혼란을 야기하지만, 정치와 관료주의의 불균형을 실감할 수 있게 변경하지 못한다. 잠깐 동안 정치가 자유와 지배의 환상을 가질 수 있지만, 그것은 국가 관리의 효율성이 훼손되는 대가를 치르고서이다! 따라서 하나의 명백한 길이 남아 있다. 즉 정치인은 행정 수단을 개량하고, 조직을 더하며, 순환을 정확히 하고, 통제를 증가하며, 협력 체계를 발전시킬 수 있다. 그는 분명 관료주의에 추진력을 줄 수 있다(그리고 이것은 예를 들어 소련에서 우리가 계속 보는 것이다). 그러나 이러한 추진력은 단 하나의 방향으로만 갈 수 있다. 즉 조직의 강화, 관료주의의 완벽, 그의 점진적인 객관화. 다시 말해 정치에 의해 시도된 모든 개혁은 결국에는 행정의 특수성과 과 자동기능을 증가시키고, 정치의 결정력을 감시킬 수 있을 따름이다!

* * *

이러한 조건 속에서, 우리는 어떤 변화를 예견할 수 있을까? 예를 들어 정상에 이른 관료주의가 시들어간다고 생각할 수 있을까? 공산주의가 우리에게 국가의 소멸을 약속했지만, 그런 일이 일어난다면 오로지 더욱 기

가진 사람들은 결정할 권한이 없다. 결정할 권한이 있는 사람들은 자기들이 필요한 정보가 거부되어 있음을 본다." 그렇기 때문에, 어쩔 수 없이, 정보를 가지고 있는 사람들, 관리들은 결정의 권한을 결국 가지게 된다.

고만장하고 전체적인 관료주의를 위해서이다. 그러나 여기에는 어떤 고통스러운 기만이 존재한다. 모든 나라에서, 관료주의가 정치기구를 공통으로 관통하고, 더욱 더 결정권을 독점해감에 따라, 그것은 진정한 국가의 구조가 된다. 관료주의가 존속한다는 것은, 다른 곳보다 더 빨리 소련에서, 그러나 어디서나 소련과 마찬가지로, 국가의 형태가 바뀌고 있다는 말이다. 국가는 결국엔 근본적으로 관료주의로 남는다. 사람들은 한편으로는 이렇게 말할 것이다. 즉 관료주의가 감소하기 위해서는, 정보의 자유로운 순환, 커다란 사회적 유동성, 권력의 광범한 분배가 있어야 할 것이라고. 권력을 잡기 위해 강력하고 잘 조직된 정치 집단들 사이의 투쟁이 있어야 할 것이라고. 나는 좋다고 생각한다. 그렇지만, 우리 사회가 진화하는 경향이 이러한 방향인가? 절대 그렇지 않다.[79] 역으로, 사람들은 우리에게 관료주의적 증가는 산업적 작업의 발전, 사회에서 서비스의 전문화, 권한의 각 단계로 위임 증가, 국가에서 권한의 증가와 연결되어 있다고 말한다. 그런데 바로 이러한 방향으로 우리 사회는 자발적으로, 그리고 그 전체 속에서, 가고 있지 않은가? 국가가 권위적으로 될수록, 국가가 기능을 더 책임질수록, 그러면 같은 움직임 으로, 국가는 더욱 관료주의적 체계를 증가시킨다. 사회의 자발적 운동과 동시에 국가의 의지적인 증가가 이러한 결과에 이른다. 그리고 자기들이 관료주의와 기능주의를 제거할 수 있다고 믿은 것은 현대 혁명적인 정부들의 끝없는 착각이었다.

관료주의를 강화한 모든 독재자들은 "관료주의 타도!"라는 기치 아래서 언제나 그렇게 했음을 상기하자. 그것은 히틀러의 거대한 약속들의 하나였고, 부르주아 민주주의에 대한 그의 가장 독기서린 아이러니의 하나였다. 그리고 연속적으로 스탈린(1947년과 1953년 사이에 최소한 10번), 흐루시초프, 나세르는 모든 실수들의 억울한 책임자로서 관료주의를 공격하였다. 그들에 이어, 독재자로서 피델 카스트로Fidel Castro는 같은 편의주의적 설명을 하였다(1963년 8월).

"정부 조직들은 아무것도 하지 않는 고용원들로 가득 찼다… 공무원들이 자신들의 보장된 급여를 가져가는 만큼, 그들은 공공에 봉사하려고 하지 않는다… 농지 개혁 위원회 동지들이 움직여야 할 것이다, 등"

그러나 모든 사람들은 현명하게 다시 관료주의의 길로 돌아왔다. 그건 어리석어서가 아니라, 필요했기 때문이다. 분명 모든 것을 변화시키고, 모든 것을 하고자 하는 국가는 거대한 관료주의의 매개를 통해서만 목표에 이를 수 있다. 반관료주의적 반복어들은 푸닥거리 마술과 같은 것으로, 이런 관료주의의 자율성에는 어떠한 변화도 없었으며, 소련의 보고서는 관료주의의 놀라운 성장을 확인해 주었다. 그런데, 흐루시초프가 승리했던 까닭은, 그가 최종적으로는 그를 버렸던 관료주의 기구의 수장들에 의해 지지받았기 때문임을 잊어서는 안된다! 남작들이 왕을 만들었듯이, 정치인을 만드는 것은 바로 관료들이다.

그렇지만 잘 알려진 하나의 반작용, 즉 관료주의와 비슷한 조직들이나 국가적 당이 존재한다. 따라서 1789년 대혁명 기간 동안에는, 미션의 대표들 또는 민중적 단체들이 행정을 통제하고, 만들고 해체하였다. 그러나 그 때만큼 프랑스가 심한 행정적 혼란을 겪은 적이 없었다. 그리고 공포정치에도 불구하고, 정부는 놀라울 정도로 무력했다! 선택항들은 명확하다 – 혹은, 국가의 운영 전체를 담당하는 정부는 자신으로부터 점차 모든 권력을 빼앗아가는 하나의 행정 조직을 만들거나, 혹은 관료주의를 거부하면서, 공포를 사용할 수 있다. 그러나 오늘날 국가적 당에 의한 통제는 다른 기본들과 다른 양상들을 취했다. 공산당, 나치 당은 거대한 추진자들이고, 거대한 통제자들이다. 그들은 작은 사무실에까지 정치적 신비가 침투하게 하고, 이 모든 톱니들을 국가의 정치적 추진력 아래 복종시킨다. 그들은 행정에 대해 정치적 평형추들이다. 우리는 유일 당의 잘 알려진 위험이 아니라, 다른 두 양상에 대해 말할 것이다. 우선 이 당은 결국엔 정치 조직들과 관료주의가 정상에서 결정을 내릴 때, 서로 맞물리는 현상에 대해 아무것도 못 바꾼다. 관료주의는 실제로, 정상에서, 정치권력에 대해 다른 모든 국가들과 동일한 상황에 놓인다. 왜냐하면 당의 수장들이 고위 공무원들이기 때문이다. 그리고 아주 신속하게, 그들은 고위 공무원으로 행동한다. 통제자와 선양자로서 당의 역할은 하위 계급들 속에서만 작용한다. 두 번째로, 이상한 복귀 현상에 의해, 점진적으로, 그리고 모든 경우에서 당 그 자체가 관료주의화 한다!80) 국가의 관료주의화에 대항해 싸워야 했던 당이, 그 자신이 강한 구조, 엄격한 위계, 그리고 모든 수준에서 결정의 자율적 역량을 가져야만 그렇게 할 수 있다. 이 당은 특히 당원 수가 많으면 거대한 통제를, 그리고 당이 투사적이어야 하기 때문에 강한 구조를 가정한다. 이 당은 엄격한 조직 규칙에 복종해야 한다. 그것은 정확히 행정이다. 거기에 대해 더 말하는 것은 불필요하다. 모든 사람은 나치당, 소련의 공산당, 그리고 민중적 공화국들에서 (그리고 프랑스에서) 수많은 조합들이 거대한 관료주의가 되었음을 안다.

그래서 우리는 흔히 서로 싸우면서, 상호적인 효율성을 훼손하는 두 개의 관료주의를 발견한다. 그렇지만, 국가의 관료주의가 후퇴하는 움직임은 전혀 없다.

*   *   *

만약 현대 국가가 진정 그것이라면, 우선 우리는 정치적 착각의 한 모습을 쉽게 볼 수 있다.81) 한 시민이 별로 깊이 생각하지 않고, "행정 관료들"

과 충돌할 때는, 자신의 기질에 따라 반응한다. 그는 부조리한 못된 "관리들"이라 생각하거나, 공무원들의 부패와 무질서에 대해 말한다. 그가 깊이 생각한다면, 그는 그 일을 깊은 부조리의 관점에서, 포착할 수 없는 신비의 각도 아래서 보게 될 것이고, 자기 자신을 이해할 수 없는 숙명성에 사로잡힌 무력한 대상으로 경험할 것이다. 그리고 생의 모든 면에 영향을 미치는 관료들의 결정 역시 운명처럼 이해할 수 없다. 이것은 바로 카프카일 것이다. 그의 소설 **소송**이나 **성**의 이러한 모습은 국가의 모습이 아니라 관료주의의 모습임을 잊지 말자. 왜냐하면, 시민이 국가를 접촉하는 것은 관료주의를 통해서이기 때문이다. 그리고 상호적으로도 맞다. 국가·시민 관계에 대한 모든 묘사들은 추상적이고, 이론적이며, 형이상학적이다. 이러한 접촉이 확립되기는 투표용지를 통해서가 아니라, 점점 더 오로지 행정을 통해서이다. 그리고 시민의 관점에서, 이러한 실제적(이데올로기적이 아닌!) 접촉점 위에서 행동하고자 할 때는, 그가 보기에 의원이 봉사하는 곳은 바로 거기서이다. 그는 의원이 세금, 관세, 경찰 등에 개입해주길 바란다. 이 시민의 이러한 실천적인 관점은 정당하다. 반대로, 카프카적인 관점에서는, 두 개의 모순적인 양상을 고려해야 한다. 우리가 시민의 관점에 선다면 그 관점은 분명 정확하다. 그 시민은 사람들이 자기에게 원하는 것을 이해하지 못하고, 왜 사람들이 자신의 요구나 주장을 거부하는지 알 수 없으며, 언제나 관리들이 자의적이고, 느리다는 감정을 갖는다. 그러나 동일한 결정도 행정 쪽에서 보면, 공문에 의해 일반적으로 정당화되며, 연속적인 미세결정들로 동기화되고, 일반적인 실천 속에 통합되며, 결국에는 완벽하게 설명가능하고 합법적이다. 그런데, 시스템이 복잡하고, 문제가 광범하고 많을수록, 그 시스템은 더욱 복잡해질 것이기에, 그 시민은 거기서 아무것도 이해할 수 없다! 그로부터 시민에게서 부조리의 감정과, 관료들이 엄청난 힘을 가졌다는 인상이 나온다.

그런데 실제로 관료들은 엄청난 힘을 가진다. 그리고 국가수반의 의도와 선언들 속에서 보다도, 또는 헌법 구조 속에서보다 바로 거기에 강한 힘이 머무르고 있다. 권력이 "개인적"이거나, "민주적"이라고 하는 것은, 선전의 꽤 그럴듯한 주제이지만, 그것은 실천적으로는 구체적 의미가 없다. 진정 국가의 진짜 권위적인 얼굴은 이런 저런 결정으로 변경되는 것이 아니다. 권위적이라고? 행정은 아무리 그럴 의도가 없다 해도, 다르게는 될 수 없다. 간단히, 공문은 적용되어야 하고, 시스템은 돌아야 하며, 이해할 수 없는 시민들은 복종해야 하며, 공공질서는 유지되어야 하고, 공공사업은 집행되어야 한다. 경찰의 과잉 진압에 가장 격렬히 항의할 사람들이, 경찰 서장이 되면, 질서 유지를 위해 억압을 가장 강하게 할 사람들이다(그것은 1848년과 1944년에 보였다). 질서는 그것이 존재하기에 좋은 것이다 – 행정은 다른 관점을 가질 수가 없다. 사람들은 말하길, 관료주의는 인간에 대한 고려를 전혀 하지 않고 기능한다막스 베버 Max Weber. 왜냐하면 그것은 객관적 규칙들을 집행하기 때문이다.82) 인간을 고려하면서 관리한다는 것, 다시 말해 특수한 이해들과 주관적 판단을 따르면서 관리한다는 것은 바로 현대 국가와 행정의 모든 진행을 부정하는 것이 될 것이다. 행정은 객관적이고, 특수한 사람의 불평 앞에서, 또는 그의 만족을 위해 굽힐 수가 없다.

그러나 문제를 어렵게 만드는 것, 그것은 객관적 성격 때문에 개인을 고려할 수 없기 때문에 이 관료주의는 개인에게 이 객관적 규범들을 적용하는 장소이고, 정치적 견해, 사법적 규칙, 그리고 행정처리된 시민의 피와 살이 만나는 지점이라는 사실이다. 그런데 이런 접촉에서, 비록 공무원들이 아주 친절하고, 이해심 깊으며, 인간적이라 해도, 인간은 손발이 묶인 채로 권위에게 넘겨진다.★ 그는 관료들의 결정에 결코 반대할 수 없다. 왜

★ Th. 카플로우Caplow가 훌륭하게 말한 것과 같다(『논쟁』, 1962). "가족 생활, 커뮤니케이

냐하면 그는 이 결정이 내려진 원인인 규칙들을 알 수 없기 때문이다. 그는 진정한 아무런 소송도 할 수 없다. 분명 "행정 소송"은 토론된 문제의 중요성과, 99%의 행정처리된 사람들이 소유하지 못한 다양한 수단들을 상정한다. 그래서 결정이 불합리하고, 그것이 2-3년의 절차 후에 깨진다 해도, 그것은 이미 일어났고, 일은 돌이킬 수가 없다(예를 들어 신문의 압수). 그것이 달리 되어질 수 있을까? 시민이 행정에게 불복종할 권리를 공개적으로 가지고 있지 않는 한, 또는 당파적인 정치 법정에 의해 공무원을 단죄할 권리를 갖지 않는 한, 절대 그럴 수 없다. 그리고 만약 그러한 경우에는, 아주 간단하게 더 이상 행정이 없는 것이고, 그러한 사실로부터 국가도 없다. 그리고 이러한 가정들 속에서는, 시민의 대부분이 "무질서"에 대해 불평할 것이고, 내가 한마디로 기술한 혁명적 상황에서 공무원을 단죄하기 위해서는, 이미 또 우세한 편에 속해 있어야 한다. 1955년 헝가리에서, 행정의 불규칙한 결정에 의해 배급표를 빼앗긴 사람들은 언제나 항의할 수 있었다!… 그런데, 이러한 행정의 강력한 힘은 정확히 국가 그 자체의 성격이다. 국가는 절대적인 독재자를 가져서, 그리고 일반적인 정치적 큰 결정이 있기 때문에 권위적인 것이 아니라, 매일 매일 프랑스에서처럼 행정처리된 사람이 그에 대해 어떠한 소송도 그리고 어떠한 보호도 받을 수 없는 만 또는 이만의 작은 결정들을 하기 때문에 권위적이다. 게다가 이 결정들은, 가장 흔히는 정상적이고 규칙적인데, 각각이 상대적으로 별로 중요하지 않는 문제를 대상으로 한다. 그래서 혁명을 한다는 것은 아무 의미가 없고, 게다가 혁명이라는 것도 결국 행정을 강화만 할 것이다.

선, 교육, 예술, 농업, 종교, 그리고 사회적 항의 운동마저 관료주의의 규범들과 그의 통제 방식들에 종속된다. "매일 인간 행동의 대부분이 거대한 조직의 내부에 놓인다. 그리고 위트Whyte와 일치하게 (『조직의 인간』), 그는 조직 속으로 인간의 삽입은 인간 문제의 대부분을 실제적으로 해결하게 함을 보여준다 (의식의 문제마저). "개인은 더 이상 좋은 것과 나쁜 것 사이를 선택하기 위해 내적인 동기가 필요하지 않다. 그는 그의 조직에 충성이 기꺼이 수락되는 한은 의식의 문제들을 가지고 유혹도 투쟁도 하지 않는다."

그러나 이러한 자의적이면서 아주 강하다는 감정을 감소할 수단이 있다. 그것은 **홍보**를 행정에 적용하는 것이다. 여기서는 결정이 왜 내려졌는지 시민이 이해하도록 이끄는 문제이고, 더 나아가서 그로 하여금 행정과 적극적으로 협력하게 하는 문제이다. 그러면 행정처리된 사람들에게 서비스가 어떻게 기능하고, 적용된 규칙들이 무엇이며, 왜 이런 조치가 취해졌고, 어떤 점에서 이것이 정당한가 등을 증명하기 위해 특별한 서비스가 취해질 것이다. 차후로는 고뇌의 감정이 사라진다. 개인은 설명할 수 있는 세계 앞에 있게 되고, 이 세계 속에서는 행동들은 부조리한 것이 아니라, 반대로 합리적이고 숙고된다. 그는 시스템 속으로 들어간다. 그를 분노케한 결정은 그의 눈에도 절대적으로 정상적으로 된다. 그의 눈에 불쾌하게 보였던 이러 저러한 경찰부대의 행동은 사람이 이 경찰부대의 시각과 서비스 속에 위치하면, 정확히 설명할 수 있는 것이 된다. **홍보**는 따라서 행정처리된 사람을 심리적으로 행정 속에 편입시키는 방법이고, 그에게 기꺼이 저질러진 행위를 수락하게 하는 방법이며, 정당하게 지지하게 하는 방법이다.

달리 말하면, 그것은 갈등을 축소하고, 좋은 관계를 만드는 문제이다. 그러나 좋은 관계는 행정이 행정처리된 사람을 위한다는 사실이 아니라 (이것은 불가능하다. 그러한 말은 자주 사용되지만, 그것은, 아주 간단하게, 상상할 수 있는 실제 내용이 없다), 그가 이해했기 때문에, 더 이상 항의하지 않는다는 사실 위에 세워진다. 다른 모든 영역들에서처럼, 홍보는 순응의 메커니즘이다. 이것은 권위와 행정의 강한 힘을 강화하기만 하고, 절대적으로 그것을 보상하지는 않는다.

* * *

그런데 바로 여기에 정치적 착각이 존재한다. 즉 정치적 길을 통해 시민이 이런 국가를 지배하거나 통제할 수 있고, 그것을 변화시킬 수 있다고 믿기.

라뤼미에르Lalumière는 하나의 정확한 점에 대해 이런 무력함을 훌륭하게 보여준다. 회계 감사원의 보고서는, 그것이 다음의 가정 위에 세워져 있기 때문에 아무런 결과도 내지 못한다. 즉 여론의 압력 아래서 "스캔들의 공적 공개는 행정들이 반성하게 하여야 한다." 그러나 "여론은 공공 기관들이 방식을 개혁하도록 제약을 가할 만큼 충분히 사회적 압력을 행사하지 않는다" 「르 몽드」, 1964년 7월 14일.

그러면 어떻게 다르게 될 수 있을까? 정치인이 행정 없이는 아무 것도 할 수 없고, 또 실천적으로 그에 반대하여 아무 것도 할 수 없는 한, 시민에 의한 정치인의 통제는 아무 소용이 없다. 왜냐하면 진정한 정치적 문제는 알제리 전쟁이나 기동타격대 보다도 국가의 이러한 구조의 문제이기 때문이다. 관료주의와 민주주의 사이의 모순은 잘 연구되고 알려졌다. 그러나 착각은 관료주의가 민주주의에 의해 지배될 수 있다고 믿는 것이다. 그런데 (민중) 민주주의의 새로운 개념은 전체주의적 차원에서 관료주의와 잘 일치한다. - 민주주의는 더 이상 권력을 통제하는 수단이 아니라, 군중들을 틀에 가두는 수단이다. 민주주의·통제와 함께 모순이 있고, 행정적 국가에게 무력한 것은 바로 민주주의·통제이다. 그런데 한 단어의 내용을 변화시키기는 아주 간단하고, 군중들로 하여금 새로운 고정관념을 받아들이게 하기는 아주 간단하다. 만약 민주주의가 "국민"을 틀에 가두는 것이 되면… 그러면 완벽한 일치가 생긴다. 왜냐하면 국가의 행정과 당 행정의 매개를 통해 이러한 틀에 가두는 일이 일어날 것이기 때문이다! 그렇지만, "민주주의 · 통제"로 되돌아 와보자. 어떻게 국가를 통제한다고 희망할 수 있을까? 그 착각은 보통 선거의 길을 통해 완벽해진다. 나는 우리가 더 이상 1789년이나 1848년의 기본적인 믿음을 갖고 있지 않음을 잘 안다. 그에 따르면 선거는 국가적인 의지를 나타냈고, 국민의 진짜 대변인들을 지명할 수 있게 해주었으며, 정부의 행위와 결정을 통제할 수 있게 해주었고, 위정자들을 선택하는 가장 정당한 방법이었다. 이 모든 것은, 방법과 민중적 믿음에서는 아니더라도, 최소한 정치적 문제를 생각하려고 하는 사람들의 생각 속에서는 점차적으로 버려졌다. 실제 경험은 선거가 권력을 생산하지 못하고, 진정한 통제를 전혀 허용해주지 않으며, 모든 문제에 대한 여론의 불확실성은 너무 커서 어떤 정치 문제를 해결하기 위해 그 표현에 호소한다는 것은 가치 없음을 보여 주었다. 물론 사람들은 여전히 투표가 시민의 정치 참여를 상징하고, (부적합한 방식으로) 어떤 방식에 대한 의견을 표현하게 해준다고 생각한다. 그렇지만, 이것은 의사표현의 착각에 불과하다. 왜냐하면 정치인은 관료주의에 영향을 주지 못하기 때문에 투표란 더 이상 권력이 아닌 것에 참여하기이고, 공연적이면서 흔히는 거짓인 문제들에 대한 의사표현이기 때문이다.

그리고 마지막으로 하나의 사실을 들어보자. 사람들은 정치에 대한 텔레비전의 영향에 대해 많은 말을 한다. 텔레비전에 의한 의회 토론의 중계, 정치인에 대한 직접적인 앎, 대통령이나 수상이 직접 모든 시민들에게 연설할 가능성, 이 모든 것은 일종의 직접 민주주의에 접근하게 해준다.

우리는 다른 곳에서 이미 민주주의와 아무런 관계가 없는, 완벽하게 수동적인 시민의 상황을 비판하였다. 여기서는 단지 이러한 텔레비전 중계가 우리를 앞서 지적한 분리 상황에 놓는다는 것만 지적하자. 한편으로는, 정치-스펙터클이고, 다른 한편에서는 권력의 현실. 텔레비전은 스펙터클 측면을 강조하고, 개인에게 현실을 직접적으로 포착한다는 인상을 주는 만큼 공연을 더욱 악착스럽게 만든다. 정치? 내가 보고 있는 것은 의회에서 하고 있는 아주 중요한 토론이고, 거기서는 모든 사람들이 아주 심각하게 자기의 역할을 하고 있었다. 국가? 나에게 어제 텔레비전에서 말한 사람은 지스카르 데스탱Giscard d'Estaing이나 레이몽 바르Raymond Barre였다. 그런데, 이 모든 것은 스펙터클이고, 뿌리 없는 외양이며, 연기이다. 그리고 바로 거기에는 연기만이 존재하기 때문에, 중계가 가능하다. 그렇지만, 실제 정치적 메커니즘, 국가의 구조, 이 모든 것은 완벽하게 감춰져 있고, 완벽하게 통제 밖에 있다. 그리고 통제 밖에 있는 그만큼 작은 스크린의 반짝임은 개인의 주의를 결정적으로 스펙터클에 고정시키고, 그것을 통해 그것을 넘어, 뒤에서 찾지 못하게 하고, 권력의 현실에 대한 질문을 제기하지 못하게 한다.★

마지막으로, 우리는 어떻게 정치인, 특히 의회가 통제자의 역할을 하지 못하는가를 명확히 보여준 사르토리Sartori의 훌륭한 연구를 다시 볼 것이다. 그는 "과로", "양질의 시간" 부족, 가처분성의 부재를 주장한다. 의원은 만성적인 과로로 고통 받고, "근본적인 문제를 피하도록" 강제된다. 사르토리는 "의회적이고 정치적인 국가"와 "관료주의적 국가" 사이의 대립 속에서(이것들은 둘이 아니라, 한 본체 속에 섞여 있다), 누가 권력을 행사하는가, 또는 민주적 구조 속에서 "누가 누구를 통제하는가"의 문제는 "가벼운 집안싸움"이라고 말한다.

"정부를 통제하는 것이 의회인가, 또는 의회를 통제하는 것이 정당인가, 또는 대통령제가 필요한가를 알고자 질문을 제기하면, 권력의 본질적인 분야들과 지역 전체가 모든 통제를 벗어나 버린다. 감시해야 할

★ 교조적인 공산주의자들도 권력을 상실하는데, 그 이유는 그들이 국가의 모든 문제를 계급투쟁으로 몰고 가고, 다른 방식으로는 설명할 줄 모르면서, 단순하고, 일관성 있으며, 보편적인 설명을 한다고 하는 확신을 가지고 있기 때문이다. (의미 모호)

대상의 규모 자체가 감시자를 덮어버리려고 위협하고, 관료주의적 국가의 비대화는 그 크기 자체 덕분에 민주적 국가의 통제를 더 잘 벗어난다."

그리고 나는 의회가 진정으로 국가를 통제하기 위해 사르토리가 제안한 해결들이 적용될 수 있으리라고 믿지 않는다.

L'ILLUSION POLITIQUE

5장

정치적 착각 : 참여

정치적 착각 : 참여

정치적 착각의 다른 모습은 시민이 정치 생활에 실제적으로 참여할 수 있다고 믿는 착각이다. 우선 역량의 문제를 생각해보자. 혹자는 핵무기나 제로 성장률의 문제에 관해 대략적으로 처리하기 위해서는 역량이 있을 필요가 없다고 말한다. 그것은 오류다. 이러한 방식으로 문제를 제기하는 것은, 최근 몇 년 동안에 여러 다양한 국민투표에서 문제를 제기하는 것만큼 정치적으로 오류이고, 거짓이다. 시민이 자기 기분에 따라 하도록 내버려 두자, 그러면 그는 전쟁을 원하지 않는다고 말할 것이다. 결코 어떠한 전쟁도 원하지 않을 것이다. 이기주의, 안락, 조용함, 바로 이런 것들이 판단의 기준이다. 시민은 자신의 태도가 일으킬 것을 예상할 상상력이 부족하다. 그는 뮌헨Munich이 1940년 5월에 이끌어낸 결과들을 보고 깜짝 놀란다. 보부아르Beauvoir 부인은 『모호성의 도덕』 속에서 민주주의에 참여하기 위해서는 최소한의 역량이나 정보조차도 필요 없다고 말한다. – 즉 투표는 감정과 본능의 일이다.★

★ 저스티스 홈즈Justice Holmes – "나는 무엇이 사실인지 모른다. 나는 우주의 의미를 모른다. 그러나 회의의 한 가운데서, 믿음들이 무너진 속에서, 내가 의심하지 않는 것이 하나 있다. 그것은, 한 병사가 자기는 아무 생각도 없는 캠페인 속에서, 그가 조금의 유용성도 보지 못하는 전략에 따라, 자기가 알지도 못하는 어떤 운동을 위해 맹목적으로 수락한 의무를 향해, 그에게 죽음을 무릅쓰게 몰아붙이는 그 신념이 진실하고, 찬양할 만하다는 것이다."

니체Nietzsche – "우리 시대에 하나의 전쟁이 터질 때마다, 국민의 사랑스런 아들들 가운데서는 어떤 비밀스런 욕망이 함께 터진다. 즉 그들은 스스로를 새로운 죽음의 위험에 노출한다. 왜냐하면 조국을 위한 그들의 희생 속에서, 그들은 그들이 계속해서 찾았던 것, 그들의 인간적 운명으로부터 벗어날 허가를 마침내 발견했다고 믿는다. 전쟁은 그들에게는 자살의 더 편안한 한 형태이다. 전쟁은 그들에게 양심이 평화로운 가운데 자살할 수 있게 해준다."

이 주제에 관해 아주 인상적인 것은 J.-P. 사르트르Sartre의 주장이다. 정치의 영역에서, 그는 1961년 11월 변증법에 관한 토론 중에, 한 물리학자에게 물질에 관해 표현했던 것과 동일한 신념을 가지고 있다. "닥치세요, 물질에서 뭔가를 이해한 사람은, 우리들, 철학자들 밖에 없습니다." 이러한 공식은 그의 항구적인 정치 개입을 설명하는데, 그러한 개입 속에서 그는 자신의 판단에 대해서조차, 아무것도 알지 못한다. 비록 그가 거기서 엄살을 떨고 있다 하더라도, 그의 정치적 무능력에 대한 고백은 자신의 논문 속에서조차 습관적인 단언들로 밝혀지는 그만큼 신중하게 받아져야 한다.83) 그런데 이러한 무능력의 고백은 더 흔히, 사르트르의 모든 논문들 속에 만연한 피상적인 판단들과 전에 한 말을 자주 번복하는 등의, 비의지적인 방식으로 드러난다.84) 사실 사르트르는 스스로 무능력하다고 인정했고, 실제 그러했으며, 언제나 그러했다. 동시에 젊은이들을 선동하는 말들을 만들어내고, 정치적 입장을 앞장서서 발표했으며, 모든 지식인이 채택해야 했던 참여의 예를 보여 주었던 바로 그런 사람이었다. 그런데 사르트르가 더 이상 큰 영향력도 없는데 내가 그에 대해 말하는 이유는, 그가 정말 의미가 있기 때문이다. 그리고 1962년 이후에도, 또 1968년에도, 체코 침공에 대해 (그는 소련의 제국주의적 의도는 전혀 없다고 단언하였다), 러셀 법정Tribunal Russel에 대해서, 계속 그는 그 이상한 무능력의 **의지**를 과시하였다. 그는 정치에서 앎은 권위와 동시에 덕을 상실케 한다는 확신과 함께, 일종의 양심의 소리를 대변할 의도를 가졌다. 이제는 그의 수많은 후계자들을 더해야 할 것이다. 모두 똑 같이 정치적인 철학자들, 언어학자들, 정신분석학자들, 데리다Derrida, 들뢰즈Deleuze, 가타리Guattari, 사르트르Sartre의 적들, 그렇지만, 또 그 정치적 열정이 그 무능력과 비견할 만한 그와 동류들. 그렇지만, 사람들은 차후로 역량이란 테러리즘 이상의 아무것도 아니라고 한다. 그들은 "우리는 비록 역량이 없어도 민주주의를 할 수 있다"로부터 "역량이란 절대적인 악이다. 이성의 결여, 무지, 그리고 자발성 위에서 민주주의를 세워야 한다"로 넘어갔다. 이 모든 것은 단지 한심스러울 따름이다. "이러한 무능력한 지식인들"의 참여에 대해서는 라보Lavau의 훌륭한 분석을 보고,85) 특히 아주 특징적인 O. 드 마니de Magny의 예를 보아야 한다. O. 드 마니는 오늘날 지식인의 상황을 세상과 인간에 대한 진정한 앎의 불가능성이라고 묘사한다. 오늘날 지식인에게는 모든 것이, 즉 "사회 질서, 자유, 정의, 인간들에 대한 우리의 심리학적 앎, 언어의 힘"이 허위이다. 그렇지만, 이것이 이 저자가 121인 선언문에 서명하는 것을 막지는 못한다. 이러한 참여는 부조리 속으로 무작정 뛰어들기인데, 애석하게도 선의, 덕, 가치들을 위한다는 위선의 칠을 하고서이다! 우리의 무능력한 참여 지식인들은 정확히 부조리를 신봉하고 있다. 그들이 참여하면서 우리에게 제안한 것은, 실제로는 선전propagande의 민주주의로서, 거기서는 시민은 강력하게 조직되고 선전에 의해 조종된 대중 속에 통합되었기 때문에, 그리고 자기의 이름으로 취해진 모든 결정들에 열렬히 참여하거나, 자기에게 제시된 모든 것을 강제로 표현만 하기 때문에, 더 이상 아무것도 결정할 수 없다. 우리는 보부아르 부인이 카스트로 체제가 민주주의라고 평가했음을 안다….

민주주의에 반대해서 우파와 권위주의적 정당들이 한 전통적인 비판을 다시 취할 필요는 없다. 나는 정말 이런 틀로부터 완전히 빠져나오기를 주장한다. 그리고 나는 민주주의에 집착하는 사람들의 의견만 따른다.

티보 멘드Tibor Mende가 인도에 대해 이런 두 판단을 할 수 있었다는 것은 정말 의미심장하다. 한편으로 민주주의는 국가적 감정을 형성하기 위한, 특권주의를 타파하기 위한, 그리고 국제적인 책임과 특권을 갖기 위한 교육적 과정으로서 가치가 있다(그러나 민주주의는 체제와 합법성으로서, 그 자체로는 어떤 종류의 가치도 가지고 있지 않다). 다른 한편 민주주의는 기술적·경제적 문제들 앞에서, 인도에서 단죄된다.86) 그런데 인도에서 선거는, 간디 여사를 물리침으로써, 국민이 민주주의를 성공한 것처럼 보이지는 않지만, 기술적으로 실패한 정부를 거부한 것처럼 보인다. 그리고 이 정부의 실패는 제한된 의미의 한 정치 계급의 성공을 보장한다.

이러한 평가는 검은 아프리카에 대한 많은 저작들에 의해 공유된다. 우리가 제시할 분석이 한 나라에 특수한 것이 아니고, 예를 들어 프랑스에 의해 영향을 받았다 하더라도 상관없다. 나는 예를 들어, 스탠포드 연구소 보고서에서, 제3세계 나라들에 대해 지적된 동일한 문제들을 발견한다.87)

국가적 선전이 축소된 민주주의 속에서는, 스스로 의식 있다고 생각하며 민주주의에 집착하고 자신의 권리를 지키는 시민은 권력에 참여한다고 믿는다. 선거, 국민투표, 탄원, 협회의 동의, 그가 참여한 집단 속에서 토의들이 있다. 그는 정치적 문제들을 안다고 믿는다. 그는 그래서 정치에 참여할 수 있다고 믿는다. 그가 제안한 것을 우리는 예를 들어 독자 편지에서 발견할 수 있다. 그것은 주관적이고 유동적인 그런 "의견들"이 아니라, 근거 있고, 설득력 있으며, 심사숙고한 해결책이다. 그렇지만, 그렇게 되려면, 이 시민은 정보를 잘 받아야 할 것이다. 사람들은 민주주의와 정보 사이의 관계 이론을 알고 있다. 일반적이고 이론적인 관점에서는 분명 정확한 교리이다. 그러나 우리가 III장에서 기술한 것과, 현대 시민이 이해할 수 있는 유일한 세계인 이 새로운 정신적 세계 내에서, 정보가 아니라 정치의 착각적인 성격을 상기해야 한다.

게다가 시민이 참석하기를 원하는지도 자문해보아야 한다. 이것은 탈정치화와는 다른 문제로, 문화의 문제이다. 그런데, 오늘날의 시민은 국가의 틀 안에서 최소한의 책임만 지려는 것 같다. 그는 분명 커다란 문제들에서 자신의 의견을 말하고 싶어 하고, 사람들이 자신을 무시하지 않기를 원한다. 그러나 동시에 그는 권력의 적극적인 요원과 구성자가 되기를 거부하고, 특히 스스로를 정치적 행위와 사건의 책임자로 간주하기를 거부한다.[88] 그는 분명 항의하고, 토론한다, 그렇지만, 아무것도 짊어지지 않는다. 이렇게 참여하고자 하는 욕구가 부재한 중에, 현대인의 관심 이동도 커다란 역할을 한다는 것을 확인해야 한다. 민주주의적인 커다란 주제들에 대해서는 덜 열정적이고, 사회적 정의의 요구는 덜 받으면서, 시민은 더욱더, 예를 들어 완전 고용, 자신의 안전에 더 관심을 기울인다. 그러나 그런 것을 국가로부터 기대하면서도, 자신의 책임은 보지 않는다. 따라서 탈정치화에 대한 여론 조사는 상당히 기만적이다. 왜냐하면 시민은 분명 자기는 정치에 별로 관심이 없는 것이 아니라고 할 것이고, 그것과 적극적으로 참여하는 것과는 뛰어 넘을 수 없는 질적인 차이가 있다고 할 것이기 때문이다.

*　*　*

여기서 상당히 중요한 문제를 제기해야 한다. 그리고 나는 질문 제기 이상을 하겠다고 하지는 않는다. 사람들은 국가가 조직화되고, 강화되며, 확장될수록, 그리고 모든 것이 권력의 민주주의적 개념과 연결될수록, 시민은 더욱 참여하고, 더욱 정치적으로 주류가 된다고 생각한다. 마치 국가의 정치적 기능의 증가가 이 기능에 참여한 사람에게 파급되고, 그를 더 가치 있게 만드는 것처럼 말이다. 동시에 사람들은 생활의 수준이 높아질수록, 정부의 형태가 더 자유로워지고, 시민은 정치적 기능을 행사하기에 더 적합해진다고 생각한다. 이것들이 바로 시민이 더욱 더 정치적으로 주류가 된다고 하는 일반적 신념의 두 근본이다. 그런데, 이 두 관점은 우리가 보기에는 전혀 확실하지 않고, 증명되지 않았다. 인간들은 국가적인 조직에 참여하지 않고서도, 그리고 생활수준이 향상되지 않고서도 높은 단계의 정치적 성숙에 이른다. 예를 들어 16세기의 반투족들Bantous, 프랑스의 무정부·조합주의자들, 19세기의 우크라이나인들Ukrainiens, 아일랜드인들Irlandais과 에스파니아의 무정부주의자들이 그렇다. 반대로 국가가 조직되고, 제도들이 합리화되며, 경제 계획이 수립될 수록, 더욱 더 정치적으로 주류인, 독립적인, 숙고적인, 의지적인 사람을 제거하지 않을 수 없게 된다. 사람들은 실제로 그에게 다른 정치적 "주류성"을 요구하는데, 다시 말해 기술자들이나 국가에 의해 미리 정해진 장 안에서, 한계 안에서 참여, 지지, 그리고 이의제기 하기를 요구한다. 그러나 극단적인 이의제기를 자극하는 특수한 성숙이라면, 그것은 더 이상 문제가 될 수 없다.

성장하는 국가는 반대로 (비록 민주국가라해도) 이런 종류의 사람들하고는 할 일이 없는 것 같고, 그들을 제거할 수밖에 없는 것 같다. 실제로 이런 사람들은 인간과 경험의 수준에서 정치를 다시 생각하고, 일반화와 추상화를 거부한다. 그들은 기술적 기관들에 의해 설정된 선택사항들 안에 갇히려고 하지 않는다. 그들은 권력의 유희를 혼란하게 한다. 그들은 바로 주류이기에, 좋은 정치적 조직에 주요 장애가 된다. 국가는 그들이 사용되고 통합될 수 없기에 그들을 제거할 필요를 느낀다. 그래서 무정부–조합주의자들과 우크라이나인들은 제거될 것이다.

우크라이나인들에게는 역사는 특히 건설적임을 상기하자. 우리는 우크라이나인들이 짜르 체제, 이어서 오스트리아·독일 점령자들을 강력하게 물리친 다음에, 마찬가지로 전체주의적인 국가주의 정부를 거부했음을 안다. 이어서 그들은 데니킨Denikine과 브랑겔Wrangel의 백군들에 대해 싸웠고, 이어서 중앙집권적인 적군에 대항해서 싸웠다. 여기에는 아주 강한 정치 조직이 있었고, 참여가 있었다. 그런데 그것은 국가주의적인 기본 위에서가 아니라, 공통적으로 가지고 있는, 어떤 정치적 가치들로부터 시작한 것이다. 투쟁은 1942년에는 나치 군대에 대항해서 재연되었고, 1944년부터는 소련 군대에 대항해서 시작되었다.

현대 정부는 집단 구성원들의 정치적 성숙 위에 기반한, 마찬가지로 강력한 정치적 자율성이 존속하게 내버려둘 수 없다. 그리고 상호적으로, 이러한 성숙은 국가 앞에서 어떤 특수성을 반드시 추구하게 한다.

*　*　*

그렇지만 사람들은, 시민은 정당의 매개를 통해 효율적으로 개입하고 참여할 수 있다고 말할 것이다. 그러나 여기서도 많은 현대 정치학자들은 회의적이다. 당 내부의 변화뿐만 아니라, 어떤 교리를 표방하는 그리고 정치를 생각하려고 하는 새롭고 힘이 있는 당의 창조가 실패해서 뿐만 아니라 (예를 들어 P.S.U.의 실패), 전체적으로 당의 정치적 기능의 쇠락 때문이다. 내부적으로, 민주주의 게임 속에서, 당은 어떤 팀에게 권력을 보장

★ 이러한 쇠락은 반박할 수 없다 (『탈정치화』 참조). 시민들의 정신 속에서 당의 가치하락이 있고, 학생들에게서는 당에 대한 관심, 선거 참여가 줄어들고, 당원들의 수도 줄어든다. A. 필립은 이러한 쇠퇴를 지적하는데, 당원들의 질과 수, 그들의 덕, 충성도 등에 관해서이다(『휴머니스트인 사회주의를 위해』). 그는 공적인 모임들이 기피된다고 강조한다. 반면에 그는 당을 유지하는 것에 대해 주장한다. 그것은 "기구", 조직, 기계이다. 소수의 간부들만 일반적인, 무작정의 신뢰를 하고 있다. 그런데 선거에 참여는 집단에 속한다는 것과 연결되어 있음을 상기하자. 집단은 자기의 회원들이 투표하도록 압력을 가한다(립셋 : 『인간과 정치』, 5장). 사실 이러한 압력은 투표가 더욱 더 의미를 상실할수록 더욱 더 잘 느껴짐을 덧붙여야 한다. 선거민들을 다시 한번 정열적으로 만들었던 좌파 참모들의

하기 위한 책략 집단 외에 다른 것이 아니다.* 이것은 더 이상 어떤 정치의 판단이나 영감을 위한 활발한 힘이 아니다. 당의 내부에서는, 고찰은 사라지고, 너무 오래 자리들을 지키며, 케케묵은 생각들은 여전히 그대로 남아 있고, 다른 당에 의해 권력에 오른 팀들도, 교리와는 아무 관계가 없는 요소들과 수단들로 조건지워졌기 때문에, 결국에는 동일한 정치를 할 것이다. 커다란 선택들은 당의 범위 밖이다. 시민은 그가 당의 위원회의 활동에 참여했다고 해서, 또는 어떤 모임에 참여했다고 해서, 정치 생활에 참여했다고 믿고, 당에 참여를 실제 정치 생활과 혼동하고서는, 가장 개탄할만한 착각에 몸을 맡긴다.

그리고 이것은 모든 정치 참여를 문제 삼는다. 가족적으로 극단 사회주의자인, 또는 이익에 따라 우파인, 또는 시대의 흐름에 따라 사회주의자인 그런 중간의 시민들이 당에 가입하고, 언론과 정치인들의 담론, 민주주의에 대한 자신들의 집착에 의해 자신들이 참여한다는 착각이 유지됨으로써 정치를 한다고 믿는 것은, 설명가능하고, 그럴법하다. 사람들이 이러한 정당화와 절망스런 자기 방어를 의식하지 못하고서, 다음과 같은 추론에 몸을 맡겨버리는 것은 정상이고, 그들이 민주주의에 집착하면 이러한 유혹을 강하게 느낀다. "민주주의는 좋다. 민주주의가 있기 위해서는 시민의 참여가 있어야 한다. 따라서 내가 하는 것은 나의 참여이고, 그것은 실제적이다. 참여가 없다면, 모든 것이 절망스러울 것이다…" 그러나 지식인들이 자기들의 참여 이론을 가지고 이러한 반응을 정당화하려고 하고, 철학자들이 그렇게 이상한 방식으로 현실을 외면해버릴 수 있는 것, 그것은 우리 사회에서 철학자의 바깥에 있는 상황의 결과로서밖에, 그리고 보상

노력 이후에, 어느 정도까지 사람들이 1977년에, 무한한 단절과 토론 때문에, 시민의 혐오증과 권태 속에 다시 떨어졌는지를 보는 것은 정말 흥미롭다. 여론을 겨냥한 운동들이 당들의 주변부에 위치하고, 당들은 그 수준에 미치지 못한다는 것도 특징적이다 예를 들어, 환경보호, 핵발전소, 성장률 선택).

적인, 그리고 또 자기 정당화의 반응으로서밖에 이해될 수밖에 없다. J.-P. 사르트르가 정치 참여 이론을 주창하지만, 그것은 정치 현실과는 관계없는, 자기의 사적인 콤플렉스를 제거하기 위한 목적이다. 그것은 또, 그리고 그것이 아마 이런 참여로의 초대가 중요한 성공을 거둔 이유인데, 사이비-현실의 이름으로 현실로부터 도피하는 수단이다.

오늘날 실존주의자들과 현상학자들에게서는 이상한 망각 증세가 일어난다. 그들은 세상 속 인간의 구체적 상황과 관계있다고 주장하는 일반 이론을 구성하고, 결국에는 현실을 파악하기 위한 과학들이 결론으로 내세울 수 있는 것과는 정확히 반대의 것을 말하기에 이른다. 역사에 관한 철학자들의 모든 담론이 결국에는 역사 과학이 역사적 사실들에 대해 우리에게 줄 수 있는 것에 결코 의지하지 않는다는 것은 정말 인상적이다. 현대 철학자는 일어난 것에 대해서는, 역사의 줄기를 구성했던 것에 대해서는 우리에게 말하지 않는다. 그는 열쇠를 찾고, 이를 위해, 하나의 견해를 구상하고, 좋다면 역사의 신화를 수립한다. 결국 그는 자신의 신화로부터 열쇠를 발견한다! 헤겔과 마르크스는 그들의 역사 철학을 하면서, 몽테스키외Montesquieu처럼 자기들 시대 역사 과학의 사실적 여건들로부터 출발하였다. 그러나 그것은 너무 부서지기 쉬운 것으로 판단되었다. 왜냐하면 알려진 사실들은 점차적으로 이의제기 되고, 대체되기 때문이다. 전혀 사실들을 고려하지 않는 것이, 그리고 실천적으로 이러한 형이상학에서 옛 신들의 자리를 차지하면서, 힘과 의미가 된 역사의 낭만주의에 몸을 맡기는 것이 분명 훨씬 확실하고 쉽다. 마찬가지로, 19세기의 물리학적이고 생물학적인 확인 후에, 심리학적이고 사회학적인 확인이 우리를 한발 한발 환경에 의한 인간의 엄격한 결정을 받아들이도록 한 그 순간에, 실존주의는 인간을 자유로서 제시하는데, 이것은 필연성과의 갈등으로서 자유가 아니다. 그것은 간단하게, 극히 자의적이고 이론적인 허무화를 통해, 심리학이나 사회학적인 사실적 연구들의 결과를 고려하지 않는 자유이다. 우리는 인간의 현실에 의거한다고 주장하고, 인간을 현실 속에 참여하게 한다는 이러한 반전이 사실은 사이비-현실을 인위적으로 구성하여 현실로부터 빠져나가기 위한 방식이라고 생각하지 않을 수 없다.

여기서도 특히 사르트르의 텍스트 연구는, 정치적 행위에 대해, 국가나 정치적 문제들의 현실에 전혀 의거하지 않고, 정치적 개념의 추상적인 세공이 있음을 보여준다. 이것은 분명 자유를 위하여 현실에 참여한다는 철학적 출발점에 복종한다. 그러나 이 현실은 형편에 맞추어 만들어진 것이고, 한 편으로는 스스로에게 위안을 줄 수 있어야 하고, 다른 한편으로는 자신의 자유를 증명하기 위한 것이다. 그러나 사르트르의 제안들, 특히 그가 항상 저지르는, 예전에 했던 말의 뒤집기는 최소한의 자유와는 전혀 다른 것을 보여준다! 우리는 그 능숙함이 절정에 오른, 그리고 우리가 처음에 기술한 일반적인 정치화 상황 속에서, 젊은이들이 정치를 할 필요를 느끼고, 그리고 또 거기서 의미를 발견하고 싶어서, 많은 젊은이들이 받아들인 그러한 속임수 앞에 있다.

그런데, 특히 당에 참여는 철학적 이유뿐만 아니라, 다른 두 요소 위에 기반한다. 당에 가입한다는 것은 우선 검증되지 않은 가정들을 세우는 것이다. 사람들은 당이 정치에 실제적인 힘이 있다고, 그리고 역사를 만드는 결정들에 진정 영향을 줄 수 있다고 가정한다. 그렇기 때문에, 정부가 필연성에 밀려 어떤 행위를 하면, 어떤 당은 즉시 이렇게 말하면서 자화자찬한다. "그렇게 하게 한 것은 바로 우리다…" 따라서, 드골 대통령이 알제리 평화 협정을 조인하자, 공산당은 그것이 자기가 한 행위의 결과라고 선언한다! 사람들은 요컨대 자기 당의 행동은 그 자체로서 좋은 것이라고 가정한다. 분명 당은 더욱 더 무조건적이 되고, 토론은 보통은 분열로 이른다. 따라서 하급 당원은 자기 당의 행위는 무조건 좋게 받아들여야 한다.

사람들은 당이 좋은 일을 하기 위해 곧 권력을 잡을 것으로 가정한다. 그리고 최종적으로, 당이 권력을 잡으면, 하급 당원이 의원들과 장관들에게 자신의 의지를 강제할 것이고, 그들을 통해 실제로 결정할 것이다. 이 모든 것은 너무 당연하다!

　당에 참여의 두 번째 측면은 사적인, 심리적인 측면이다 - 개인으로서 안전, 명확하고 완전한 판단을 발견하고자 하는 필요로서, 일종의 포기의 필요이다. 즉 어떤 정치 운동이나 당에 참여하는 것은 자신의 개인적 책임과 자유로운 판단의 포기임을 아무리 강조해도 지나치지 않을 것이다. 차명는 저당 잡히기이다. 실제로 시민은 스스로를 저당 잡히고, 자신의 가처분성과 진정성을 상실하며, 극히 사나운 채권자에게 이용만 당하고, 자신의 모든 자유를 지불할 때까지 조종만 당한다. 군복무, 그것이 바로 모든 참여의 기호이고 상징이다. 그리고 그것은 저당 잡히기와 정확히 일치한다! 그것은 기름이 잘 칠해진, 잘 조직된, 그렇지만, 인간의 살로만 영양을 취해야 기능할 수 있는 기계 속에 들어가는 것이다(군인 없는 군대는 아무것도 아니고, 당원 없는 당은 아무것도 아니다). 마치 시신처럼 - 이것이 참여자의 공식이다. 그러나 예수회 사람들에게서는, 그것은 엄격한 금욕, 자연과의 단절의 결과였다. 우리의 군인들-당원들에게서는, 그것은 사적인 사임, 포기의 결과이다. 물론 이러한 사임은 막대한 충성, 거대한 신비, 매일 저녁 새벽 두 시까지 모임, 벽보 붙이기, 필요하면 난투극과 정확히 일치한다. 이 모든 것은 의식을 잠재우기 위한, 엄청 움직이면서 진정한 정치적 문제들을 피하기 위한, 그리고 집단 속에서 얻은 특권에 의해 자기가 중요하다는 착각을 갖기 위한 마취제일 따름이다. 참여라는 거짓은 아마 정치적 착각의 가장 아름다운 성공 중의 하나이다.

　정치적 착각은 최근에 나타난 이론과 함께 다른 형태로 다시 나타난다. 즉 보통선거에 관한 것인데, 보통선거가 그것을 설명하고 정당화하려는 옛 생각들 및 이론들과 전혀 상응하지 않는다 해도, 그것은 최소한은 국가와 대화하는 수단은 될 수 있고, 일종의 정치적 언어라는 것이다. 그래서 위정자들은 투표권을 가진 사람에게 말을 해야 한다. 실제로 언어, 불평과 약속, 슬로건, 프로그램이 있고, 그를 통해 분명 대화의 약속이 있다. 그래서 보통선거는 또한 결정을 할 하나의 수단이 될 것이다(이 결정들이 상대적으로 예외적인, 기본적인 선택들이라는 조건에서). 이러한 대화의 오류적인 성격에 대해서는 할 말이 많을 것이고, 나는 이미 이러한 종류의 결정의 불가능성에 대해 말하였다. 나는 두 가지만 지적할 것이다. 우선 이것은 정치적 여론의 지속성과 투표 속에서 여론과 그 표현의 상응을 가정하는데, 대부분의 여론 전문가들은 그것을 강력히 부인한다. 두 번째로, 그렇게 하여질 대화와 또 대화에서 다뤄진 문제들은 정확히 내가 1장에서 분석한 필연성과 일시적인 것의 범주 속에 들어간다. 우리는 여기서 완전한 착각 속에 있다.

마지막으로, 오늘날 민주주의에게 의미와 가치를 회복하고자 하는 노력 속에서, 우리는 슘페터Schumpeter 이후의 정치학자들의 중요한 한 흐름을 만난다. 슘페터에게는, 민주주의란 프로그램들, 생각들, 목표들 가운데서 선택하는 것이 아니라, 단지 지도 팀들, 게임을 하는 책임자들 사이에서 선택하는 것으로 이뤄진다. 우선 이것은 국민 스스로 국가의 큰 목표를 선택해야 한다는, 훨씬 위에서 기술한 경향과 전적으로 대립한다는 것을 확인하자(분명 우리가 이 둘을 양립시키고자 한다면, 우리는 프로그램들과 수단들로, 다시 말해 가장 전통적인 개념으로 되돌아온다!). 그렇지만, 더 나아가서, 우리는 이렇게 자문해야 한다. 만약 문제의 지도자들이 달성할 목표에 있어서는 한통속이고, 수단에 있어서는 전문가들로 연결되어 있다면, 이런 저런 사람에 대해 다툴 중요한 이유가 있을까? 국민은 계획을 달성하는데 한 사람이 다른 사람보다 더 효율적임을 어떻게 알고, 그의 기술적·경제적 역량을 어떻게 분간할 수 있는가? 그것은 내가 보기에는 생각들, 주장들, 프로그램들을 선택하기보다 더 이상적으로 보인다!

* * *

사람들은 말하기를, 미래는 조직된 민주주의라고 한다. "분명, 시민은 혼자서는 아무것도 할 수 없고, 그의 목소리는 멀리 나가지 못하며, 행정으로부터 스스로를 방어할 수 없고, 정치적 문제에서 선택을 할 수 없다. 그는 선전의 영향을 받고, 선거철에는 노련한 연사에 의해 속임을 당한다… 그렇지만, 민주주의가 꼭 개인적이어야 할 필요가 있는가? 국민의 의지는 진정 완전히 고독한 개인들 목소리의 합인가? 반대로, 민주주의의 하부구조적 조직을 생각해야 하지 않을까? 어떤 점에서, 1789년 이전 사회의 매개적인 옛 집단들과 등가의 것을 구성해야 한다. 즉 조합, 정당, 젊은이들의 조직들. 경우에 따라서는 아주 다양한 압력단체들. 그러면 시민은 이 매개적 집단들을 통해서 자기를 표현한다. 이 집단들이 강력하기 때문에, 그들은 권력에 진정한 영향력이 있다. 게다가 권력은 이러한 기구들을 통해, 예를 들어 가장 대표적인 조합을 통해 여론과 합치되기를 바란다. 그리고 이 집단들 자체가 더 작은 세포들로 구성되어, 하급 당원의 기관일 수밖에 없다. 하급 당원은 자신의 지위에서, 자신의 차원에서 집단 속에 있게 되고, 그의 목소리는 상실되지 않으며, 그것은 진정으로 여론을 도출하게 해준다. 그리고 바로 이렇게 조직된 단체는, 미국 당들처럼, 연속적인 기관들을 통해 자기 선거 후보를 지명할 것이다. 이것은 말만 번지르한 사람이나, 지방색에 빼앗겨버린 선거의 충격을 피하게 해준다. 사람들은 이렇게 "매개된 선택"의 공식을 적용할 수 있다. 일련의 연속적 기관들을 통해, 하위의 선택들은(소그룹들 속에서 행해졌기에, 그리고 수많은 정보와 토론에 이어 행해졌기에 실제적인 선택들), 정상에 이르게 되고, 이 국가적 "정상"은 뒤에 대중을 가지고 있기 때문만이 아니라, 진정으로 국민의 의지를 대변하기 때문에, 권위를 가지게 된다. 진정으로 개인적인 생각들의 구성이 행해지고, 사람들은 모든 추진력들의 조합을 끌어낸다. 이 조합은 선거민단 그룹의 의지와 가장 근접한 이미지이다. 민주주의는 이렇게 진짜가 된다 – 시민은 진정으로 자문을 받았고, 항구적으로 모든 기본적인 모임 속에 들어 있으며, 그의 의지는 진정으로 경청되었고, 집단들은 하급의 이름으로 진정으로 국가 위에 작용할 수 있다.

이러한 목가적인 파노라마가 어떤 현실과 상응한다고 할 수 있을까? 이것은 도달해야 할 이상이고, 들어서야 할 길이라고 말할 수 있을까? 지금 이 순간에, 나는 왜 이상을 바꿔야하는지 알 수 없고, 왜, 가장 개인주의적인 방식에 따른, 개인적 의지에 의한 일반적 의지의 형성이 좋지 않은지도 알 수 없다. 그에 대해, 사람들은 이러한 개인적 이상이 도달할 수 없음을 사실이 증명하였다고 말할 것이다. 그러면 나는 사실들은 조직된 민주주의도 개인주의적 민주주의보다 더 민주적이지 못함을 이미 충분히 증명하였다고 말할 것이다. 이러한 조직된 민주주의는 하나의 이론적 비전으로서, 우리는 그것의 실상을 완벽히 본다.

우선 기억을 더듬어, 조직된 민주주의는, 폴란드, 헝가리, 체코의 공산당 경우처럼, 다른 요소들이 서로 평행추 역할을 해야만, 그리고 그것들 중 하나가 다른 것들을 마비시키려 하지 않아야만, 어떻게든 기능할 수 있음을 말해야 한다. 나는 미국 당들의 기계주의와, 그것이 대변하는 질식 장치에 대해서는 말하지 않을 것이다. 나는 또 공산당 속에서 민주적 중앙 집권주의의 메커니즘이나 소련의 계획화에 대해서도 말하지 않을 것이다. 이 모든 것들에 대해 우리는 그것들이 민중의 의지를 나타내는 어떤 형태와도 아주 동떨어져 있음을 훤히 알고 있다.

조직된 민주주의의 비전은 아주 중요한 선험적 질문을 무시한다 - 레몽 Rémond 89)의 한 연구는 정치 영역 속으로 들어오는 얼마나 많은 새로운 집단들이 정치화되는가를 보여준다. 그러나 이러한 정치화는 그 자체 민주적인 집단에 의한 정치 통제이기 보다는, 정치가 전적으로 자율적인 행위들 속으로 진입하는 것으로 보인다! 나는 통제적 조합주의는 "반-권력적"일 것이라고 하는 투렌Touraine의 연구에 동의하지 않는다.90) 실제로 조합의 국가 메커니즘 속으로 점진적인 통합은 점점 더 그것을 권력의 한 요소로 이끌고, 또 조합이 권력을 "통제"할 때도, 권력을 더욱 강화하는 경향을 보인다. 이 순간에 조합은 권력을 위해 노동자 대중을 가두는 메커니즘이 된다. 조합은 그 자체로 반-권력이 아니다. 그것은 무정부주의-조합주의의 입장을 견지해야만 그렇게 될 수 있다.

이제 일반적 문제를 떠나, 구체적 예로는 무엇을 볼 것인가?91) 우선 하급 당원과 하위 부문들을 보자. 공상당 세포 속에서조차, 집회 불참주의가 만연해 있다. 그것을 당원의 잘못이라고 할 것인가? 그러나 가장 흔히는, 이러한 불참자들에게 질문해보면, 그들이 오지 않는 이유는 자신을 표현할 수 없고, 무시되었으며, 화가 나기 때문이다. 그들은 당이나 조합을 버리고 싶지는 않다. 그러나 자기들의 참여가 허구이고 헛됨을 안다. 집회는 일반적으로, 위로부터 내려온 지시, 지역 대표의 권위, 그리고 흔히는 지도부를 통해, 대충 방향지워져 있다. 반대자들이 고집을 피우면 나쁘게 보여지고, 리더들은 그들의 반대를 중화시키거나, 아니면 그들의 저항을 이용해야 한다.92) 나는 아직까지 어떤 집단 속에서도 원점으로부터 출발한, 그리고 모든 의견을 고려한 진정한 회의를 보지 못했다. 제시된 의견들은 결국 출발부터 지역 대표에 의해 방향지워진 것들이다. 다른 식으로 되려면 예외적인 위기가 있어야 한다. 게다가 하위 당원을 중화시키는 다른 방법도 있는데, 그것은 그를 행동하게 만드는 것이다. 그는 통상 그 이상을 요구하지 않는다. 그러나 그가 벽보 붙이기, 전단 돌리기, 서명을 위해 방문하기 등을 하는 순간부터, 그는 더 이상 토론하려고, 이단 속에 들어가려고 하지 않는다.

더 높은 단계에서, 조직된 민주주의 집단들의 전국 대회를 보자. 이 대회들은 이미 어떤 의심, 당원들의 수에 대한 의심, 그리고 각 지역 부서의 중요성에 대한 의심을 부른다. 우리는 당원 수 부풀리기, 허위 통계, 이런 분야에서 내부적 경쟁이 있음을 안다. 이것은 공산당처럼 엄격하고 잘 조직된 당에서도 존재한다. 게다가 어떤 대회가 소집되면, 대표적 행동 방식이 있다. 가장 좋은 당들이나 조합들에서는, 이 방식들은 형제애적이고 우호적이다. 그리고 아마 여기에 조직된 민주주의 모든 시스템의 기본적 악이 있다.★ 한 당, 한 조합의 사람들 사이의 관계는 경쟁, 불신, 칼을 겨누는 전쟁의 관계이다 (개인적 성공을 위해서건, 정통의 이름으로서건). 이 사람들이 자기들의 자발적 감정과 권력 의지를 억제할 어떠한 깊은, 결정적인 이유가 없다. 동일한 이데올로기를 지지한다는 사실만으로는 아주 불충분하다. 형제애가 다른 곳보다 더 강한, 공산당에 접근하였던 사람들은 모두가 우정이 그 자체로는 존재하지 않고 동일 이데올로기를 따르기 때문에 우정이 세워졌기라도 한 것처럼, 그렇게 친했던 동료들이, 갑자기 서로를 비난하고, 배제하며, 모욕하는 것을 보고 분노의 감정을 느낄 수 있었다.

사람들은 반대자들이 발표를 못하게 하고, 반대자들을 주저앉히며, 반대파가 없을 때 동의안을 가결시키고, 기습적으로 투표를 진행하며, 의회가 아직 의결하지 않았지만 빠져나갈 수 없게 법안을 발표하는 등의 여러

★ 슘페터가 정확히 지적한 것처럼(『앞의 책』, 22장, 6절), 민주주의에서 정치적 당은 권력을 위해 경쟁적으로 투쟁하는 기구에 불과하다. "그렇게 가지 않는다면, 다른 당들이 동일한 프로그램을 채택하기가 불가능할 것이다. 당들의 존재는 선거 대중이 파뉘르주 Panurge의 양들과 다른 방식으로 행동할 수 없음과 상응하고, 그것은 정치적 경쟁의 양상들을 규격화하고자 하는 시도를 대변한다."

기술과 방법들을 안다. 어느 당이나 조합의 어느 전국적 대회도 하부의 의지를 반영하지 못한다. 집단의 움직임에 대한 고전적 술수들을 사용하는 사람들은 그 방면으로 현저하게 발전할 것이다.

여기에 조합, 당, 운동의 관료화가 더해진다(학생회처럼 유동적인 운동에서도 마찬가지다). 간부들은 전문가들이 되고, 이 전문가들은 하급 당원들이나 직업 당원들과 분리된다. 간부 전문가들은 숙련되고 봉급을 받는 전문직이고, 직업적 성공을 거둔다. 간부들이 어떻게 하부에 의해 축출되고, 대체되도록 스스로 가만 있겠는가? 이 하부를 간부들은 아주 잘 통제하고, 하위 당원들로부터 일반적으로 새로운 신뢰를 얻어낸다. 간부들은 하부를 충원하고, 자기에게 충성하는 자들에게 좋은 직위와 이익을 배정한다. 간부들은 자주 행정과 정부에 의해 자문을 받는 만큼, 당원들을 압박하는 수단을 갖는다(예를 들어 학생들에게 장학금 배분 방법의 자문, 자리 배치와, 교사직 진급에 대한 자문 등). 실천적으로, 그들은 뿌리를 뽑을 수 없다.

정상에서는 훨씬 덜 안정되었지만, 집행부와 비교할만한 현상이 있다. 집행부는 다른 방식으로, 마찬가지의 반민주적 방식을 드러낸다. 그 방식이란 정치적 문제들에 대해서 누구에게도 물어보지도 않고 모든 사람의 이름으로 말하는 것이다. 주기적으로 우리는 신문에서 어떤 선언문을 보는데, 그에 따르면 X 당, 또는 Y 연합은 동업자들, 지식인들, 또는 유럽인들의 이름으로 고문, 알제리 전쟁, 서구의 방위 등에 대해 말한다. 그런데, 이러한 선언들은 사전에 관계된 사람들에게 전달된 적이 거의 없다. 그것들이 전달되었을 적에도, 이해 당사자들이 대응하기에는 너무 늦었다. 그것들은 또 소위 대변된 개인들의 명확한 의지를 구현하는 것과도 거리가 멀다. 그것은 언제나 집행부의 5-6명에 의해 파리에서 준비된 명령이다. 이 소수의 집행부는 자기들이 결정할 권한이 있다고 생각한다.★ 이렇게 하면서 그들은 의원들을 모방한다. 의원들은, 일단 당선되면, 때로는 선거민들의 바람과는 아주 동떨어진 법안에 투표한다. 그런데 여기의 대표자들은 의원들보다 훨씬 더 자유롭다. 의원들은 실제로 적대 경향의 의원들과 충돌해야 하고, 자기들의 이유를 대야하며, 자기들이 대변하는 법안은 그들의 의지를 부분적으로만 나타내고, 그것들은 또 수정과 협상의 결과이다. 반대로 당이나 조합의 집행부에 의해 작성된 서류들은 완전히 자의적인 방식으로, 그리고 견제도 없이 작성된다.★★ 마찬가지로, 의원들은 주민들의 의지에 너무 자주 어긋나게 행동하면 재선되지 못할 위험이 있다(그런 일은 상당히 드물지만). 반면 집행부의 사람들은 그들이 그 기구

★ 망데스 프랑스Mendès France는 조합들의 구조를 기술하면서, 우리가 권위적인 조직 앞에 있음을 암묵적으로 인정한다(『현대 공화국』, p. 171). 물론, 그는 그에 대해 말하기 위해 민주적이라는 어휘를 간직한다! 그러나 이 어휘는 그가 인정한 사실과 모순된다. "조합의 효율성은 가입한 노동자들의 퍼센트가 아니라, 일련의 직업적이거나 간접적인 결과들에 따라 측정된다…" 그런데, 이 결과들은 하급의 적극적인 의지 위에 기반한 것이 아니라, 권위적인 엘리트들의 맹종 위에 기반한다. 틱시에Tixier 사건처럼 사실을 솔직히 인정하는 것이 더 나을 것이고, "조합의 민주주의"에 대해 환상을 갖지 않는 것이 나을 것이다! 그들 내부 조직에 대해 기술한 것도 아주 정확하다. 조합들은 민주주의가 아니라, 일당 독재 체제와 닮았다. 그들을 특징짓는 과두정치적인 시스템은 어떤 과도함의 결과가 아니라, 립셋Lipset이 증명하듯이, 필연성의 결과이다. 이것들은 관료적인, 능력 있는, 그리고 엄격한 강한 구조가 있어야만 기능할 수 있는 광대한 조직이다. 그것들은 집단적인 책임을 요구하는 집단들이고, 이러한 사실로부터 정치에서 지속성을 갖는다. 그것들이 가부장적 기관들, 그리고 국가와 접촉할수록, 더욱 더 그것들은 그들처럼 조직되어야 한다(립셋Lipset, 『인간과 정치』, p. 394). 마찬가지로 립셋은, 정보가 조합 속에서는 리더들에 의해 소유되고, 그들에 의해 걸러지며, 가입자들은 여론의 자유가 없음을 증명하였다. 마지막으로, 리더들은 이데올로기적이고 사회학적인 이유로, 끝없이 자기의 권한을 강화하고, 민주적인 유희에 여지를 남겨놓지 않는다. 우리는 사실 우리 사회 속에서 언제나 새로워지는 선택 앞에 있다. 즉 혹은 조합은 그의 행동, 파업, 정치적 참여에 있어서 효율적이길 바란다. 이 경우에는 조합은 권위적, 중앙집권적, 관료적이 된다. 혹은 조합은 비정형적, 민주적으로 남지만, 반항과 단편적인 반대의 단계를 뛰어넘을 수 없다.
조합적 훈련은 조합이 효율적이려면 반대와 소수가 없기를 더욱 더 강요한다. 그렇기 때문에 한 목사가 자기 조합원 신도들에게 다수 쪽으로 줄을 서라고 강력히 권하는 이유이다. 왜냐하면 그 문제는 더 이상 개인적 의견의 문제가 아니라, 조합의 효율성 문제이기 때문이다.
1968년부터 프랑스 조합들에 대해 한 연구들은 몇몇 조합들이 유연성을 되찾으려 한 노력에도 불구하고, 이러한 평가를 확인해 줄 따름이다. C.G.T.는 더욱 더 경직되고 권위적이다. C.F.D.T.만 자율 관리와 함께 하부에서의 민주주의를 경험하려고 하지만, 그것도 별로 실효가 없다.

를 쥐고 있기 때문에, 다양한 단계의 대변 시스템과 함께 자리를 보전할 기회가 훨씬 많다. 그러나 이러한 독립성을 넘어서서, 어떤 운동들, 연합들, 조합들, 그리고 의원들 사이에는 차이가 있다. 의원은 당 내에서 어떤 이데올로기적 신념의 동일성을 주장하는 사람들의 이름으로만 말을 하고, 또 당원들의 이름으로만 말한다. 한 농부 의원이 말할 때면, 이러한 경향을 선택한 선거민들, 또는 (그 당이 있다면) 이 당원의 이름으로 말한다. 그 의원이 대변한다고 주장한 것과, 그가 대변한 것 사이에는 어떤 일치가 있다.

그러나 조직된 민주주의의 시각에서는, 시민이 자신의 소리를 들리게 할 정상적인 길은, 그가 집단에 소속되는 것이다. 각각의 시민은 하나 또는 여러 집단에 속해야 한다. 왜냐하면 이러한 소속을 통해서 그는 행동할 것이고, 또 멀리 떨어진 선거보다도 훨씬 지속적으로 행동할 것이다. 당은 단순히 선거를 위해서만이 아니라, 집회, 탄원에 의한 개입을 위해, 대중을 지휘하는 기관이 되어야 한다.93) 그러면 일반적인 집단은 자기 가입자들의 범위보다 훨씬 더 넓은 범위의 시민들의 이름으로 말할 수 있는 자격을 얻는다. 가입자들은 어떤 점에서 다른 모든 사람들의 보증자들이다. 따라서 허구적인 예를 들자면, 금속노동자 조합은 전체 금속노동자의 10-25%밖에 모으지 못했어도 전체 금속노동자의 이름으로 말할 것이다. 이 운동은 그 직업, 생활환경, 계급 등으로 수식되는 사회적 집단을 대변한다고 주장한다. 그러나 이것은, 그에게 가장 대표적인 조합이라는 칭호를 부여한 것이 국가가 아니라면, 일이 그렇다고 선언한 그 수장의 운동이다.

★★ 사람들은 그래도 이 집단들 속에서도 연례 대회가 있고, 거기서 집행부에 의해 추진된 정치를 연구하고 비판한다고 반대를 할 것이다. 이 집행부는 대회에서 책임을 진다. 그것은 맞다. 그러나 경험은 두 사실을 보여준다. 먼저, 집행부의 선언들은 일반적으로 두세 달 후면 잊혀지고, 다시 토론되지 않는다. 둘째, 대회의 구성은 집행부에 유리한 다수를 얻도록 총무에 의해 조율된다. 집행부를 뒤집을 그의 행위에 대한 비판은 당과 조합의 역사에서 극히 드문 사건이다. 반대파가 상당히 강할 때면, 그것은 흔히 분열을 조장한다.

차후로는, 비가입자들은 자기의 것이 아닌 견해를 공개적으로 떠안게 된다! F.E.N.이 모든 교사들의 이름으로 "…"라고 선언하면, 그것은 공식적으로 큰 힘을 준다. 그렇지만, 사람들은 거기에 가입하지 않은 교사들과, 동의하지 않는 소수들은 무시한다. 이것은 결국엔 좋은 대다수를 만들어 버릴 수 있다! 그렇지만, 어떤 교사든 이 순간부터는 여론에 의해 이러한 방향으로 규정되고, 항의는 언제나 개인적일 것이기 때문에, 중요하지 않게 된다. 그런 항의는 어떤 집단을 대변하는 것이 아니다. 우리는 따라서 집행부에 의해 작성된, 그리고 가입자뿐만 아니라 모든 사회 범주의 이름으로 제시된 텍스트의 이러한 이중의, 때로는 비민주적인 과도함을 본다.

나는 다음과 같은 반박을 안다.94) "집단에 속하지 않는 사람들은 그것에 대해 자기를 탓할 수밖에 없다. 그들은 가입하고 문건을 토론하기만 하면 된다. 사람들은 분명 그들의 말을 들을 것이다. 게다가 조합 가입은 높은 정치의식의 신호이기에, 결국 그들은 가장 진보한 사람들이고, 말하기에 가장 적합한 사람들이다. 따라서 그들이 모두의 이름으로 그렇게 하는 것은 합법적이다." 이 논쟁의 첫 부분은 받아들일 수 없다, 왜냐하면 여기서는 이런 종류의 집단은 그 자체로서 합법적이고, 개인은 아무런 중요성이 없으며, 유일한 정치적 길은 집단에 가입하기라고 가정하기 때문이다. 이것은 또 그런 집단 속에서, 소수가 집행부의 결정을 바꿀 수 있다고 가정한다. 논쟁의 두 번째 부분도 마찬가지로 틀렸는데, 특히 과거에 의거하는 점에서 그렇다. 1880년에는, 그리고 노동자 계급에게는, 조합이 노동자 계급 중의 진보된, 지적인, 적극적인, 자발적인, 혁명적인 부분을 대변하였다. 당시에 정치적 의식은, 실제로 긍정적인 신호였다. 그러나 이것은 완전히 흘러갔다. 오늘날 이런 연맹과 운동에 가입은 사회학적 일체 계열에 속한다. 가입자들은 가장 높은 도덕적, 사회적 의식, 정치에 대한 가장 깊은 의미를 가진 사람들이 아니다. 차라리 강한 정치의식과 지식을 가진 사람들은 순응주의를 제작하는 기구 속에 들어가기를 거부함이 더 그럴법하다. 직업적이거나 사회적으로 바쁜 사람들은 조합이나 당의 모임을 막대한 시간 낭비로 생각한다는 것도 마찬가지로 그럴법하다. 분명 누군가 이렇게 말한다면, "아주 강한 개성을 가진 사람은 결국 집단에 영향을 미치고, 두각을 나타낼 것이다, 그러니 참여하시오…", 나는 물을 것이다. "그래요, 그렇지만, 얼마나 많은 양보와 책략을 써야 하지요?" 나는 덕과 진실의 자동적인 승리가 아니라, 과정과 기술의 승리를 믿는다. "여전히 그렇지만, 얼마나 시간을 허비해야하나? 몇 년이나 지난 후에? 차츰 차츰, 이 집단 속에서 보낸 시간이 너무 많아서, 결국 사람은 일상적 삶을 버리게 되고… 거기에 전문화가 되어 버린다. 그리고 누가 그것을 원하지 않는다면?"

사실 사람들이 민주주의의 미래로 제시하는 조직된 민주주의는, 토지와는 다른 기초 위에서 축조된, 봉건 시스템의 다른 구조 외에 아무것도 아니다. 그리고 이것은 전통적인 봉건주의의 모든 사회학적 특성들을 제시하고, 당과 조합, 운동의 전문 간부들은 새로운 제후의 위상을 완벽하게 대변한다. 거기에 이르기 위해서 유일 정당 시스템을 가질 필요는 없다. 프랑스도 거기에 잘 안착하였다. 그럼에도 하나의 문제가 남는다 – 반대자들, 분파들. 그들은 존재한다. 주기적으로 우리는 어떤 반대파가 나오는 것을 본다. 그래서 사람들은 나에게 반박할 것이다. 그 시스템은 당신이 묘사한 것처럼 그렇게 닫히지 않았다. 나는 우선 그런 시스템은 실제로 완성되지 않았고, 오히려 아직 요원하다고 답할 것이다. 그렇지만, 특히 이러한 반대와 단절의 습관적인 과정은 하부의 주도권을 밝혀주지 못한다. S.F.I.O.나 극우 정당들, P.C.나 P.S.U. 또는 U.N.E.F.에서 일어나는 분파들 검사해보면, 우리는 반대가 지도부 내부에서 일어남을 본다. 수장들 중 한 사람이, 흔히 개인적인 이유로, 다른 사람들과 갈등하고, 사임한다. 그러면 하부에서 소동이 일어나고, 당원은 선택을 해야 한다. 흔히 그는 그 선택의 진정한 동기를 모르고 가장 가까운 사람을 따른다. 분명 분파주의자는 이렇게 하부의 추진력에 의해서, 또는 그가 하부의 비밀스런 열망을 알기 때문에 움직인다고 주장할 것이다. 그러나 이것들은 흔히 변명에 불과하다.

물론 립셋Lipset이 주장한 바가 남아 있다. 즉 집단지도체적 성격의 연합체는 민주주의를 지탱하는데 공헌한다. 사회가 민주주의가 되기 위해서는, 사회를 구성한 조직들 내부에서 민주적 규칙이 적용될 필요는 없다. 예를 들어 조합들은 회원들의 일반적 이익을 옹호하고, 회원들은 고용주에게 남아 있기보다는 조합에 가입하는 것이 더 이익이다(노동자는 두 굴복 중에서 선택해야 한다 - 조합 리더나 고용주에 대한 굴복). 다양한 단체들의 연합은 사회 전체의 다양한 이해를 대변하고, 이 단체들 각각은 개인적 자유를 제한하지만 지도자들에게는 실제적인 훨씬 큰 자유를 수여한다. 이러한 민주주의 개념은 아주 흥미롭다, 왜냐하면 그것은 봉건 사회의 정확한 묘사이기 때문이다. 그럼에도 자신의 이익과 의견에 대한 개인적 의식 위에 세워진 체제와 권위적으로 조직된 대중들의 유희 위에 세워진 체제 사이에는 거리가 있을 것이다. 물론 봉건주의를 민주주의라고 부를 수 있다, 우리는 언제나 하나의 단어 뒤에 아무 것이라도 놓을 수 있기 때문이다. 그것은 XII년 헌법의 공식과 똑 같이 부조리하다 - "공화국 정부는 황제에게 맡겨진다." 아무튼 그건 마찬가지다.

게다가 이러한 집단들 각각 보다는, 다수의 기술적 역량을 가지고 있으며, 전반적으로 일반 이익을 대변한다는 국가가 더 우세하다. 이 집단들 각각은 특별한 역량을 가지고 제한된 이익을 대변한다. 차후로 민주주의는 극히 이론적인 이러한 조직에 의해 잘 보장되지 않는다! 실제로 중앙집권적인 사회적 기능 속에 통합된 이러한 매개적 "조직"과 국가를 외부로부터 견제하는 매개적 집단 사이에 차이가 있음을 아무리 강조해도 지나치지 않을 것이다. 이러한 지역적이고 매개적인 권력들은 사라졌고, 민주적인 권위주의에 자리를 넘겼다.

그리고 이 마지막 지적은 마지막 확인으로 이끈다. 실제로 이러한 "조직된 민주주의"와 매개적 조합의 재구성, 자연적 신체들과 살아있는 힘의 제도화라는 더 오랜 개념들 사이에는 깊은 인척성이 있다는 것을 어떻게 보지 못하겠는가. 달리 말하면, 비정부적이고 동업조합적인 시스템이다. 조직된 민주주의 이데올로기가 아무리 좌파적이라 해도 소용없다. 그것은 이상하게도 극우 민족주의자 모라스Maurras의 이데올로기와 닮았다. 이러한 조직에 대해 당과 조합을 생각한다는 사실은, 그런 작업의 일반적 의미와 국가·사회 관계의 전반적 개념을 바꾸지 않는다. 단어들이란 그것들이 어떤 현실을 감지하게 해 줄 때면, 마술적으로 속이는 덕을 가지고 있지 않다.

* * *

이러한 조직된 민주주의에 대해, 사람들은 또 민주적 행정이나 민중적 행정에 대해 자주 말한다. 물론 그들은 이러한 말들에 정확한 의미 부여를 경계한다. 이 주제를 다룬 모든 책 속에서, 나는 적색 깃발처럼 흩날리는 이 단어들 뒤에서 어떤 현실의 그림자를 감지할 수 없었다. 사람들은 그것들로 무엇을 의미하고자 하는가? 어떤 자들에게는, 그것은 때로 국민에 의해 직접 행사된 행정을 암시한다. 그러면서 그들은 파리 코뮌이나 공포정치의 기억을 되새긴다. 그러나 이러한 관점은 일반적으로 기피된다. 그들은 실제로 이러한 경험들은 실패였고, 이 기간 동안에 행정은 제대로 기능하지 못했음을 인정한다. 그 결과는 행정의 불규칙성을 발전시켰고, 규칙성과 통제를 파괴했으며, 결국엔 지금까지 행사된 질서 있는 행정보다 더 억압적이고 일관성 없는 지역적인 행정적 독재를 생산하였다.

사람들은 또 아주 강력한 민중 정당을 통해 행정을 통제할 수 있다고 한다. 우리는 이미 훨씬 위에서 이런 경우를 예견하였다. 또 다른 사람들에게는, 행정은 그 요원이 민중 계급에서 충원된다면 민주적으로 될 것이다. 그들은 당연히 전제의 도구로 삼기 위해 부르주아지 중에서 충원한 나폴레옹의 의도를 기억한다. 그들은 마르크스의 분석에 근거하는데, 그에 따르면 프롤레타리아 계급의 모든 정치적 노력은 부르주아지 가운데서 충원된 행정 요원에 의해 좌절된다. 부르주아지는 "동생들"을 이런 기능 속에 취업시키고, 이 "동생들"은 국가에게 내맡겨진 이익을 거둬들일 것이다. 행정이 그러한 것은 그것의 계급적 성격 때문이고, 충원을 민주화하면 모든 문제를 해결할 것이다! 우리가 보기에 이러한 관점은 완전히 이론적이고 추상적이다. 인물이 다르다고 해서 기계는 변경되지 않고, 관료주의적 체계는 그 원칙과 성격을 바꾸지는 않는다.

우리는 이 주제에 대해 세가지 지적을 할 수 있다. 명백히 1945년 이래로 프랑스에서 대대적인 충원이 있었다. 그리고 "민주화"는 교리의 결과가 아니라, 공무원 수의 증가 결과로 가속되었다. 그런데, 같은 순간에, 관료주의 시스템은 더욱 더 "그 자체"가 된다! 두 번째 지적은 프롤레타리아 행정에 관한 것이다. 소련과 민중 민주주의에서 행정적 충원은 전혀 다른 유형의 행정으로 이끌지 못했다. 우리는 거기서 전통적 의미로 관료체제를 다시 발견하고…, 소련의 권력가들도 그것을 확인한다! 마지막으로 세 번째 지적은, 민중과 프롤레타리아 환경에서 충원된 행정 요원의 태도이다. 구체적으로, 그들이 권력을 쥐게 되면, 그들은 다른 사람들보다 훨씬 더 엄격하고, 행정적이며 관료주의적이다.* 사회보장 관리공단 직원, 우체국 직원, 경찰서나 장관실의 수위나 경비, 세관원은 관료주의적 권위주의의 고전적 예들이다. 민중 계급에서 충원되지 않은 공무원들에게서 더 많은 유연성과 관료주의로부터 벗어난 행동을 발견한다. 게다가 민중 계급 출신이 가장 경직되었다는 것은 잘 알려진 사실이다. 마치 권력을 위임받은 아프리카인이 자신의 형제들을 "더러운 깜둥이"로 다루는 것과 같다. 그리고 노동자 계급 출신의 고용주가 자기 노동자들에게 가장 혹독하다.

결국 식민화의 실패는 자본주의적 착취뿐만 아니라, 프랑스를 대변하는 행정 요원의 저질성 때문임을 기억하자. 그런데, 흔히 이러한 하급 행정 요원들은 민중 계급에서 충원된다. 관료주의적 국가 현상을 변화시키기 위해, 인물의 변화로부터는 기대할 것이 전혀 없다. 인물은 기구에 의해 흡수되고, 자기가 들어간 구조에 의해 변화된다.

마지막으로, 어떤 사람들에게는, 민주적 행정은 행정의 탈중앙화 개념을 포함한다. 우리가 "지역적 자유"의 발전에 공감하고, 지역의 자율성을 본질적으로 여기는 것은 자명하다. 그러나… 우선 진정한 탈중앙화가 수행되기에는 그 가능성이 아주 희박한 것 같다. 왜냐하면 그것은 우리 사회 전체의 흐름에 역행하기 때문이다. 그리고 나는 그것을 뒤집는 어떤 신호도 보지 못한다. 특히 혹시라도 이러한 탈중앙화는 정확한 행정 유형에 대해서만 적용할 수 있음을 생각해야 할 것이다 – 군과 구들. 그러나 그것은 이차적으로 되어버린 행정 모습일 따름이다. 행정적 거대한 힘들, 즉 재정, 경찰, 선전, 과학과 기술 행정은 진정으로 탈중앙화될 수 없다. 그것들은 자율적 결정을 하는 흩어진 중심들이 아니라, 섬세한 국가적 조직을 가정한다. 경제 계획 행정을 보면, 그것이 탈중앙화한 기관들을 예견한다 해

★ 립셋Lipset의 연구는 민중 환경들과 특히 노동자 계급은 권위적인 태도를 가지고 있음을 증명한다. P.C.의 권위적 구조는 역사적인 일탈이나 사건이 아니라, 특히 신속한 산업화의 길에 들어선 나라들에서, 노동자 계급의 깊은 경향의 표현이다(립셋Lipset, 『인간과 정치』).

도, 완벽하게 중앙화한 경제 계획을 가정하면서이다. 따라서 지방 기관이, 세세한 것과 기술적인 수단들을 제외하고, 결국 미리 예견된 것을 수행할 때에, 진정한 탈중앙화가 있다고 볼 수 없다. 이렇게 민중 행정이나 민주적 행정이란 용어는 감동적인 것 외에는 내용이 없는 공허한 공식에 불과해 보인다.

L'ILLUSION POLITIQUE

6장

정치적 착각 : 정치적 해결

정치적 착각 : 정치적 해결

1. 일반적 해결로서 정치

정치적 착각의 다른 양상은 현대 서구인의 마음 속에 자리한 확신 속에 있는 것으로, 결국 모든 문제들은 정치적인 것이고, 그것들은 정치에 의해 해결될 수 있으며, 게다가 정치는 실천할 수 있는 유일한 길을 제공한다는 것이다. 이러한 현대인의 확신이나 레닌의 영향에 대해 우리가 이미 말한 것을 되풀이하는 대신에, 예를 들어 우리 모두는, 어떤 사람이 "나쁠" 때에는, "그것은 사회의 잘못"이라고 생각한다. 범죄자들이나 불량배들에 대한 모든 연구는 그들이 책임자가 아님을 증명하기 위한 것이었다. 유죄자, 책임자는 바로 환경, 사회, 부모들, 주거, 영화, 상황들이다. 우리 모두이다. 우리 모두는 살인자들이다. 반대로, 사람들은 만약 사회가 이상적이 된다면, 범죄자도, 불량배도 없을 것이라고 확신한다. 그렇다면, 현대의 보통 사람으로서는, 누가 사회를 그래야 하는 것으로 조직할 것인가? 국가, 언제나 국가이다. 따라서 모든 도덕적 문제는, 마르크스적인 어떤 선입관도 없이, 국가 위로 다시 던져진다. 이것은 정치적인 일이다. 가치들의 문제지만 정치적인 문제이다. 정의, 자유, 나아가 (과학과 정보를 통해) 진리마저 실현해야 한다. 그러나 여기에 대해 보통 사람의 태도는 무엇인가? 그것을 해야 하고 할 수 있는 자는 분명 국가이다. 사회 정의를 보장하는 것은 국가이고, 정보 속에서 진실을 보증하는 것은 국가이며, 자유를 보호해야 하는 것은 국가이다(이것은 티토Tito의 놀라운 응축된 표현에 이른다 – 국가가 강할수록, 더 많은 자유가 있다). 가치들의 창조자며 보호자인 국가 – 그것은 정치적인 일이다.

그런데, 우리는 모든 영역 속에서 우리 시대의 가장 비극적인 착각 앞에 있다고 주장한다. 정치가 행정적 문제, 도시 관리 문제, 경제적 문제를 해결해주는 것은 확실하고 또 정말 대단한 일이다. 그러나 정치는 절대적으로 인간의 개인적 문제, 선과 악, 진실과 정의, 생의 의미, 자유 앞에서 인간의 책임 문제에 대답해줄 수 없다. 물론, 우리는 또 이 모든 것은 아무런 의미도 없음을 알고 있다. 그렇다고 하자. 그러나 그렇다고 한다면, 사람들은 그에 대해 말을 하지 말고, 우리에게 계속 고문이나, 언론 탄압, 민주주의에 대해 말하지 말아야 한다. 왜냐하면 그러한 모든 것은 선과 악, 진실과 정의, 생의 의미와 책임감이 어떤 개인적 의미를 가져야 가치가 있기 때문이다. 개인적 의미가 없다면, 고문을 한 사람은 "일반적 사람"이고, 고문을 받은 사람도 다른 "일반적 사람"이기 때문에, 작은 항의, 분개, 비난이나 찬양은 어떤 의미도 없다. 고문에 대해 토론하는 사람들은 이 모든 것이 집단적 의미가 아니라 개인적 의미가 있다고 미리 가정한다. 그러나 거기에 대답과 해결을 가져올 것은 정치적 길, 정치적 행동, 국가의 변화를 통해서가 아니다. 사실, 그리고 후기 마르크스주의 스타일의 신화적인 설명을 피하고자 한다면, 실존주의 철학에 물든 지식인이건, 편협한 상인이나 극단적인 소부르주아건, 이런 간편한 설명에 대해 모든 사람들이 보이는 열정은 공통의 편집 하나를 드러내준다 – 그 일에 있어서 개인적인 책임을 회피하고자 하는 편집. 가치들의 외적 실현처럼 개인의 내부적 갈등은 집단적, 사회적 일이고, 그 해결책은 정치적 관리 속에서 찾을 수 있을 거라는 확신은 자기 자신의 생 앞에서 각자가 개인적으로 포기하는 속임수에 불과하다. 나는 내 생 속에서 선을 실현할 수 없기 때문에, 국가가 그것을 내 대신에 실현하도록 국가 위로 던진다. 나는 진실을 간파할 수 없기 때문에, 행정이 나를 위해 그것을 간파해주고, 내가 이러한 고통스러운 조사를 하지 않도록 해주며, 나에게는 완전한 것만 주기를 바란다. 내 스스로 정의를 완성할 수 없기 때문에, 나는 정의로운 조직에 대해 정의가 존재하기를 기대하며, 그 속에 나는 단지 끼어들기만 하면 될 것이다.

신에 대한 포이어바흐Feuerbach의 아주 설득력 있는 증명은 오늘날 현대인의 의식 속에서 신의 자리를 차지한 것, 즉 국가에 대해 적용되어야 한다. 인간을 종교로 데리고 갔던 것, 그리고 자기가 할 수 없었던 것의 완성을 신에게 기대하게 했던 것, 그리고 오늘날 그를 정치로 데리고 가고 국가로부터 동일한 것들을 기대하게 만든 것은 바로, 같은 동기들이며 같은 과정, 같은 속임수이다. "그러나 정치 속에서는, 인간은 스스로 움직이고자 결심하고, 참여하고, 희생하며, 스스로 자신의 운명을 짊어진다…"하고 사람들은 말할 것이다. 그들은 종교 속에서도 인간은 전혀 수동적이 아니었고, 엄청 움직였으며, 자기를 더욱 희생했고, 근본적으로 참여했다는 사실을 너무 망각한다. 그리고 만약 우리가 현재의 정치를 생각한다면, 우리는 얼마나 극소수의 사람들이 거기서 자신의 운명을 짊어지는가를 이미 보았다. 실제로 그가 실현을 기대하는 것은 자기 자신이나, 다른 어떤 사람으로부터도 아니고, 어떤 신비롭고 우월적인, 전지전능한, 규정할 수 없는 큰 힘으로부터이다. 이 힘은 일종의 마술에 의해, 시민의 가련한 노력들을 효율성과 선과 절대로 변환한다. 티벳 불교의 기도문을 넣은 회전 원통이 초월적인 힘들을 풀어놓듯이, 투표용지는 초월적인 의지를 자극한다. 더 이상 이 경우나 저 경우에 합리적인 관계는 없다. 분명 초월적 의지는 개인적 의지들의 단순한 더하기가 아니다… 그것은 진정 종교적인 현상이다. 정치 참여는 따라서 종교와 비교될 수 있다. 게다가 이 두 용어는 동일하게 "개인을 묶는다"는 의미를 포함한다in wadium, re-ligare(볼모잡힘, 몸을 묶기). 그래서 이것은 자신 앞에서, 자신의 운명 앞에서, 자신의 책임 앞에서 진정한 도피이다. 한편으로 정치적인, 집단적인, 사회적인 책임들을 짊어지지만, 그것들은 비록 개인이 거기에 완전히 녹아든다 해도, 결단코 외부적일 따름이다. 그것들은 행동주의 안에서나 심각하게 받아들여질 수 있는 기분전환일 따름이지, 다른 식으로는 아니다. 다른 한편 사람들은, 자신과의 대면과 관계되는 점에서, 이웃에 대해, 즉각적인 것 속에서 자신의 책임을 회피하고, 감추며 달아난다. 개인적 덕성이 집단적 책임을 망각하게 해주었거나, 자비는 정의를 피하게 해주었다고 마르크스주의가 비난했던 것과 같지만, 방향은 반대인 그런 속임수이다. 이러한 비난은 19세기에는 정당했다. 오늘날은, 그것은 더 이상 문제가 아니다. 우리 눈 아래서 행해지는 것은 동일한 작용이다. 그러나 방향은 반대이다. 사회적인 조직에게 사적인 모든 문제들과 가치들의 실현을 떠넘기는 것은 인간적 포기의 아주 편리한 작업이다.

이러한 작업은 두 양상을 보인다. 우선 이것은 누구도 결국엔 일에 책임자가 아니고, 누구도 정의, 진실, 자유를 책임지지 않는다는 것이다. 그것은 조직의 일, 집단적인 일이다. 그것은 "사람들" 이다. 이러한 가치들이 실현되지 않고, 사태가 악화 되면, 그것은 조직이 나쁘거나, 객관적인 사회 정의 덕분에 내가 정의가 됨을 방해하는 자, 악의 화신이 있음을 의미한다. 사람들은 차후로 이 적을, 그리고 물론 권력을 비난할 것이다. 왜냐하면 정당한 조직을 보장하고, 부패한 적을 제거해야 하는 것은 권력이기 때문이다. 스스로 선과 정의를 실현해야 하는 사적인 책임으로부터 이러한 도피는 흔히 지식인들과 기독교인들에게서 상대적인 악, 즉 보편적 책임의 악을 동반한다. 나는 보르도Bordeaux에서 강의를 하고 있었는데 알제리에서 고문을 내 책임이라고 스스로를 설득하고, 세상의 기아나, 지구상 곳곳의 극단주의자들의 행동이 나의 책임이라고 하는 것은 정확히 모든 책임의 회피와 정확히 같은 것이다. 분명 이러한 행위를 특징짓는 것은 실제로는 무능력이다. 종이에 서명하거나 선언하는 것 말고는, 정치적 길을 통해 행동한다고 하거나 추상적 정치를 통해 질서를 세운다거나 하는 것 말고는, 나는 거기에 실제로 아무것도 할 수 없다. 우리 모두는 살인자이다. 그 말은 명확히 이렇게 표현된다. 즉 누구도 개인적으로는 그렇지 않다, 따라서 나는 살인자가 아니다. 내가 세상에서 자행되는 모든 악과 하나임을 인정하는 것은 허구적인 나쁜 의식을 통해 내가 할 수 있는 것을 하지 않으면서 나의 양심을 보장하는 것이다. 내가 더러운 놈이라고 인정하는 것은, 내가 제3세계를 착취하는 서구에 살고 있기 때문에, 정당에 참여하면서, 거리에서 소리치면서, 개인적으로 내가 더러운 놈이 되지 않기 위한 최소한 노력을 피하는 것이다. 게다가 나는 "프랑스인들"이 더러운 놈들이 안 되도록 작업하는 좋은 사람들의 편에 선다고 위로한다. 종교의 요구는 명백히 더 엄격했다! 그리고 이러한 양심의 가책, 나쁜 의식, 책임 나누기의 선언은 앞에 있는 불한당, 공산주의자나 파시스트에 대한 비난으로 곧장 전환된다. 그리고 그 모순을 보지 못하고, 두 가지를 다 선언하는 사람들도 마찬가지다. 그리고 이런 모순은 속임수를 드러낸다.

   문제와 가치를 정치화하는 두 번째 속임수는, 일을 심각하게 받아들이는 것을 내일이나 모레로 쉽게 연기하는 것이다. 정의는 정치의 일이고, 정의가 결국은 새로운 조직 속에서 실현될 것이기 때문에, 내일을 기다려라. "따라서 이 조직을 기다려라. 오늘날 우리는 준비 단계에, 중간 단계에 있다. 우리는 고통스러운 길을 따르고 있다. 그러나 안심하라. 방향은 좋다. 우리는 부정을 저지르고 있다. 그러나 이것은 더 큰 정의를 목표로 한 것이다. 우리는 자유를 파괴하고 있다. 그러나 우리는 자유를 준비하고 있다. 우리는 당신에게, 오늘날, 즉석에서, 투사인 당신에게, 거짓말하고, 죽이라고, 독살하라고 요구한다… 그러나 당신은 당신이 보지 못할 위대한 실현에 의해 당신의 잘못을 씻게 될 것이다. 왜냐하면 우리는 한 세대,

두 세대, 세 세대의 희생이 필요하기 때문이다. 그러나 진정하라. 당신의 희생은 헛되지 않을 것이고, 당신의 부정은 도래할 위대한 정의에 의해 덮일 것이다." 우리는 여기서 목적과 수단에 관한 윤리적이고 일반적인 문제의 개인적, 도덕적, 심리적 양상과 만나고 있다. 그리고 우리는 각자가 자기 자신의 행동을 정치화하면서 그것의 개인적 문제를 피하는데 얼마나 편하게 하는지 보고 있다. 해결이 될 것이기 때문에, 오늘날은 모든 것이 허락되었다.

드 주브넬de Jouvenel 95)은 정확히 "해결의 신화가 정치에 대한 우리의 이해를 어둡게 만들고, 반대로 우리가 그에 대해 아주 불안한 조정밖에 하지 못할 것을 쉽게 인정하게 한다"고 지적한다. 하나의 문제는 정확하고 잘 알려진, 그리고 상호 연관된 여건들을 포함한다. 이러한 사실로부터 이 문제는 해결될 수 있다. 즉 수학 문제는, 반드시 하나의 해결이 있다. 그러나 정치적 상황은 이러한 계열이 아니다. 한 사건을 정치적으로 만드는 것, 그것은 "그 사건을 품고 있는 용어들이 엄밀히 어떤 해결도 허락하지 않는다"는 점이다. "여건들이 모순적일 때, 다시 말해 해결할 수 없을 때, 진짜 정치적 문제가 나타난다." 하나의 정치적 문제는 조정의 대상이 될 수 있지, 결코 해결의 대상이 아니다. 그러면 조정, 부패, 진화, 타협, 권위적 방식 등이 있을 수 있다. 그것들은 해결이 아니다. 기술자들은 더욱 더 사회의 문제를 정확한 문제로, 그리고 해결을 허용해주는 용어로 작성한다고 주장한다. 커져가는 해결의 신화는 점차 우리의 의식으로부터 상대성, 다시 말해 진정한 정치의 겸손의 의미를 추방한다.

마지막으로 최종 모습을 보자. 실제적인 문제의 정치화는 현실로부터, 그것의 인간적 양상으로부터 벗어나게 해준다.96) 한 문제의 정치화 과정은 일반화와 추상화를 품고 있다. 정치적 차원에서, 우리가 말하고 행한 것은 인간적인 것과 가치들을 제거하면서 정당하게 될 수 있다. 그렇지만,

인간적인 것과 가치들을 고려하고자 한다면, 그것은 정치적 문제를 생각할 가능성을 없애는 것이다. 제3제국으로서는, 유태인 문제를 "조정해야" 했다는 데 아무런 의심이 없었다. 그것은 나치 수장들에게는 정치적 문제였다. 그래서 그들은 학살이라는 추상적 명령을 내릴 수 있었다. 그러나 제3제국의 모든 역사가들은 게슈타포와 친위대 대장이었던 힘러Himmler가 자기 앞에서 수십 명의 유태인들이 총살당하는 것을 보고 기절했던 사실을 강조한다. 그 문제는 갑자기 인간적인 문제가 다시 되었다. 그렇지만, 정치화 과정은 일반적으로 이러한 인간적인 문제를 감추는 것으로 이뤄진다. 사람들은 돈Don 운하를 찬양할 수 있다. 그것은 그 운하를 뚫기 위해 만여 명의 인명이 희생당한 사실을 숨기게 해준다.

알제리 전쟁은 이러한 정치화의 기능을 명백히 보여주었다. 고문에 대해, 우파는 말할 것이다. "F.L.N.을 압사시켜야 한다. 알제리, 프랑스의 과거, 조국, 위대함, 문명의 작품을 지켜야 한다(그 문제의 정치적 입장)." 그리고 그들은 작은 소리로 덧붙일 것이다. "분명 고문은 개탄할 만한 일이긴 하지만… (인간적 문제)", 그러면서 정치적 문제로 되돌아온다. 좌파는 반대로 고문을 강조해 보이려고 할 것이다. 좌파는 모라스Maurras로부터 나온 우파 정치의 사실주의에 반대하여 인간적인 것을 강조한다. 그렇다면 가자! 좌파는 우파의 정치적 가능성을 파괴하기 위해 인간적 문제만을 보기를 원한다. 그러나 좌파는 자신을 위해 동일한 작업을 한다. 즉 F.L.N.에 의해 저질러진 고문, 테러, 살인에 대해 좌파는 말할 것이다. "무슬림은 독립해야 한다. 이것은 자유와 인간 존엄을 위한 투쟁이다. 왜냐하면 식민화와 자본주의는 악이기 때문이다." 그러면서 그들은 작은 소리로 덧붙일 것이다. "분명 살인은 개탄할 만한 일이지만… (인간적인 문제)", 그러면서 즉시 정치적인 문제로 되돌아온다.

이렇게 한 문제의 정치화는 목적과 수단의 문제나, 정당화 시도의 문제보다 훨씬 더 멀리 간다. 실제로, 정치적 삶은 오늘날 가치들로부터 벗어나게 해주고, 상황의 인간적 현실을 지우게 해준다(게다가 이 상황은 언제나 특수하기 때문에 관심 밖이다). 사람들은 정치 아래서 실제와 진실을 감추고, 계획들과 혁명들에 따라 벽장을 밀폐하고 따분한 말을 한다. 따라서 정치적 고려는, "일반적 해결"이 단숨에 인간적 현실과 진실의 추구를 추방할 수 있게 해주기 때문에, 사람들이 그런 해결에 집착한다고 생각할 수 있게 해준다.

2. 가치의 달성으로서 정치

정의의 문제를 보면, 그 어떠한 정치 조직에 의해서도 그것이 실현될 수 있다고 믿는 것은 착각이다. 문명이나 관점에 따른 정의 개념과 내용의 다양성에 대해 잠깐만 생각해보자. 우리는 오늘날 공산주의자들이 부르주아의 정의는 계급의 정의일 뿐이라고 명확하게 증명하는 것을 본다. 그렇지만, 소련이나 중국에서 생각되는 정의에 대해서도 동일한 증명을 할 수 있다. 지나가기로 하자. 그러한 논증은 너무 쉽다. 법적 정의, 그리고 심지어는 사회적 정의의 문제도 옆으로 치워 놓자. 그런 정의들의 모호성은 잘 알려져 있다. 정치 문제에 있어서 정의의 두 양상을 들어보자 – 여론의 정의와 결정의 정의. 그것들은 분명 정치에서는 "시간들"일 따름이다. 그렇지만, 어느날 기대치 않았던 창조 속에서 국가가 그 자체 속에 절대적인 정의를 포함하고 있는 부동의 사회를 창조할 것이라는 생각을(이것은 모든 유토피아 추구자들과 대부분의 투사들의 비전이고, 그들 선전의 특색을 이루는 것이다) 포기한다면, 우리는 정치에서 정의는 지금 현재 실제로 단편적인 방식으로 표현되고, 어떤 점에서는 예언적으로, 정의로운 결정과 정의로운 여론의 움직임 속에서 표현됨을 받아들여야 한다. 실제적으로, 그리고 최선으로, 정치가 실현할 수 있는 것은 바로 이러한 정의이다.

아마도 지나치긴 하지만, 여론적 정의의 한 예로부터 시작하자. 히틀러적 체제에 반대하여 수행된 정의는 무엇을 의미하는가? 물론, 사람들이 히틀러에 반대하여 말한 모든 것은 정확하고, 그에 대한 단죄들은 완벽히 그럴만한 가치가 있다. 그렇지만, 우리는 만약 히틀러가 승리했다면 무슨 일이 일어났을까 하고 자문한다. 우리는 히틀러적인 수용소, 대학살, 인간 생체 실험에 대해 듣지 못했을 것이다. 반대로 우리는 1945년에 스탈린의 범죄들을 발견했을 것이고, 그를 전범으로 재판했을 것이다. 사람들은 러시아를 규탄하는 종족 학살죄를 만들었을 것이고, 강제 수용소, 발트 국가들에서 대학살, 우크라이나, 루마니아에서 대학살 죄를 만들었을 것이다 (스탈린그라드Stalingrad에서 독일군 10만 명이 포로가 되었는데, 그 중 5천 이하만 돌아왔으며, 나머지는 수용소에서 사망했음을 생각해보자!). 승리했다면, 히틀러주의는 제거해야 할 것을 (공산주의 같은 것) 제거한 다음에는 점차 부드러워질 것이다. 그러면 10년 후에는 사람들은 압박을 풀어주는 지도자들의 유화책을 찬양할 것이다. 반유태주의는 젊었을 때의 실수였고, 비록 몇몇 사소한 실수들이 있었지만, 전체적으로는 행복한 성공이었다고 찬양할 것이다! 역사 설명 속에서는, 계급투쟁 대신에, 종족투쟁이 첫 자리를 차지할 것이다. 나치의 교리가 더욱 더 깊이를 더하고, 하이데거Heidegger같은 특출한 철학자들이 거기에 공헌할 것이다. 반면 마르크스주의는 지식인들의 관심분야로부터 사라질 것이다. 기독교인들은 나치 교리에 과격하게 반대한 후에, 점차적으로 히틀러주의 사람들과 만나야 할 필요에 대해 생각할 것인데, 그렇게 하면서 그들은 마르크스주의에 대해 했던 것과 같은 용어들과 논쟁들을 사용할 것이다. 그런데 마르크스주의는 기독교적인 신앙에 분명 조금도 관심도 없었을 것이다. 그리고 사람들은 공산주의에 대해 정의의 사랑이나(선전에 의한), 소련의 경제 성장 같은 것은 전혀 언급하지 않고, 오직 그 범죄만 알게 되었을 것이고, 히틀러의 국가사회주의적 이데올로기에 잠기게 되며, 10년 후에는 그의 범죄들은 모두 잊어버리고, 그는 완벽히 정의롭게 보였을 것이다.

이러한 극단적인 예는(이러한 예가 정확할 수 있음을 알기 위해서는 1939년에서 1950년까지의 공산주의 발전을 생각해보는 것으로 충분하다!), 여론적 정의가 상황에 따라 유동적이고, 변한다는 것을 알게 해준다. 우리가 고통스러운 알제리 전쟁 동안에 확인할 수 있는 것은 바로 이러한 불확실성이다. 두 진영에서 부르짖는 정의는 하나의 정치적 여론을 표현하는 핑계였을 따름이다.

여기서의 문제는 여론의 유동적인 성격뿐만 아니라, 우리가 여론이라 부르는 것의 생각들, 영향들, 편견들, 정당화들, 비합리적인 입장 표명들의 특이한 혼합이다.

따라서 1962년에 드골의 권력 인격화에 대해 반대하고, 알제리 혁명 지도자 벤 벨라Ben Bella의 권력 인격화를 찬양한 사람들은 같은 사람들이다. 나는 사람들이 이렇게 외치며 반박할 것을 알고 있다. "전혀 같은 것이 아니다! 드골의 인격화는 반동적인 것이고, 벤 벨라에게서는 진보적인 것이다." 그것은 순전한 말장난이다. 실제로 스탈린에게서 권력의 인격화는 반동적이었는가? 드골에게서 인격화를 비난했던 똑같은 사람들이 그것을 비난하였다! 그리고 객관적으로 그것은 반동적이 아니었다. 즉 소련이 사회주의의 길에서 진보할 수 있게 해주고, 흐루시초프가 공산주의와 가깝다고 생각했던 상황으로 접근하게 해 주었던 것은 바로 그것이었다!

차후로 이러한 여론 속에는 어떤 판단의 정의가 있는가? 여론적 정의란, 필연적으로 편향적인 것으로, 그 자체로서는 정의가 될 수 없다고 단언할 수 있다.

이제 다른 양상, 즉 정치적 결정의 정의를 보기로 하자. 나는 정치에서는, 정의란 대상, 통계, 상황의 일이 아니라, 순간의 일이라고 말하고자 한다. 이 말은 정의란 순간들에 따라 변하는 것이라는 평범한 문제가 아니다 (그러면 내가 여론적 정의에 대해 썼던 말을 부인하는 것이다!). 하나의 해결이나 정치적 결정이 정의로운지 아닌지는, 그 결정자가 가지고 있는 정의의 개념이나, 선의, 정치적 성향에 좌우되는 것이 아니라, 결정이 내려진 순간에 좌우된다. 예를 들어 예민한 정치적 문제에서는, 문제가 나타나기 시작하여 확대되기 전에, 문제가 필연적 메커니즘으로 들어가기 전에 정의로운 해결이 발견될 수 있는 것이다. 돌이킬 수 없는 행동들이 수행되기 전에, 또는 여론이 일어나기 전에 결정을 해야 한다. 왜냐하면 돌이킬 수 없는 행위가 일어나버리면, 우리는 어쩔 수 없는 상황 속에 들어가며, 또 사람들이 행위의 수정도 거부하고, 기껏 수정을 얻어낸다 해도 결코 만족스럽지 못하게 된다. 두 번째 경우에는, 여론적 정의가 일어나, 정치적 감정이 개입하게 되며, 그 순간부터 모든 정당한 해결이 금지된다.

우리는 첫 번째 경우의 예로서 히틀러 체제를 들 수 있는데, 이 체제는 1934-1935년에는 제거하기 위해 큰 노력이 필요하지 않았을 수도 있고, 또 당시의 위기는 독일이 정치적 쇄신을 하게 해주고, 아마도 국가의 전반적인 재건을 하게 해주었을 수도 있었다. 그러나 1936년 이후에는 어떠한 정당한 해결도 더 이상 가능하지 않았다. 두 번째 경우의 예로서 우리는 아랍 세계와 서방 세계와의 관계를 들 수 있다. 1918년에는 건전한 상황이 확립될 수 있었을 것이고, 중동에서 진짜 정의가 확립될 수 있었을 것이다. 그러나 1919년부터, 그것은 더 이상 가능하지 않았다. 마찬가지로 1954-1955년에는, 알제리 전쟁도 정당하고 모든 사람에게 만족스러운 해결이 분명 가능했다. 그러나 1956년부터, 더 이상 어떠한 정당한 해결도 가능하지 않았다. 그로부터 F.L.N.이 없어지고, 수백만의 알제리인들이 학살되거나, F.L.N.이 승리하면서 그곳에 거주하는 유럽인들의 희생이 필요했다(결국 이것으로 귀착했다). 사람들이 자주 증명했지만, 이때부터는 알제리의 분할도 결국은 더 이상 정당하지 않았을 것이다. 왜냐하면 무슬림들은 경제적으로 취약한 지역에 억눌려 있었기 때문이다.

그런데, 이 진단이 정확하다면, 어떤 조건에서 하나의 정당한 해결이 초기에 정치적 문제가 나타날 때 적용될 수 있을까 자문해보아야 한다. 내가 보기에는 3개의 조건이 있다. 우선 길게 내다본 예견. 막 태어나기 시작한 현상이 위험이 될 수 있음을 간파할 지적 능력이 있어야 한다. 아주 미세한 신호들을 통해, 1954년의 F.L.N.의 운동이 확대될 수 있는 운동임을, 1934년의 히틀러가 앞으로 예고한 것을 하고 계속 할 것임을 간파해야 한다. 이러한 예견은 예언적인 것도, 초인간적인 것도 아니다. 정보에 밝은, 훌륭한 정치학자라면 이러한 변화를 정확히 평가할 수 있다. 그런데 사람들이 이러한 작업에 점점 덜 매달리는 것 같다.

두 번째 조건은, 지금 당장 필요해보이지 않는 행위를 할 수 있는 역량이다. 사실, 문제가 태동 중일 때는, 개입할 필요가 없고, 행위를 할 이유가 없어 보일 위험이 있다(반면, 사람들은 다른 화급하고 필수적인 행위들이 우리를 압박하고, 집행을 요구한다고 말할 것이다). 정당한 해결은 실제 수많은 해결책들과 결합 가능성들을 가지고 있는 발명가의 자유 속에서만 발견될 수 있다. 일의 진행 결과로 해결책들이 점차 줄어들고, 행위자의 자유가 축소될 때, 그리고 결국 필연적으로 된, 의무적으로 부여되는 단 하나의 해결만 존재할 때, 이러한 해결책은 가장 강한 힘의 표현이지, 결코 정의의 표현이 아니라고 말할 수 있다. 정치에 있어서 필연성에 의해 강제된 해결은 결코 정당한 해결이 아니다. 이슬람교도들에게 진정한 정치적 참여, 경제적 지위를 수여하기는 1954년에는 필연적이 아니었다. 그것은 정당하였다.

마지막으로, 세 번째 조건 – 관대함. 상황의 주재자라고 스스로 생각하는 사람은 현재 더 약한 파트너에 대해 관대하게 행동해야 한다. 정당한 해결은 강자가 약자를 지배하기 위해서가 아니라 도와주기 위해, 약자의 상황을 고려할 때만 발견될 수 있다. 내가 1935년에 히틀러 체제의 제거가 정당한 해결이었을 거라고 말할 때, 그것은 유럽이 독일의 경제적이고 정치적인 진정한 회복을 위해 단결한다는 조건에서이다. 그리고 아마 어떤 사람들이 권했던 그 해결은 그 순간에 "유럽연합"의 창설이었다.

그런데, 불행하게도 이러한 다양한 조건들은 구체적으로 실현하기가 어려워 보인다. 기술자들의 힘이 더 커져갈수록, 어떤 기술적 예견이 더 커져갈수록(경제적인 작은 단계에서), 그 반대편에서는 정치적인 예견이 더 사라져 간다. 기술적 질서와 정치적 예견의 방법 사이에는 모순이 있어 보인다. 예를 들어 나는 예견에 있어서 모든 정치적 통계학들의 불모성에 의해 충격을 받는다. 비수학적인 정치적 예견은 더욱 더 가치가 하락한다. 왜냐하면 소위 비과학적이고, 언제 어떻게 될지 모르기 때문이다. 그리고 이것은, 전체로서 정치적 생각은 아무런 의미도 없고 가치도 없다는 것을 그 자체 속에 내포하고 있는 치명적인 비판이다.

두 번째 조건은 더욱 실현할 수 없어 보인다. 왜냐하면 여론을 고려해야 하기 때문이다! 정당한 해결이 1934년에 히틀러에 반대하여 발견될 수 있었을까? 그렇다. 그렇지만, 프랑스 우파의 여론은 부정을 외쳤을 것이고, 좌파의 여론은 어떤 대가를 치르더라도 전쟁의 위험을 원하지 않았으며, 일반적인 프랑스 여론은 작은 역사들을 원하지 않고, 안위와 조용함을 추구했다. 이러한 조건에서, 왜 우리와 상관없는 일에 휘말려야 하는가? 정당한 해결이 1954년 알제리에서 발견될 수 있었다고? 그렇다. 그러나 알제리의 유럽인들은 양보를 하고 싶지 않았고, 프랑스의 프랑스인들은 대다수가 왜 이 "북아프리카인들"을 심각하게 여겨야 하는지 알지 못했다. 사실, 정치 속에 여론이 개입하면, 그 여론의 관성은 초기에 가능한 모든 정당한 해결에 장애가 된다. 그리고 여론이 흔들리면, 즉시 편파적이 되고 부당한 해결을 요구한다. 전체로서 국민들은 정보와 뉴스에 잠겨 있기 때문에, 벌써 거대하고, 돌이킬 수 없을 정도가 되어 있지 않은 문제들을 심각하게 받아들일 수 없다. 그들은 생겨나는 드라마의 신호들을 심각하게 받아들일 수 없고, 거기에 관심을 가질 수 없으며, 정의가 지배하도록 이 순간에는 어떠한 희생도 받아들이지 않는다. 그들은 자유 속에서 희생의 결정을 받아들일 수 없다. 국민들이 희생에 동의할 때는, 드라마가 폭발했을 때, 괴물이 나타났을 때, 순수 간단한 필연성에 복종할 때, 완전히 선전으로 조종되었을 때, 다시 말해 하나의 정당한 해결이 나오기에는 너무 늦었을 때이다.

다른 각도에서 정치를 통한 가치의 실현 문제를 접근해보자. 이 두 영역 사이에는 근본적인 모순이 존재한다. 우리가 이미 말했듯이, 정치는 물질적이거나 심리적인 폭력, 이데올로기적이거나 경찰적인, 정신적 제약 말고 다른 행동 양식을 사용할 수 없다. 그리고 잘 행해진 하나의 정치적 행위는 절대적으로 힘의 창조일 수밖에 없다(정치 행위가 창조한 제도들은 이러한 힘의 귀결이거나 도구들에 불과하다). "그러나 시민이 진정으로 정치에 관여되었다면 힘의 증가를 이상으로 삼지 않는다. 그 반대로 그는 힘을 제약하는 경향을 보일 것이다"하고 누군가 반박할 수 있다. 나는 여기에 커다란 착각이 있다고 믿는다. 분명 개인이 정치화될수록, 더욱 더 그는 문제들을 정치적으로 보고 생각하며, 정치적 행위에 더욱 중요성을 부여하고, 정치적 행위를 유일한 가능한 길로 생각하고, 그 길에게 최대의 힘과 효율성을 부여하는 경향을 보인다. 동시에 그가 정치화될수록, 더욱 더 그는 진정한 정치적 형태와 힘인 국가에 집중하고 쏠리게 된다. 그가 국가에 호소할수록, 그는 더욱 더 국가에게 힘을 준다. 그에게 유일한 문제는 누가 국가를 통제하는가이다. 그것이 그의 당일까? 그러한 경우라면 그건 완벽하다. 적대적인 당일까? 그 경우에는 그건 나쁘다. 그러나 국가를 그 자체로 축소하는 것은 문제가 될 수 없다. 그 반대이다. 사람들은 권력 소지자를 쫓아낼 것만을 생각할 것이다(따라서 일시적으로는 그의 행동 수단들을 축소하는 것을 생각할 것이다). 소수자들이 국가의 힘을 정지시키고자 한다고 믿어서는 안 된다. 최근 반세기의 경험에 비추어볼 때, 소수자가 권력을 잡으면, 패배한 당이 그 전에 승리할 때 자기에게 사용한 같은 수단들을 쓰지 못하게 하려고, 국가의 힘을 강화함을 보여준다. 각각의 걸음마다 국가 기구의 힘은 커진다. 정치화된 인간은 점점 덜 국가를 통제하려고 한다. 모든 것을 정치화하면서, 그는 국가가 점점 더 행동 반경을 확대하고, 힘을 사용하는 것을 정상으로 본다. 정치를 통해 모든 것이 해결될 것이기에, 정치화된 인간의 눈에는 그것이 정상이다.

이제 우리는 우리가 이미 연구했던 모든 현상들을 다시 발견한다. 다만 기억을 되살리기 위해 다음만을 언급하자 - 도덕과 가치에 대한 정치의 자율성, 힘의 성장과 가치들 사이의 모순, 수단들과 목적들의 일치.

이 모든 것이 결합되어, 정치를 통해, 다시 말해 선, 정의, 진실, 자유를 국가의 손에 맡기면서 그것들이 실현 가능하다고 믿는 비극적인 착각이 나온다.

나는 앞선 모든 분석에 대해, 혹자가 나의 선택들이 편파적이라고, 나의 평가가 거칠다고 반박할 것임을 잘 알고 있다. 또 누구는 정치란 어디에나 있는 것이 아니고, 언제나 그런 것은 아니며, 정치는 더 미묘하고, 예로 든 것들은 너무 과도하며, 나아가 미국이나 영국의 민주주의는 이 모든 것과 아무 관계가 없다고 주장할 것임을 잘 알고 있다. 그러나 나는 큰 줄기는 내가 지적한 방향으로 가고 있으며, 나의 이론과 다른 주장들은 곧 사라지게 될 현상을 대변한다고 믿는다. 페르하트 아바스Ferhat Abbas와 벤 벨라 Ben Bella 사이에서, 분명히 승리한 사람은 바로 후자이다(유명한 전문가들의 예언에도 불구하고). 이어서 벤 벨라에 대해 부메디엔Boumedienne이 승리한 것도 우연이 아니다. 이것은 또 저개발 국가의 상황으로 설명될 수 있는 일시적인 위기도 아니고, 생활수준이 향상되면 자유주의적 민주주의의 틀 안에서 다시 나타날 사실도 아니다. 그렇지 않다. 그것은 정치의 항구적인 변화의 신호이고, 마찬가지로 독재체제나 민주주의도 아닌 수많은 군사 정부 국가들 속에서 연속적으로 수립되는 것이다. 단지 미래를 품고 있는 사실을 평가하는 문제로서, 나는 바로 이 사실을 주장하는 것이지, 의회 민주주의와 자유주의 전통의 연약한 유지를 주장하는 것이 아니다.

L'ILLUSION POLITIQUE

탈정치화와 긴장

탈정치화와 긴장

1. 탈정치화?

나는 여기까지 읽을 인내를 가진 독자가 보일 반응이 무엇일지 잘 안다. "자 여기 또 정치적 무관심에 대한 변호가 있다. 그렇지만, 그건 정말 해결책인가? 우리가 기술했던 정치를 국가가 영위하고, 시민들 또는 단체들이 정치에 관심을 갖거나, 가지려고 시도한다 하면서도, 누구도 국가를 통제하지 않거나, 권력의 행사에 개입하지 않는다면, 국가는 정말 더 나쁘게 되지 않을까? 탈정치화는 해결책이 아닌가? 정 반대다." 포베Fauvet는 수많은 정치학자들의 의견을 요약하면서 정확히 말했다.

> "정당들 없이는 어디에도 살아있는 민주주의는 없다… 정당들을 단죄하면서, 사람들은 이중의 정치적 선택을 한다. 즉 사람들은 우파에 의지한다(우파는 정당들로 구조화되지 않았다). 그리고 민주주의에 대항한다… 권력의 인격화는 동시대 정치 집단들의 일반적인 율법이다. 그것은 조직된 정당들과 탈중심화된 제도들이 행정 권력의 증가된 비중을 견제하는 곳에서는 민주주의를 축출하지 못한다. 그것은 인격화된 권력과 탈정치화된 대중 사이에 아무것도 없는 그곳에서 민주주의를 위협한다… 드골주의는 정치적 공허를 심화시키면서, 그것을 제도화하고, 독재 체제로의 길을 준비할 수 있다."(「르 몽드」, 1962년 1월).

아무튼 탈정치화는 현행의 정치 세계와 국가 권력 증가에 대해 어떤 점에서도 치유책이 아님은 사실이다.★ 나는 어디에서도 정치적 무관심을 덕으로 여기지 않았다! 오늘날 수많은 프랑스인들의 무관심이(그렇지만 대다수는 아니다), 어떤 점에서도 좋지 않음은 확실하다. 실제로 더 이상 아무 것에도 책임을 느끼지 않는 것은 상당히 비굴한 위안의 일종이다. "결국 다른 누군가 결정하는 수고를 한다. 결국 다른 누군가 책임을 진다. 이제 그것은 나와는 더 이상 상관없다. 나는 옆으로 가는 것에 대해서 더 이상 불안해할 것이 없다. 안내인이 있다. 나는 더 이상 해결책을 발견하기

★ 탈정치화에 대한 판단들은 극도로 모순적이다. 우리는 우선 메를르Merle의 보고서처럼 분석적인 연구들을 본다(『정치적 무관심의 목록』). 그는 전략적 무관심(우파의 선전, 적을 약화시키기 위한 노력), 조직된 탈정치화("정치의 메마른 유희들로부터 여론을 떼어내려"하고, 무기력과 무관심을 조장하려는 지도자들), 마지막으로 특히 모라스적Maurrasse인 경향과 기술관료적 개념에 의해 특징된 정치적 무관심을 구분한다. 이 모든 것은 아주 좋은 것들이 아니다!
다른 사람들에게서, 탈정치화는 음울하다. 그것은 체제가 여론의 눈에 합법적이 아님을 증명하고, 가난한 계급들이 소외되고, 시민들이 적응하지 못함을, 그리고 이러한 경우들에서 민주주의가 기능하지 못함을 증명한다. 그리고 사람들은 당들의 필요성에 대해 주장한다. A. 필립Philip의 『인간적 사회주의를 위하여』와 베델Vedel을 보기 바람. "언어 없는 사유 없듯이, 정당들 없는 민주주의는 있을 수 없다." 그러나 또 정치적 무관심은 체제가 다수의 눈에 아주 만족스럽다는 증거이고, 사람들이 정부나 헌법을 바꾸고 싶어 하지 않음의 증거라고 설명하는 심각한 정치학자들도 있다(텡스텐Tingsten). 나아가서 탈정치화는 정치적 토론보다 더 유용한 업무에 사용된다고 설명하는데(리스만Riesman). 게다가 사람들은 가장 강력한 참여를 독재적인 국가들 속에서 발견한다. 아주 심각한 연구들은 선거 참여의 신속한 증가는 민주주의에 위험함을 증명하였다. 왜냐하면 갑자기 정치 운동 속에 들어온 사람들은 가장 덜 개화된 시민들이기 때문이다. 결국 정치적 무관심은 자동적으로, 그리고 그 자체로서 단죄할만한 것이 아니다(립셋Lipset, 『인간과 정치』).
우리는 문학 작품들 속에서도 동일한 모순들을 확인한다. 브로크Broch의 소설, 『무책임한 사람들』은 그것이 포함한 진실과 허위의 혼합에 의해 의미심장하다. 브로크는 정치적 무관심이 그 위에 범죄적 독재가 세워지는 단단한 기초라고 주장할 때 옳다. 그러나 그는, 인간 존재의 전체성이 선하고 악하게 하여지는 모든 것 속에 내포되기 때문에, 그가 각각의 사람들을 모든 것에 대해 책임자로 만들 싶다고 할 때 아주 환상적이고 거짓을 말하고 있다. 내가 실제적으로 모든 것에 대해 아무것도 할 수 없기 때문에, 나는 모든 것에 대해 책임자이다라고 확인하는 것은 완벽하게 헛된 일이다. 문제는 한 사람이 주어진 상황 속에서 실질적으로 할 수 있는 것을 가늠하는 것이다. 그리고 브로크가 철학적 일반화를 빌어 교묘하게 회피해버린 것은 바로 이것이다. 반대로 도스토예프스키Dostoïevski(『신들린 사람들』), 뵐Böll(『두 성사』), 두미트리우Dumitriu(『알 수 없음』)은 그 문제를 정확히 공격한다… 그러나 그들은 즉시 정치로부터 빠져나온다.

위해 머리를 싸맬 필요가 없다, 그것을 담당한 발명가가 있다. 나는 나의 개인적인 일에 조용히 안주할 수 있다. 집단적인 무엇도 더 이상 나와 관련이 없다." 개인 생활 속으로 움츠리기, 도피, 어려움 앞에서 게으름, 비겁함으로 인한 포기에 불과한 이러한 정치적 무관심은 대부분이 단죄될 만하고, 우리 사회에서는 결국 모든 것이 정치라는 사실을 보기를 거부하는 것도 마찬가지다. 우리가 등을 돌린다고 해서 정치가 더 이상 우리를 타격할 수 없는 것이 아니다. 그러면 정치는 더 잘 당신을 타격할 것이다! 오늘날 사람들이 이렇게 탐욕스런 국가로부터 자기를 방어하기 위해 진정 자신의 특수성 속으로 움츠릴 수 있다고 생각하면 당치않다. 사실 국가는 당신의 주장이 무엇이건, 그 성격을 바꾸지 않는다. 국가는 언제나 당신을 아주 쉽게 다시 찾아낸다. 게다가, 어떤 만담가가 제 V공화국의 특이한 정치적 무관심을 이렇게 기술한 것이 내가 보기에는 아주 정확하다. "하나의 단체나 집단은, 정부가 정부의 정치를 적극적으로 추구할 때 정부를 따라서 정치적으로 무관심하다."

나의 의도는 독자를 정치적 무관심으로 내던지기가 결코 아니다. 나는 거기에 숨겨져 있는 극단적인 거짓을 완벽히 알고 있다. 즉 정치적으로 무관심하다는 것, 그것은 정치적 선택을 하는 것이다. 그래서 사실은 정치적 무관심은 가장 흔히는 잡지 「파리 마취」Paris Match가 증언하듯이, 아주 세세한 정치적 선택들을 감추고 있다. 그리고 그로부터 배양된, (우리가 정치를 벗어날 수 있다고 믿는) 착각은 정치적 착각만큼이나 터무니없다! 따라서 나로서는 정치에 관심을 갖지 말라나, 정치를 하지 말라고 권유하는 문제가 아니었다. 또한 정치의 무용성을 증명하는 문제도 아니었다. 아무튼, 정치는 존재한다. 국가는 이런 저런 방식으로 하나의 정치를 영위한다. 오늘날은 어제의 조건들과는 다른 조건들 속에서, 분명 하나의 정치이다. 아무튼 시민은 정치에 연루되어 있고, 국가는 우리가 말했듯이, 자신이 대중들의 지지가 없이는 아무것도 할 수 없다고 생각한다. 비록 탈정치화 되었지만, 대중들이 어떤 국민투표에서 투표한다는 것은, 국가에게는 필수불가결한 정치 행위이다. 이상적인 것은 각 시민이 이 사회에서 필요한 정치 수준까지 완벽하게 오르는 것이리라. 그러나 그러한 일이 이뤄지리라고 믿는 것은 순수한 착각이다. 또는 이 모든 것은 어떤 점에서도, 내가 정치의 무용성을 주장하려 한다거나, 정치에 대한 모든 태도들이 다 비슷하게 환상적이라고 주장하는 것은 아니다.

* * *

  인간을 탈정치화로 초대하기, 그것은 반드시 그를 정치적 무관심으로 이끌거나, 다른 일에 전념하도록 하는 것이 아니다. 반대로 정치적 문제가 본질적이기 때문에, 인간이 정치를 다른 각도에서 보도록 인도하는 것이다. 우리는 법규나 좋은 제도, 사회 경제적 변화를 통해서 뭔가를 결정적으로 변화시킬 것이라는 희망을 버려야 한다. 정치는 생명의 문제, 휴식 없는 생명의 문제이다. 1789년의 근본적인 실수는 국가의 브레이크가 국가 안에 있을 수 있고 국가는 자율규제의 메커니즘이 될 수 있다고 믿은 것이었다. 국가는 그가 극복할 수 없는 장애를 만났을 때만 정지한다. 이것은 경험이 우리에게 알려준 것이다. 이 장애는, 인간밖에, 국가로부터 독립된 집단을 가진 시민밖에 될 수 없다. 그러나 이것이 의미하는 것은, 이렇게 탈정치화하고 재정치화하기 위해서 시민을 진정으로 민주적인 태도로 이끌어야 한다는 것이다. 그 문제는 견해나 어휘가 아니라, 행동에 관한 것이다.

  이러한 민주적 행위는 내가 보기에는 두 개의 큰 방향을 지니고 있다. 우선 정치의 탈신비화와 상대화이다. 정치의 기능을 절대화하는 사람들이 말로는 가장 민주주의자이고, 사실에 있어서 가장 비타협적이고 딱딱한 사람들이 가장 자유주의자라는 주장은 이상하기도 하고 이해할 수조차 없다.★ 민주적 행위는 우리가 여론이란 요동치는 것이고, 또 순수한 체계를 이루기가 불가능하며, 정치에서 정의를 달성한다는 것이 헛된 구호에 불과하다는 것을 알고, 결과적으로 정치적 토론이 상대적임을 수락한다는 것을 가정한다. 이러한 상대성 수락은 오늘날 보듯이 정신 나간 식으로 감정에 **빠지지 않게 해준다**.97) 벽에 (xx의 정치적 범죄가 무엇이건 간에) "xx는 총살을"이라고 쓴 모든 사람은 반민주적이다. 분명 민주주의자에게는, 어떠한 정치적 태도도(그것을 사람들이 범죄라고 부른다 해도), 죽음을 부를 만한 무게는 없다. 어떠한 정치적 결정도, 어떠한 정치적 행위도, 그것이 형식적인 민주주의에 반한다 해도, 생사가 달린 그런 절대에 이를 만한 가치는 없다. 이 영역에서는 모든 것이 상대적이다. 정치의 세계에서 시민의 감정, 반응, 생각을 탈 극화해야 한다. 그렇지만, 그것은 우리가 정치적 생각을 탈신비화한다는 것을 의미한다. 그런데 불행하게도 모든 신문이, **여명**에서 **뤼마니테**에 이르기까지, 그리고 **렉스프레스와 파리-마취**를 포함하여, 기사를 신화처럼 꾸미고, 사건에 감정적이고 신비적인 차원을 가미한다. 이런 신문들은 개인이 합리적으로 알고 이해하는 것을 엄격하게 방해하고, 독자를 피상적인 정치적 판단과 기본적인 감정들의 자의적인 착각 속에 빠지게 한다. 물론, 잘 팔리는 신문을 만드는 것은 바로 이런 조건들 속에서이다. 그러나 선택을 해야 한다. 그리고 내가 신화라는 단어를 말할 때는, 편리하고 별별 일에 다 사용되는 하나의 큰 단어를 사용하기 위한 것이 아니다. 즉 아주 엄격한 방식으로서이다. 내가

★ 우리는 중간적인 시민에게서 정치적 결핍을 확인한다고 믿으며, 일반적인 회의주의와 무기력을 말하는 저자들의 확신을 공유하지 않는다. 반대로 우리가 보기에는 각 경우마다, 그리고 각 사건마다 폭발하는 잠재적인 정치적 감정이 존재하는 것 같다. 결핍된 것은 숙고된 개인적 의견이지, 감정이 아니다!

비난하고자 했던 것은 특징적으로 그 다양한 색조를 지닌 하나의 신화이다. 예를 들어, "하나의 구조로부터 출발하여, 사건들 전체를 꾸미고, 이 사건들은 어떤 이야기로 이끌어지며, 결국 어떤 절대에 귀착한다." 우리는 정말 어떤 구성 앞에 있게 되는데, 모든 정치란 이 구성이다. 이 구성은 자체 속에 필연적으로 그것을 내포하지는 않은 구조들(정치적 제도들처럼)로부터 출발한다. 우리는 다소간 종합적인 사건들의 접합 앞에 놓이는데, 이 사건들은 그들의 얘기되어진 방식 속에서 결국 하나의 이야기를 구성하게 된다(정치가 자발적으로 이야기가 되는 것은 아니다). 다른 색조, 그것은 설명이다. 신화는 언제나 어떤 상황과 인간 조건, 어떤 구조의 설명이다. 그런데, 바로 정치가, 경험된 바로서, 그리고 매스미디어와 정치인들을 통해 이해된 그대로, 정확히 프롤레타리아 상황에 대한 설명이고, 1918년 독일 붕괴에 대한 설명이며, 소련에서 과학에 대한 설명이다. 우리가 들 수 있는 마지막 색조는, 바로 정치가 띠고 있는 착색된 포괄적 이미지라는 특징이다. 정치화한 인간은 합리적으로가 아니라, 이미지들을 통해 생각하는데, 이 이미지들은 세상에 대해 전반적인 이미지, 구성된 설명적 전체를 형성한다. 개인적 의식을 되찾기 위해서는 극단적인 방식들로 밀어붙이고 절대적인 이해와 판단들을 제공하기 때문에 모든 민주적 행동을 금지하는 이런 신화적 차원을 무슨 대가를 치르더라도 파괴해야 한다. 개인적 의식은 훨씬 어렵고 훨씬 덜 만족스럽긴 하지만, 오로지 그것만이 민주주의와 정치에서 실재를 구할 수 있다.

 민주적 행동 가능성을 위한 두 번째 큰 방향은, 시민이 정통주의자들의 노리개가 되지 않게 알고 이해할 수 있도록 그를 개인적으로 형성하는 것이다. 원칙상으로는, 거기에는 어떤 어려움도 어떤 반대도 없어야 한다. 더군다나 여기서 말해진 것은 순수 간단하게 평범하다. 그러나 시민이 알고 이해하도록 지금까지 취해진 모든 수단들은 반대 방향으로 작용한다.

학교에서의 교육도 그러하다. 사람들이 실천적인, 기술적인, 현대 세계에 적응된 기능으로 향하면 향할수록, 학생에게 이 현대 세계 속으로 들어가는 준비를 시키면 시킬수록, 더욱 더 진정한 모든 지식과 모든 성찰과 선결적인 적응을 통한 모든 의식화를 금지한다. 1830년의 예수회의 교육은 내가 보기에는 우리의 가장 현대적인 교육보다 거기에 훨씬 더 적절해 보인다. 이 현대 교육은 사회에 대한 순수 간단한 적응 메커니즘 외 다른 것이 아니며, 따라서 미리 모든 성찰과 의식화를 금지한다. 정보에 관해서도 마찬가지다. 그것은 시민에게 더 많은 정보를 주는 문제가 아니다. 아주 많은 정보를 받은 시민이 더 적응을 잘한다는 것은 거짓이다… 그는 뉴스 속에 잠기게 되고, 정치적 착각을 제시하며, 더 쉽게 선전에 노출되게 된다. 물론 우리는 교육과 정보를 제거해야 한다는 것은 아니다. 다만 그렇게 인식된 그대로(그리고 나는 교육적 진보와 좋은 최첨단의 정보를 의미한다), 그것들은 인간이 환상으로 포식하도록 준비시킬 뿐이다. 아는 것과 이해하기는 사적 개인의 사실일 따름이지, 사회적 존재의 사실이 아니다. 여기에 기본적인 오해가 있다.

　분명 "정치적 실천의 주체와 사적인 개인은 동일하다." 그러나 정치적 실천의 주체는 그러한 그대로 존재하는 사적인 개인일 따름이고, 그러한 그대로 정치적 행사에 몸을 맡긴다. 즉 공적 생활에 책임을 지기 전에 자신을 의식하는 인간에 관한 문제이고, 교육과 정보에서는 공적인 사람이 아니라 자신을 의식하는 사람을 창조하도록 해주는 문제이다. 이것은 당연히 그래야 하는 것의 지적으로서 완벽하다. 그리고 공적 생활·사적 생활 문제의 묘사는 내가 보기에 절대적으로 본질적이다. 그러나 그것은 내가 보기에는 현행의 상황에 의해 정확히 위태롭게 되어 있다. 정치가 모든 것을 주재한다고 하면서(특히 우리가 보았듯이, 사적인 생활 속에서), 시민이 정치화되고 착각적인 정치 세계 속에 사는 정도에 따라서, 그의 사적인 생활은 축소되고 의미를 상실하며, 그 맛을 잃는다. 사적 생활은 더 이상 정당성을 갖지 못하고, 봉사하고 증언하며 참여에 열을 내는 정보 제공된 시민의 높은 역량에 어울리지 않게 되고 흐릿해진다. 그리고 질려버린 시민이 그곳으로 도피할 때조차도, 그것은 더욱더 그것이 되어야 할 것이 아니며, 다만 도피, 부재가 된다. 회복해야 할 것은 바로 이 사적 생활인데, 그 일은 외부의 기술적인 방식을 통해서 인위적으로는 될 수 없다! 거기서도 다시 정치의 부당한 침공이 있을 것이다. 사적 생활에 새로운 가치를 부여해야 한다. 진정한 문제들이 정치적 용어로 제기되지 않을 상황에 새로운 가치를 부여해야 한다.

2. 긴장 [98]

우리는 현행 사회의 주제어가 '적응'이라는 것을 모두 알고 있다. 이 용어의 확산, 심리·사회학적인 교리들은 미국이 근원이다. 그러나 흐루시초프가 소련 시민과 그의 양성, 의무와 결함을 말했을 때, 사람들이 우리에게 사회주의 세계에서 집단적 생활과 사적 생활의 일치에 대해, 또는 인간과 사회·정치적 현실 사이의 "스크린" 부재에 대해 말할 때, 소련에서 반동적인 의견이나 비판적 행동을 하는 사람들을 정신병원에 가두고자 할 때, 그것은 결국 동일한 일이다. 그로부터 나온 수학적 심리학과 사회학 연구들이 무한히 복잡하고 세심하며, 설득력 있고, 반박의 여지가 없다 하더라도, 그 일반적 생각은 아주 간단하다. 그러나 그 문제에 관한 서적들은 일반적 생각에 아무것도 바꾸지 않았다. 개인적인 차원에서, 각자의 경험은 내적 갈등이 얼마나 고통스러운지 그에게 가르쳐주고, 균형 잡히고 정돈되며, 고요한 삶을 사는 것이 훨씬 좋다는 것을 가르쳐준다. 내면의 심리학은 이러한 갈등의 성격에 대해 많은 것들을 가르쳐 주었고, 갈등들이 겉보기보다는 훨씬 더 심각하다는 것을 가르쳐 주었다. 제압되지 않은 이러한 내적 긴장으로부터 신경증이 나오고, 긴장이 경우에 따라서는 아주 심각한 결과를 초래하기 때문에 그것들을 피해야 한다는 결론이 나왔다. 따라서 우리가 알고 있는 모든 분석 기술이 적용되었다. 결국, 개인을 자기 자신과 자신의 삶에 적응시키는 문제인데, 대부분의 갈등과 긴장은 그로부터 나오기 때문이다.

하나의 집단에서도 동일한 문제가 제기된다. 사람들은 구성원들 사이에 갈등이 무성한 그룹은 훨씬 덜 행복할 뿐만 아니라(가족), 수행해야 할 기능과 업무에도(작업 팀) 훨씬 비효율적임을 알았다. 따라서 집단이 업무를 잘 수행하기 위해서는 우선 갈등을 줄이는 것이 중요하다. human relations, human engineering이 우선적으로 매달리는 것은 바로 이것이다. 그렇지만, 하나의 집단은 하나의 통일체가 아니다. 그것은 개인들 전체이다. 문제는 구성원들 사이에 긴장 없고 행복하며 갈등 없는 관계를 설정하기이다. 그리고 이것은 집단의 이익뿐만 아니라, 각자의 이익을 위해서이기도 하다. 집단에서는 두 구성원이 서로 반목하자마자 모든 것이 신속하게 손상된다. 모든 개인은 여러 다양한 집단에 속해 있고, 그의 행복은 실제로 집단 속에 가입하기와 다른 사람들과 그의 집단적 관계에 달려 있음을 사람들은 지적한다. 그가 가족, 사무실, 스포츠클럽, 조합에서 균형 잡힌 좋은 관계를 가지고 있다면, 이 사람은 행복하다. 행복은 정확히 개인의 사회적 관계 시스템에 달려 있다. 따라서 이것은 적응의 문제이다. 분명 각자가 자신의 환경이나 여러 다양한 그룹들에, 그리고 이웃한 동료들에게 정확하게 적응했다면, 그는 행복하고 효율적이며, 집단의 문제를 해결하는데 도움을 준다. 만약 각자가 이렇게 적응한다면, 더 이상 집단의 문제는 없다. 이것은 또 현행의 공산주의가 다른 어휘를 사용하여 우리에게 가르쳐 준 것이다.

그러나 이것은 단순히 집단이나 집단들의 문제 해결만 가져오는 것이 아니다. 그것은 사회 전체를 위한 해결이기도 하다. 우리는 개인이 사회로부터 받은 도덕적 기준들과 문화적 개념들, 그리고 이 사회가 내포하고 강요하는 행위들 사이의 불일치가 개인에게 주는 비극적 성격을 알고 있다. 이상주의와 기술들 사이의 불일치가 있고, 도덕과 경쟁적 경제 행위 사이의 불일치가 있으며, 휴머니스트적인 교육과 직업적 행위들 사이의 불일치가 있다. 더 크게는 17세기나 19세기부터 내려온 이데올로기들과 현행의 현실들 사이의 불일치가 있다. 이러한 갈등들을 해결해야 하고(이데올로기들을 현실에 맞춰야 한다), 개인을 새로운 상황에 적응하게 해야 한다. 같은 방식으로 계급간 갈등을 해결해야 한다. 이것은 조직과 동시에 심리학적인 일이다. 개인을 그의 다양한 활동들, 환경, 그의 기능들, 그의 생활환경, 그의 도구들에 정확하게 적응시켜야 한다. 적응하지 못한 개인은 개인적으로 불행할 뿐만 아니라, 사회적으로도 분쟁을 일으키고, 무질서의 원인이며, 일반적 불균형의 원인이 된다. 그리고 이러한 적응은 내적이고 외적인 모든 긴장을 축소하면서만 실행될 수 있다.

이러한 학설은 학설일 뿐만 아니라, 수많은 연구로부터 영감을 받은 것이고, 응용도 된다. 그렇지만, 이것은 어떤 가치들의 선택으로부터만, 어떤 가정들로부터만 의미와 명증성을 가질 수 있음을 고려해야 한다. 그것은 우선 안락과 행복에 관한 문제이다. 이러한 적응을 위한 거대한 움직임, 외향적인 개인에 대한 찬양, 긴장과 갈등에 대한 증오는, 인생의 유일한 목적, 의미, 가치는 행복이라는 생각 위에 세워진다. 그리고 이 행복에 접근하는 유일한 수단과 길은 바로 물질적이고(생활수준의 향상, 노동과 고통의 감소) 정신적인(안전, 이상주의들) 안락이라는 확신 위에 세워진다. 이러한 가치들은 서구 사회와 공산주의 세계에서 동일하다. 이러한 일반적 방향 속에서, 정치는 모호한 역할을 한다. 한편으로 사람들은 정치가 긴장과 갈등의 창조자임을 인정한다(나는 이런 주장들에 누가 박수를 칠 것인지 아주 잘 안다… 그러나 나는 지지를 거부한다. 그리고 나는 그러한 지지는 오해로부터 나온다고 선언한다). 결국 정치는 우리 사회와 같은 사회 속에서 비난받을만하다. 이어서 집단 심리학에 대한 모든 연구들이 일어나는데, 이 연구들은 집단에서 민주적 행위는 갈등을 제거해주고, 정치적으로 가장 효율적이며, 가장 잘 적응했음을 증명하려고 한다(그렇지만 인간이 진정으로, 그리고 완벽히 이 집단 속에 통합되었다는 조건에서이다!). 다른 한편 정치는 긴장을 제거하는 것이다. 정치란 모두가 복종해야 하는 국가와 정치 조직의 특출한 가치에 근본적인 동의를 가정하기 때문만이 아니라, 현재 사회 속에서 최종적으로, 예를 들어 소련 시스템 속에서, 실질적으로 단일한 사회 구조로 귀착해야 하기 때문이다. 그 단일 구조 속에서는 지역 집단들의 결정은 하나의 공통된 목적으로 수렴할 수밖에 없고, 비난할 수 없는 집단적 목표의 실현으로 귀착해야 한다. 나는 이것이 오늘날 소련에서 실제로 실현되었다고 말하는 것은 아니고, 그것은 모든 사람들에게, 공산주의 국가가 아니더라도, 찬탄할만하고 설득력 있는 목표라고 말하는 것이다. 정치적 이상은 언제나 사회를 이러한 단일성으로 축소하는 것이 아니었던가? 오늘날 우리는 그 어느 때보다 이 단일성에 더 가까워졌다.

* * *

그런데 나는 그것이 놀라운 실수라고 생각하며, 우리가 언급한 정치적 착각과 일치하는 모든 학설들은 오늘날 인간의 길 중에서 가장 나쁘다고 생각한다. 우리는 샤농Shannon이 열역학의 엔트로피 공식을 확장해 놓은 것을 언급해야 한다. 그는 이러한 경향이 일반적일 것이라는 가정을 하였고, 그것을 정보 이론에 적용하였다. 엔트로피는 고립된 체계 내부에서 자발적인 모든 교환에서 언제나 증가한다. 엔트로피는 결코 저절로 감소하지 않는다. 마찬가지로 정보는 커뮤니케이션의 결과로서 언제나 감소한다. 극단적으로, 커뮤니케이션이 전부인 때에 정보는 여일하게 남아 있다. 엔트로피와 정보는 동형체적 여건들인데, 기호적으로 다르다. 위너Wiener는 또 이것을 일반화하였다. 즉 모든 고립된 체계 속에서, 엔트로피는 자발적으로 증가하는 경향을 보이고, 마찬가지로 정보는 줄어드는 경향을 보인다. 엔트로피는 무질서의 척도이고(그러나 잘 이해해야 한다! 이것은 전복, 혼란을 의미하지 않는다), 정보는 질서의 척도이다. 정보를 받아야 할 사람이 이미 정보의 대상을 알고 있다면, 커뮤니케이션은 물질적으로 완벽하고, 기술적으로 적절할 수 있지만, 그것은 대상이 없다. 즉 정보가 없다. 정보가 있기 위해서는, 닫힌 체계 속에서 (예를 들어 언어) 불균형이 있어야 한다. 즉 정보제공자가 하나의 정보를 알고, 그것을 알지 못하는 사람에게 전달한다. 이 경우에 정보가 있다. 아무 일도 일어나지 않고, 아무 것도 전달하지 못하면, 엔트로피가 있다. 따라서 최대의 무질서 상태인 엔트로피는 동시에 가능한 최대의 동질성 상태이다. 모든 부분이 동질이면, 더 이상 어떠한 교환도 없고, 따라서 엔트로피이다. 열역학적으로 균형 잡힌 세계 속에서는, 층의 차이의 부재로 인해 어떤 사건도 더 이상 일어날 수 없을 것이다. 정보가 균형 잡힌 상태의 서클 속에서는, 어떠한 정보도 더 이상 없다. 인간적으로 균형 잡힌 동질 상태의 집단 속에는 엔트로피가 있다. 그러나 엔트로피는 정확히 죽음의 엔트로피이다. 다른 사람들이 만들어 놓은 일반화를 받아들인다면, 어느 집단 속에서 사람들의 완벽한 적응은 실제로는 그 집단의 기계화를 위해 이 집단의 생의 사라짐을 의미한다. 정치적 운동 속에서 실현된 통일성은 주어진 체계 속에서 생의 사라짐을 의미한다. 물론, 혹자는 이렇게 소리칠 것이다. "말도 안 된다. 여전히 개인의 특이성이 있을 것이다. 모든 것은 여전히 그의 정열과 기호에 의해 혼란해질 것이다. 여전히 경쟁, 증오, 거부, 나태의 유희가 있을 것이다! 이 모든 것은 적응과, 통일적 운동으로 귀착을 방해할 것이다." 분명 이 모든 것은 정확하다. 그러나 나에게 중요한 문제는 최종 결과가 아니라, 일반적인 방향이다.

그런데, 국가의 조직적 힘 아래서 국가의 통일적 개념을 향한 방향은 인간이 환경에 적응하기처럼 엔트로피를 증가시키고 생을 감소시키는 경향들이다. 이러한 방향 속에서, 정치적 착각은 아주 확실한 역할이 있는데, 그것은 정보와 생의 흐름의 사이비 유사물, 시뮬라크르를 제시하고, 정열들을 거짓 현실 위로 고정시키기이다. 그 와중에 적응의 메커니즘들이 작용하고, 그러면서 새로운 사회의 현실 차원에서 충돌과 거부를 피하게 한다.

* * *

국가를 그의 구조와 기능 속에서 유지하며, 사적 생·정치적 생의 문제에 현실성을 회복시키고, 정치적 착각을 제거하기 위한 유일한 길은 바로 긴장들을 발전시키고 다각화하는 것이다. 그것은 또 개인에 대해, 그리고 정치 기구에 대해서 똑같이 진실이다. 나는 긴장과 갈등의 과정만이 인격을 형성해주는 것이라고 생각한다. 가장 높은 차원에서뿐만 아니라, 집단적인 차원에서도 그렇다. 나는 그렇게 말하면서 교육학자들과 심리학자들이 반박할 것을 알고 있다. 그러나 나는 적용된 방법들의 결과로서, 우리가 부정확한 방향 속에 있으며, 모든 것은 결국 형이상학적 성격의 선결적인 선택들 위에 세워져 있다고 믿는다. 19세기에는 개인과 사회를 격렬하게 대립시키는 것이 유행이었다. 그래서 수많은 어리석은 말들이 이 주제에 대해 씌어졌다. 반세기 전부터, 사람들은 개인과 사회 사이의 완전한 일치를 주장하면서 그 문제를 해결하였다. 그리고 미국 쪽의 심리학적 기술들은, (정확히 소련 쪽에서 동일한 역할을 수행하는) 정치 교육처럼 이러한 가정을 구체화하고 효율적으로 만드는 것을 그 본질적인 목표로 삼는다. 그런데 19세기의 생각을 조금도 다시 취하지 않으면서, 우리는 개인들이 있어야 사회가 있고, 개인들은 국가, 집단, 사회, 사회주의에 의해 완성될 수 없으며, 너무 완벽한 적응은 집단의 효율성으로, 그리고 개인의 무력화로 이끈다는 사실을 주저 없이 주장할 수 있다.

개인은 긴장과 갈등 속에서 형성된다고 우리는 말했다. 우리는 여기서 그것을 완전히 설명할 수는 없다. 몇 가지 예만 들겠다. 어린이에 대해, 어린이는 고통 없이 배워야 하고, 즐겁고, 매력적인 일을 가져야 하며, 자기가 공부하고 있다고 인식하지 말아야 하며, 교실에서 교사는 결국 게임을 리드하는 사람이어야 하고, 학생과 갈등이 없는 지도자가 되어야 한다고 사람들은 말한다. 이 모든 것은 내가 보기에는 어린이의 인격을 존중한다는 미명 아래서 오히려 어린이의 인격을 방해하기 위해 아주 잘 만들어진 것 같다. 이것은 설탕으로 약을 감싸듯이, 인위적 절차들로 현실을 감추기 위한 완벽한 위선이다.[99] 반대로 어린이는 노력하여 정복해야 하는 제약이나 장애를 겪어야 한다. 그가 극복할 수 있는 이러한 투쟁만이 어떤 의미를 가질 수 있고, 그로 하여금 진정으로 힘을 행사할 수 있게 준비시켜 준다. 그리고 이런 투쟁을 거쳐야 거친 사회 속으로 들어갈 준비를 시켜 준다. 마찬가지로, 선생님과의 관계는 아버지와의 관계처럼 권위적인 관계 외에 다른 것이 될 수 없다(선생 쪽에서 보면 이해적이고 우호적이며 헌신과 교육으로 가득 찬 권위이다). 선생과 학생 사이에 갈등이 없다고 주장하는 것은, 어린이가 사회생활에 참여하는 것을 극단적으로 왜곡시키고 그로 하여금 자신의 인격 형성을 못하게 막는 (실현가능한) 거짓말이다. 선생은 실제로는 장교가 병사에게 그렇듯이, (어린이의 입장에서는) 어린이의 적에 불과하다. 그리고 양성시켜주는 것은 바로 이러한 갈등이다. 갈등 속에서 아랫 사람은 자신을 "단련하고", 힘을 기르며, 제약과 자유의 게임을 배운다. 그러나 이러한 갈등 속에서, 상위자는 구박하거나 박살내지 말아야 하고, 자기가 상위자이기 때문에 자기 상대의 힘에 맞춰 자신의 힘을 제한해야 함을 알아야 한다. 바로 거기에 모든 교육이 있다.

집단의 경험에서 아주 중요한, 민주주의 습득도 정확히 똑 같다. 민주주의 습득은 인위적 집단 속에서는 될 수 없다. 집단의 행위 선택에 대한 소위 자유 토론은 일종의 합의에 이를 것이다. 그러나 민주주의 습득은 더 엄격하고 긴장되며 거친 형성을 가정한다. 그것 없이 민주주의는 적들이 민주주의에게 비난한 것, 즉 나약한 자들의 체제, 의미가 없는 공허한 어휘 체제가 될 것이다. 민주주의는 항구적인 정복에 의해서 얻어진다. 왜냐하면 그것은 정상적인, 자연적인, 자발적인 체제가 아니기 때문이다. 민주주의는, 만약 그것이 존재한다면, 정치적 정복들 중에서 가장 긴장을 부르고, 사실적으로 가장 문제가 많으며, 연약하고, 지키고자 하는 의지를 요구한다. 따라서 시민들의 자발적인 태도, 다시 말해 순응주의와 적응에 반대하지 않고 어떻게 민주주의를 지탱할 수 있을까? 만약 사람들이 민주주의를 기름이 잘 칠해진 제도들의 전체로 축소한다면 어떻게 그것을 지탱할 수 있을까? 그러나 만약 시민이 그가 민주주의라고 생각하는 이 톱니들 전체 속으로 들어가도록 준비되었다면, 그렇다면 이 민주주의는 환상이고 과거의 추억에 불과할 것이다. 바로 그 과거의 찬양 속에서 오늘날의 민주주의는 용해되어 버렸다. 워싱턴Washington과 자코뱅당원들Jacobins은 죽은 민주주의들의 세례명이다. 옛 사람들이 민주주의는 시민의 덕을 가정한다고 주장했을 때, 그들은 정말 옳았다. 그리고 그 덕이란 적응이 아니라, 긴장에 의해 형성된다.

  장애, 제약, 규칙, 상위자, 강요된 질서 앞에서 인간은 자신의 힘을 느끼고 동시에 자유를 경험할 수 있다. 그러나 자유가 인간 본질의 여건으로 인식되고, 사회적 메커니즘의 결과로 또는 사회의 선의에 의해 개인에게 제공된 비어 있는 영역 곧 그 다양한 한계가 국가나 학교 선생에 의해 정해진 영역으로 인식되는 한, 자유가 법과 제도들 속에 "새겨진" 것인 한, 자유는 B. 샤르보노Charbonneau가 "자유의 거짓100)"이라 부른 것에 불과하다. 제약, 규칙 앞에서 정복된 자유만 있다. 갈등 속에 놓인 인간이 자신의 자유를 정복하기 위해서는 정확하고 엄격한 질서가 있어야 한다. 문제는 언제나 시적인 문제이다. 시인의 자유는 시적 활동의 부재에 불과한 사이비 자유시의 규칙 부재에 있는 것이 아니라, 시인이 전체 규칙들과 벌이는 투쟁 속에 있다. 그리고 규칙이 엄격할수록, 그것을 극복하면서 시인의 자유는 더욱 더 주장된다. 현대인은 이러한 경험을 정확한 자연 과학적 필연성에 대한 투쟁 속에서 하였다. 어느 정도까지나 자신이 물리학과 화학적으로 미리 결정되어버렸는가를 발견하면서, 인간은 자신의 해방의 길, 즉 기술의 길을 발견하였다. 그러나 인간은 이 영역에서 성공한 것을, 사회·정치·경제적 영역에서는 실패한다. 그는 3가지 이유로 해서 실패한다.

  현대인은 인간을 물리·화학적 물질처럼 다룰 대상으로 간주한다.

  현대인은 사회·정치에서 물리학과 화학에서 성공했던 방법들과 비교될 수 있는 방법들을 사용하려고 한다.

  현대인은 물질과 대립되는 것은 받아들였으면서도, 사회와는 대립을 거부한다(현대인은 사회가 자유를 포함하고 있다고 믿는다!). 달리 말하면 그는 인간 대 물질의 (또는 자연의) 긴장을 수락한 경우에는 승리하였다, 그리고 그는 인간 대 사회·문화·역사의 긴장을 보기를 거부하기 때문에

(또는 적응에 의해 해결한다고 주장하기에) 다른 경우에는 실패하는 중이다.

물론 나는 긴장과 갈등의 후유증, 어린이가 권위 앞에서 느끼는 공포, 독재의 위험을 극복하지 못하는 인간의 신경증에 대해 사람들이 나에게 반박할 모든 것을 알고 있다. 그러나 우리가 인생을 신중한 일로 생각한다면, 사람들이 책임이라는 단어에 대해 즐거워한다면, 그것은 동시에 "리스크"를 의미한다는 것은 명백하다. 내가 긴장을 긴장 그 자체로 가치 있는 것으로 삼지 않는 것은 명백하다. 긴장은 극복되고 동화되어야 할 어떤 엄격함이어야만 가치가 있다(그것은 적응과는 절대적으로 다르다). 더 나아가서 긴장은 인위적이고 이론적인 하나의 시련이어서는 안 된다. 그것은 어린이가, 이어서 인간이 해야 할 투쟁이고, 거기에 자신의 모든 힘을 쏟아야 할 실제적인 투쟁이다. 마지막으로, 긴장은 안정된 상황이어서는 더욱 안 된다. 긴장은 반드시 해결해야 한다. 동시에 긴장은 다른 차원에서, 그리고 다른 형태로 재생산된다. 물론 리스크가 있다. 그러나 실패, 후퇴의 리스크는 정확히 책임 있는 인생의 조건이다. 갈등을 피하면서 리스크를 피하는 것은 한편으로는 책임을 피하는 것이고, 다른 한편으로는 개인적 생의 역량을 죽이는 것이다. 모든 영역에서 인간을 "보장된 자·소비자"로 축소하기는 인간의 창조적 역량의 부정이고, 동시에 민주주의의 부정이다. 그러나 가장 큰 위험, 그것은 긴장이 스스로 해결될 것이라고 주장하는 속임수이다(테이야르 드 샤르댕Teilhard de Chardin이 그 좋은 예이다). 그것은 인간의 주의, 의지, 지성을 실제적 충돌로부터 돌려 세우고, 그것들을 이상주의로 가리는, 또는 인간을 객관적인 상황에 적응시키려는 가식이다. 그러면 인간이 자신의 조건을 담당할 기회가 더는 없게 된다.

* * *

인간과 그의 개인적 형성을 고려하면서, 우리는 특히 긴장의 문제를 규칙과, 제약과 갈등의 양상 아래서 생각하였다. 그러나 긴장은 그것이 대립하는 두 존재들의 사실일 경우에 더욱 진실되고, 더욱 풍부하다. 그것은 예수가 내린 명령의 한 의미이다. 당신의 동료나 당신과 유사한 사람이 아니라, "당신의 원수를 사랑하라!"

이 때 긴장은 두 극을 가정한다. 깊은 차이와(그것이 없으면 아무 일도 일어나지 않는다. 그리고 그것은 적응의 문제이다), 공통의 척도(그것이 없으면 관계도 없다). 개인적인 차원에서 남녀 관계가 긴장의 결과로 창조가 일어나는 가장 특징적인 것이다(그리고 적응의 강박은, 갈등으로서 사랑을 거부하거나, 여성이 결국 남성과 동일하게 되기를 바라는 경향 속에 있다!). 이러한 긴장은 참여자들이 충분한 인격체라는 조건에서, 한 집단에 참여하는 모든 사람들과 함께 작은 단계로 다시 발견된다! 바로 이러한 전체 관계들 속에서 인간은 스스로를 느끼고 정의된다. 누가 이런 종류의 관계는 유용성을 줄이고, 조용함을 흩트리기 때문에 위험스럽다고 생각하는 것을 보면 아주 놀랍다. 다른 사람에게 이런 관계는 결국엔 아무런 개인적 의미가 없는, 경제적 하부구조를 가진 "사회적" 관계 망 속에서 변형되어야 한다. 이것은 되돌아와서 인간은 집단적 체계의 한 요소이어야 하고, 바로 이 집단적 체계를 통해서 존재함을 의미한다. 게다가 나는 이것이 명백히 제시된 주장임을 알고 있다. 그러나 그에 따른 모든 결과를 이끌어낼 용기를 가져야 할 것이고, 특히 휴머니즘이나 가치에 대해 말하기를, 나아가서 이런 조건 속에서는 개인적 언어에 대해 말하는 것조차 포기해야 한다. 예를 들면, 우리에게 이러한 이중적 차원을 가진 긴장의 필요성을 환기시켜 주는 것은 바로 언어 문제이다. 기표와 기의 사이의 유사성 위에 기초한 긴장, 모순 (그리고 이 긴장이 사라지면, 더 이상 언어도 없다. 그렇기 때문에 그것이 무엇이건, 현실의 이미지화한 재생은 언어가 아니다). 다른 양상은 두 대화자 사이의 긴장이다. 그런데 차이가 존재하지 않고, 그들이 동일하다면, 언어가 없게 된다. 왜냐하면 이 언어는 어떤 내용도 갖지 않을 것이기 때문이다. 그리고 공통의 척도가 존재하지 않는다면, 언어가 존재하지 않을 것이다. 왜냐하면 그 언어는 어떤 형태도 갖지 못할 것이기 때문이다. 이러한 예들은 긴장과 갈등은 한 요소에 의해 다른 요소의 제거나, 흡수, 축소가 없는 한에만 가치 있음을 보여주기 위한 것이다. 긴장이란 서로 대립하지만 서로를 파괴하지 않는 요소들이 어떤 전체 또는 동일 체계의 일부가 된 때에만 의미를 갖는다. 그리고 또 안정되고 균형 잡힌 전체에 관한 문제도 아니다. 긴장은 두 요소가 긴장을 제거하면서 진행해가고, 새로운 긴장을 창조해가는 것을 가정한다. 이 새로운 긴장은 보통은 더 풍부한 상승 차원에 위치하고, 파트너들에게는 더욱 강제적인 차원에 위치한다.

이제 "전반적 사회"를 고려해보면, 우리는 그것이 긴장들이 존재하는 한에서만 살아 있고 진행적임을 알게 된다. 우리는 사회에 대해서도, 개인에 대해 구분했던 두 유형의 긴장을 재발견한다. 한편으로는 장애들, 규칙들, 한계들로서, 지정학적 조건들, 이웃한 집단들과 정치적 경쟁, 또는 인구 문제일 수 있다. 전반적인 사회에게, 이런 종류의 갈등은 확실히 중요한 것으로, 바로 갈등 속에서 사회는 자신의 생명력을 주장한다. 그리고 사회적 갈등을 가지고 일반적인 철학을 한다거나, 갈등으로 문화를 설명하고 역사의 열쇠라고 주장하지 않으면서, 우리는 이런 수수한 차원에서 토인비의 도전 이론을 받아들일 수 있다. 한 사회는 인구의 증가나 감소, 자원의 고갈, 문화적이거나 군사적인 경쟁 등에 의해 제기된 문제들을 해결하기에 충분한 생명력, 유연성, 발명의 역량을 가지고 있는 한에서만 존재하는 것이다. 다시 말해 정확히 사회의 수준에서, 우리가 개인에게 제약과 한계라고 불렀던 것은 실제로 긴장과 갈등의 시스템으로서, 그 속에서 사회는 실패하면 망한다는 조건 아래서 자신을 책임져야만 한다. 긴장을 알지 못하는 사회는 개인과 마찬가지로 점차 무력해질 것이고, 자신의 창의력을 상실할 것이다.

그러나 긴장의 다른 모습은 우리에게 더 직접적으로 중요하다. 사회 내부에서, 이 사회가 살아남고 진보하기 위해서는, 갈등의 중심지들, 모든 영역, 문화적이거나 경제적인 영역에서 긴장의 축이 존재해야 한다. 여전히 오늘날에도 단일적 사회를 생각하는 것은 엄청난 실수이다. 거기서는 모든 요소들이 하나가 다른 것 속으로 통합되고 맞춰져서 하나의 기계의 톱니들이 된다. 그 순간부터 이 기계의 구조가 무엇이건, 결과는 동일할 것이다. 가장 흔히는 피라미드적이고 위계적인 계획에 따라 생각되어져서, 잘 연결된 요소들은 결국 정상으로 집결되고, 그 정상으로부터 모든 사회적 추진력이 나오며, 사회는 조화스럽게 보이는 하나의 전체가 된다. 그리고 나는 이러한 전체가 매력적일 수 있음을 안다. 그것이 통일성의 목마름이 아주 큰 순간에 나타난 철학적 정신의 열매이던가, 세상에 합리적인 도식을 강제하는 보편적 이성의 열매이던가, 제한된 기능 속에서 아주 완벽한 기계들을 생각한 결과이던가, 아주 다양한 이유들로 해서 인간은 언제나 이런 단일 사회 관점에 의해 유혹받았다. 그리고 플라톤 이래로, 모든 유토피아는 그런 사회의 무시무시한 예를 우리에게 제공한다. 그러나 사회는 결국 인간들에 의해, 그리고 인간들을 위해 만들어졌다는 이 역사적 명백함은 우리에게 다른 교훈을 준다. 단일 사회는(그러나 진실을 말하자면, 사회들은 결코 이러한 단일체에 도달하지 못했다. 이집트도 그렇고, 잉카 문명도 그렇다), 결국엔 진보 없는 사회들이고, 불모지화한 사회들이다. 집단들 사이에서 긴장이 강한 사회들만이 (인도, 그리스, 유럽 중세, 그리고 계급투쟁과 함께 18세기와 19세기의 프랑스와 영국) 실제적으로 새로운 문명을 발명하고 진보하며 동화할 수 있고, 동시에 그 모든 차원에서 인간의 "문제"를 제기할 수 있다. 거기에 대해 혼동하지 말자. 우리 사회가 오늘날에도 인간의 문제에 매달리고 있다면, 그것은 어떤 철학이나 기독교주의의 덧없는 잔재가 아니라, 19세기 계급투쟁의 열매이다. 전반적인 사회를 구성하는 집단들 사이의 긴장은 그 사회를 창조하고 적응할 수 있는 생의 조건이다. 그것은 모든 문명의 출발점이다. 단일 사회에서는 문화가 있을 수 없다. 거기서는 사회 최고의 선을 위해 유지되고 적용된 지식의 배포만 있을 수 있다. 이렇게 말하면서, 나는 역사의 변증법적 움직임 외 다른 것을 주장하는 것이 아니다. 그러나 거기서도, 나는 그것으로 보편적 열쇠와 체계로 삼을 수가 없다. 필연적인 변증법이란 없다. 이러한 변증법적인 운동 가능성은 사회의 생의 조건이다. 그러나 이 가능성은 항상 실현된 것은 아니다. 모든 상황들 속에서, 모순들이(그리고 동일한 모순들은 더욱 아니다!) 재발견된다고 맹목적으로 믿어서는 안 된다. 인간의 꿈은(사회주의자의 꿈도 포함하여!) 모순을 제거하기, 다시 말해 엔트로피에 도달하기, 죽음의 균형에 도달하기이다. 이러한 변증법적인 운동은 그것이 추상적인 힘에 걸치는 것이 아니라, 시대에 따라 근본적으로 성격이 다른 사회적 집단들 사이의 관계 위에 걸친다는 점에서, 더더욱 기계적이지 않다(예를 들어 교회·국가, 또는 국가와 제후들, 또는 사회 계급들). 이 사회적 집단들 사이에서는 오로지 계급투쟁만 있는 것이 아니다.

 나는 우리가 진정 거기까지는 이르지 않았다고 말했다. 그렇지만, 역사에서 어떤 도식들은 이러한 내적인 긴장 제거를 생각하도록 아주 잘 적용되었던 것처럼 보인다. 그러면 변증법적인 운동은 이 순간에는 더 이상 대상이 없다. "그러나, 하고 사람들은 나에게 말할 것이다. 전반적인 사회 속에서 긴장을 제거하기란 불가능하다. 긴장은 숙명적이다. 언제나 대립된 집단들이 있다! 단일적인 사회에 대해 말하는 것은 과도한 단순화이다!" 나도 물론 그것을 잘 알고 있다. 그리고 나는 인간이 완벽하게 기계적인 사회를 만들 수 있다고 주장하지 않으며, 또 인간의 집단에 대한 관계에서 지속적이고 정확한 적응을 주장하지도 않는다! 그러나 내가 보기에는 사회 속에 어떤 선이 있어서, 그 선의 안쪽에서는 긴장들이 진실하고 생산적이며, 다양한 집단들을 축으로 사회가 구조화되지만, 그 선 바깥에서는 더 이상 긴장이 뚜렷하지도 않고, 강제적이지 않으며, 엄격함, 힘도 없다. 긴장은 더 이상 위협적이지도 않고, 사회는 그 긴장과의 관계에서 더 이상 구조화되지도 않는다. 사회는 더 이상 그 긴장에 대해 염려할 필요도 없다. 교회·정치적 권력의 긴장은 중세에는 하나의 현실이었지만, 오늘날에는 더 이상 그렇지 않다. 물론 교회가 국가는 아니다. 교회는 지금도 여전히 항의를 계속한다. 그러나 그것은 더 이상 아무런 긴장의 가치를 갖지 않는다. 마찬가지로, 19세기의, 그리고 1930년경까지 부르주아 계급과 노동자 계급 사이의 관계는 진정한 긴장이었다. 그 긴장은 점점 덜 예민해지고, 곧 사라질 것이다. 물론 노동자 계급이 완전히 부르주아 계급이 되는 것은 아니다. 그러나 대립은 어휘적 차원으로 남는다. 마찬가지로, 사회주의 국가들에서 새로운 사회 계급의 창조가 있다고 설명하려 하는 모든 연구는, 두 계급이 있기 때문에 긴장과 투쟁이 있다고 결론내지 못한다. 소련 사회는 내가 보기에는 놀랄 만큼 단일적이다. 하나나 두 세 계급이 있다고 해서 사회에서 뭔가를 바꾸지는 않을 것이다. 그들의 긴장은 잘 조직된 작은 공장에서 어떤 사용 계획에 대해서 기술자와 십장 사이의 갈등보다 더 중요하지도 않을 것이다! 언제나 큰 피해 없이 해결될 수 있는 문제이다. 그런데 문제의 그 문턱은, 리스크의 문턱이다. 사회 사이의 긴장이 생산적이고, 심각하게 받아들여지려면, 그것이 전반적 사회에 진정한 리스크를 구성해야 한다. 긴장이 우리의 조합, 정당, 우리 공동체,

회, 농업 운동, 대학, 가족, 프리메이슨, 압력 단체 사이의 공존이라는 그저 그런 작은 문제로 되돌아오면, 모든 사람들은 평화로운 **신사협정** 속에서 살면서, 내용도 없고 효과도 없는 탄원들, 단순한 선언들, 항의들로서나 보상받는다면, 우리는 긴장에 대해 말할 것이 없다. 마찬가지로 진짜 연방주의가 있고(긴장의 좋은 예이다), 환상적인 연방주의가 있다. 진짜 연방주의는 중앙의 국가를 근본적으로 문제 삼으며, 궁극적으로는 그것을 부정한다. 미국은 3/4세기 동안 연방 정부와 연방을 구성하는 주들 사이에 긴장의 시스템을 가지고 있었다. 환상적인 연방주의는 오늘날 사람들이 모든 곳에서 우리에게 제안하는 것으로, 중앙 국가는 더 이상 어떤 점에서도 이의 제기되지 않고, 사람들은 흐릿하고 소심한 탈중앙화를 요구한다. 그런 연방주의에는 아무런 긴장의 근원이 없다. 그러면 사회는 단일적이고, 그 생의 이유는, 그 진보의 가능성처럼 그 순간에 배제된다.

* * *

나는 여기서 외적 도전이 아니라, 내적인 문제, 프랑스처럼 전반적인 사회의 내적 구조만을 다루겠다. 이 분야 속에서, 서구 블록과 소련 블록 사이에 진정 심각한 긴장이 존재한다는 것은 사실이다. 그러나 우리는 이미 여기서 심각한 선택 앞에 있다. 즉 나의 견지로는 이 긴장을 우리의 유일한 행동의 이유로 간주한다는 것은, 다시 말해 우리의 전반적 사회들을 소련의 도전에 대한 방어에만 바치기 위해, 그 사회들 내부에 대한 연구를 하지 않는다면 아주 비극적인 일일 것이다. 즉 경제적 경쟁 속에서, 기술 진보의 경쟁에서, 군사적 방어에서 더 효율적이 되기 위해 단일 사회를 수락한다는 것, 그것은 모든 인생과 우리 사회의 발전 가능성을 축소하기를 수락하는 것이다. 외적 도전에 대한 진정한 대답은 한 집단의 다른 집단에 대한 힘의 우위가 아니라, 새로운 형태의 착안, 긴장에 의해 조성된 주도권의 착안이다. 경쟁 속에 묻혀서, 우리는 진정한 긴장 앞에 있지 않게 된다. 왜냐하면 그 목적은 그 극들 중의 하나를 배제하거나 제거하는 것이기 때문이다. 그래서 히틀러에 대항한 전쟁에 참여한 국가들은 결국 히틀러의 방법들을 모방하게 되었고, 패자는 놀랄 만큼 모든 승자를 부패하게 만드는데 성공하였다(선전, 고문, 수용소, 인종차별, 권리의 파괴 등). 왜냐하면 우리는 단순한 힘의 수준에 놓였기 때문이다. 마찬가지로, 평화공존 속에서도, 긴장의 축소와 제거는 점차적이고 상호적으로 적들을 모방하는 것으로 될 위험이 있다. 게다가 각각의 적들은 기술적 성장이라는 유일한 길속에 들어가고, 이 경우에 긴장은 아무런 생산적인 효과도 없이 제거된다. 나아가서 변증법도 없다. 그래서 바로 이러한 유일한 노력을 하는 사람들은 인간적 발전의 내적 가능성들을 모두 희생한다(그러면서 사람들은 유일한 인간적 발전은 기술적 발전이라고 우리를 설득하려 한다).

우리 프랑스 사회는 유일적 사회가 되었다. 그로부터 긴장들은 실제적으로 배제되었고101), 더 정확하게는 단 한 가지 유형의 긴장, 즉 정치적 유형의 긴장만 존재한다. 정치화에 대해 말하면서, 나는 정치적 갈등들이 그 절정에 이르렀고, 감정들, 폭력들이 명백하다고 분명히 말했다. 나는 독자들이 나에게 말하는 소리를 듣는다. "지금까지 겪은 긴장들 말고, 이 나라에서 내적인 긴장 같은 것이 더 뭐가 있어야 한다는 것이요! 1940년에서 1945년까지 대독 협력자들과 저항운동가들 사이의 긴장(그리고 또 그 후유증과 함께)! 프랑스 알제리와 독립된 알제리 사이의, 군대와 나라 사이의, 지스카르파와 연합 좌파 사이, 사회주의자들과 공산주의자들 사이의 긴장. 오늘날 사람들은 프랑스가 둘로 쪼개졌다고 말하지 않는가!… 우리는 무시무시하고 항구적인 긴장 속에서 살고 있고, 그것이 그렇게 생산적이지 않다는 것을 보고 있다!" 문제는 실제로 우리가 오늘날 알고 있는 갈등들이 배타적으로 정치적이라는 데 있다. 프랑스에서는 이제는 그것 말고 다른 긴장은 더 이상 없다. 다른 나머지는 단일적 전체 속에서 축소되고 동화되어버렸다.

그런데 우리는 이 책 내내 우리 사회에서 정치는 우리 사회 구조와 그의 변화들과 함께 착각적인 것이 되어버렸고, 실제적인 문제들은 더 이상 정치적 길을 통해 해결될 수 없으며, 정치적 토론들은 착각에 걸쳐 있음을 증명하려고 하였다. 따라서 사람들이 그렇게도 많은 말을 하는 이 긴장들, 그리고 매 20년마다 그것들이 인간들의 생명을 댓가로 매일 매일 팔리기 때문에 비극적인 이 긴장들은 어처구니없고 착각적이기 때문에 더욱 더 비극적이다. 존재하는 유일한 긴장들은 정치적이다. 그러나 그 긴장들이 거칠고 격렬하며, 많은 인간들이 거기에 참여하고, 어떤 사람들이 아주 심각하게 토론하지만, 그 긴장들은 거짓 긴장들로서, 공허로 귀착하고, 우리 사회 구조 속에서 아무 것도 심각하게 문제 삼지 못한다. 그리고 어떠한 해결책이나 심오한 착안을 제안하지 못한다. 사람들이 제안하는 모든 "착안들"은, 혹은 기술적 필연의 수준에 위치하거나 혹은 비누 거품처럼 파열해버린다! 따라서 이러한 의미에서 우리는 탈정치화에 대해 말할 것이다. 결국에 정치가 우리를 사로잡고, 착각에 빠지게 하기 때문에, 우리를 그릇된 문제들과 그릇된 방법들, 그릇된 해결들에 매달리게 하기 때문에, 정치로부터 나와야 한다. 그러나 그것은 공화국에 관심을 갖지 않기 위해서, 집단적이고 사회적인 생에 관심을 갖지 않기 위해서가 아니라, 반대로 다른 길을 통해서 거기에 접근하기 위해, 다른 식으로, 더 실제적인 차원에서, 더 결정적인 비판 속에서 그것을 포착하기 위한 것이다. 착각에 빠진 여론이 더 이상 국가에게 반대하지 않아서, 국가에게 자유로운 손을 남겨주기 위해서가 아니라, 반대로 국가 앞에 엄격한 보증인, 즉 국가에게 자기들과 함께 구성하기를 강요하는 하나 혹은 여럿의 집합극들을 세우기 위해서이다. 우리의 모든 철도망이 파리로 향하는 것처럼, 모든 공적 행위를 국가 쪽으로 돌려 세우는 문제가 아니다. 그러나 지역적인 자율성을 재발견함을 의미하지도 않는다! 시간의 흐름을 역행한다는 것은 환상적일 것이다. 조합들에게 다시 심각해지기를 요구하는 문제조차도 아니다. 왜냐하면 조합들은 더욱 더 국가에 의한 사회의 단일 구조화 속으로 들어간다고 말해야 하기 때문이다. 조합들은 전성기 때에는 긴장의 축이었다. 예를 들어 1880년과 1906년 사이의 프랑스에서는 말이다. 그러나 오늘날 그들의 체제에 대한 대립, 그들의 행동 방식들은 환상적으로 되었다. 미미한 요구들, 노동자 계급에 대한 거짓 옹호, 그리고 계급투쟁을 구현하기 위해 상징적인 파업들! 그런데, 세월이 흐르면서 의미를 잃어버린 것은 인위적으로 그것을 되찾지 못한다. 철지나버린 제도는 철지난 것이다. 그것은 다시 힘을 낼 수 없는데, 그것은 모든 제도들의 역사이다. 1968년 이래로 중요한 파업들은 바닥에서부터 출발한다. 그것들은 흔히 조합들을 빠져나간다. 그리고 사람들은 끊임없이 "조합주의 밖에서" 노동 운동의 출현을 기다린다.

  우리는 다음의 정확한 질문 앞에 있다. 우선, 우리는 계속해서 우리의 문제들을 해결하기 위한 길은 모든 헌법적 개혁들, 좌파나 우파의 "혁명들"과 함께 전통적인 정치의 길이라고 믿을 것인가. 나는 이 모든 것이 더 이상 의미가 없고, 그것은 허상들을 위한 그림자들의 투쟁이라고 증명하려고 하였다. 또는 우리는 착각적인 토론으로부터 등을 돌리고, "공적 자유"는 "저항" 외 다른 것이 아니며, 역사의 흐름을 따라서 끌려가기보다는, 특히 사회 환경의 요구에 끌려가게 내버려 두지 않는 것이 중요함을 수락하는 것이다. 그리고 이것은 우리가 국가에 대해 저항과 비판을 창조하려 함을 의미한다. 다시 한번, 체제의 어떤 요소를 변경하기 위해, 또는 어떤 결정을 내리기 위해 어떤 대립을 만드는 것이 아니라, 훨씬 더 근본적으로, 국가로부터 완전히 독립적이고 국가에 대립할 수 있으며, 국가의 압력이나 통제 또는 지원을 거부할 수 있는, 사회·정치적, 지적, 예술적, 경제적, 기독교적 기관들, 단체들, 집합들이 생겨나게 하기 위해서이다. 그런 집단들은 물질적인 차원에서 뿐만 아니라, 지적이거나 도덕적인 차원에서 완전히 독립적인, 다시 말해 국가가 지고의 가치임을 비판할 수 있고(그 가치는 하나의 집단이란 국가 속에 있고, 우선적으로 국가적이라고 말하게 한다), 국가는 나라의 구현임을(결국 국가는 모든 집단을 정리하고 조절할 수 있다) 비판할 수 있는 그런 존재이다. (오늘날 모두에 의해 받아들여진) 나라의 모든 힘과 모든 에너지를 하나의 단일 목적(나라의 위대함이나, 그 효율성)을 위해 동원할 수 있는 국가의 권리를 거부할 수 있는, 그리고 다음의 협박에 굴복하지 않을 집단들이다. "모든 지식인들이 국가에 의해 사용되지 않는다면, 그리고 모든 자산들이 국가의 손 안으로 집중되지 않는다면, 그리고 모든 사적인 이익들이 국가 앞에서 굴복하지 않는다면, 우리는 결코 피에르라트Pierrelatte 공장을 갖지 못할 것이다!" 그렇다 하더라도, 할 수 없다. 전반적 사회의 근본적으로 다양한 경향을 가진 집단들, 그리고 단일적인 구조화를 벗어날 수 있는, 국가의 부정으로서가 아니라(그것은 무모하다) 다른 것으로 자신을 제시할 수 있는, 국가만큼 중요하고 기초가 튼튼하며 가치 있는 집단들이 나타나야 한다. 이런 집단들은 국가로 하여금 실제적인 정치 문제를 생각하고, 그것으로 제한되며, 그 문제만 고려하기를 강제하는 그런 긴장의 축이다.[102]

이런 종류의 집단들이 만들어진다면, 그것은 분명 위험할 것이고, 어떤 의미에서는 나라의 힘, 기술적 성장, 경제적이고 군사적인 경쟁에 있어서 아마 힘을 약하게 할 것이다. 그러나 그것은 생의 조건 자체이기도 하다. 긴장은 리스크를 가정한다. 그것은 행사해야 할 한 부분으로서, 그 쟁점은 결국 인생의 진정성이고, 사회적 발전의 진정성이다. 나는 그러한 용어들 앞에서 사람들이 어깨를 으쓱할 것이고, 엄격하고 과학적인 정신의 소유자들은 이렇게 말할 것을 안다. "그것이 무엇인가?" 그것이 무엇이냐고? 예를 들어, 말로만 하지 않고, 착각을 먹고 살지 않는 것인데, 나는 우리 시대의 엄격하고 과학적인 정신의 소유자들이 그렇게 하듯, 정치적 착각을 그 예로 들었다! 국가 앞에서 그러한 긴장의 축들을 만들면서, 우리가 반대의 인자들도 같은 시스템의 일부임을 증명하려 했음을 잊어서는 안 된다. 다시 말해 그것은 국가의 부정도, 국가의 파괴 경향도 아니고, 사회의 어떤 부분들에서 자율적인 생명력을 회복시키면서, 착각과는 다른 어떤 정치를 가능하게 하기이다. 따라서 국가에게 진정한 생명의 가능성을 가져오기이다. 그러나 사람들은 다시 반대할 것이다. "이 모든 것은 완벽하게 유토피아적이고, 실제로 착각이다. 그러한 조직의 구성이 가능하다고 믿는 것은 하나의 아름다운 착각이다!" 나는 그것이 가능하다고 결코 말하지 않았다. 나는 다만 사회적이고 정치적인 생의 조건이라고, 정치적 착각을 벗어날 유일한 길이라고 믿었다. 사람들이 그것을 따르지 않는다면, 그렇게 하도록 하라! 이 조건에서는 미래는 빤하다. 다소간 빠르게, 전이적인 정치적 착각은 재로 분해될 것이고, 대상들에 의한 대상적인 조직만 남을 것이다.

L'ILLUSION POLITIQUE

인간과 민주주의

인간과 민주주의

 이러한 조심스런 제안들은 최종적으로 정치인이 우선 인간이어야만 상상할 수 있고, 더 어렵지만 실현될 수 있다. 사람들이 원하건 말건, 모든 것은 결론적으로 개인 위에 세워진다. 인간이라고? 나는 인간이란 주제에 관해 복잡한 토론은 감히 못하겠다. 단순히 다음과 같이 말하기로 하자 - 인간은 결정의 자율적인 중심이다. 그리고 사회적 흐름들의 배타적이고 완벽한 산물이 아닌데, 이 흐름들은 서로 결합하여 인간적인 외양을 준다. 더군다나 인간은 사회의 최선을 위해, 그리고 자신의 최대의 행복을 위해 그가 되어야 하는 것이 되기 위해, 정확하게 계산된 교육에 의한 체계적이고 의도된 하나의 산물은 더더욱 아니다. 마지막으로 어떤 가정적 변화를 향해 수렴해 가는, 테이야르식Teilhard 사회적 마그마의 구분할 수 없는 한 조각도 아니다.
 내가 이렇게 인간의 필수불가결하고 대체할 수 없는 특성을 주장할 때, 독자는 잘 알려진 정치적 문제로 되돌아왔다는, 실망스러우면서도 동시에 안심이 되는 감정을 갖게 될 것이다! "공화국은 그 시민들의 가치만큼의 가치만 가진다." 우리를 도와달라고 아리스토텔레스와 옥타비아 아우구스투스 셍쥐스트Saint-Just를 불러오자! 그런데, 나는 여기에는 심각한 오해가 있으리라 생각한다. 우리의 상황은 더 이상 동일하지 않고, 나는 더 이상 덕에 호소할 수 없다! 오늘날에 반동적이라고 규정된 고전적 말은 윤리적인 것으로서, 각자는 공적인 생활처럼 사적인 생활 속에서도 수행해야 할 덕들의 선택 앞에 놓인다는 것이었다. 그러나 그 일의 어려움 앞에서, 그 일의 우연적이고 달아나는 성격 앞에서, 이성적인 인간들은 이 궁

극적인 결정을, 이러한 불가피한 참조를 회피하려고 하였다. 시민과 시민들의 덕은 결코 보장되지 않았다. 또한 공화국은 이러한 덕 없이도 기능해야만 했다. 차후로 거대한 기획은 개인에게 호소하는 것을 생략할 수 있도록 해주는 제도를 고안하는 것이었다. 민주주의는 그것이 아무리 국민의 지지라고 하여도, 국민이 타락하고, 무모하며, 비겁하고, 놀기 좋아하며, 이기적이고 무기력해도 기능해야 했다. 사람들은 제도들, 규칙들, 조직들, 헌법들을 모든 인간적 "현재함"과 변화의 밖에서 무한정 결합하였다. 그리고 이것은 우리가 위에서 확인했던 막다른 골목으로 우리를 이끌었다. 곧 이어서 거기에 다른 체계적인 것이 더해졌다. 역사의 필연적인 흐름으로, 그것이 마르크스식이든 타이야르식이든 그것은 마찬가지다. 중요한 것은 "일들은 저절로 되어진다"고, 이 모든 모험은 행복하게 끝날 것이라고 위로하는 것이다. 즉 비밀스런 메커니즘들이(위대한 자유주의자들의 경제 법칙들의 그 유명한 자연적 유희처럼 이상주의적이기도 한 메커니즘들) 노력, 에너지, 도덕적 선, 요컨대 덕의 밖에서 해결해 준다고 위로하는 것이다. 그것은 "내가 한다"가 아니다. 그러나 "그것은 저절로 된다"이다. 인간과는 상관없이 사회적이고 정치적인 기계가 기능하도록, 인간이 아닌 것에 호소하는 것이다. 그것은 분명 훨씬 커다란 안전을 가져다주고, 이러한 메커니즘들을 믿는다는 조건에서 인간적인 우발성을 고려하지 않고도 "추론할 수" 있게 해준다. 우리는 "인문 과학"의 발전과 함께 동일하고 훨씬 현대적인 절묘한 기획에 참여한다.

1. 문제의 새로움

그런데 나는 옛 방향과 새로운 방향 모두 부정확하다고 생각한다. 상황은 오늘날 사람들이 생각한 것보다 훨씬 더 새롭고, 개인과 민주주의 사이의 끈은 훨씬 더 강하고 깊다. 분명, 동일한 운동과 동일한 방향 속에서 세상의 기술화, 선전 그리고 심리적 기술, 제도의 체계화는 동시에 인간과 민주주의를 공격한다. 인간에 대한 공격은, 그를 순응적으로 만들고 체계의 한 조각에 불과하게 만들기 위해서이다. 민주주의에 대한 공격은, 그것의 현실을 파괴하면서 민주주의를 신화적인 체계로 변화시키기 위해서이다. 우리는 오늘날 뭐든지 민주주의란 이름으로 부르고 있고, 이 민주주의란 말이 포함하고 있는 단순한 명백함을 피하기 위해 ―이 말은 개인의 가장 완벽한 자유를 가정하지 않고서는 아무런 내용도 없는데― 정치학이나 사회학적인 복잡 미묘한 정의들을 찾는다. 개인의 완벽한 자유가 없으면 민주주의는 아무런 내용도 없다고 말할 수 있다. 그리고 유고슬라비아나 체코의 독재들도 민주주의라고 설명하도록 하고, 또는 다두정치들로 피신하거나 집단의 역동성 속에서 민주적 과정을 분석하게 하는 것은 바로 이러한 분석의 복잡성이다. 그런데 이러한 모든 것은 이 마술적 단어를 포기하지 않기 위한, 기술적인 엄격함만을 인정하기 위한 위선적 덮개에 불과하고, 심리학적 유혹들은 민주적인 실체를 제거해버렸다.

그런데, 내가 보기에 오늘날 정말 특기할 만한 것은 바로 인간에 대한 공격이 정치적 공격이라는 사실이다. 여기서 요약적으로 기술된 정치 세계는 폭력과 경찰, 수용소를 통해 인간을 제압하고 압살하는 형태적인 독재의 세계가 아니다. 이 세계는 유혹하고, 가입시키며, 이성에 따라 말하고, 중화하고 순응하게 하는, 다시 말해 행위의 외적 차원에서가 아니라 인간의 마음과 생각 속에서 공격하는 그런 세계이다. 그렇기 때문에 시민의 덕의 문제는 더 이상 같지 않다! 과거의 문제는 다음과 같았다. "민주주의가 살기 위해서는, 시민이 덕이 있어야 한다"(개인적인 문제이다!) 오늘날의 문제는 이것이다. "정치의 증가는 인간을 그의 내부에서 파괴한다.

그러면서도 이러한 인간 없이는 어떤 일도 할 수 없다." 그렇지만, 어떤 인간인가? 오늘날 정치가 바라는 인간인데, 왜냐하면 이러한 환경 속의 인간은 더 이상 기권주의자라고 스스로 주장할 수 없고, 공적인 일이 진행되도록 자신의 마음을 바쳐야 함을 우리는 알고 있기 때문이다. 따라서 그에 대한 공격은 정치적이다. 그러나 상호적으로, 만약 사람들이 민주주의로의 회귀를 기대할 수 있다면, 그것은 현행의 전제적인 메커니즘에 통합되기를 그만둘 인간의 개혁을 통해서 밖에 할 수 없을 것이다.

인간을 받아 들이는 것, 그것은 선전에 반대하여, 심리적 조종 기술들에 반대하여, 그리고 물론 현행 사회 속에서 그의 운명과 책임의 수준으로 그를 끌어올리기 위해 그에 대해 행동한다고 주장하는 "인간 과학들"의 위선에 반대하기이다. 그리고 이러한 것들은 그를 더욱 완벽히 소유하기 위해 그를 그 자신으로부터 박탈해버린다. 자기 자신? 물론이다. 왜소하고, 부적응하며, 불확실하고, 연약한 "자기 자신"이다. 그렇지만, 자기 자신이다. 분명 사회 심리적인 치료술을 가지고 당신은 이 연약한 인간을 가지고 사교적이고, 책임감이 투철하며, 적응되고, 효율적인 좋은 사람으로 잘 만들 것이다… 나는 그 유명한 반대 의견을 잘 듣고 있다. "당신이 옹호한다고 믿는 이 사람, 자기 자신이라고? 그러니까, 우연의, 가족적, 환경적, 직업적, 전통적, 기후적 영향의 산물인데… 자기 자신이라! 그렇다면 왜 사람들은 그를 존경할 것인가?" 대답은 간단하다. 물론, 이 모든 결정 요인들은 존재한다. 그러한 요인들이 상당히 묵직하고 제약적이며 수효도 많기에, 다른 사람들의 "과학적" 개입으로부터 온 보완적인 결정들을 거기에 더 붙여서는 안 된다. 첫 번째의 방향들, 즉 우연과 상황의 열매들에 대항해서 싸울 수도 있으니까 더욱 더 그러하다. 그런데, 과학적인 확실하고 합리적인 기술들에 사로잡힌 인간이 어떻게 벗어날 수 있을까? 그리고 만약 그가 시도한다면, 그는 즉시 비정상이나 위험스러운 무정부주의자로 판단되지 않을까? 더군다나, 나는 우리가 어떤 권위나 덕, 확신의 이름으로 개입할 것인가를 자문한다. 우리는 인간을 순응적으로 만들기 위한 수단들을 가지고 있다. 우리는 그러한 개입의 모든 효과들을 안다고 확신한다. 심리학자, 사회학자는 이 천박한 무리들을 "다루기를" 스스로에게 허락할 수 있는 초인들인가? 이 새로운 귀족계급은 자신의 지식이 그들을 "귀족"으로 만들어줄 것이라고 확신하고 있는가? 현행의 인간은 수많은 영향들의 열매인가?

현재의 인간은 어떤 균형들을, 어떤 방향들을 제시하고, 그것들은 오늘날 문제화된다! 그렇지만, 우리는 우리의 개입이 그에게 훨씬 더 정신적 상처를 주고, 불균형적으로 만들지 않을 것을 보장할 수 있는가? 우리가 1850년부터 오늘날까지 다양한 기술자들에 의해(생물학적, 화학적) 자연적 균형들에서 저질러진 무서운 실수들을 생각한다면(그리고 과학자들도 지금은 그 실수의 결과들을 보기는 하지만, 흔히는 너무 늦어버린다), 사람들이 우리에게 이러한 심리적이고 사회적인 개입에 대해 말할 때면 우리는 마음이 편할 수가 없다. 거기서의 실수는 더욱 심각하고 더욱 결정적일 수 있다.

그러나 이 서투르고 잘 적응하지 못하는 왜소한 인간에게 심리적 수술칼을 들이대지 못하게 하고, 그를 존경하고, 자발적으로 발전하도록 놓아두라고 하는 것은, 기술과 조직, 선전들이 결합한 메커니즘이 자동적으로 생산하려고 한 것과 정반대인 정치 유형을 원하는 것이다. 우리는 더 이상 이러한 선택 없이는 인간에 대해 선택할 수 없다. 왜냐하면 다양한 기술들에 의해 만들어진 체제는 인간을 적응시키고 순응적으로 만들기 위해 인간에 대한 지배를 내포하고 있기 때문이다. 그것은 따라서 역사의 흐름에 저항하는 것인데, 역사는 이러한 결합을 지향하고, 우리가 기술했던 방향 속에서 완성되어간다.

* * *

　이렇게 어떤 유형의 정치를 원하기란 민주주의를 원하기이다. 그것은 새로운 것이 아닌가? 그것이 어떤 점에서 결국에 새로운 것인가를 이해해야 할 것이다! 분명, 우선, 그것은 "대중적인" 또는 "민중적인" 또는 "조직된" 민주주의 또는 "민주적 플랜"에 관한 내용 없는 공식들을 극단적으로 거부하는 것을 내포한다. 그렇지만, 동시에 뒤로, 19세기의 민주주의로 되돌아가는 문제가 아니다. 그리고 우리는 왜 그러한지 곧 보게 될 것이다.

　두 번째로, 그것은 민주주의·선택, 결정, 의지를 내포함을 이해해야 한다. 달리 말하면, 민주주의가 자연과 합치된다고 생각하는 습관적인 모든 방식들을 버려야 한다. 18세기 말의 이러한 이상주의적 관점이 아직도 너무 널리 퍼져 있다. 그래서 소집단들에 대한 수많은 미국 사회학자들의 작업은 최대의 균형, 최소의 긴장, 최대의 적응이 민주적으로 조직된 집단 속에 있다고 증명하려 하였다.

　좌파의 습관적인 확신도 마찬가지다. 즉 민주주의는 "정상적인" 체제이고, 인간은 결국 자신의 천성을 표현하면서 이것을 바란다(그래서 사람들은 아주 명백히 민주적인 모든 독립 운동들에 의거한다!). 비민주적인 체제는 반 자연적인 것으로 나타난다. 동일한 유형의 수많은 다른 경향들도 다음처럼 요약될 수 있다. "자연히 내버려 두시오. 그러면 당신은 민주주의를 갖게 될 것이오." 오늘날은, 기술적 환경 속에 기입된 정치적 현상 앞에서, 이 문장을 뒤집어서 이렇게 말해야 한다. "내버려 두시오. 그러면 당신은 독재를 갖게 될 것이오."

　다른 사람들에게는, 민주주의는 또 필연적인 산물, 놓칠 수 없는 과실이고, 이번 경우에는 역사의 열매이다. 역사의 "의미"는 민주주의로 귀착한다. 민주주의는 자발적으로 만들어진다…. 그리고 이것 역시 인간의 포기로서, 인간은 역사가 뭔가를 하기를 기다린다! 그러나 어떤 믿음 위에 세워진 이러한 첫 번째 포기로부터, 민주주의는 있을 수가 없다. 왜냐하면 어느 순간에도 인간은 자신의 책임을 다시 취하지 않을 것이며, 나아가서, 그는 결과적인 실제 체제가 무엇이건 간에 그것은 민주주의일수밖에 없음을 미리 알기 때문이다! 마지막으로 이러한 사임과 이러한 수동성은 완성된 상황 속에 자리 잡은, 민주주의 속에 평화롭게 자리 잡은 가장 흔한 태도를 통해, 아무런 이유 없이, 아무런 철학 없이, 아무런 믿음 없이 표시된다. 민주주의는 아주 자연적인 주어진 바로서, 되돌릴 수 없는 획득된 것으로서 무의식적으로 간주되기 때문이다. 그러면 다른 모든 나머지는 정말 비정상적이고, 정말 기묘한 것으로 나타난다. 사람들은 국민 주권, 평등, 자유, 자코뱅 조상들, 그리고 모두를 위한 교육에 관한 공통의 사회 통념 위에서 점잖게 산다. 때로 사람들은 "민주주의 수호"를 위한 모임에 동원된다. 오래 전에 사라져버린 것을 수호한다고 믿는 멍청이다! 민주주의는 수호되지 않는다. 왜냐하면 민주주의는 자산도 아니고 진지도 아니며 마술적인(예를 들어 헌법적인) 공식도 아니기 때문이다. 민주주의는 각각의 시민을 통해 요구된다. 민주주의는 매일 매일 각각의 시민을 통해 만들어진다. 만약 우리가 민주적인 여건에 대해 평화로운 관점을 채택한다면, 모든 것이 상실된다. 반대로 오늘날 민주주의는 의지, 정복, 창조일 수밖에 없다. 민주주의는 정확히 자연적이고 역사적인 경사면의 반대이고, 우리의 나태의 반대이며, 우리의 맹목, 안락 취향, 고요함의 반대이며, 기술과 조직의 자동성의 반대이고, 사회학적 조직화의 계속 더욱 더 커져가는 엄격화의 반대이고 경제의 증가하는 복잡함의 반대이다…. 그리고 우리는 차후로 민주주의는 언제나 무한히 불안하며, 각각의 진보에 의해 치명적인 방식으로 문제시된다는 것을 확신해야 한다. 민주주의는 언제나 다시 취해야 하고, 다시 생각해야 하며, 다시 시작해야 하고, 다시 건축해야 한다. 그보다 더하다! 어제처럼 오늘날에도 (아마 다른 동기들과 함께), 민주주의는 그 자체의 내적 발전에 의해 스스로를 단죄한다고 하는 토크빌Tocqueville의 말이 여전히 진실로 남아 있다. 차후로, 민주주의는 그 어느 때 보다도 결정과 감시, 자기 제어, 그리고 공공 의지의 열매이다.

그런데, 각각의 시민이 그것을 원해야 한다(그리고 어떤 집단의 리더들이나, 소리치며 행진하는 틀 속에 갇힌 대중도 아니다). 그리고 이것은 이미 우리에게 우리가 얼마나 민주주의에 접근할 기회가 거의 없는지를 보여준다. 그러나 각각의 시민이 그것을 원하지 않는다면, 설정된 체제는 당연히 귀족정치적 스타일일 것이고, 기술적 진보를 통해 독재적 스타일 속에 들게 될 것이다. 그리고 시민이 민주주의 속에 들어가도록 만들어진다면, 그러면 이 민주주의는 사이비 민주주의에 불과하고, 인간의 표현이 아니라, 법적 규칙들과 공식들의 유희에 불과하다.

우리가 선택과 의지의 대상을 생각할 때면, 상황은 더욱 절망스러워 보인다. 인간은 민주주의를 원해야 한다…. 그러나 어디에 이 민주주의가 있는가? 한 세기 반부터 일반적인 변화가 일어났는데, 이 변화는 민주주의의 가능성을 변경하였고, 점차 민주적 목표의 심화를 강요하였다. 사람들은 가장 피상적인 차원으로부터 출발하였고, 이제 우리는 가장 깊은 수준에 도달하였다. 처음에는, 민주주의는 그 피상적 의미에서 순수하게 "정치적"이었다. 그것은 헌법, 중앙 권력의 조직, 법과 법정, 규칙과 원칙, "인권", 권력 분리 등에 관한 문제였다. 그리고 가장 적합한 선거 제도, 당의 구조 등에서 추구되었던 것은 항상 동일한 경향이었다. 그러나 사람들은 이 모든 것은 정말 피상적인 것이고, 궁극적으로는 민주주의를 보장하지 못한다는 것을 알게 되었다. 왜냐하면 제도들이란 사회·경제적인 어떤 구조의 표현이어야 하기 때문이다. 사회 그 자체가 민주적이 아니라면,

제도들은 아무 소용이 없고, 궁극적으로는 민주주의는 존재하지 않으며, 민주적인 담론은 사이비요 환상에 불과하다. 마르크스의 비판은 결정적인데, 그곳으로 되돌아가는 것으로 충분하다. 그러나 동시에 이러한 환상에서 깨어남은 순수하게 부정적인 판단으로 이끌지 못했다. 곧 법적 민주주의는 단순한 거짓말이 아닌 것으로 보였고, 그것 역시 하나의 출발점이었다. 실제로 그 너머로 밀어야 했고, 더 깊이 파야 했다. 민주주의는 다른 차원에서 설정되어야 했다. 그래서 사람들은 사회적 민주주의와 경제적 민주주의를 추구하려고 하였다. 처음에는, 둘 사이의 혼동, 또는 오해가 있었다. 경제적 민주주의를 말했던 대부분의 사람들은 그것을 통해 사회적 민주주의를 의미했다(대부분이 그러했다… 그렇지만, 칼 마르크스는 아니다). 그리하여 사람들은 기회의 평등, 안락의 확산, 하급자들의 급여 인상, 급여 차이의 축소, 인상된 급여의 기능, 그리고 그것을 국가를 통한 재분배, 모든 면에서 안전의 제도화, 교육의 확산, 교육의 민주화, 대중문화, 건설적인 여가, 모두에게 적절한 주거지의 가능성 등으로 방향을 잡았다. 그러나 아주 신속하게 사람들은 또 이러한 사회적 민주주의도 그것이 더 깊고 더 단단한 기초 위에 세워지지 않으면 무한히 취약하다는 것을 알게 되었다. 법적 민주주의가 사회적 민주주의 없이는 아무것도 아닌 것처럼(그렇지만 사회적 민주주의를 강요하고, 그 쪽으로 이끈다), 사회적 민주주의도 경제적 민주주의 없이는 아무것도 아니며, 경제적 민주주의를 강요하고, 그 곳으로 이끈다. 그곳으로 이끈다고? 분명히 그렇다! 분명 위에서 언급된 것들의 획득은 보통의 인간이 경제에 더 큰 참여를 원하게 하고, 사회 속에서 그의 권력을 증가하게 한다. 그런데 경제적 민주주의가 획득되지 않으면, 이 모든 획득들이 쉽게 문제제기 될 수 있다. 큰 경제적 결정들에, 기업의 경영에, 계획의 구상에, 생산의 방향에, 고용의 수준에, 국가 수입의 재분배에 국민의 참여… 그리고 이 점까지 오늘날 대부분의 민주주의는 도달하였다, 그리고 이 수준에 그들은 위치해 있다. 바로 거기에 이제 그들은 토론을 위치시킨다(마르크스에 비해서는 한 세기 늦게). 바로 이 세 번째 깊이 수준에서 사람들이 더 튼튼한 민주주의의 기초에 이르지 못할 위험이 있었다는 것이 사실이다.

그렇지만(내가 이 논문에서 증명하려고 하였던 것은 이것이다) 이 문제는 이미 지나가버렸다. 이 방향에서 시도된 노력은 공허와 말장난 속에 떨어진다. 장군들이 규칙적으로 전쟁에 늦듯이, 정치인들, 경제학자들도 변화에 늦는다. 사람들이 정치적 민주주의를 세우기 위해 싸웠을 때, 그 문제는 벌써 사실들에 의해 추월되어 버렸고, 실제로 제기되었던 것, 그것은 이 순간부터 경제적 민주주의였다! 오늘날은 사람들은 이러한 경제적 민주주의를 위해 싸운다. 그러나 민주주의는 이 수준에서는 더 이상 가능하지 않다. 문제는 이미 더 깊은 단계에 위치해 있다. 기술의 증가, 모든 영역에서 기술자들의 개입, 심리적 행동 방식들, 사회 체계의 구조화 추구, "조건화"를 통해 민주적 절차의 창조 의지, 이 모든 것은 그 토론이 개인의 심장과 두뇌 속으로, 개인과 개인이 속한 집단과의 관계 속으로 옮겨지게 만든다! 이제는 거기에서, 오로지 거기에서 토론이 진행된다. 만약 인간이, 자신의 방향, 책임, 개인적 선택, 자신의 수준에만 맡겨진다면, 그리고 체계적인 영향을 받지 않고, 선전이나 **인간 관계** 없이, 집단적인 역동성도, 의무적인 정보도 없이, 유혹된 여가, 문화와 주거를 통해 집단화 되지 않고 자기 스스로에게만 주어진다면, 그러면 조금씩, 수수하게, 미약하게, 하나의 민주주의가 어쩌면 탄생할 수 있다. 그러나 얼마나 연약하고, 신생아적이며, 불안정한가…!

그리고 이것은 우리가 진보라고 부르는 모든 것을 극단적으로 문제 삼는다. 그것은 경제적 민주주의가 부르주아 정치를 극단적으로 문제 삼는 것과 같다. 그렇지 않다면, 만약 사람들이 "인간이 진보가 강요하는 역할을 잘 할 수 있도록" 인간의 내적 구조화, 적응, 순응의 메커니즘을 계속 추구한다면, 그러면 이 사람은 사회적 기계의(본질적인) 하나의 요소에 불과하며, 경제적 민주주의는 조롱거리이며, 사회적 민주주의는 다른 대상들의 순응적인 필요들을 만족시키기 위해 대상들을 배분하는 것으로 이뤄진다. 그런데 우리는 진정으로 어떤 선택 앞에 있음을 고려해야 한다. 우리는, 어렵사리, 한 세기 동안 더듬거린 후에, 민주주의의 정치적 제도들은 자유와 평등을 향해 자동적으로 귀결되지 않으며, 필연적 결과로 경제적 민주주의를 생산하지 않는다는 것을 이해해야 했다. 오늘날 우리는 경제적 민주주의는 자동적으로 인간적 민주주의를 이끌지 않으며, 민주적 인간을 필연적 결과로 생산하지 않음을 마찬가지로 아주 힘들고 고통스러운 방식으로 이해해야 한다. 그런 의미에서 마르크스주의는 진정으로 철 지난 것이다. 진정한 문제가 경제적 소외였던 한에서는, 사람들은 마르크스가 그렇게 했듯이, 이 소외가 끝나면 인간은 충만하게 인간이 될 것이라고 합법적으로 결론내릴 수 있었다.

　그러나 새로운 압박이 나타났고, 새로운 소외가 이 과정을 문제 삼는다. 혹은 마르크스의 시대에는 실제로 환상적이었고 피상적이었던 정치적 소외가 이제는, 국가가 사용하는 새로운 수단들을 통해 결정적으로 되었다. 이제 문제는 국가적이거나 기술관료적인 권력들에 의한 인간 내부의 소유 문제, 근본적인 소외 위에 세워진 가시적인 자유의 조직화 문제, 체계화한 집단적 포기 위에 세워진 가시적인 책임의 조직화 문제, 극단화한 대중화와 통합 위에 세워진 가시적인 개성을 만드는 문제이다.[103] 이러한 조건에서 마르크스주의는 하나의 획득물이지만, 더 이상 어떤 해결이나 치료가 아니다. 그런데, 토론이 깊어질수록, 그것은 더욱 어려워진다. 경제적 민주주의를 고안하기는 법적이고 헌법적인 민주주의를 고안하기보다 더 어려웠다. 오늘날 인간적 민주주의를 고안하기는, 거기에 상응하는 인간을 원하기는, 그런 인간을 선택하기는 더욱 어렵다. 분명 우리는 모든 것이 더욱 유동적인 수준에 이르렀다. 우리는 부르주아지나 사유 재산의 문제들보다 훨씬 더 심각한 문제 제기에 직면해 있다. 우리는 한 인간, 한 집단, 또는 한 당이 다른 사람들을 위해, 다른 사람 대신에 할 수 없는 어떤 선택 앞에 있다. 그것은 전부이거나, 아니면 아무 것도 아닐 것이다. 우리는 사적으로 해야 할 선택 앞에 있다. 그러나 동시에 이 선택은 정치적이고 경제적인 변형을 내포한다. 바로 여기서 업무의 막중함이 있다. 그리고 처음으로 인간과 제도가 함께 문제제기 되어야 하고 함께 결정되어야 한다. 왜냐하면 인간이 진정으로 인간이라면, 그것은 바닥으로부터 출발한, 그리고 내가 앞 장에서 지적했던 방향 속에 들어 있는 어떤 고안들 속에, 어떤 정치적 행동 속에 포함되어야 한다(그리고 나는 그것은 오늘날 기입만 될 수 있을 뿐이다라고 말할 것이다).

그런데 이 모든 것은 마찬가지로 시민의 깊은 변화를 가정한다. 시민이 자신의 안전, 자기 생의 안정, 편안함의 증가에만 신경 쓰는 한, 우리는 어떤 환상도 가져서는 안 되는데, 그는 민주주의를 살리기 위해 필요한 덕을 어디서도 발견하지 못할 것이다. 소비 사회 속에서는, 시민은 소비자로 반응할 것이다. 안락은 더욱 더 무겁게 심각한 정치적 생의 잠재력 위에서 누를 것이고, 그것을 점차 축소할 것이다. 어떤 저자들은 편안함의 증가는 체제의 자유화로 이끌 것이라고 만족스럽게 주장한다. 실제로 그것은 시민의 정치적 무관심으로 이끌고, 결국 체제는 경찰이 될 필요가 줄어든다! 마찬가지로 시민으로부터, 무엇보다 우선적으로 효율성 이라는 강박 속에서, 우리는 체제들의 진보를 판단해야 한다. 민주주의는 효율적인 체제가 아니다. 만약 시민이 효율성으로부터 모든 것을 판단하면, 그는 반드시 규칙적이고 전체적인 체계로 이끌어질 것이다. 따라서 시민을 어떤 정치적 이데올로기로 전향하는 것이 아니라, 더 깊은 차원으로, 그가 인생에 대해 생각하는 차원, 그의 가정들, 그의 신화들의 차원으로 전향하는 문제이다. 이러한 전향이 일어나지 않으면, 모든 헌법적 구상, 경제적 민주주의에 대한 연구, 인간과 사회에 대한 사회학적 연구는 정당화를 위한 헛된 노력에 불과하다.

2. 민주적 인간

진짜 인간인 인간? 애석하게도!… 그 문제가 제기된 이래로 누가 인간을 정의할 것인가? 나는 여기서 민주주의가 있기 위해서는 필수불가결한 것이라고 내가 믿는 것을 주장하면서, 몇몇 선택들만을 언급할 수 있을 것이다. 그리고 심리학적 행동 수단들을 통해 이러한 인간을 외부로부터 "제작"하는 문제가 될 수 없음을 다시 한번 환기하고자 한다.★

내가 보기에, 우선은 이성적 인간에 관한 문제이다. 이것은 물론 합리주의자를 결코 의미하지 않는다. 인간이 모든 것을 바른 이성, 차가운 명증성으로 데리고 오겠다고 결심해야만 인간적 민주주의가 있을 수 있다. 이러한 명증성은 커다란 지적 겸손을 내포한다. 왜냐하면 이성의 수준에서 이 인간은 자기 스스로 판단하고자 하기 때문이다. 그러면서 그는 자기 정보의 한계와 불확실성을 인정하고, 자기 생각과 의견의 상대성을 인정하며 무시하는 것이 아니라 항구적인 사용 이상으로 결코 강화해서는 안 될 제도들의 수수한 유용성을 인정한다. 따라서 이 인간은 가능한 모든 것을 자기의 명증한 의식의 장 속으로 데려오면서, 모든 것을 이성의 채를 통과시키도록 소환된다. 모든 것… 다시 말해 자기 자신의 감정, 편견, 고유한

★ 나는 나의 여러 책들 속에서 전개된 연구의 선들만 아주 간략하게 지적하고자 한다. 그 첫 번째는 『자유의 윤리』 (1973-1977)이다.

주의, 동시에 그가 속한 집단과 사회. 그리고 이렇게 이성 쪽으로 기울면서, 모든 흥분을 거부하고, 더 높은 인간적 표현 또는 정치적 행위의 수단으로서 비이성적인 것에게 호소하기를 거부한다. 사람들이 개인적인 차원과 사회적인 차원에서 반세기 전부터 풀어 놓으려고 한 정치·사회적 신성과 어둠의 힘들에 대한 거부가 있다. 정치적이거나 경제적인 신화들의 거부가 있다. 이 신화들은 민주주의의, 사회주의의, 진보의, 생산성의, 역사의 신화들이었고, 또 서구 문명의, 기독교주의의, 또는 개인의 신화이기도 했다! 세상, 과학, 사회, 그리고 오늘날 테이야르 드 샤르댕Teilhard de Chardin이 그 원형인 인간에 대한 전반적이고 설명적인 교리들과 이상주의의 거부가 있다. 이 모든 것의 거부인데, 그 이유는 이것들이 바로 선전과 모든 심리적·사회적 조종이 인간 속으로 파고 들어오는 주요 경로이기 때문이다. 나는 여기서 신성한 것, 비합리적인 것, 깊은 것에 대한 형이상학적이거나 가치적 판단을 하지는 않겠다. 다만 인간이 이러한 힘들을 위해서 이성적인 것을 거부할 때, 인간의 취약함에 대한 상대적인 사실적 판단만을 하겠다. 그런데, 오늘날 이러한 취약함은 더 이상 신에 대해서가 아니라, 얼간이를 속이는 수단들을 가진 다른 사람들에 대해서이다.

그가 없으면 인간적 민주주의도 존재할 수 없는 이 인간은, 마찬가지로, 언어에게 그 이성적 가치와 의사소통적 실체를 회복시켜주는 인간이고, 또 상위언어나 언어의 0도를 찾지 않고, 표현할 수 없는 것의 표현도 찾지 않으며, 수사법이나 인위와 대립된 일상 언어도 찾지 않는다. 물론, 우리는 이 이성적인 언어가 인위적임을 안다. 그리고 후에는? 단지 대체할 수 없고 확실한, 도구로서 언어의 신중한 사용으로 그것을 유지해야 한다. 당신은 절대적인 언어를 원하는가? 그 자체로서의 말? 그러나 여기서도 나는 앞에서의 지적을 재론한다. 즉 나는 가치적 판단이 아니라 사실적 판단을 한다. 여기서도 신비스럽고 환각적인 언어로의 접근은 그 자체로 선전 활동에 전적으로 내맡기는 것이다. 언어가 그의 내용물과 이성적인 구조를 상실할수록, 인간은 더욱 더 선전의 광란에 맡겨진다. 그런데 이 선전은 내부로부터 당신을 기술화된 세계 속으로 도입하기 위해 만들어진다. 당신은 절대적 언어를, 인위를 넘어서서 언어의 본성을 재발견하고 싶어한다. 그러면 기묘한 회귀로 인해서(그렇지만 우리가 살고 있는 세계 속에서는 놀라운 일이 아니다), 이러한 추구는 당신을 지금까지 존재했던 것 중에서 가장 인위적인 세계에 대한 전적인 적응으로, 깊은 삽입으로 꼼짝없이 넘겨 버린다. 오늘날의 사회에서는 우리는 이러한 일반적인 상황을 경계해야 한다. 이 상황 속에서는 수많은 기술들로 이뤄진 메커니즘들이 인간의 가장 좋은 의도들을 그에 반대하여 돌려 세우는 힘을 가지고 있다. 마지막으로 이 이성적인 인간은 이 사회 속에서 자신의 인간 조건을 가장 단단하고 정직하게, 가장 사실적이고 가장 겸허하게 의식할 수 있어야 한다. 그리고 이 힘든 작업은 이성의 사용을 통해서만 이루어질 수 있다.

우리가 선택하고, 되려고 결심해야 할 이 민주적 인간의 다른 차원은 존중의 차원이다(나는 또 지적만 할 것이다). 적, 타인, 소수자들에 대한 절대적인 존경. 절대적으로 자유주의가 아닌 존경(진실에 대한 무관심, 모든 의견들을 동등하게 설정하기). 절대적으로 관용이 아닌 존경(사람은 다양성들을 제한하면서도 그 다양성들이 있음을 감내한다…). 이 존경은 내가 보기에는 두 방향을 지닌다(우리가 위에서 긴장에 대해 말했던 것과의 관계 속에서). 첫째는 소수자들이 약한 그만큼 선양되어야 하는 그 소수자들의 의견의 가치화이다. 결과적으로, 대중적 민주주의의 문제나 무슨 수단을 사용하든 소수자들을 제거하는 경향이 될 수 없을 것이다. 둘째 방향은 대화의 방향이다. 대화는 동일화의 반대이다. 그것은 차이와 공통의 척도에 대한 일관된 주장이다. 이 두 요소는 아주 밀접하게 연결되어 있다.

민주주의가 존재하기 위해서, 그리고 인간이 존재하기 위해서는, 실제로 커뮤니케이션과 관계를 자극하는 차이들을 완강하게 유지해야 한다. 모든 동화(하위적 집단이나 소수를 상위적이거나 다수적인 집단으로 동화), 개인의 사회로의 모든 적응, 테이야르 스타일의 모든 전체화를 거부해야 한다. 이러한 것들이 현대인이 편의성, 나태, 경제성 때문에 요구하는 바로 그것일지라도, 사회가 효율성 때문에 바람직한 것이라고 주장해도, 그것들을 거부해야 한다. 그렇지만, 인간이 적응하게 되면, 더 이상 대화는 없어진다, 왜냐하면 더 이상 차이가 없어지고, 따라서 커뮤니케이션의 이성이 없어지기 때문이다. 그러면 오로지 집단적이고 익명인, 정보적 알맹이 없는 소식들만 엄청나게 확산될 것이다. 왜냐하면 모든 것은 근본적으로 인정될 것이기 때문이다. 그렇지만, 이렇게 대립들을 유지하고자 하는 의지는 긴장을 유발하는 자를 제거하고자 하는 의지로 이끌어서는 안 되고, 그 반대이다. 그에 부합한 방식으로, 의미 깊은 것은 바로 커뮤니케이션의 추구이고, "이방인들"이 되지 않으려는 필사적인 의지이다. 결과적으로 그것은 어떤 공통의 척도가 가능하고, 동시에 차이들 그 자체 속에 어떤 만남의 가능성이 있다는 가정 위에서 사는 것이다.

그러나 이 공통의 척도는 자연적인 사실이 아니고, 단순히 주어진 바가 아니다. 우리는 언제나 그것을 부정하고, 깨뜨릴 수 있다. 우리는 언제나 다시 이방인이 될 수 있다. 또는 가장 최악인 것은, 우리는 언제나 타인을 이방인으로 다룰 수 있다. 나치 당원, 공산 당원은 한편으로는 자기 집단의 사람들과는 일치를 이룬다(그들 사이에는 더 이상 진정한 어떤 커뮤니케이션도 가능하지 않다). 그리고 다른 한 편으로는 적과는 공통의 척도를 깨뜨리기에, 이 적은 이제는 제거될 수밖에 없다. 우리가 우리 자신에게 말해야 하는 공통의 척도(그리고 이것은 커뮤니케이션을 가능하게 한다), 우리가 공동으로 살아야 하는 공통의 척도(그리고 이것은 차이 속에서 함께 작업할 수 있게 해준다), 그것은 끊임없이 재발견되어야 하고, 재창조

되어야 한다. 왜냐하면 그것은 일반화속에서(휴머니티, 과학 등), 혹은 보편화 속에서 금방 묻혀버리기 때문이다. 차이 속에서 이렇게 힘들게 공통의 척도를 추구한다는 것은 인간이라는 표시이기도 하다.

* * *

그러나 우리의 감시는 다른 쪽으로 끌려져야 한다. 우리는 우리 문명이 수단의 문명이고, 결국 진정한 문제는 인간의 목적이나(이것은 하나의 도피이다), 사회의 철학, 또는 수단을 목적에 당연히 종속시키는 것이 될 수 없음을 줄기차게 증명할 것이다. 우리는 일반적인 생각, 광대한 판단, 큰 종합을 포기해야 한다. 우리는 수단들이 특수하고 구체적이며 즉각적이고, 결국 별로 중요하지 않거나 쉽게 지배될 수 있는 그런 차원이라는 생각을 포기해야 한다. 그 반대이다. 우리는 다음의 세 사실로 특징되는 세계 속에 살고 있음을 알아야 한다.

- 우리 행동 수단이 엄청나게 많다는 사실은 이 수단들에 대한 어떤 지배라도 주장하기를 우리에게 금한다. 반대로 수단들이 우리를 지배한다.

- 행동 수단들의 강력함, 우리 인생 속에서 수단들의 즉각적이고 지속적인 현재함, 수단들의 유혹은 우리가 원하거나 의식하지 않아도, 사유, 명상, 선택, 판단에 비해 행동의 결정적인 우위를 유발한다.

- 수단은 우리가 기대할 수 있는 목적을 할당하고, 수단이 거기에 상응하지 못하면 비현실적이라고 판단되는 목적을 제거한다. 게다가 동시에 수단은 목적을 타락시킨다. 우리는 "목적이 수단을 정당화한다"는 공식과 반대의 공식 속에서 산다. 수단의 광대함이 오늘날 우리가 추구한다고 주장하는 목적을 특징짓는다. 국가적인 또는 계급들의 전쟁

수단은, 그 덕분에 평화가 정착되기를 더 이상 바랄 수 없는 그러한 것이 되었다. 제약의 수단은 그 덕분에 우리가 자유에 도달할거라는 주장을 더 이상 허락하지 않는다.

정확히 수단들의 수준에 민주주의와 전체주의의 차이가 존재한다. 정부가 조직의, 심리적 행동의, 공적 관계 기술들을 다수로 만들면, 생산을 위한 모든 힘들을 동원하면, 경제와 사회적 생을 계획화하면, 모든 행위들을 관료주의화하면, 권리를 하나의 사회적 통제 기술로 축소하면, 일상생활을 사회화하면… 그러면 그것은 전체주의적 정부이다. 이 수준에서는, 수용소, 경찰의 자의성, 고문의 자의성 문제는 이차적인 차이의 문제에 불과하게 되고, 정부의 다소간 큰 능숙함에 종속되고(정부는 그런 스캔들을 피할 수 있다!), 운동의 다소간 큰 가속화에 달리게 된다. 국가, 정치적 행동, 우리 집단, 우리 자신의 수단에 대한 판단은 우리 의식의 항시 새로운 염려가 되어야 하고, 우리 정치적 고찰의 항시 대상이 되어야 한다.

마지막으로, 이러한 민주적인 인간의 추구는 우리의 사회통념에 대한 문제제기, 토론 없이 받아들여진 사회적 명증성들에 대한 문제제기, 우리가 우리 시민들과 초보 단계에서 일치하도록 허락해주는 집단적인 사회적 가정들에 대한 문제제기를 내포한다. 이러한 사회통념은 우리 사회의 사실적인 움직임에 의해 우리의 의식 속에 은밀히 미끄러져 들어온 근본적인 이데올로기적 줄기로, 그것을 정당화하고 또 우리를 거기에 고통 없이 적응하게 하려 한다. 이 사회통념은 그 위에서 우리가 우리의 이데올로기를, 나아가서 우리의 주의들을 영광스럽게 구성하는 무의식적인 기초이다. 그것을 추격하고, 밝히며, 그 속에서 우리의 진정한 사회적 얼굴을 응시해야 한다. 인간은 행복을 위해 만들어졌다. 모든 것은 물질이다. 역사는 따라야 할 하나의 방향이 있다. 기술은 중립적이고, 인간에 의해 지배된다. 도덕적 진보는 당연히 물질적 진보를 뒤따른다. 국가는 하나의 가치이다. 말보다는 행동이다. 노동은 가치다. 생활수준의 향상은 그 자체로 하나의 선이다 등. 우리의 판단들과 우리 의식의 수많은 단면들이다. 그런데, 내가 문제를 이 수준에서 공격해야 한다고 주장하는 것은, 지적인 유희나 암울한 비판, 의식을 검사하기 위한 빗나간 진단도 아니다.

실제로 우리는 바로 이러한 믿음들을 통해 선전이 우리를 사로잡고, 우리를 설득하며, 우리로 하여금 움직이게 한다는 것을 이해해야 한다. 우리 속의 이러한 사회통념들은 우리 존재의 사회적 결함이고, 취약점이다. 아무리 우리가 지성적이고, 정보를 받으며, 민주주의에 대해 염려하고, 외부 영향들에 대항하고, 열린 자유로운 정신을 가지며, 휴머니스트나 기독교인이 된다 해도, 그런 것은 아무 중요성이 없다. 정치와 우리의 관계 속에서, 근본적인 법은 체인의 저항 법칙이다. 즉 체인은 그의 가장 연약한 고리가 가진 저항력만을 가진다. 우리에게도 마찬가지다. 우리의 가장 연약한 점, 그를 통해 모든 정치적 파산이 통과하게 될 그 점은 바로 이러한 사회통념에 우리가 가입하는 것이다. 그로부터 어떠한 자유도, 어떠한 민주적 창조도 가능하지 않다.

*　*　*

더 연장하는 것이 무슨 소용인가? 나는 독자의 반응이 무엇인지, 그리고 글을 쓰면서 나 자신의 반응이 무엇인지 안다… 이 모든 것 속에는 새로운 것은 아무것도 없다. 이것들은 수없이 말해지고 들려졌던 의견들이다. 분명하다… 나로서는, 문제는 거기에 있지 않고 여기에 있다. 즉 이러한 대답은 새로운 것이 아니고, 우리가 처해진 상황이 새로운 것이다. 새롭게 제기된 질문이다. 그런데, 과거의 대답이 아직도 진실하고, 유일하게 진실할 수 있으며, 나도 그렇게 믿는다. 다만, 이 새로운 상황에서는, 이 옛 대답은 새로운 것이 된다.

실제로 내가 썼던 것을 영원성의 모습 아래서도 아니고, 역사적 항구성 속에서도 아닌, 우리가 기술하려고 한 구체적인 정치 세계와의 관계 속에서 생각하려고 노력하자. 그러면 우리는 이 낡은 대답이 확실히 이상하기 때문에 놀라게 될 것이다. 하나의 해결이 아닌 대답이다. 모든 것이 거기에 있다. 만약 그 대답이 알려져 있다면, 그것은 경험되었는가? 그리고 만약 그것이 경험되지 않았다면, 그것은 아무것도 아니다. 우리는, 현재 정치의 변화 속에서, 엄격하게 벽 아래에 놓여 있다. 혹은 우리는 그것을 체험하고 있다, 혹은… 딜레마는 마치 그것이 결코 존재하지 않았던 것처럼, 오늘날 아주 엄격하다. 더 이상 가능한 탈출구는 없다. 그렇지만, 잘 이해하자. 나는 인간이 천성적으로 내가 기술했던 바라고 결코 주장하는 것이 아니며, 나아가서 이러한 인간이 과거에 존재했고, 이제 질이 떨어졌다고 말하는 것도 아니다. 나는 다만 이러한 인간이 가능하고, 우리는 그 인간을 원해야 한다고 주장한다. 그리고 그런 인간이 가능하지 않다면, 우리가 그 인간을 원하지 않는다면, 우리가 그 인간을 실현하지 않는다면, 그러면 민주주의에 대해서, 나아가서 정치에 대해 말하기를 그만두어야 한다. 우리는 그러는 척하지 말아야 하며, 그 외양조차도 남아 있지 않는 가치들과 덕을 우리에게 부여하지 말아야 한다(예를 들어 자유). 역사의 흐름을 사물들처럼 따르고 어떤 고찰과 어떤 정치적 행위를 주장하기를 멈추자. 그러면 원점으로 되돌아오게 된다. 우리는 우리의 시작으로 되돌아오고, 인간과 정치는 오늘날 서로 엄격하게 맺어져 있다. 그러나 이러한 정치화는 더 이상 우리가 서문에서 말한 그런 정치화가 아니다. 그것은 가장 커다란 리스크의 이미지이고 인간의 가장 위대한 선택의 이미지이다.

L'ILLUSION POLITIQUE

후기 & 역자후기
내용요약 & 후주

후기

시대에 맞추기? 상황적인 것을 제거할까? 그렇지만, 이 상황적인 것은 실체적인 고찰의 자료에 불과할 뿐이며, 그것이 없다면 이 고찰은 구체적인 여건이 없어지게 될 것이다. 시사적 상황을 15년 전부터 시작한 다른 상황으로 대체할까? 그렇지만, 앞의 상황이 망각된다면, 뒤의 상황도 내일에는 망각될 것이고, 더 이상 증거가 되지 못할 것이다.★ 오히려 내가 말하고 글을 쓰던 순간에 극단적인 정치적 갈등이었던 사건들이 이제는 망각되었다는 사실은 나의 분석의 여러 주제들 중의 하나를 더욱 강화할 따름이다. 실제로 C.E.D.(유럽방위 공동체)에 대한 논쟁이 매우 첨예했음을 믿고 받아들이라고, 또는 지금은 망각된 갈등들이 치열했음을 또는 "공동 프로그램" 논쟁 때문에 프랑스가 "둘로 쪼개졌었다"는 말을 상상도 하지 못할 사람들에게 15년 전의 신문을 찾아보라고 요구하는 것은 너무한 것이다!

여론과 감정을 제외하고는 어떠한 사실과도 상응하지 않는, 우리 사회의 안정적인 것과 항구적인 것을 변경할 수 없는 정치의 극단적인 평가. 오늘날 프랑스가 둘로 쪼개졌다는 확신은(그렇지만 언제는 그렇지 않았던가? 1940년에는? 1944년에는? 1958년에는? 1968년에는?), 미래의 어떤 변화도 나타내지도 못하면서 이런 분할의 사실성 그 자체를 생산한다. 성장, 완전 고용, 국가의 거대함, 과도한 기술화, 탈중앙집권화한 중앙집권

★ 그럼에도 우리는 여기저기서 몇몇 예들을 새로이 도입하였고, 1965년 판에는 나와 있던 "경제 계획의 민주화"에 관한 보조글은 삭제하였다.

화, 또는 거꾸로 국가화한 탈중앙집권화, 핵 무장, 도로 프로그램, 자동화, 그리고 인구증가 정책을 위해 형제처럼 결합한 좌파와 우파! 나아가서 도덕적 포용주의를 위해, 도덕적 질서를 포기한 우파! 국유화에 관한 논쟁은, 한 편에서는, 실제적으로는 아무런 영향력이 없다. 권력을 잡은 우파는, 그 역시도, 계획경제를 하고 국유화하지 않을 수 없을 것이다. 그것은 일이 되어가는 질서 속에 새겨져 있고, 자유로운 정치적 결정이 아니라, 일이 되어가는 그 힘에 의해 이뤄질 것이다. 일반적인 정치적 합의가 모든 분야에서 힘의 발전 위에 설립되었기 때문이다. 그렇지만, 이러한 발전은 정치인들의 의지로 원해진 것이 아니라, 모두에게 내재적이 되어버린 심리적·기술적 구조에 의해, 그리고 기술적 수단들의 복수성에 의해 강제된다.

프랑스가 둘로 쪼개졌다는 확신의 정치적 중요성을 분명 가볍게 봐서는 안 된다. 모든 내전이나 국가 간의 전쟁들, 또는 혁명들은 비난하기 쉬운 그런 미미한 감정으로부터 발단이 된다. 그렇지만, 이러한 정치적 대재난들의 결과가 실제로 거의 제로인 이유는, 바로 이러한 감정들을 잘못 적용한 까닭이다. 그것들이 아무리 정당화되었다고 해도, 1789년의 혁명, 1917년의 혁명은 앞의 체제의 근본적인 움직임을(다른 팀들과 다른 형태로) 계속 추구한다. 이런 혁명들은 이런 근본적 움직임의 한 비극적 열기에 불과할 따름이다. 나는 세계 전쟁들에 대해서도 마찬가지로 말할 것이다. 1940-1945년 전쟁의 주요 결과는? 히틀러 체제와 거의 비슷한 스탈린적 체제의 확산과 강화(사람들은 1944년에 그런 비교를 했던 사람들이 얼마나 옳았는지 발견한다). 그리고 공안적이고 독재적이며 고문이 자행되는 히틀러식 방식들의 보편화. 나는 (1946년 「개혁」지에서) "히틀러가 전쟁에서 승리하였다"를 기고하였다. 이 글은 정말 확인되었다. 이 두 체제를 비교했던 사람들에게, 사람들은 목적의 차이와(하나는 노예제, 다른 하나는 자유를 위해), 이데올로기의 차이가(하나는 반 휴머니스트, 다른 하나는 휴머니스트) 그것들을 본질적으로 대립시키고, 그것들을 동일시하는 것은 분노케 하는 일이 라고 대답하였다! 이것은 실재를 감추려는 것 말고는 아무 가치도 없는 전형적인 이데올로기적 담론이다.

우리는 이데올로기의 무력함에 대해 다시 돌아올 것이다. 예를 들어 고문의 보편화에 대해 보자면, 1936년에는 사람들이 그것을 생각할 수 없었다는 것이 확실하다. 그들은 정말 인권과 인간화 앞에서 이런 야만스런 방식들을 뒤로 물러서게 하였다고 생각하였다. 그러나 그것들의 폭발적 확산이 그 장벽이 얼마나 연약했던가를 보여준다. 그런데 우리는 야만적인 것의 부활을 목도하고 있지 않는가? 고문, 경찰의 힘은 물론 이제는 동일한 특성을 제시하지는 않는다. 그것들의 일반화는 내가 보기에는 우리가 강조했던 두 요인과 엄밀하게 연결되어 있다. 첫째는, 결과에 있어서 효율성의 요인으로, 그것은 필연성과 성공 외에 다른 정당화를 필요로 하지 않는다(만약 고문을 통해 내가 수없이 많은 사람들을 죽이려 하는 테러리스트의 입을 열게 한다면, 하는 식의 논쟁이 그 전형이다. 여기서는 무슨 대가를 치르더라도 성공해야 하고, 나는 그것을 해야 할 필연성 속에 들어 있다. 한 인간에게 가해진 이 고문이 용서받을 수 없다는 것은 고려하지 않고, 실제 범인을 잡을 때까지 추정된 수 십 명의 테러리스트들을 고문해야 할 것도 고려하지 않는다…). 다른 인자는, 1차적인 재료로 간주되는, 인간의 극단적인 가치하락이다. 흔히 전통적인 사회들 속에서는, 고문이 인간의 가치를 무시하는 것이었고(예를 들어 19세기의 북아메리카 인디언들에게서), 우리로서는 더 이상 그렇지 않다고 말하는 것은 억지가 아니다. 즉 여기서는 인간이 사실적인 가치를 갖지 않는 정도에서 정확히, 그 인간은 부정될 수 있다. 그럼에도, 정치적 담론은 그 체제가 무엇이건 여전히 이상주의적이고 휴머니스트적인 채로 남아 있다. 분명 나치주의자들이 반 휴머니스트들이라고 선언하는 것은 부정확하다. 반대로 그들도 인간에 대한 아주 열렬한 이미지의 이름으로 행동했는데, 이 이미지는 명백히 사회주의와 민주주의에서 수락된 가치들과는 다른 가치들로부터 만들어진 이미지였다. 그렇지만, 결국엔, 왜 안 될 것인가? 도달하고 실현해야 할, 우월한 인간의 모델. 그렇지만, 결국엔, 그 모델에 상응하지 못한 인간은 인간이 아니다. 이 높은 이상을 달성하는 데 방해가 될 위험이 있는 것은 가치 없는 장애로서 간단히 제거되어야 한다. 이 화려한 이미지를 더럽힐 수 있는 것은 증오의 대상이 된다… 그러나 결국, 프롤레타리아 인간 모델의 가치화는 부르주아적 반인간적인 것에 대해 비슷한 결과를 생산하지 않았는가? 그런데, 이러한 무가치화는 이데올로기적인 사실이 아니고, 정치적인 사실도 아닌데, 그것은 인간이 이미 무가치화 되어 있고, 이미 1차 재료가 되어 있고, 이미 종속적인 인자로 취급되기 때문이다("인간, 이 가장 귀한 자산" 하고 스탈린은 말했다. 그리고 이 무서운 문장, 그것은 그 위로 집단 수용소가 접목될 수 있음을 보여주면서 어떻게 그 반대로 작용하지 않겠는가!). 그리고 그 뒤를 이어서야 성찰, 철학, 정치가 자기들의 담론을 늘어놓고, 실천을 하기 때문이다. 그렇지만, 이러한 사실적 무가치화는 산업화, 도시화(다양한 근본 상실들), 대량화, 그리고 마지막으로 인간의 재발견과 함께 기술화에 의해 만들어졌다. 마르크스가 프롤레타리아를 자본주의적 소외뿐만 아니라, 모든 종류의 근본 상실을 통해 정의내릴 때 옳았다. 이러한 공통의 원인들에 대한 수많은 연구들이 있기에(공통적이긴 하지만 진실에 관한 것인!), 나는 여기서 다시 그 증명을 하지 않는다. 수많은 교묘한 부정들이 있지만, 그래도 사실은 남아 있다. 내가 그것을 다시 언급하는 것은 다만, 인간에 대한 정치는, 인간은 사회의 기술적 변화로 만들어진다는 것, 그리고 특히 우리가 이렇게 통합된 인간에 대해 갖는 생각을 통해 결정되고 정의됨을 말하기 위함이다. 그렇지만, 이 주제에 대해 담론의 분열은 정치적 착각의 전적인 특징이다.

*　*　*

차후로 우리는 진정 근본적인 문제에 접근해야 한다. 최근의 많은 연구들은 결국 국가는 사람들이 그렇게 말했던 것만큼 그렇게 강력하지 않고, 나아가서 국가 권력의 약화마저 있다고 주장한다. 그에 따르면 국가는 피상적으로 큰소리나 치는 평론가들에게나 가장 차가운 괴물이었을 것이고, 앞으로도 그럴 것이다. 즉 국가는 아주 부드럽고 절묘한 하나의 현실이지, 대상으로서 국가·나라는 존재하지 않는다. 국가주의와 국가적 중앙집권은 완전히 불확실한 것이고, 종국에는 사람들은 이러한 단어들이 무엇을 의미하는지도 잘 모른다고 한다. 그러나 나는 사람들이 너무 쉽게 "국가"라는 용어 아래에 아무것이라도 놓고, 또 이 모든 것은 정확성이 결여되었다고 주장한다. 국가는 흐릿하고 통용되지도 않는, 어떤 점에서는 환상적인 개념으로서 토의될 뿐만 아니라, 또 사람들이 믿었던 역할을 전혀 하지 않고, 그나마 이 역할도 축소되는 중임을 증명하고자 하는 분석도 있다. 최근에 그들은 두 현상을 보고 이러한 결론에 이른 것 같다. 한편으로는 다국적 기업들의 발전이고, 다른 한편으로는 행정의 증가와 그 행정들의 특수성이다. 나는 최근 이 문제를 다룬 수많은 연구들 중에서 둘만 살펴보겠다.

다국적 기업들★ - 이 논쟁은 상당히 단순하다. 지금까지는 국가적 틀의 존재 위에 세워진 경제 개념을 가지고 있었고, 경제 관계들은 교환에 한정되었다. 따라서 국제적인 경제가 있었다. 이러한 사실로부터, 각 국가는 (다소간) 자국 안에서 주인이었다. 이 말은, 국가는 정치적으로 (그리고 어

★ C.-A. 미샬레Michalet, 『세계적인 자본주의』, 1976.

떤 범위에서 경제적으로도) 나라 안에서 주인이었다. 정치권력에 의해 내려진 결정들은 적용되었고, 다른 경제적 국가 블록들과의 관계는 항상 국가의 통제와 함께 수행되었다. 게다가, 이 관계들은 시장의 유형이었는데, 다시 말해 유동적이고 불확실하였다. 그런데 다국적 회사들의 출현과 함께 상황은 완전히 바뀌었다. 우리는 극단적으로 새롭고 다른 경제 모델과 마주하게 된다. 이것은 세계적인 경제이다. 다시 말하면, 독립적 공장들 사이의 상업적 유형의 내부 관계에 대한 문제가 아니라 (교환, 화폐 등), 생산의 탈지역화로부터 유래한 복합체 속에 경제 현상 전체의 통합이다. 생산은 더 이상 에너지나 원자재, 또는 노동력의 지역적 존재와 지리적으로 연결되는 것이 아니라, 기술 발전의 결과로, 공장은 어디든 설치될 수 있다. 주어진 자연적 여건에 따른 노동의 국제적 분할이라는 과거의 생각은, 다양한 이해에 따른 생산 단위 설치의 자유로운 결정으로 대체된다. 생산의 탈지역화는 가치 형성 장소의 이동을 부른다. 그러나 (덜 발전한 경제들을 향해 산업 활동의 탈영역화를 가정하는) 이러한 탈지역화는 경제적 결정의 중심으로부터만 일어날 수 있다. 즉 근본적으로, 경제적으로 발전한 나라에 위치한 산업적 기업의 중심핵이 어떤 공장을 이런 저런 나라에 위치시킬 때의 이익을 평가하고, 그것이 차후로 기술적으로 가능한가를 고려하며(사람들은 더 이상 자연적 조건에 매이지 않는다), 이것은 근본적으로 국가적 장벽을 고려하지 않는다는 말이다. 따라서 새로운 현상이 생겨났는데, 이것은 더 이상 수직적이거나 수평적인 중앙집권적 질서가 아니라, 기술적 확장의 질서에 속한다. 하나의 자본 기업으로서는 이제는 하나의 시장을 정복하는 문제가 아니라, 경제적으로 호의적인 환경 속에 위치하는 문제이다. 이런 환경은 자본주의 기업들로서는 이익의 최적화나 수익률 저하에 맞서기 위해서다. 그러나 이런 행위가 오로지 자본주의적이라고 생각하면 잘못이다. 소련처럼 거대한 자본주의적 기업에 관한 문제일 경우에, 외국으로의 팽창은 다국적 기업과 동일한 동기나, 동일한 형태로 이뤄지는 것이 아니지만, 소련의 외국 공장 건설이 순수한 선의, 순수한 원조, 인간적이고 자비로운 도움으로 믿는다면 너무 순진한 생각일 것이다. 이러한 국가 경계를 넘어서기는 상호를 "U.R.S.S."로 쓰고 있는 경제적·정치적 기업의 다국적화를 나타낸다! 따라서 이 두 경우에 나라 공간의 평가절하가 있다. 즉 경제 현상은 더 이상 나라 공간 안에 위치하는 것이 아니라, 그 공간 밖으로 넘치고, 이러한 사실로부터 국가는 더 이상 자기 땅 안에서 전적인 주인이 아니다. 이러한 공장들에 대한 결정은 나라의 틀 안에서 내려진 것이 아니라, 외부로부터 오며, 국가는 그것들을 통제하고, 저지할 수단이 거의 없다. "나라 주권의 공간과 회사의 공간 사이에 점증하는 차이가 있고", 국가의 경제 기능에 대한 문제 제기가 있다. "다국적 기업은 국가·나라들에 대한 결정적인 도전이고", 결국에는 이러한 다국적 기업들의 완전한 발전이 국가의 사라짐을 내포하고 있다고 생각할 수 있다. 이것이 바로 첫 번째 흐름이고, 이것은 어떤 사실들로부터 국가 권력의 감소를 증명하고자 한다.

  두 번째 증명은 완전히 다른 것으로, 사회학적인 질서에 속하며, 현대의 정치적이고 행정적인 현상 내부의 분석에 관한 문제이다.★ 피에르 그르미옹Pierre Gremion은 국가 개념은 극도로 모호하고 불확실하지만 일반적으로 사람들은 많은 정치적 사건들을 설명하기 위해 이런 국가의 권력이 계속 증가하는 것으로 생각하고 만다고 설명한다. 그런데, 중앙집권화 되고 극히 강력한 현대 국가는 차라리 전설에 속한다고 그는 주장한다. 사람들은 습관적으로 권력이 나오는 중심, 집행을 하는 정확한 도구, 엄밀하게 짜여진 행정적 피라미드식 위계적 조직을 생각한다. 즉 중앙의 정치가 결정하

★ P. 그르미옹Gremion : 『주변적 권력. 프랑스 정치 시스템 속에서 관료들과 유력자들』, 1976, 쇠이유.

고, 행정은 집행한다. 그리고 각각의 지역적 요소는 정상을 향해 올라간다. 어떤 지방 기관에 결정권이 있다 하더라도, 그것은 오로지 중앙 권력의 위임에 의한 것이다. 그리고 자주 주장된 다른 양상은 행정이란 사회적 환경에 비해 닫힌, 등질의 전체라는 것이다. 그런데, P. 그르미옹은 사실은 그렇지 않다고 주장한다. 행정은 중앙 권력에 대해 거대한 자율성을 지니고 있고, 그 속에서 자기가 기능하는 환경과 공생관계에 있다. 중앙 권력의 추진력은 기계적으로 집행되지 않으며, 그것들은 나타나고, 타협의 대상이다. 행정적 권위자들은 정치적 유력자들과 항구적인 관계 속에 있다. 하나의 행정은 다른 것과 동일한 방식으로 반응하지 않고, 권력이 집중되는 수렴 지점들과 결정을 하는 매듭들은 모두 같은 장소에 있는 것이 아니다. 지방 행정은 개혁적인 큰 결정들이 실패하게 만들 수 있다. 그것을 그는 1964년에 시도된 지역화*를 가지고 증명하는데, 이 지역화는 새로운 행정 모델을 만드는 것과는 거리가 멀게, 중앙 부서를 강화시켰다. 주변 환경적 요소들이 행정 속으로 파고들고, 행정적 요소들은 주변 환경 속으로 들어간다. 유력자들은 그것 없이는 어떤 행정도 기능하지 못할 진정한 복합적인 네트워크를 형성한다. 대변은 지역적 정치 조직의 열쇠인데, 대변/대변성의 변증법 속에서 이해되어야 한다. 그러나 행정은 그에 대해 강력하게 조합주의를 지향한다. 달리 말하자면 우리는 권위주의에 의해, 외부에서 주변 환경으로 강제에 의해, 또는 법적 방식으로 기능하지 않는 유연하고, 복잡하며, 적응적인 체제 앞에 있다. 따라서 국가는 살아있는 관계들의 유희 속으로 들어가기 위해 추상적 개념들로부터 빠져 나오고, 중앙집권화는 더 이상 자코뱅주의(급진적 민주주의)가 아니며, 모든 것은 정상보다는 바닥에서 행해지고, 부서는 예를 들어 국가의 긍정이면

★ 나는 1964년에 정치적 착각 속에서, 개혁을 추진할 때부터 앞으로 그렇게 되리라고 예측했음을 강조하는 것도 흥미로울 것이다.

서 부정이다.

* * *

    권위주의적이고 중앙집권화 된 국가의 개념에 대한 이 두 비평 흐름의 근저에 흐르는 동기들을 보자. 그것들은 서로 반대된 관점으로부터 출발하여, 전혀 다른 영역을 다루면서도, 암묵적인 목표는 같다. 즉 정치를 복원하는 문제이다! 다국적기업들의 위험스런 증가에 반대하여, 좌파는 이제는 국가의 주권에 호소하고, 우파보다 더 국가주의자가 되었다. 국가에 의해 보장된 국토는 절대적인 가치이다. 그런데, 다국적기업들의 팽창이나 자율성에 무엇이 제동을 걸 수 있을까? 그것은 정치적 결정이다. 예를 들어 자연적 부의 통제는 물론 자신들의 경제적 자율성의 폭을 증가시키고자 하는 국가들의 일차적인 요구사항들 중 하나이다. 그러나 나아가서, 그리고 그보다도 더, 지속적인 기업의 국유화 위협이 있다. 결국, 과연 누가 이러한 국유화의 결정을 막을 수 있을까? 그리고 이러한 국유화는 반드시 공산주의자가 아닌 국가에 의해서도 취해질 수 있다. 다국적 기업은 국가를 상대로 전쟁을 하지는 못할 것이다. 사람들은 기업이 (아직) 군대를 소유하지 않았음을 너무 망각한다! 거대 상업적 회사들이 그들의 전투선단과 군사력을 소유했던, 그리고 국가와는 독립해서 군사적 정치를 할 수 있었던, 18세기 사실과는 반대로 말이다! 이런 국유화는 너무나 사실이어서, 기업들은 차후로 경제적 계산속에 "정치적 리스크"를 감안하지 않을 수 없다. 그러나 국유화까지는 가지 않더라도, 거의 모든 현대 국가들은 경제 계획을 세우고, 다국적 기업은 이러한 국가적 경제 계획으로부터 철저히 독립해서 생산 프로그램을 세울 수 없음을 고려해야 하지 않는가? 완전히 외부와 격리된 몸이 되는 것은 불가능하다. 달리 말해서, 다국적 기업들의 추상적이고 비인간적인 체계에 제동을 걸기 위해서는, 중요한 것은 바로 정치이다. 국가의 질의 변화는, 예를 들어 사회주의적이 되는 것은, 본질적이다. 분명 사회주의 국가는 다국적 기업들과는 동일한 방식으로 하지 않을 것이다. 다국적 기업들은 동일한 압력 수단들이 없다. 국유화는 분명히 자회사들에게 취해질 것이다. 계획은 엄격할 것이다… 따라서 정치적 방향은 본질적이다. 정치인의 결정의 자유는 자유의 옹호에 있어 핵심 열쇠이다. 그런데, 우리는 P. 그르미옹에게서도 같은 경향을 재발견한다. 근본적으로, 법률가들에 의해 고안된 자동적 과정들과 엄격한 기계주의 앞에서, 그가 복원시킨 것은 바로 대변과 타협을 가진 정치적 기능이다. 유력인들은 진정한 정치인들로서, 중앙에서는 정치적 유희의 중요성이 감소했더라도, 사람들은 변두리에서는 그것의 모든 가능성을 재발견한다. 그것은 유력인들에 의한 국가, 그리고 행정 권력들에 의한 유력인들의 상호적 합법화라는 복잡한 유희이다. 동시에 중앙의 합리주의적 의지를 수많은 집단들과 개인들의 이해와 요구들로 이뤄진 유동적 환경 속으로 희석하기이다. 도지사는 집행자가 아니라 타협자이다. 따라서, 앞서와는 전혀 다른 차원에서, 어떤 의지의 생산자인 중앙중집권적인 국가의 개념에 반대하여 복원되는 정치적 작용이다.

그런데 나는 결국, 정치적 표현과 결정의 중심으로서 국가에게 제 자리를 복원시켜주기 위해 구조로서의 국가를 문제 삼고자 하는 이 두 논문이 그 목표를 빗나갔다고 믿는다. 분명, 결국엔, 다국적 기업과 주변적 권력에 의해 무엇이 문제 삼아지고 있는가? 그것은 결코 구조로서의 국가가 아니다. 두 번째 경우에서 이 구조의 법적인 양상만을 예외로 하면 말이다. 그렇지만, 이 법적 양상 그 자체도 이데올로기적이다. 그 구조의 현실과 상응하는 것은, 그 조직의 법률만능주의도, 법치국가의 헌법도 아니고, 중앙권력·행정 관계에 대한 행정적 분석도 아니다. 법적 구성들은 실제적으로는 어떤 현실의 정당화 과정에 속한다. 실제로 문제되어진 것은, 바로 정치적 권력이고 정치이다. 환상적으로 된 것은, 바로 결정의 역량이고, 정치적 방향잡기 역량이다! 다국적 기업들은 자기들과 반대되는 정치적 결정들을 차단할 수 있다. 행정적 구조는 정치적 동기들로 중앙에서 내려진 개혁을 방해할 수 있다. 약해진 것은 바로 주권이라는 생각이지만, 여기서도 또 우리는 이데올로기적인 구성 앞에 있다!

우선 다국적 기업 문제를 보자. 다국적 기업들은 그 결정에 있어서 기술적인 동기들과 순수하게 자본주의적인 이해를 따른다. 그것을 C.-A. 미샬레Michalet도 그로부터 결론을 내리지는 못하고 자주 언급한다. 그런데 국가 역시 기술적 차원에 위치하고, 기술적 조직과 기술의 최적 사용에 맞는 결정들을 취한다면, 국가가 생산성과 국가적 부의 최적의 수익성에, 그리고 신속한 성장에 대한 신념에 복종한다면, 국가는 분명 이해와 동일성의 영역 위에서 다국적 기업들을 만나게 된다. "가치들"은 기술적 명령들에게 자리를 넘겨주고 물러난다. 그리고 결국, 기술이 그 체계의 보편성을 증명해 보임에 따라, 각각의 나라가 실제로 이 체계의 한 부품임을 어떻게 받아들이지 않겠는가? 계획화에 관해서도 정확하게 동일하다. 계획화가 기술적 기준에 따라 만들어진다면, 그리고 계획화가 생산성의 실제적 명령들을 따른다면, 다국적 기업들이(후차적 부들의 파괴인) 광적인 이익 추구에 자신을 맡기지 않을 때, 이런 계획화는 다국적 기업들의 프로그램화를 거스르지 않을 것이다. 그리고 이러한 광적인 이익 추구라는 19세기 자본주의의 관점은 점차적으로 합리적 개발에 자리를 넘기는 경향이다. 달리 말하면, 국가와 다국적 기업 사이의 일치가 기술적이고 경제적인 이익이다. 그렇지만, 명백하게 국가가 이데올로기적이 아니라는 조건에서, 다시 말해 기술적 명령을 고려하지 않고서 가치를 추구하거나, 도덕적 동기를 실현하려 하지 않는다는 조건에서이다. 국가가 휴머니즘, 자유의 지지

자가 되고자 하고, 스스로 최고권자라고 선언하면, 갈등이 폭발하는 것은 당연하다. 그리고 이 갈등 속에서, 국가가 승리할 가능성은 거의 없다. 다시 말해 정치와 이데올로기가 승리할 가능성은 거의 없다. 알랑드Allende의 격렬한 행동과 대재난을 상상할 필요조차도 없다. 그러나 더욱 의미심장한 것은, 불가리아, 소련, 나아가서 중국에까지 다국적 기업들의 점진적인 침투이다. 기술성에 대한 일치는 반대적인 교리 선언들을 추월한다. 그러나 객관적 구조로서 국가는 전혀 줄어들지 않는다.

이제 다른 기준을 고려해본다면, P. 그르미옹의 분석 가치를 현저하게 약화할 두 가지 점이 있다. 첫 번째는, 그가 유력인들에게 부여한 극도의 중요성인데, 이것은, 작은 문제들을 제외하고는 확실하지 않아 보이고(그리고 그의 책 속에서는 그것을 증명하는 사실들도 거의 없다), 특히 그 주요 약점은 누가 그 유명한 유력인인지 우리는 잘 알지 못한다는 것이다. 이 작품 속에는 이 주제의 다양한 변화들이 있고, 나아가서는 어느 순간에는 도지사가 유력인으로 나타난다. 그러면 협상이 극단적이라는 것은 명백하다! 두 번째 비판은 자신의 주장을 가치 있게 하려고, P. 그르미옹은 중앙과 주변, 국가와 행정, 결정과 집행, 정치와 행정을 엄격하게 구분한다. 따라서 그는 어느 정도까지는 국가가 사람들이 상상하는 이러한 아주 강력하고 중앙집권화 된 기관이 아님을 증명할 수 있다. 그러나 이러한 대립이 오류이고, 행정적인 결정이 순수하게 정치적인 결정보다 더 중요하며, 국가적 결정에 관한 문제라는 것은 이미 오래전에 밝혀졌다(그리고 1961년에 내가 썼던 이『정치적 착각』속에서조차 그러하다). 내가 여기서 국가에 대해 말할 때, 그것은 의회와 정부가 아니라, 중앙의 행정들과 지역적이거나 주변적인 행정들을 가진, 좁은 의미의 정치적 기관들의 복잡한 결합이다. 물론 이러한 행정들이 국가이다! 그리고 내가 관료주의적인, 또는 기술적·관료주의적인 구조에 대해 말할 때, 그것은 정확히 국가를 겨냥하며, 이 국가는 더 이상 정치적 중심도, 자율적 결정의 중심도 아니라, 행정적인 구조이다. 넓은 의미에서 이러한 행정은 통일적인 것이 아님을 고려하면서 말이다. P. 그르미옹이 행정의 다양하고 경쟁적이며 때로는 서로 갈등적인 성격을 지닌 복수적 분야들을 보여줄 때 완벽하게 옳다. 그러나 이 모든 것은 국가 속에서 정치의 축소를 확인해준다. 국가는 더 이상 정치의 벡터가 아니다. 이것이 근본적으로 가장 결정적인 것이다.

사람들은, 사회학자들조차, 그리고 물론 마르크스주의자들도(그들은 국가의 계급적 해석에 잡혀있다) 이러한 견해를 간직한다. 왜냐하면 결국엔 그것이 사회학이나 정치적 분석에 관한 문제라기 보다, 인간과 미래의 가능성 자체에 관한 문제이기 때문이다. 정치가 여전히 주인이어야 한다. 인간의 결정이 실제로 상황을 변경해야 한다. 그렇지 않다면 모든 것에 대해 절망할 수밖에 없다. 따라서 국가는 결정의 중심으로 남아 있고, 지역적 차원에서, 유력자들은 실제적인 파트너들이다. 그렇지 않다면, 상황은 참을 수 없는 것이고, 심리적으로 받아들일 수 없을 것이다. 나로서는, 그리고 그래야 될 곳에서, 그것이 바람직하지 않다거나, 권할만한 희망이 아니라고 말하지는 않는다. 그러나 나는 실제로 진행 과정은 더 큰 기술성의 방향에서 결정적이고 객관화하는 어떤 구조를 위해 모든 정치 현실의 축출이다. 국가는 더 이상 정치적 원칙으로 정의될 수 없고, 더 이상 거대한 원칙들을 적용하도록 책임지고 있지 않으며(인권에 대해 토론하는 것은 허풍, 몰상식, 결국에는 위선적인 스캔들이다), 더 이상 법의 수호자도 아니며, 어떤 헌법적 형태를 표현한 것도 아닌, 복합체가 되었다. 국가는 기술적인 것이 되었고, 따라서 정치는 발판이 없다(때늦은 결과를 부르거나, 기술적 역기능을 생산하기 위한 것이 아니라면). 그리고 이것은 법의 근본적인 변화를 초래한다. 법은 더 이상 거기에 모두가(국가, 정치인, 권력들, 그리고 우선적으로 행정들) 복종해야 하는 규범이 아니라, 하나의 기술적 관리 도구이다. 국가는 법을 흡수하였다. 그것은 (법속에서 구현되어야 할) 가치들을 흡수한 정치적 국가라는 전통적 의미에서가 아니라, 법이 국가에게는 가치와는 아무런 관계가 없는 하나의 도구이기 때문이다. 국가는 봉사한다. 국가는 유용하다. 그렇기 때문에 P. 그르미옹이 법적 유형의 행정과 기술적 유형의 행정 사이에서 한 대비는 정확하면서도 동시에 잘 못되었다. 그것은 서로 다른 행정체들 사이의 관계와 갈등을 분석하기 위한 미시사회학으로서는 정확하다. 그러나 전통적 법에 대한 기준과 관계된 것일 때에는 부정확하다. 보통의 고전적 관리 행정은 법을 가지고 하나의 기술적 기구로 만들었다. 따라서 사람들은 행위적이거나 조종적인 다양한 기술들의 효율성이나, 환경 통제의 효율성에 대해 토론할 수 있다. 그렇지만, 정도와 구조의 차이는 있을지라도, 성격적인 차이는 없다. 결국 헬리콥터와 제트 비행기는 믿을 수 없을 정도로 다르지만(그 원칙에서조차), 그 두 경우는 모두 동일한 기능을 하는 기술적인 기구들에 관한 문제이다. 이러한 조건에서, 국가는 더 이상 자유롭게 선택된, 결정된 어떤 정치의 벡터가 아니고—그 경우에는, 비록 그것이 한 계급의 정치이고, 계급적 지배의 도구일 따름이라 해도, 인간은 결정의 주역으로 남는다—, 그 다양한 양상 속에서 기술적 인자로서 고유하게 사색적이고, 정치적 토론의 양상은 더욱 더 부적합해 보이며, 큰 관심을 끌지 못한다(환상적이거나 스펙터클적인 경우를 제외하고는). 그리고 이러한 사실로부터 국가는 더 이상 어떤 이데올로기의 소지자가 되지 못한다. 우리는 이 점에 대해 다시 말할 것이다. 중앙과 주변 사이의 갈등, 정치적 결정들의 적용 부재에 대해서라면, 나는 약간은 도식적으로 다음과 같이 말할 수 있는데, 결정들이 순수하게 정치적일 때, 그것들이 이데올로기의 흔적을 품고 있을 때, 그것들이 관심 있는 행정에 의해 기술적이거나 비효율적이라고 평가될 때에는 그 결정들은 적용되지 못한다. 도시화, 오염, 환경 보호, 부적응의 예방 등에 관한 (강압적인!) 명령들은 그것들이 어디서 왔건, 그것들이 개발을 방해하고, 행정적 과업을 무겁게 짓누른다면, 즉각 거세된다. 중앙이 과정들을 자유화하거나 어떤 새로운 정치 모델에 따라 개혁을 하려고 한다면, 그러면 중앙은 단지 조직 보호나 통상적인 것만이 아닌 어떤 저항 의지에 봉착하게 된다. 즉 관계된 행정은 자기 고유의 효율성 모델에 복종한다. 그리고 효율성은 기준으로 남는다. 분명 그것은 사람들이 차후로는 주변, 환경, 집단들의 반응, 전통 등을 고려하지 않을 것이라는 말은 아니다. 그것은 또 전문성의 전적으로 도식적인 관점이다! 가장 높은 효율성, 가장 좋은 전문성을 추구하는 행정은 인간들의 욕구, 확신, 나아가서 이데올로기조차 고려해야함은 명백하다. 그러나 이 모든 것은 기술적 평가 과정 속에 변수들로 통합될 것이다. 가장 엄격한 행정이 가장 기술적인 것은 아니다. 기술적인 것이 침투하기 시작한다. 따라서 집단들과 유력인들과 타협은 효율성 계산속에 통합되어야 한다. 그리고 국가의 권력 속에서 환상적으로 남아 있는 것, 그것은 기술화, 관료체제화의 방향으로 가지 않는 모든 것이다. 예를 들어 컴퓨터 네트워크가 훨씬 더 치밀하며, 항구적이고 잠재적인 통제와 연결될, 그리고 추상적이며 비밀스럽고 완전한 (정보적) 다른 상화관련 체계의 창조와 연결될, 훨씬 폭넓은 탈중앙화를 허용해줄 때까지는 어떠한 효율적인 탈중앙화도 일어날 수 없을 것이다. 이러한 중앙화는 가치가 떨어진 옛 중앙화를 대체할 것이고, 겉으로는 탈 중앙화처럼 보이고, 자유로운 정치적 발언과 개입 가능성이 있어 보일 것이다. 그러나 이것은 하나의 단순한 착각일 것이다. 거꾸로 중앙의 결정이 집행자들에 의해 적용할 수 있다고 판단된 기술성의 방향으로 간다면 중앙과 주변의 대립은 없게 되는 것 같다. 너무 이상적인, 또는 최첨단의 기술은, 때가 되지 않았기에, 심각하게 처리되지 않는다(그래서 전산망의 일반화는 아직 가능하지 않다). "코드화"는 적용될 수 없었다. 반대로 P.O.S.(토지 이용

계획)는 아주 잘 받아들여졌다. 그리고 조치에서 조치로, 한 발 한 발, 장기간의 적응을 거쳐, 더욱 더 정치적 작용의 불확실성, 초창기 여론의 충격, 집단과 정당들의 순수하게 정치적 힘을 추방하면서, 체계가 승리한다.
★

* * *

    기술적 결정 체계로서 국가의 점증하는 힘 그리고 정치의 벡터로서 국가의 축소와 상관적으로, 우리는 이데올로기의 놀라운 무력함을 확인해야 한다. 물론 나는 여기서 이데올로기의 종말에 대한 논쟁을 하지는 않겠다. 이데올로기는 건재하다! 그것은 그 어느 때보다 기승을 부리고 퍼져 있다. 깊은 신념들, 가장 과학적인 학설들이 이제는 이데올로기로 변하는 경향을 보인다. 그러나 우리는 여기서 또 다른 정치적 착각을 본다. 즉 이데올로기에 복종하면서, 시민, 개인, 사회적 집단, 정당은 사회에 대해 뭔가를 할 수 있다는 확신과 조직들을 변화시킨다는 확신을 갖는다. 그리고 이데올로기는 그를 정치 속으로, 정치적 착각 속으로 들어가게 한다. 시민은 사회에 대한 행동이 국가의 길을 통해 행해진다고 확신한 채로 남아 있다. 국가에 대한 행동은 "정치"의 수단을 통해, 다시 말해 정치적 기획들, 정치적 집단들, 그리고 정치적 이데올로기들의 표현을 통해 행해진다. 이제는 국가가 다른 합리성에 복종한다고 생각하기가 거의 불가능하다. 그러나 우선 나는 여기서 진정으로 이데올로기에 대해서만 말하고 있다. 예를 들면, 나로서는 기독교 이데올로기는 예수 그리스도에 대한 신앙이나 성

★ 물론 이 모든 것에 대해 스페즈Sfez의 『전망적인 행정』, 그리고 『결정의 위기』를 자세히 연구해야 한다. 이 책들은 일어나고 있는 현상에 대해 가장 명확한 연구들이다. 분명 푸코Foucault의 『감시와 처벌』의 제 2장도 국가적 의도에 대해 증명하고 있다. 그리고 수마스트르Soumastre의 논문(1977)도 참고해야 한다.

경적인 계시와 동일시 될 수 없고, 마찬가지로 마르크스 이데올로기는 마르크스의 생각과 동일시 될 수 없다. 이러한 차이를 무시하는 것은 마르크스주의자들의 흔한 실수인데, 첫 번째 경우에서는 부정적으로, 두 번째 경우에서는 긍정적으로 하면서이다. 다시 말해 첫 번째 경우에서는 마르크스주의자로서는, 모든 것이 이데올로기인데, 그는 성경의 메시지 내용을 그 생산의 사회·경제적 조건들을 통해서 설명하려고 하고, 마르크스가 이데올로기에게 부여한 것과는 다른 역할과 의미는 있을 수 없다. 반대로, 두 번째 경우에서는, 이데올로기의 몫은 전혀 없어서, 모든 것은 과학적이고, 과학적이어야 합법화되고 동시에 과학적인 것이 합법화한다. 나는 이 길을 따를 수는 없다. 그리고 나는 국가의 근원과 목적지가 무엇이건, 국가가 현대적으로 되어감에 따라, 정치의 이데올로기적인 몫이 사라지는 경향이 있음을 확인한다. 그래서 레닌과 함께 우리는 마르크스의 생각으로부터 이데올로기로 이동했음을 아주 명백하게 본다. 레닌적인 혁명, 레닌적 국가는 강력하게 이데올로기에 젖어 있다. 그러나 스탈린이 "프롤레타리아 독재"에게 겪게 한 거대한 변화는 관료주의적·기술적 조직으로 국가로의 변화이고, 이러한 사실로부터 우리는 이데올로기가 모든 힘을 상실하고, 점차적으로 선전의 수단이 됨을 본다. 바로 그것이 이 두 체계 사이의 진정한 단절이다. 바로 그 점에서 스탈린주의는 단순한 레닌주의의 계승과 발전이 전혀 아니다. 이 순간에 이데올로기는 기술적 정부의 수단 중의 하나가 되고, 반드시 그의 발전에 봉사하게 될 것이다.★ 이데올로기가 "활동적"인 한, 그것은 비판적 인자로 나타날 수 있다. 그러나 실제로는 그것은 어떤 효율성도 없다. 이데올로기가 어떤 효율성을 획득하는

★ 최근에 사람들은 국가의 이데올로기적 기구에 대한 알투저Althusser의 공식을 격찬하면서, 그에게 많은 존경을 바친다. 나는 두 가지를 지적하고자 한다. 우선 그는 거기서 선전에 관한 우리의 연구에 별것을 더하지 못한다. 이어서 근본적인 거짓말은 바로 국가의 이데올로기적 기구란 부르주아 시스템 속에서만 존재한다고 믿게 한 데 있을 것이다. 그런데 실제로 그는 자신의 가장 완벽한 결론을 스탈린주의에서 발견하였다.

순간부터, 그것은 오로지 "국가·기술·생산" 체계 발전의 유희 속으로 들어간다. 그리고 이 전체 속에서 특별한 역할을 할 것이다. 사람들은 차후로 이데올로기가 죽었다는 인상을 가질 수 있을 것이다. 그렇지만, 전혀 그렇지 않다. 즉 다만 새로운 기능으로 적응할 따름이다.

우리는 그것을 잘 보여주는 최근의 예를 중국에서 발견할 수 있다. 중국은 혁명의 진정성을 표현하였던 이데올로기 승리의 인상적인 모델로 나타났다. 정치는 다시 지배자가 되었고, 정치적 착각은 사라졌었다. 정치적 의지에 의해서, 사람들은 사회 전체를 바꾸었다. 차후로 우리가 서구 사회에서 인간적 균형을 재발견하기를 원한다면 중국은 우리가 반드시 따라야 할 모델로 나타날 수 있었다. 중국 마르크스주의 속 모든 것은 어떤 도덕과 의지의 산물로 나타났다. 사실 유소기에 의해 도덕으로 간주된 마르크스주의와 「공산당원의 수양에 관하여」, 마오의 새로운 인간을 창조하기 위한 의지적 행동으로 간주된 (마르크스적) 완전한 혁명 (예를 들어, **붉은 소책자** 『마오 어록』) 사이에는 어떠한 차이도 없다. 이 새로운 인간 창조의 생각은 소련에서보다 마오이즘 속에서 훨씬 더 중요했다. 실제로 여기서는, 공산주의의 새로운 인간은 경제 구조들의 변화와 생산 과정에서 상황의 변화로부터 만들어져야 했고, 동시에, 그렇지만, 제2단계로서, 사회주의적 교육으로부터 만들어져야 했다. 그런데 중국의 마르크스주의에서는, 새로운 도덕, 재구성된 인간관계 전체, 새로운 문화와 함께 이러한 공산주의적 인간의 형성으로부터 시작해서 혁명이 구조들 속에서 만들어질 수 있었다. 이것은 이미 전쟁 중에도 존재했었다. 공산군은 덕의 모범을 보여야 했고, 그런 모범을 통해 농촌 주민들을 가입하게 만들어야 했다. 그것은 민중을 위해 봉사하는 이 도덕적인 군대와, 군벌들과 장개석 휘하 장군들의 무시무시한 약탈과의 본질적인 차이를 만들었다. 따라서 이데올로기의 승리였다. 그리고 마오이즘의 독창성은 이런 종류였다. 즉 지식인들을 농촌으로 보내고, 학자들을 노동자들 주변에서 재교육하며, 전문가들을 구체적 현실과 민중적 지혜와 접촉하게 하였다. 반면 노동자들과 농민들은 사전에 아무런 지적인 준비 없이 과학과 지성을 닦으러 대학에 갈 것이다. 그러기 위해서는 실천과 마오이스트 이데올로기면 충분하였다. 그리고 그 성공은 (3개월 속성 훈련만 받은) '맨발의 의사'의 발전이었다. 이데올로기의 또 다른 예로서, 이데올로기적 자극을 가지고 "물질적 자극"을 억제하는 것이다. 달리 말해, 경제적 이익이 열정, 신념, 노동에의 자발적 헌신에 의해 대체되는 것이다. 노동자가 급료를 위해, 그리고 자기의 생활수준을 향상시키기 위해 일한다고 주장했던 사람들은 준엄하게 비판당했다. 그것은 비판받아야 할 경제주의였다(경제주의의 한 모습이었다). 노동자들은 오로지 혁명적인 확신에 의해 일했고(사람들이 그렇다고 주장했다), 일해야 했다. 그것은 그들의 혁명에 대한 충성의 증거였다. 여기에 결국엔 돈의 제거가 상응해야 했다. 그리고 잘 알다시피, 이것은 전적으로 물질에 초연하고 전혀 이기적이지 않으며, 집단에 몸 바친 새로운 인간의 도덕적 창조와 일치하였다. 개인적인 야심을 조금이라도 갖는 것, 직업에서 승진하고자 하는 것, 이런 저런 경쟁을 하는 것, 그것은 반혁명적이었고, 엄하게 단죄되었다. 무엇보다도, 성적인 관계도 포함하여, 도덕이다. 우리는 이러한 풍습의 엄격함을 알고 있었다(25세 이전에 결혼의 금지, 결혼 전에 모든 성적 관계의 금지, 간통에 대한 무서운 징벌 등). 이러한 승리적인 이데올로기의 세 번째 양상은, 모든 것은 최소한의 기술적 수단을 가지고서 이루어져야 하고, 또 지역적 천재성과 능란함으로 달성한 가장 위대한 작업들과 함께 이루어져야 한다는 주장이었다. 맨손의 노동자들. 사람들은 무로부터, 개인적인 수작업을 통해 공장들을 짓는다. 거대한 작업들이 인간 노

★ 이것은 때로는 극도로 웃기는 일을 빗어낸다. 나는 1976년에 두 페이지 그림으로 된, 중국 선전 앨범을 보았다. 거기서는 수백 명의 노동자들이 삽으로 석유를 시추하려고 열정

동력의 집적을 통해 행해지는데, 인간의 노동력이 가장 강력한 기계들을 대체한다.★ 여기에는 이중적인 이데올로기적 테마가 있었다. 한편으로는, 노동과 능란함이 엔진의 결핍을 보충한다. 그러나 다른 한편으로는, 기술적 진보는 하부의 실천 덕분에 이뤄진다. 기술적 진보는 더 이상 과학적 탐구나 첨단 과학의 더욱 더 정교한 적용 위에 세워져서는 안 되고, 노동자의 경험 위에 세워져야 한다. 각각의 노동자는 그의 분야 속에서 유용한 발명을 할 수 있다. 놀라운 진보로서, 서구에서 18세기부터 얻어진 진보 대신에(과학적 탐구와 추상적 기술적 탐구는 짝을 이룬다), 사람들은 노동자의 경험으로부터 출발하였다. 그리고 이것은 물론 육체노동자와 지식 노동자들 사이의 교환 이데올로기와 일치하였다. 이런 다른 모델들은 서구 젊은이에게는 열광적으로 보일 수 있었다. 사람들은 마침내 거기서 경험된 정치적 방향을 가지게 되었다. 이 방향은 서구를 완전히 부정하였고, 우리의 기술적 위기와 계급적 단절을 해결해주고, 동시에 평등을 달성하고, 자연에 대한 존경을 재발견하며, 인간적 관계들을 회복시켜줄 것으로 보였다… 불행하게도 우리는 이 모든 것이 극단적으로, 그리고 완전하게 실패했음을 안다. 시골 제철소 경험은 완전한 실패였다. 첨단 연구 분야에서 이데올로기적 공식을 적용한다는 것은 결코 문제가 되지 않았다(미사일, 핵무기 등). 거기서 일하는 사람들은 극도의 전문가들이고, 그들은 결코 들로 가지 않는다. 그리고 사람들은 손으로 집을 짓지 않고, 또 문화 혁명 기간에 대학과 첨단 과학 연구소들은 결코 방해받지 않았다. 거기에는 홍위병들도 없었고, 학생의 급증도 없었다! 물질적 자극이라면, 그것을 완전히 되살려야 했다. 이데올로기적인 자극은 사람들이 그것을 적용하려고 한 어디서나 실패하였다. 경제의 발전, 국방의 개선은 더 이상 노

적으로 일하고 있었다… 나는 이 예를 텍스트에서는 인용하지 않았는데, 그건 내가 이렇게 쉬운 비평 위에 기초하고 싶지 않았기 때문이다.

동자들의 열정과 군인들의 덕이 아니라, 엄격한 과학적 활동에 맡겨진다. "적색이 전문가보다 상위에 있어야 한다"는 공식은 이제는 완전히 뒤집혔다. 다른 곳처럼, 독일이나 미국에 존재하는 것과 같은 과학적이고 기술적인 공동체가 차츰 차츰 형성되었다.★ 제철소들은 전 세계의 것들과 비교할만하다. 그리고 중국은 자기의 첨단 분야 설비를 위해 서구에서 만들어진 공장들을 구입한다. 그런데 이 모든 것은 반동적인 것이 아니다. 이것은 항상 이러한 산업적 현실주의를 권장해왔던 등소평의 복귀와 함께 중국의 실제 상황이다. 도처에서 기술자와 전문가들이 승리하고, 결국에는 일본과 비슷하게 된다. 그래서 사회주의적 이데올로기는 이제는 더 이상 아무것도 의미하지 않는다. 중국인들은 다른 사회주의 대국에 반대하여⋯ 전형적인 자본주의 국가들 중의 하나와 협력한다. 우리는 완전한 기술 관료적 사실주의 속에 있다. 이데올로기적인 비상은 정해진 목표들, 즉 경제 성장, 강성 대국, 군사적 힘, 과학적 발전 등에 대답할 수 없었다. 이 목표들은 서방 국가들의 것이었다. 그것들은 소련의 것이 되었다. 그것들은 중국의 것이 되었다.★★ 무슨 대가를 치르더라도 성장해야 한다는 명령이 자신의 법을 강제하였고, 정치적 선언들의 완전히 환상적인 특징을 드러내었다. 기술 그 자체 역시 동일한 결과로 이끈다. 정치는 실천적으로 그

★ F. 고드망Godement & G. 딘Dean : 중화인민공화국에서 과학과 기술. O.C.D.E. 보고서, 1977.
★★ 내가 1952년에 중국이 기술 쪽으로 들어섰기 때문에, 중국도 미국, 소련과 같은 길로 던져졌다고 썼을 때, 나는 많은 비난을 받았다. 일이 되어졌다!(?)(참조.『기술 혹은 세기의 문제』).
★★★ 확실히 중국에서 아주 상대적인 평등을 부정하고자 하는 생각은 없다. 더 이상 귀족, 고관, 군벌은 없다⋯ 그러나 그렇다고 평등에 대해 말하는 것은, 거리가 멀다! 가장 급료가 낮은 사람들과 (예를 들어 교수들⋯) 고위 당직자들 사이의 거리는 아주 크다. 마찬가지로 더 이상 기근도 없고, 모든 사람들이 만족할 만큼의 식량 배급을 받는다고 자랑한다. 배급의 평등이 있다는 것은 확실하다. 그러나 서구는 중국이 만성적 기근에 시달린다는 신화를 가지고 있다. 사람들은 특히 19세기에 서구 열강의 충격 아래서 중국 사회가 무너질 때, 기근이 특히 심했음을 망각한다. 19세기 이전에는 중국에서 만성적인 기근은 없었고, 일반적 식량은 아주 만족할 만하였다. 물론 세계의 다른 곳처럼, 돌발적인 기근

선언들에도 불구하고 근본적인 것을 아무것도 바꿀 수 없었다.★★★

그러나 이데올로기가 중요하지 않은 것이 아니었다. 가족적 집단의 파괴, 조상 문화의 제거, 공자에 대한 투쟁, 특히 본질적으로 과거, 문학, 예술품, 전통적 가르침을 제거하는 것으로 이뤄졌던 문화혁명 그 자체 - 이 모든 것은 이데올로기적 투쟁이고 정치 선언인데, 가장 큰 관심을 끄는 것이었다. 그것은 전혀 인간을 공산주의적 어떤 단계로 접근하게 해주는 혁명적 과정에 관한 문제가 아니라, 인간을 사회 구조로부터 떼어내고, 그 속에 있는 어떤 문화와 종교의 뿌리를 뽑는 문제로서, 그렇게 하여 그를 동원하기 위한 것이었다. 그러나 무엇을 위해 그를 동원하는가? 어떤 이상주의적 주장과는 달리, 공산주의 속으로 동원하는 것이 아니라, 새로운 국가 구조와(그 국가와 당의 모델은 서구적이다!), 기술화 사회 전단계인 극히 산업화된 사회 속으로 넣기 위해서이다. 달리 말하면, 이데올로기는 (문화 혁명도 포함하여) 기술화와 국가화에 대한 장애들을 제거하는데 사용되었다. 그것은 이러한 힘들의 발전을 용이하게 하였고, 그것들을 받아들이는데 잘 적응하지 못한 사람을 준비시켰다. 결국, 우리가 "뿌리를 파괴하는" 문제였다고 쓸 때, 우리는 정확히 프롤레타리아화한다고 말할 수 있다. 사실, 중국의 시스템은 차후 단계로 가기 전에, 일반화한 프롤레타리아 시스템이다.★ 마오이스트 이데올로기는 이러한 상황을 받아들이기 위해, 나아가서 그것을 원하고, 열정적으로 바라기 위해 필수불가결한 심리적 지원이었다(예를 들어 서구에서 18~19세기에 기독교가 농부들과 노동자들에게 그랬던 것처럼)! 새로운 것을 창조한 것과는 거리가 멀게, 중

들은 있었다. 나는 근본적으로 마오Mao가 중국을 열강들로부터 해방시키면서, 19세기 이전 상황으로 되돌리는데 성공했다고 말할 수 있다! 분명, 1944년 이래로 중국은 이번 두 번이나 엄청난 기근의 위협을 두 번이나 받았고, 그로부터 외부의, 특히 미국의 원조로 구해졌음을 잊어서는 안 된다!
★ 나는 이것을 지금 준비 중인 작업 속에서 자세히 보여줄 것이다. 우리는 마르크스에 의해 훌륭하게 제기된 필수불가결한 "원시적 축적"의 문제에 직면하였다.

국은 서구의 역사를 재편집한다. 이러한 중국의 혁명 신화는 우리로 하여금 완전한 정치적 착각 속에 살게 하고, 혁명적 이데올로기는 이 전형적 예 가운데서 한편으로는 환상적이고, 이어서 사물들의 힘을 변화시킬 수 없는 것으로, 그리고 최종적으로는 인간이 사물들의 힘을 받아들일 수 있도록 중개적인 것으로 드러난다. 이것은 마르크스가 간파했던 역할들에 비해 이데올로기의 새로운 역할이다. 그러나 우리 시대의 사물들의 힘, 그것은 신성한 삼위일체이다. 즉 국가·생산·기술·중국도 거기서 벗어나지 못했다.

* * *

이렇게 정치적 착각의 덫들은 새로워지고 달라져간다. 이상주의자의 의도는 언제나 같다. 그 계획은 합법적이다. 그러나 그 주장도 마찬가지로 착각적이다. 인간은 언제나, 과거에는 자연이나 유전으로부터, 지금은 기술, 사회, 국가로부터 자유롭다고 주장한다. 그리고 매번 그는 자유를 쟁취하거나 확인하기 위해 충분히 위험을 감수하지 않았다. 매번 그는 자유로운 인간의 위상을 주장하였다(그 자체로서, 천성적으로). 민주주의 역시 그에게는 역사의 "정상적인" 결과로 보였고, 정치적 자유도 인간의 정상적인 조건으로 보였다. 그러나 철학적 실수뿐만 아니라, 제기된 문제들에 대한 실수도 있다. 거기에 진정한 질문이 있다. 정치적 과정들에 따라, 우리가 계속 자유롭다고, 정치적 결정의 주인이라고, 체계로부터 독립되고, 그것을 바꿀 수 있다고 주장할 수 있기 위해서, 우리는 그것에 대해 우리가 실제로 지배권을 행사하는 그릇된 문제들을 제기한다. 그러나 그것들이 제기되지 않는 정도에 따라, 우리는 우리가 원하지 않으면서 발전되는, 그리고 더욱 더 엄격하게 우리를 결정해버리는 메커니즘들과 구조들을 힘차게 지워버린다. 사람들은 자기들이 제기하기를 거부한 문제들을 결코 해결할 수 없을 것이다. 그리고 사물들의 힘을 통해서 구조들의 발전의 피할 수 없는 외양에 대해 의식하는 사람들은, 자신들의 무력감과 일반적 착각에 빠져, 절망적으로 도피와 폭력의 길로 들어선다. 그러나 오직 정치적 착각을 하지 않고 필연성을 정면으로 부딪쳐야만 인간은 언제나 어떤 식으로든 자유를 되찾고, 인간적임을 다시 발견하였다.

내용요약

정치화

오늘날에는 모든 문제들이 정치의 영역 속으로 들어갔다. 이러한 정치화 현상의 가장 중요한 과정이며 매개체는 국가의 성장이다. 국가의 행위가 적용되는 분야의 성장. 국가의 행위 수단의 성장. 인원과 기능의 성장. 책임의 성장. 이 모든 것은 필연적인 중앙집권화와 사회의 전반적 조직화를 동반한다. 국가는 가장 중요한 현실이다. 모든 것을 정치적 용어로 생각하고, 모든 것을 정치란 단어로 덮어버리며, 모든 것을 국가의 손 안에 놓고, 모든 상황에서 국가에게 호소하며, 개인의 문제를 집단성으로 넘기고, 정치란 각자의 수준에 있으며, 각자는 정치에 적합하다고 믿기, 바로 이것이 현대인의 정치화다. 실제로, 선과 악을 판단하는 기준으로 사용되는 것은 이젠 더 이상 가치들이 아니다. 오늘날에는 정치적인 것이 탁월한 가치가 되었고, 그것과 비교해서 다른 가치들이 정돈된다. 오늘날 인간의 모든 것은 정치에 따라 평가되고, 그것은 최종적인 가치가 되었다.

필연성

정치권력들은 여전히 결정을 하지만 그것은 심각한 수준에서는 사이비 결정이다. 왜냐하면 그 결정은 정치인이 자유로이 선택할 수 없도록 이미 결정되어 있기 때문이다. 정치적 선택이 제한되는 이유의 하나는 가치들의 제거이다. 우리 시대의 사람들은 가치들에 무관심하고, 가치들을 사실들로 데리고 왔다. 우리 시대는 기준점과 목표점이 없고, 선택된 것들도 사실 그 자체에 밀접하게 종속되어 있으며, 그 사실을 평가할 수단과 사건에 대해 거리를 유지할 가능성을 제공하지 못할 것이다. 정치인이 사실에 직면해서, 또는 사실과 반대하여 가치들을 유효하게 작동할 수 없다는 점에서 그의 결정 능력은 제한되어 있다. 정치적 결정에서 가치의 박탈은 정치를 순수한 사실의 영역 속에 빠지게 한다. 당연히 사실은 가치보다 더 밀접하게 정치적 선택을 조건지운다. 모든 정부는 생활수준의 향상을 위해 존재하고, 아직도 존재하는 힘의 정치는 단순히 이 목적을 위한 수단일 따름이다.

효율성이 정치 행위의 기준이 된 순간부터, 정치적 결정은 새로이 축소된다. 오늘날 누구도 효율성과는 다른 정치적 기준을 선택할 수 없다. 정치의 법은 효율성이다. 가장 좋은 사람이 승리하는 것이 아니라, 가장 강하고, 능란한 사람이 승리한다. 가혹한 경쟁 체제 속에서는, 그리고 기술화한 세계 속에서는, 효율성이 한 정부의 유일한 합법성의 기준이 된다.

오늘날 진정한 선택은 문제를 준비했고, 결정을 집행해야 할 기술자들에게 달려 있다. 그로부터 정치적 기능이 감소되고, 정치인이 할 수 있는 혁신의 여유는 더욱 축소된다.

일시성

정치적 결정의 다른 극은 일시성이다. 우리의 모든 문명은 일시적이다. 사람들이 많이 소비하는 것을 영광으로 여긴다면, 신속한 사용을 위해 만들어진 대상들을 신속하게 내던져야 한다. 사람들은 더 이상 고치지 않는다. 그들은 버린다. 정치는 바로 이러한 일시성 속에 그 수많은 결정들과 함께 들어간다. 정치 세계를 그렇게 뒤흔든 모든 것, 선거들, 당 등이 일시성 속으로 들어간다. 일시적인 것들은 현재의 정치 세계에 대해 실제적인 질문들을 하지 못하게 한다. 정치인들의 수없는 변신은 다만 그들의 약함과 공허함을 보여줄 따름이다. 하나의 조약은 상황적 부합성에 따라서만 지속되고, 이익은 상황이 변하면 따라 변한다. 계약이나 제도의 안정성은 있을 수 없고, 법의 규범성이나 가치에의 의거는 있을 수 없다. 법은 정치적 결정 도구들 중 하나이다. 게임의 규칙이란 더 이상 없고, 사실들의 비일관성만 있다. 즉 사실들이 법이다. 오랫동안 법을 그 자체로 확실한 것으로 간주하며, 역사적 맥락을 무시하는 경향을 보였지만, 집단적으로 다른 극단으로 옮겨버렸다.

오늘날 정치가 매달린 일시성의 가장 중요한 현상은 뉴스이다. 집단적 흐름이 강력하게 관통하고 있는 사회 속에서는, 뉴스 정보는 또 참여의 본질적인 방식이다. 그리고 뉴스가 스펙터클적일수록, 인간은 자신의 사회 속에 더 참여한다고 느낀다. 시사적 문제들에만 공공 여론이 일어난다. 여론은 오늘 그에게 중요한 것에 대해서만, 그것에 의해 자신이 접촉되었다고 느낀 것에만 형성된다. 그래서 정치는 필연적으로 뉴스와 연결된다. 뉴스의 우세는 원칙적으로 통치자나 시민 개인의 근본적인 정치적 무능력을 생산한다. 뉴스는 그 첫 효과로서 좋은 시민이 되도록 적응시키는 것이 아니라, 주의를 분산시키고, 비워버린다. 현대 정보 상황은 끝없는 자극을 생산하고 계속된 반응을 자극하며 편견을 되살리고 집단을 경화시킨다. 오늘날 뉴스의 홍수는 인간이 정치적인 것을 심각하게 생각하기를 금한다. 뉴스와 정치적 사유 사이에는 근본적인 대립이 있다. 뉴스 속에 몰입하기는 더 나아가 다양한 정치 수준들에 대한 무지를 생산하고, 그것들을 파악할 수 없게 한다. 뉴스의 포로인 시민은 또 거짓 문제들에, 즉 정보에 의해 강제된 문제들, "정치적 스펙터클"의 일부인 문제들에 고정되어 있다. 뉴스의 인간은 기억이 없는 인간이다. 가장 정열적이었고, 영혼을 뒤흔들었던 뉴스도 간단히 사라진다. 그는 다른 흥분에 빠지고, 어제 그를 흥분하게 했던 것은 더 이상 그에게 속하지 않는다. 뉴스의 인간은 더 이상 자유가 없고, 예견 능력이 없으며, 더 이상 진실을 보지 못한다. 과거의 포착, 지속성이 없으면 정치도 없다. 실수들의 분석이 없고, 이 분석을 통해서, 그리고 지속 속에서 현재를 이해할 능력이 없으면 정치는 없다. 그런데, 바로 뉴스는 이 모든 것을 사라지게 한다. 뉴스는 지속성의 의미를 추방하고, 기억을 사용하지 못하게 한다. 순간에 복종, 뉴스에 대한 반응이 자유에 대한 가장 극단적인 부정이다.

정치의 자율성

효율성은 정치의 일반적 법칙이지, 도덕적 법칙이 아니며, 모두에 의해 인정된 법칙이다. 오늘날, 19세기 동안 점차적으로 형성되고 20세기에 절정에 이른 상황 속에서, 정치는 자율적인 세계가 되었다. 우리의 민주적 도덕성, 자유주의적인 또는 평등주의적인 휴머니즘, 사회주의적 가치에 상관없이 정치는 자율적이다.

국가는 폭력을 독점한다. 사실로서 유지되는 권력들은 합법적이다. 강제에 의한 정복이라도 합법성에 해를 끼치지 않는다. 이어서 이 합법성은 두 개의 보충적인 요소들로부터 결과한다 – 국민의 지지와 다른 국가들에 의한 합법성의 인정. 폭력은 법과는 반대이다. 법은 상황에 복종하고 말았다. 법은 경우에 따라, 그리고 압력에 따라 변한다. 국가가 힘을 사용하지 않을 수 없는 상황에 처해지면, 국가는 결코 법을 고려하지 않으며, 우리는 적나라한 폭력 앞에 있게 된다. 국가가 폭력을 사용하지 말아야 한다고 말하는 것은, 단순히 국가가 국가이어서는 안 된다고 말하는 것이다. 전쟁은 폭력처럼 법적으로 따져서 "정당한" 것이 아니다. 전쟁법을 정하거나, 정당한 전쟁이 무엇인가를 정의하려고 하는 것은 대단히 허황된 것이다. 전쟁법은 승리를 방해하지 않는 정도에서만 지켜지고, 전세가 기운다고 느끼는 쪽은 가차 없이 어긴다. 전쟁법은 전쟁이 없을 때만 실제로 강제된다. 그래서 모든 전쟁은 부당하고, 모든 폭력은 단죄 받을 만하다고 말할 수 있을 것이지만, 그것은 개인이나 도덕론자의 일이고, 국가는 전혀 그렇게 판단하지 않는다.

국가의 힘의 증가는 가치들의 의미를 지우고, 가치들이 그어 놓은 경계들을 지운다. 국가에 힘이 주어지면, 더 이상 정의와 부정, 진실과 허위, 선과 악 사이에는 가능한 경계가 없다. 진정한 경계는 가능성과 불가능성의 경계이다. 국가의 힘이 성장할수록, 가치들의 경계는 더욱 밀려나고, 시민들의 머릿속에서도 가치들이 설정한 구분들이 지워진다. 아주 강력한 국가는, 결코 외적 가치의 실현과 그 경계를 수락하지 않았다. 정치의 자율성에 대한 이상주의적 무시는 위험하기까지 하다. 최근의 반세기 동안 가장 많은 피와 무질서를 불러온 실수들은 바로 정치가 자율적이었다는 사실을 무시해서 불러온 것들이다. 이러한 자율성을 거부한다는 것은 덕이나 이상의 덮개 아래서, 결국엔 공동체에게 가장 해로운 정치를 하는 것이다.

정치적인 사실들을 정신적이거나 도덕적인 틀을 통해 해석한다고 주장하는 것은 무서운 편의주의이다. 우리가 어떤 도덕적 기준에 따라 정치 행위에 대한 책임이 없는 시민인 경우에, 정치인들의 행위를 이 기준에 따라 판단하는 것은 바로 스스로 정치인을 비난한 위선자가 되는 것이다. 그리고 우리가 어떤 모임에서 정치 주장을 펴고, 선언문에 서명을 하거나, 벽보를 붙일 때, 자신의 행위를 도덕적 동기 때문이라고 해석하는 것, 그것도 하나의 편의주의다. 모든 정치적 입장은 우선 내가 주고자 했던 개인적 해석들과는 독립해서, 정치적 의미를 갖는다. 이러한 정치적 의미는 집단성에 의해 주어지고, 이 집단성은 오늘날의 정치의 틀 안에서, 다시 말해 자율성의 틀 안에서 판단한다. 자유, 정의 그리고 민중의 자결권, 인간의 존엄성 등은 사회적 순응주의의 창백한 정당화에 불과하다. 정의나 진실은 정치의 자율성에 비교해 볼 때 순수 상태로 축소되어 버린다. 그것들은 엄밀한 내용도 없으며, 정치적 결정에 접근할 어떤 길도 없고, 구체화될 어떤 가능성도 없다.

사람과 정치적 사실들 사이에 어떤 거리를 유지해야 한다. 만약 사람이 영적인 생활을 하고, 어떤 가치가 있으며, 그 가치는 어떤 윤리적 소명을 완수하면서 실현되는 것이라고 믿는다면, 사람과 정치 사이에는 거리가 있음이 명백하다. 사람이 정치의 길에 의해서만 실현된다고 하고 인간은 정치적 참여에 의해서만 자기 자신이 되며, 정치를 하지 않는다는 것은 비현실적으로 된다는 판단에 굴복해서는 안 된다.

이미지의 세계에서 정치

하나의 사실은 여론의 주의를 끌면서, 자신을 중심으로 여론이 형성되는 정도에 따라서만 정치적으로 된다. 여론을 끌지 못하고, 제 때에 정치적 사실이 되지 못한 사실은 아무리 중요해도 사실로서 존재할 수 없다. 오늘날에는, 언어적으로 또는 이미지로 번역된 것이 사실이 된다. 이 사실은 거의 누구도 경험할 수 없는 전반적 성격을 얻기 위해 재작업 된다. 이렇게 번역된 것은 커뮤니케이션의 수단을 통해 수많은 개인들에게 전달된다. 이 번역에 그 사실을 경험했던 사람들에게는 분명 없었던 어떤 색깔을 입힌다. 바로 이러한 추상적 사실 위에서 여론이 자리를 잡고 공고해진다. 하나의 사실은 실제로 두 가정 속에서만 정치적이 된다. 우선 정부나 강력한 집단이 그것을 고려하기로 결정하고, 이어서 여론이 이 사실을 그대로, 그리고 정치적으로 고려할 때이다. 따라서 지금 정치적 사실이라고 불리는 것은 그 자체로서 사실이 아니라, 여론을 위해 번역된 사실이다. 왜냐하면 정부는 이러한 여론에 따라 통치해야 하기 때문이다. 오늘날에는 여론이 정치의 결정적인 힘이기 때문에, 여론이 사실로 인정하지 않는 것은 정치적 존재가 없다. 정보가 하나의 사실을 정치적 생명으로 태어나게 하고, 사실에 정치적 성격을 주기에는 충분하지 않다. 오로지 선전만이 거기에 이른다. 오직 선전만이 그런 사실을 의식한 여론을 깨우고, 대중의 유동적인 관심을 그 사건에 묶어둘 수 있으며, 그런 조치를 일으킬 결과를 가르쳐 주고, 여론을 응집시키며, 정치적 사건이나 정치적 문제가 된 사실과의 관계 속에서 여론에게 방향을 준다. 오직 선전만이 개인적 경험을 여론으로 변화시킨다. 중립적이고 순전히 객관적인 정보는 여론을 달구지 못한다. 여론은 오로지 어떤 캠페인이 일어났을 때, "가치들"을 가동했을 때(평화, 정의, 생명 등), 독자에게 그 사실을 판단하라고 호소할 때 그 사실을 심각하게 받아들인다. 그 순간부터 독자들은 관계가 있고, 반응하기 시작하며, 여론을 형성하기 시작한다. 그리고 바로 이 순간에 사실은 정치적으로 심각하게 된다.

어떤 사실들은 겉으로 보아 선전이 없는데도 여론 속의 고정 관념에 저촉되었을 때 처음부터 여론을 달군다. 하나의 사실은 확고한 사회적 고정 관념에 저촉되거나 매스미디어가 여론을 조종하여 그 사실을 중요하게 만들 때만 중요성을 갖는다. 모든 것은 정보를 받은 사람의 "신뢰력"으로 축소된다. 그런데 이 신뢰는 일정수의 편견을 만드는 선결적인 선전의 열매이고, 그로부터 시작해서 인간은 그러한 정보를 받아들이거나 거부한다. 편견이 설정되고 고정관념이 만들어지며 정신적 도식이 존재하게 되면, 사실들은 거기에 비해서 구분되고, 사실들 그 자체로서는 아무것도 바꾸지 못한다.

정치 세계는 실제적인 세계가 아니고, 거짓의 세계도 아니다. 그것은 우선 심리적 세계로서, 현실에 비해서는 허구적이다. 그렇지만, 또 다른 현실 위에 포개진 새로운 현실이고, 상대적으로 독립되어 있으며, 인간을 특이한 세계 속에서 살게 하기 위해 보통의 현실로부터 이끌어 낸 슬로건, 이미지, 판단들로 구성된 현실로서 자체의 논리와 일관성을 가지고 있다. 오늘날 선전은 모든 정치적 문제의 창조자이다. 선전에 의해 만들어지지 않은 정치적 문제, 그 자체로서 객관적으로 존재하는 정치적 문제는 거의 없다. 모순적인 주장 앞에 있는 여론은 사실의 현실성과는 아무 관계가 없는 기준들에 따라 나눠진다. 사람은 어떠한 주장의 진실성을 경험으로 확인했기에 그것을 받아들이는 것이 아니라, 그 주장이 우리의 편견이나 환경 등과 일치하기 때문에 받아들인다. 또는 한 방향 속에서 만들어진 선전이 다른 방향 속에서 만들어진 선전보다 더 잘 되었기 때문에 받아들인다. 정치 행위 자체는 이미지와 고정관념의 흐름 속에서 번역되어야 하고, 실제 사실을 이 이미지와 대립시키지 말아야 한다. 현대인이 세상 위에 덧씌워서 세상을 보는 이미지가 고정관념이다. 고정관념은 우리와 사물 사이에 가로 놓인다. 우리는 이 고정관념을 통해서 사물을 보고, 사실을 받아들이며, 우리 환경을 이해한다. 따라서 정치 행위는 필연적으로 여론이 쓰고 있는 이러한 굴절시키는 안경에 따라 생각되어야 한다. 어떤 집단이 어떤 행위를 어떻게 이해할까를 알기 위해서는 그 집단의 고정관념을 이해해야 한다.

관료주의

시민이 국가를 통제해야 한다는 생각은, 국가 속에서 의회가 효율적으로 정치체를, 행정 기관들과 기술적 기관들을 지도한다는 비전 위에 세워진다. 그런데 이것은 완전한 착각이다. 현대 국가는 점점 행정 속에 흡수된다. 진정한 정치적 문제, 국가의 일상 문제, 시민과 공권력 사이의 문제, 권위의 증가 문제, 경제 권력의 문제는 관료들의 관할 속에 들어 있다. 관료들은 이제는 독립적이고, 관리는 정치적 권력의 밖에서, 개인적인 이익이나 압력보다는 기능적 법칙들에 훨씬 더 굴복하며, 검열과 결정 권한을 소지한다. 행정 기구의 복잡성이 단 하나의 중심에 의한 결정을 불가능하게 하고, 관료주의의 육중함이 명령을 하달하는 머리에 의한 추진을 불가능하게 한다. 선거가 권력을 생산하지 못하고, 진정한 통제를 허용해주지 않으며, 여론의 불확실성은 너무 커서 어떤 정치 문제를 해결하기 위해 그 표현에 호소한다는 것은 가치 없다. 투표가 시민의 정치 참여를 상징하고, 어떤 방식에 대한 의견을 표현하게 해준다고 생각하지만, 이것은 의사표현의 착각에 불과하다. 정치인은 관료주의에 영향을 주지 못하기 때문에 투표란 더 이상 권력이 아닌 것에 참여하기이고, 스펙터클적이면서 흔히는 거짓인 문제들에 대한 의사표현이다.

정치적 착각 : 참여

정치적 착각의 다른 모습은 시민이 정치 생활에 실제적으로 참여할 수 있다고 믿는 착각이다. 당에 가입한다는 것은 당이 정치에 실제적인 힘이 있다고, 그리고 역사를 만드는 결정들에 진정 영향을 줄 수 있다는 검증되지 않은 가정에 참여하는 것이다. 당에 가입의 두 번째 모습은 사적인, 심리적인 모습으로서, 개인이 명확하고 완전한 판단을 발견하고자 하는 필요, 일종의 포기의 필요이다. 즉 어떤 정치 운동이나 당에 가입은 자신의 개인적 책임, 자유로운 판단의 포기이다.

일반적 해결로서 정치

정치적 착각의 다른 양상은 현대 서구인의 마음 속에 자리한 확신 속에 있는 것으로, 결국 모든 문제들은 정치적인 것이고, 그것들은 정치에 의해 해결될 수 있으며, 게다가 정치는 실천할 수 있는 유일한 길을 제공한다는 것이다. 정치가 행정적 문제, 도시 관리 문제, 경제적 문제를 해결해주는 것은 확실하지만, 정치는 절대적으로 인간의 개인적 문제, 선과 악, 진실과 정의, 생의 의미, 자유 앞에서 인간의 책임 문제에 대답해줄 수 없다. 가치들의 외적 실현처럼 개인의 내부적 갈등은 집단적, 사회적 일이고, 그 해결책은 정치적 관리 속에서 찾을 수 있을 거라는 확신은 자기 자신의 삶 앞에서 각자가 개인적으로 포기하는 속임수에 불과하다.

국가를 그의 구조와 기능 속에서 유지하며, 사적인 삶-정치적 삶의 문제에 현실성을 회복시키고, 정치적 착각을 제거하기 위한 유일한 길은 바로 긴장들을 발전시키고 다각화하는 것이다. 그것은 인간이 해야 할 투쟁이고, 거기에 자신의 모든 힘을 쏟아야 할 실제적인 투쟁이다. 긴장은 안정된 상황이어서는 안 된다. 긴장은 반드시 해결해야 하고, 동시에 다른 차원에서, 다른 형태로 재생산되어야 한다. 물론 실패, 후퇴의 리스크는 정확히 책임 있는 인생의 조건이다. 갈등을 피하면서 리스크를 피하는 것은 한편으로는 책임을 피하는 것이고, 다른 한편으로는 개인적 삶의 역량을 죽이는 것이다. 한 사회는 인구의 증가나 감소, 자원의 고갈, 문화적이거나 군사적인 경쟁 등에 의해 제기된 문제들을 해결하기에 충분한 생명력, 유연성, 발명의 역량을 가지고 있는 한에서만 존재하는 것이다. 정확히 사회의 수준에서, 긴장과 갈등의 체계 속에서 사회는 실패하면 망한다는 조건 아래서 자신을 책임져야만 한다. 긴장을 알지 못하는 사회는 개인과 마찬가지로 점차 무력해질 것이고, 자신의 창의력을 상실할 것이다. 결국에 정치가 우리를 사로잡고, 우리를 착각에 빠지게 하기 때문에, 우리를 그릇된 문제들과 그릇된 방법들, 그릇된 해결들에 매달리게 하기 때문에, 그로부터 나와야 하는 것이 문제가 된다.

탈정치화

정치가 우리를 사로잡고, 우리를 착각에 빠지게 하고, 그릇된 문제들과 그릇된 방법들, 그릇된 해결들에 매달리게 하기 때문에, 그로부터 나와야 된다. 그것은 공화국에 관심을 갖지 않기 위해서, 집단적이고 사회적인 생에 관심을 갖지 않기 위해서가 아니라, 반대로 다른 길을 통해서 거기에 접근하기 위해, 다른 식으로, 더 실제적인 차원에서, 더 결정적인 비판 속에서 그것을 포착하기 위한 것이다. 착각에 빠진 여론이 더 이상 반대하지 않아서 국가가 자유롭게 행동하게 해주기 위해서가 아니라, 반대로 국가 앞에 엄격한 보증인, 즉 국가에게 하나 혹은 여럿의 집합극들을 세우기 위해서이다. 체제의 어떤 요소를 변경하기 위해, 또는 어떤 결정을 내리기 위해 어떤 대립을 만드는 것이 아니라, 훨씬 더 근본적으로, 국가로부터 완전히 독립적이고 국가에 대립할 수 있으며, 국가의 압력이나 통제, 또는 지원을 거부할 수 있는, 사회-정치적, 지적, 예술적, 경제적, 기독교적 기관들, 단체들, 집합들이 생겨나게 하기 위해서이다.

인간과 민주주의

다양한 기술들에 의해 만들어진 체제는 인간을 적응시키고 순응적으로 만들기 위해 인간에 대한 지배를 내포하고 있다. 민주주의는 자연적이고 역사적인 경사면의 반대이고, 우리의 나태의 반대이며, 우리의 맹목, 안락 취향, 고요함의 반대이며, 기술과 조직의 자동성과 반대이고, 사회학적 조직화의 반대, 경제적 복잡화의 반대이다. 민주주의는 언제나 무한히 불안하며, 각각의 진보에 의해 치명적인 방식으로 문제시된다. 민주주의는 언제나 다시 취해야 하고, 다시 생각해야 하며, 다시 시작해야 하고, 다시 건축해야 한다. 시민이 자신의 안전, 자기 생의 안정, 편안함에만 신경 쓰는 한, 그는 민주주의를 살리고자 필요한 덕을 어디서도 발견하지 못할 것이다. 민주적 인간은 자기 자신의 감정들, 편견들, 고유한 주의들, 동시에 그가 속한 집단들과 사회들을 냉정하게 응시해야 한다. 그리고 모든 흥분을 거부하고, 비이성적인 것에 호소하기를 거부한다.

후주

1) 클럽 장 물랭Club Jean Moulin, 『국가와 시민』, 쇠이유, 1961.
2) P. 소로킨Sorokin, 『미국 사회학의 경향과 실패』, 1959.
   엘륄Ellul, 『선전』, 부록 I, 1962.
3) F. 부리코Bourricaud 『권위 이론 스케치』, 플롱, 1962.
4) F. 부리코, 『앞의 책』, p. 326.
5) M. 질라스Djilas, 『새로운 계급』, 1958. Cf. 관료주의에 관한 논쟁지.
6) J. 엘륄, 『선전』, III장.
7) 탈코트 파슨스Talcott Parsons, 『사회 시스템』, 1951, p. 126.
8) 우리는 그 어떤 권력이나 사회적 활동과의 관계가 아니라, 국가와의 관계에서 정치적이라는 용어를 엄격하고 제한된 의미로 사용하는 것이 필요하다고 생각한다. M. 베버Weber의 정의는 (『학자와 정치적인 것』, 1959년 불어 번역, p. 112), 고전적이면서 동시에 탁월하다고 생각된다. 〈정치는 국가라고 부르는 정치적 집단의 방향이거나 사람들이 이 방향에 대해 행사하는 영향이다.〉 마찬가지로 우리는 그와 함께 국가는 그에게 고유한 특별한 수단, 말하자면 폭력에 의해서만 사회학적으로 정의될 수 있다고 말할 것이다… 분명 폭력은 국가의 정상적인 유일한 수단은 아니지만, 국가의 특별하고 독점적인 수단이다.
   우리는 또 고글Goguel과 그로세Grosser가 (『프랑스에서 정치』) 준 정치의 정의도 받아들인다. 〈공공적인 일의 관리에 관한, 그리고 어떤 권력의 형성과 이 권력의 행위에 대한 통제, 경우에 따라서는 그것을 행사하는 사람들의 교체를 지향하는 행위들과 제도들의 총체.〉
9) 이 인용과 뒤 이은 인용들은 다음 작품에서 따 온 것들이다. 『탈정치화, 신화 혹은 현실』. 1962.
10) 탈정치화 평가의 어려움에 대해서는, 리스만Riesman의 지적을 환기해야 한다(『정치적 혐오의 기준』). 그에 따르면 선거 참여와 정치적 여론의 공적 표현은 정치적 무관심과 실제적인 정치 참여의 부재를 감출 수 있다.
11) Cl. 르포르Lefort, "정치의 생각", 『새로운 서한』, 1963.
12) E. 웨일Weil, 『정치에 대해』, 1956.
13) Cf. 예를 들어 M. 마스네Massenet의 분석, "정치적 자유의 미래", in 『세데이스』, 1962.
14) G. 부툴Bouthoul, 『정치의 기술』, 세게르, 1962.
15) 정치적 결정에 의해 한풀 꺾였던 기술자들이 결국 파리 조약에 의해 승리를 거둔 C.E.D. 사건은 메이노Meynaud에 의해 특히 잘 분석되었다, 『기술주의』, 1964, p. 122.
16) 이상주의에 대한 좋은 예는 M.L. 트롱Tron에 의해 제공되었다(『르 몽드』, 1963년 2월 19일). 그는 유럽은 민중 여론의 승리로서, 정부들을 이끄는 것은 민중적 여론의 의식이라고 주장한다. 우리는 그러한 주장에 대해 경악을 금치 못한다. 분명 유럽연합은 군사와 경제적 차원에서 기술자들의 열매임을 잊어서는 안 된다. 정상적 과정은 전형적으로 기술자들의 영향이다, 예를 들어 "인터-집행-에너지"와 함께 우리가 확인하는 과정으로, 여기서는 기술자들이 정부를 엄격한 여론 앞에 놓고, 또 여기서는 오직 하나의 결정만이 합리적이고, 유용하며… 강제된다(1963년 1월 11일 보고서). 오로지 이 결정만이 유럽연합에게 한 발자국을 더 나아가게 할 것이다.
   여론조사들이 보여주듯이 여론은 분명 무정형이다. (망데스 프랑스Mendès France의 의견에 동조하면서) 트롱Tron이 〈민중적 여론〉을 움직임들, 〈서클들〉, 다시 말해 그곳으로 기술자들이 합류하는 아주 작은 사령부들이라고 부른다는 것이 사실이다.

17) 기술자와 전문가에 대한 문제는 이제는 풍부하게 연구되었다. J. 엘륄, 『기술 혹은 세기의 문제. 기술과 정치』, 콜로크 텍스, 1960. 국제 정치학회 제 5회 세계 대회 보고서들, 특히 베델Vedel과 그레구아르Grégoire의 보고서는 수많은 참고문헌을 포함한다. R. 부아드Boisde, 『기술주의와 민주주의』, 1963. J. 메이노Meynaud, 『기술주의』, 1964. 더 최근으로는, J. 엘륄, "기술주의", in 『엔시클로페디아 이탈리아나』, 1976. H. 엘스너Elsner, 『기술관료들』, 1967. A. 모흘러Mohler, 『Der Weg der Tecknokratie von Amerika nach Frankreich』. Festg. Carlo Schmitt, 1968 (II). C. 핀지Finzi, 『Il Potero tecnocratico』, 1977. 토니그Thoenig, 『기술관료들의 시대』, 1973.
18) 우리는 이 기술적이라는 용어를 아주 일반적인 의미로 사용한다. 정확성을 위해서, 우리는 메이노의 탁월한 분석으로 돌아간다. 『기술관료체제』(1964). 우리는 그 결론에 전적으로 동감한다. 즉 전문화된 기술자들과 두 번째로는 종합을 하는 제 2단계의 기술자들인 〈일반적인〉 기술자들, 그리고 마지막으로 전문가들을 구분해야 한다. 그러면, 그에 따르면, 다음의 두 조건이 만나면 관료주의가 있게 된다. 즉 (실제적이거나 가정된 역량을 지닌) 기술자가 직접 결정의 세공에 참여하고, 기술적 역량이 의결 기구의 한 점에 개입을 허용할 때이다. 그리고 그는 작품 내내 그러한 개입이 잦음을 보여준다.
19) 『국가와 시민』, 앞의 책, p. 168.
20) J. 메이노, 『앞의 책』, p. 70 이후.
21) A. 필립Phillip이 〈오늘날 가장 중요한 것은 소유권이 아니라, 그로부터 점차 분리된 결정권이라고〉 쓸 때 옳은 말이다. 바레츠Barets가 정확히 분석한 〈결정권〉이 오늘날은 정치적인 것과 경제적인 것을 지배한다.
22) 기술자들의 권위주의에 대한 좋은 예는 바레츠Barets의 책에 의해 주어진다, 『정치의 종말』. 그리고 그것은 전적으로 논리적이면서 동시에 피상적이고, 일관적이면서 동시에 비현실적이다(통계적이고 사이비-분석적인 사실주의의 외양을 하고서). 그러나 거기에 포함된 모든 오류들이 그러한 독재적인 프로그램의 효율적인 가능성을 방해하지는 않는다. 정치권력에 대한 기술자들의 명령은 스탠포드Stanford의 유명한 보고서에서 명확히 발해졌다(『과학적이고 기술적인 진보와 미국의 대외 정치에 대한 그 영향들』, 1960). 그렇지만, J. 메이노와 일치하여, 우리는 기술자의 권력은 기술자들에 의한 정부가 아니라, 체제의 변화에 의해서가 아니라, 역량적 미끄러짐의 결과로, B. 구르네Gournay의 분석처럼(『행정 과학』, 1962) 정치적 결정에 기술자들이 우세하다. 그에 따르면 이 권력은, 권력을 잡기 위한 기술자들의 음모가 없으면서도, 기술화와 합리화의 전반적인 이데올로기 위에 기반하고 있다. T. 카플로우Caplow는 (『논쟁』, 1962), 기술자는 〈시민적 무기력〉 속에서 후퇴하는 경향을 보이며, 그렇기 때문에 기술 관료적 체제는 전혀 그럴법하지 않다고 강조한다.
23) J. 메이노는 자주 전문가들의 결론 앞에서 정치의 무기력을 강조한다. 이 결론들이 실제적으로 결정적이지 않을 때조차도, 정치인은 그것들을 반대할 수 없다. 〈수학적이지 않은 독자는 그 전제사유들을 따를 수 없는 결론 앞에 놓인다〉(p.43), 그리고 그는 행정가가 전문가들의 작업을 따르도록 해 줄 교육을 강제하는 것이 가능하다고 강조한다. 그런데 이것은 정치가에는 불가능하다(p. 44). 그 반대는, 드브레Debré 『공화국의 사망』을 보기 바람.
24) 망데스 프랑스Mendès France, 『현대 공화국』 (1963), p. 124. 이 주제에 대해서는 A. 페이르피트Peyrefitte의 『프랑스의 악』을 보기 바람 (1976).
25) 크로지에Crozier, 『관료주의적 현상』, 1964, p. 220.
26) 슘페터Schumpeter는 (『자본주의, 사회주의 그리고 민주주의』, XXI장, 2절) 이러한 훌륭한 공식을 가지고 있다. 〈장기적인 관점에서 국민에게 만족을 주는 결과들이 국민을 위한

정부의 기준으로 사용된다 하더라도, 국민에 의한 정부가 항상 이런 시련을 극복하는 것은 아니다. 더 많은 것이 필요하다.〉

27) J. 메이노, 『앞의 책』, p. 100.
28) 비앙송-퐁테Viansson-Ponté 프랑스 정치 구조에 관한 훌륭한 묘사를 보기 바람(『르 몽드』, 1862년 5월 8일). 제목, "로비와 기술관료주의". 프랑스가 정치적 기능의 실제적 조건들 위에 줄을 서는 문제인데, 우연하고 우발적인 진행에 관한 문제라고 생각하는데서만 아마 그가 틀린 것이 아닐까?
29) 현대 정치적 삶 속에서 결정들은 아주 축소되었고, 우연한 현상이며, 일반적인 규칙보다는 예외가 되었다고, 그리고 결정들이란 더욱 더 조정, 재균형이라고 생각하는 수많은 저자들과 나는 동감이다. 메이노에게서 이 현상에 대한 분석을 보기 바람, 앞의 책, p. 72.
30) J. 메이노, 『앞의 책』, p. 126. 물랭Moulin, Res publica, 1962, p. 42 이하.
31) J. 메이노, 『앞의 책』, p. 264 이하. 그 자신 역시 자주, 기술적 관리가 통제의 가능성을 완화하고 때로는 사라지게 한다는 것을, 그리고 다른 한편으로는 그것이 정치 상황을 안정시키고, 정치 게임을 희생시키면서 비밀스럽거나 내밀한 정치를 증가시킨다는 것을 강조한다.
32) 이 주제에 대해서는 〈거리의 사라짐〉에 대한 벨의 간결하고 훌륭한 지적을 보기 바람(『논쟁』, 1962. 심리적, 사회적, 미학적 거리의 제거는 〈개인이 대상에 의해 포획되는〉 상황으로 이끈다. 그리고 이러한 본질적인 지적도 함께 보기 바란다. 〈성숙은 프로이트에 따르면 사건들 속에 시간을 도입할 역량에 의해 정의된다… 반면 현대 문화의 의도는 시간의 단절, 분쇄로 제시된다.〉
33) Cl. 르포르, 『정치적 사유』, 앞의 책.
34) 우리는 슘페터의 지적에 합류한다(『앞의 책』, XXI장, 3절). 우리가 중간의 시민을 정치적 문제들에 대한 그의 태도 속에서 생각하면, 〈사실들의 앎과 논리는 고전적 이론이 부여한 역할을 중지한다. 나에게 가장 충격적인 현상은… 현실적 의미가 거의 완전히 사라진 것이다. 가장 커다란 정치적 문제들은 전형적 시민의 심리적 활동들 가운데서, 여가적 활동들로, 그리고 한가한 대화 주제로 분류된다. 이런 저런 문제들이 멀리서 지워지는 것처럼 보이고… 근본적으로 시민은 상상적 세계 속에서 진화하는 인상을 갖는다.〉
35) 우리는 이것을 보여주기 위해, 알제리 사건에서 신화적 열정에 동원된 좌파의 결과에 대해, Cl. 르포르의 훌륭한 분석(『정치적 사유』)으로 되돌아가고자 한다. 이것은 뉴스에 의한 왜곡의 좋은 예이다. 이 사건의 실제적인 차원을 보지 못했기에, 이데올로기와 도덕주의 속으로 들어갔기에, 사람들은 알제리가 다른 나라들처럼 하나의 국가라는 것에 대해, 그리고 〈정치가 진실을 기피하고, 거부하며, 그로부터 멀어진다〉는 사실에 실제적으로 실망하였다.
36) 슘페터는 (『앞의 책』, XXIII장, 3절) 우리가 이 장에서 끌어 낼 특징들은 〈자유주의적〉 민주주의 속에서보다는 사회주의적 민주주의 속에서 더 강조될 것임을 보여준다.
37) J. 메이노, 『앞의 책』, p. 22 이하.
38) 샤틀레Chatelet, 『논쟁』, 1962.
39) 어떤 강력한 선전이 정부의 선전에 반대하여 일어날 때도, 모든 조직들이 정부에 반대할 때도, 정부는 그래도 표의 60%를 얻는다. 1962년에 보았던 것처럼! 또한 국민투표의 주제가 국민을 위해 어떤 의미를 지녀야 한다. 지역화 카드 위에서 정부를 움직인다는 것이 성공할 수 없었음은 명백하다. 왜냐하면 센세이셔널한 어떤 것도 선전을 허용해주지 않았기 때문이다.
40) J. 엘륄, 『선전』, 앞의 책.

41) J. 엘륄, "법 교육의 현행 개혁 철학", in 「법철학 고문서」, 1960.
42) 그것이 그의 목적은 아니지만, 그가 다음과 같이 쓸 때, 어쨌든 드 주브넬de Jouvenel이 의미하는 것이다 (『정치에 대하여』, p. 221). 〈상황이 어떤 정치적 결정을 요구할 때 법적 수단에 호소하기는 중대한 정치적 실수이다.〉
43) 특히 프리쉬Frisch를 보기 바람. "유럽에서 민주주의의 발전", in 「세데이스」, 1964. 헤트만Hetman, "복지와 자유", in 「세데이스」, 1962.
44) 슘페터는 민주적인 시스템 속에서 이러한 승리와 순수한 효율성의 성격을 밝혀주었다 (『자본주의, 사회주의와 민주주의』, XXII장). 그는 정치인에게 어떤 운동은 투쟁의 수단임을 보여준다. 그러면서 그는 정부에 대한 반대 캠페인을 벌인 필Peel의 다음 말을 환기한다. 〈자메이카는 타기에 좋은 말이었다.〉 우리는 이런 저런 사람들에게 〈알제리는 타기에 좋은 말이었다고!〉고 말할 수 있을 것이다.
45) 뵘Böhm, "Kapitulier der Staat?" in 「Politishe Meinung」 (1962).
46) 우리는 이 점에 있어서 E. 웨일Weil과 전적으로 일치한다(정치에 대하여, 1956). 그는 정치란 행동하는 자, 따라서 정부의 관점으로부터만 이해될 수 있고, 정부에게 설교한다는 것은 헛수고임을 강조한다. 웨일은 정치란 그러한 것이라고 주장하는데, 이것은 자율성을 주장하는 방식이다. 그리고 그가 정치적 행위는 정치적으로만 판단할 수 있다고 주장할 때, 옳은 것이다.
47) 공산주의자들에 의해 그렇게 강력하게 부정되었던 소련의 수용소는 소련 정부에 의해 1962년부터 공개적으로 인정되었다. 소련 정부는 이반 데니소비치Yvan Denissovitch의 이야기를 수용하였다(「노비 미르Novy Mir」, 1962년 10월). 그것은 분명 스탈린의 수용소였다. 그러나 전혀 변함없이 오늘날에도 여전히 존재하는 수용소들에 대한 침묵! 그럼에도 히틀러식과 소련식의 수용소에 관한 정보와 비-정보 메커니즘은 동일하다.
48) 노예라는 용어는 여기서 넓은 의미이다. 더 정확하게는 거나 마이어달Gunnar Myrdal에 의해 연구된, 〈날품팔이〉 체제이다(『미국식 딜레마』, 1946).
49) 정보가 효율적이기 위해서, 다시 말해 정보가 대중에게 도달하고, 여론을 바꾸기 위해서, 충족시켜야 할 조건들을 연구한 저자들은 금방 선전을 묘사하기에 이른다(쏘비Sauvy, 『사회적 자연』). 다른 저자들도 그것을 의식한다(두브Doob, 『여론과 선전』, 메그레, p. 127).
50) 칸트릴Cantril, 『여론 측정』, 1944. 두브Doob에 의해 혹독하게 공격당한(여론과 선전, 1948), 이 법칙은 그에게서 다른 법칙들로 보완되었다. 〈예외적 규모의 사건들은 여론을 한 극단에서 다른 극단으로 변하게 한다.〉 〈여론은 말보다는 사건에 의해 결정된다.〉 이것은 특히 1914-1918년 전쟁과 관계된 사실들, 통계들에 의해 분석되고 기초되었다. 다른 많은 저자들이 칸트릴의 뒤를 따랐다. 알비그Albig, 『현대 여론』, 1956. 호브렌드Hovland와 런스데인Lunsdaine, 『매스 커뮤니케이션에 대한 실험』, 1949.
51) 유일한 문제는 이 사실이 어떻게, 누구에 의해, 어떤 신화를 통해, 어떤 도식으로 여론에게 전달되는가를 아는 것이다. 바로 이것이 유일한 질문이다. 더 이상 사실의 객관적인 중요성은 없다. 하나의 정치적 사실이 중요할수록, 그의 의미는 더욱 의심스럽고, 그의 해석은 더욱 복잡하고 깊을 것이다. 그 사실이 〈재작업될수록〉, 그것은 더욱 더 색깔을 갖게 될 것이고, 더욱 더 그것은 사실의 영역에서 언어의 영역으로 이전될 것이다(스페이어Speier, 오티스Otis, in 러너Lerner, 모음집, 「전쟁과 위기 속에서 선전」, 1951).
52) 그 자체로서 러시아의 성공들, 루니크Lunik, 스파우트니크Spoutnik 등이 미국에 어떠한 영향을 미친 것은, 그것들이 잘 자리 잡은 고정관념, 과학과 기술에 있어서 미국의 우월성이라는 고정관념에 느닷없이 부딪쳤고, 동시에 그것들이 어떤 두려움을 발전시켰기 때문이다.

53) 그러나 그 자체로서 사실의 이러한 중요성을 인정한 후에는, 즉시 뉘앙스를 주어야 한다. 왜냐하면, 이리온Irion이 아주 잘 지적한 것처럼(in 『여론과 선전』, 1954, p. 533), 정보부서들은 자기들의 대중에 따라 움직여야 하기 때문이다. 신념들과 사실들 사이에 거의 관계가 없음에 따라, 사람들은 실제로는 〈수락할 수 있는〉 사실들만을 제공할 수 있다. 어떤 영역 속에서 고정관념들이 존재할 때에, 첫 번째 반응은 그것들에 저촉되는 사실들을 거부하는 것이다. 이러한 사실들은 믿을 수 없는 것이다(알비그Albig, 『앞의 책』, p. 81 이하, p. 324). 우리는 이미 이러한 영역들 속에서는 믿음이 사실보다 더 좋다는 것을 강조하였다. 사실들의 정확성은 불충분하다. 믿을 수 없는 사실을 내미는 것은 헛수고이다(헤르즈Herz, in 러너Lerner). 그리고 개인이 선전을 받을수록, 그는 더욱 더 완전히 만들어진 해석의 틀을 갖게 된다, 그러나 그는 중요한 사실에는 예민할 것이다(자니스Janis, 글래드스톤Gladstone, in 러너. 두브Doob, in 카츠Katz. 모음집, 『여론과 선전』, 1954).

54) 호브랜드Hovland와 웨이스Weiss(in 카츠Katz), 브루너Bruner(in 카츠)는 선전의 중요한 인자들 중 하나는 익숙한 정보의 근원들 속에서 신념을 파괴하는 것으로 이뤄짐을 보여준다. 정보에 대해 의심이 일어나면, 정보의 가능성은 더 이상 없다.

55) 하이만Hyman과 쉬트슬레이Sheatsley, in 카츠.

56) 이 세계 속에서, 그리고 오로지 이 세계와의 관계에서만, W.I. 토마스Thomas의 유명한 명제는 정확하다고 간주될 수 있다. 〈한 사람이 하나의 상황을 실제로 간주하면, 그 사실은 그 결과에 있어서 실제적이다. 그리고 마찬가지로 이러한 세계와의 관계 속에서 단어들의 현실에 대한 고려들도 정확하다. 단어들은 그 자체로 존재하는 현실로, 단순한 기호가 아니라 그 자체로서 대상으로 인식된다. 크레치Krech와 크루츠피엘드Crutchfield는 (p. 449 이하) 다음과 같이 말할 때 옳았다. 〈〈우리 문명 속에서〉 신문을 읽거나 연사의 말을 듣는 사람은, 자신이 의자나 테이블 등이 만든 실제 세계 속에 사는 것처럼 실제적으로…단어들이 창조한 실제적인, 그러나 특수한 세계 속에 잠겨 있다.〉

57) 벨카브Bellecave, 『사르트르의 정치적 사상의 발전』, 1960.

58) 베이에Veillé, 『라디오』, 1958.

59) 모순은 별로 중요하지 않다. 1956년의 한 중국 텍스트는 정확히 이렇게 말했다. 〈중국은 평화의 첫 장인이다. 우리는 평화를 이루기 위해 포모즈Formose에 대항해 전쟁할 준비가 되어 있다〉(알비그, 『앞의 책』, p. 308). 마찬가지로 한 학생은, 유엔에서 흐루시초프의 호전적인 연설 이후에, 그것은 평화의 행동이라고 강변했다! 자신과 같지 않은 사람들을 죽인다는 지속적인 위협들도 마찬가지다!

60) Cf. 이리온Irion, p. 698은 VII장과 같은 계열의 다른 예들을 인용한다.

61) 이것은 검열의 공식적 시스템들의 실패를 설명한다. 예를 들어 메그레Mégret를 보기 바람, 『심리적 행동』, p. 80, 81.

62) J. 엘륄, "정보와 선전", in 『디오젠』, 1957.

63) 톨랑Toland, 『바스톤뉴』, 1963.

64) 날것의 정보적 사실은 여론 속에서 형성된 고정관념에 대항해 아무런 힘이 없음을 자주 지적하였다. 중상모략을 당한 사람들이 제대로 회복되기는 불가능하다. Cf. 예를 들어 립셋Lipset, 하이만Hyman과 쉬츨레이Sheatsley, 자니스Janis와 글래드스톤Gladstone, 쿠퍼Cooper와 자호다Jahoda, 카츠Katz 속에 들어 있는 모든 논문들.

65) 카츠에서 두브Doob는 어떻게 모든 정치적 행위가 그 심리적 결과 속에서 바라보아져야 함을 보여준다. 그리고 물론, 이것은 메그레의 입장을 정당화한다. 그에 따르면 선전은 군에게 맡겨지는 것이 아니라, 정치권력의 손에 남아 있어야 한다(『심리적 행동』, p. 142).

66) 슘페터는(『자본주의, 사회주의와 민주주의』), 전통적인 민주주의 교리에 대한 비판 속에

서 어떻게 국민이 국가를 통제할 수 없는가를 명확히 보여준다(XX장, 4절).
67) 뷤, 「앞의 책」.
68) 사르토리Sartori, "의회의 미래", in 「세데이스」, 1964.
69) 우리는 물론 여기서 관료주의의 모든 문제를 연구한다고 주장하지 않는다. 베버Weber와 메르톤Merton의 유명한 작업들 외에, 우리는 아주 다르면서 보충적인 다른 연구들을 되돌아본다. 「논쟁들」, 17호, 1960. 그르미옹Gremion, 「주변적 권력」, 1976. 페이레피트, 「프랑스의 악」, 1976. 스페즈Sfez, 「전망적인 행정」, 1972, 「결정의 비판」, 1975. 크로지에, 「관료주의적 현상」, 1964.
70) 지사의 기능과 행정적 개혁.
71) 회계감사원 보고서, 1959.
72) **경제적 팽창에 장애에 대한 뤼에프-아르망**Rueff-Armand **보고서**, 1960.
73) G. 아르당Ardant, 앞의 책. R. 카트린Catherine, 「프랑스의 4공무원」, 1961.
74) 크로지에는 (「관료주의적 현상」) 관료주 속에서 인간적 요소와 기능들의 중요성을 정확히 분석하였다. 그는 서로 서로는 관료주의 시스템을 실제로 강화하면서, 악순환을 만든다는 것을 보여주었다. 게다가 관료주의 시스템 속에서 인간적 요소의 중요성 문제는 다음의 텍스트가 증명하듯 새로운 것이 아니다. 〈기능들을 수행하기에 적합한 인간들을 선택하는 것으로 충분하지 않다. 또한 인간들을 배려하고, 그들의 위치를 간직해야 한다. 인간들에게 모든 것을 주문하거나, 무작위로 이런 저런 임무를 부여해서는 안 된다. 공무원들, 특히 행정가들은 권력의 손과 발이지만, 이 손과 발은 인간들이다. 이 사람들을 수단으로 삼아 당신이 통치하려고 하면, 그들을 인간으로 취급하라. 장관은 그것을 지속적으로 망각한다. 그는 자주 공무원들을 살아있는, 읽고 쓰고 말할 줄 아는, 그리고 자기 명령에 따라 태도를 취하고, 소리를 내며, 동작을 행하고, 요구된 결과를 완수하는 로봇으로 간주하는 것 같다. 그는 부하들에게서 고유한 의견도, 사적인 입장도 가정하지 않는다. 그는 부하들에게 말하고, 그들은 믿어야 한다고 생각한다. 그는 부하들에게 명령하고, 그들은 집행해야 한다. 장관 자신이 어떤 혼란 속에 빠져, 말하고 명령해야 할 것을 모른다고 하면, 갑자기 공무원들의 조건이 바뀐다. 그들은 로봇들이었는데, 그들이 장관들이 된다. 공무원들은 해야 할 언어를, 따를 행동을 알아야 하고, 누구도 그들을 안내할 수 없는 상황의 어려움을 헤쳐 나가야 하고, 어제는 강요로 그들을 피곤하게 했던 이 권력의 부재를 오늘날 대체해야 한다. 공무원들은 권력이 그들과 함께 침묵하거나, 그들에게 변화를 주고자 하지 않으면, 대중처럼, 사물들의 진실과 미래에 대해 그들을 남용하려 않으면 행복하다.〉
75) 나는 이 모든 사실들에 대해 어떠한 판단도 하지 않는다. 그러나 나는 예를 들어, 슘페터가 (「자본주의, 사회주의와 민주주의」, XXIII장) 행정은 그 정상적인 특수성을 가진, 그리고 그의 특권은 정치인들의 간섭을 받지 않아야 하는 하나의 권력이라고 생각함을 말하고자 한다. 오로지 행정만이 효율적이고, 산업적인 사회 속에서는 민주주의는 특히 비효율적이다. 게다가 슘페터의 생각을 거부하고, 행정의 민주화를 원하는 사람들도 그것이 경제적 방향을 위해서는 가능하지 않음을 즉시 인정한다!
76) 슘페터는(「앞의 책」, XXIII장, 1절) 정치인 직업의 이러한 특징들을 주장한다.
77) 왈린Waline은(「정치적 분할 보고서」, 1961) 정치권력 앞에서 행정의 힘과, 그의 기술적 저항력을 완벽하게 분석하였다. 우리는 그에게서 많은 영감을 받았다.
78) 〈행정들을, 또는 그것들 중의 어떤 것들을 압력단체로 제시하는 일이 흔하다. 잠시 국가-고용주에 대한 공무원들의 이해 방어 문제를 무시하고, 그렇게 제시된 주장은 이중의 현상을 겨냥하는 것 같다.
자기들 고유의 문제 개념을 우세하게 만들기 위해, 자기들 보기에 가장 좋은 해결들을 강제하기 위해, 자기들의 반대에도 불구하고 취해진 결정들의 집행을 방해하기 위해 행정 기관들에 의해 수행된 압력. 이런 의미에서, 사람들은 위계적인 방식으로 복종하는 것을 피하기 위해 고위 관리들과 의원들 사이에 맺어진 직접적인 관계들을 언급한다. 어떤 나라들에서는 (특히 미국), 군대는 언제나 특수한 성격의 공적 서비스를 구성하는데, 오늘날 그러한 태도의 전형을 제공하는 것 같다.

특수한 집단의 요구를 지지하기 위해 행정 기관들에 의해 수행된 압력. 사람들은 여러 나라들에서 농림부 장관에 대해 그렇게 말하는데, 그는 농부들을 위해 압력단체를 구성한다. 요컨대 행정은 그 이익을 대변하는 것이 바람직해 보이는 것을 위해 모든 노력을 기울이면서, 2차적인 압력단체를 형성할 것이다.〉 (J. 메이노, 『프랑스의 압력단체들』.)

79) 우리는 크로지에가 관료주의 시스템을 어떤 사회에 대한 개인들의 보호 시스템으로 상대화하고, 중앙집권화 메커니즘이 어떤 차원을 넘어서는 정지된다고 간주할 때, 그만큼 낙관주의자가 아니다(관료주의적 현상). 우리가 보기에는 그가 (가능한 복수성이 아니라) 하나의 유형의 관료주의를 생산하는 국가의 (독점적이고 국유화된) 효과를 과도하게 무시하였고, 다른 한편 점증하는 기능들에 의해 부여되었을 한계들 너머로 중앙집권화를 확장하도록 해주는 탈중앙집권화 시스템을 보지 못한 것 같다. 자신의 실수에 따라 스스로를 교정할 수 있는 시스템으로 관료주의적 조직을 정의하면서, 그는 그 시스템의 내재적인 효율성을 무시하면서 동시에, 시스템이 결국은 관료주의적으로 되지 않으면서, 그것을 적응하고 교정하기 위한 목적으로, 관료주의적 국가 그 자체로부터 올 수 있는 변화 가능성을 너무 무시한다. 내가 보기에는, 그 시스템은 산업 사회들의 변화에 적응하기에는 너무 경직되어 있다. 즉 그것은 사실로서 적응한다!
80) 1962년 12월 소련에서 대개혁은 당 자체에게 직접 행정 속에서 더 큰 역할을 준다. 그것은 우리 연구에 본질적인 행위이다. 관료주의화에 대한 투쟁은 하나의 행정을 예전에는 정치적인 조직으로 대체하게 하지만, 이 조직은 점점 더 관료주의화되고, 예전에는 자기가 단지 통제하거나 권장했던 행정적 업무들을 직접 보장한다.
81) 아주 정확한 방식으로, 벤스만Bensman과 로젠버그Rosenberg는 (『대중, 계급과 관료주의』, 1963) 공영화는 단순히 채용 방식에 불과한 것이 아니라, 존재 방식이 되었음을 보여주었다. 공영화된 사회 속에서, 개인의 기능은, 직업적인 차원에서 뿐만 아니라, 존재에 있어서도 엄격하고 합리적으로 조직된다. 사회관계들은 기능들이 되고, 기능들이 개성을 대체하며, 개성은 사회적 구성 요소가 된다. 우리가 현재의 정치 생활을 숙고할 때는, 이러한 관점을 결코 잃어서는 안 된다. 우리는 또 여기서 새로 갱신된 위트Whyte의 주제들을 재발견한다(『조직의 인간』).
82) 나는 비록 메이노가 지적한 것을 발전시키기는 했지만(『앞의 책』, p. 258), 이러한 고려는 정확한 것 같다. 공무원들과 이해관계자들과 협력, 행정과 행정 처리된 자 사이의 계약적 관계는 정상에서만, 그리고 조직된 집단들의 대변인들과만, 다시 말해 극소수의 시민과만 발휘될 수 있기 때문이다.
83) 『현대 시간』, 184호, p. 320, 324, 349, 313, 314, 325, 328, 347, 330, 334, 338 이하.
84) 벨카브Bellecave, 『사르트르의 정치적 사유의 발전』, 1960.
85) G. 라보Lavau, 『탈정치화』, p. 183, 189.
86) 티보르 망드Tibor Mende, "인도의 선거", 「르 몽드」, 1962년 3월 8일.
87) 『미국 외교와 과학의 발전』, 1962.
88) 프리슈Frisch, "유럽에서 민주주의의 발전", in 「세데이스」, 1964.
89) R. 레몽Rémond, in 『탈정치화』.
90) A. 투렌Touraine, 「통제적 조합」, 사회학 국제 논문집, 1960.

91) 일반적인 생각과는 반대로, 우리는 정당들은, 전통적이라 해도, 프랑스에서 실제적인 바닥의 힘을 가지고 있다고 확신한다. 정당들은 깨지지 않았고, 드골 이후에 즉시 다시 나타날 것이다. 사람들이 1944-1945년에 제3공화국의 정당들이 다시 부활하는 것을 보았을 때, 그들은 그것을 의심할 수 없다! (cf. F. 고글Goguel, "5공화국에서 정치 생활", 「정치학 프랑스 잡지」, XIII권. 프리슈, "유럽에서 민주주의의 발전", in 「세데이스」, 1964). 당원 수의 감소가 정당들 쇠락의 절대적인 신호는 아니다. 정당들은 1920년과 1938년 사이에, 그리고 1945년에 호기를 누렸다고 말할 수 있었다. 그러나 이러한 시기들로 전체를 판단해서는 안된다(고글Goguel과 그로세Grosser, 「프랑스에서 정치」, 1964). 많은 사람들은 정당에게 새로운 기능을 부여한다. 즉 어떤 사람들에게는 통제 조직이고(프리슈), 정치적 인물의 교육과 선발자이며 (고글과 그로세), 정치적 경쟁의 규제자이다(슘페터). 아무튼 정당의 역할은 전혀 끝나지 않아 보인다. 그러나 새로운 소명보다는 조직의 힘을 통해서, 정당은 명확한 내용이나 이데올로기, 새로운 정치적 비전에 의거하지 않고 엄격함과 효율성을 획득해감에 따라 〈조직된 민주주의〉의 한 요소가 될 것이다 (1963년 글).

92) 나는 미셸Michels의 분석이 전적으로 옳다고 믿는다(「정당들」, 1913).

93) 사르토리는 (「앞의 책」), 정치인의 전문화 속에서 정당적 기계의 중요성을 강조한다. 어떤 유형의 정치인이 우월하게 되는가? 그가 수차 당선되었기 때문에 전문적으로 되는 사람인가, 아니면 정당의 기계 속에서 배타적으로 직업을 가졌기 때문에, 그렇게 〈태어난〉 사람인가? 이 경우에는, 정치인은 당의 관료주의를 대변한다. 그러면 분명 국가는(부분적으로!) 정당들에 의해 통제될 것이고, 시민은 더욱 더 자기의 말을 할 가능성이 줄어든다.

94) 나는 고글과 그로세가(「프랑스 정치」, 1964) 정당에 가입한 소수에게 정치적 덤을 수여할 때, 그들과는 완전히 동의하지 않는다. 그들은 당원이 무관심자들보다는, 권력에 의해 경청될 권리가 더 많다고 평가한다. 이것은 우리가 보기에는 비극적으로 위험스럽다. 왜냐하면 당원은 흔히 비당원보다 더 편협하고 옹졸하고, 그가 어떤 운동에 보이는 정열은 가장 흔히 실제 정치적 문제들을 보지 못하게 하기 때문이다. 마찬가지로, 그로세와 고글이 당원들은 자기들 시민들과 접촉하기 때문에 그들의 열망을 더 잘 번역할 수 있다고 생각하는데, 그것도 내가 보기에는 틀렸다. 당원은 자기 당이 자기에게 준 색안경을 통해서 여론을 해석한다. 어떤 정치적 의지를 표현하기 위해, 비참여자에 비해 당원을 더 가치 있게 할 아무런 이유가 없다. 특히 사람들이 한 당 속에 참여하는 실제적인 이유들을 알고 있다면 더욱 그렇다! 망데스 프랑스처럼 민주적인 사람이 실제로 엘리트들이 혼자서는 방향할 수 있는 대중들을 대변해야 한다고 말하는 것은 아주 주목할 만하다(「현대 공화국」, p. 14와 26).

95) 드 주브넬, 「순수 정치에 대하여」, p. 248 이하.

96) 이 점에 대해 뤼벨Rubel은 아주 정확하다. 〈정치권력의 정복은 유혹이다. 그것은 절대적인 덫이다. 그것은 노동 운동의 자살이다.〉(「논쟁」, 25호.)

97) 우리는 여기서 드 주브넬의 훌륭한 분석으로 되돌아간다(「순수 정치에 대하여」, p. 244 이하). 그에 따르면 〈우리가 정해진 규칙 안에서 정치 게임을 유지하고자 한다면, 쟁점은 절제되어야 한다〉 (p. 265). 이것은 우리의 〈상대화〉의 의미이다. 그러나 기술자들과 함께처럼, 여론과 함께는 쟁점들은 언제나 극한으로 향해간다는 것을 조심해야 한다.

98) 이것이 핵심적인 문제라는 것을 인정한 사람들은 아주 드물다. 어떤 길을 내려고 하는 사람들은 더 드물다. 「논쟁」의 (1962) 것과 같은 시도는 우리에게는 비극적으로 보인다. 왜냐하면 결국 그가 문제를 제기하더라도, 그는 그것을 절망적으로 보이게 만들기 때문이다. 혹은 사람들은 내용 없는 빈말 상태로 남거나 혹은 진정 문제인 것을 해결된 것으로 가정한다. 예를 들어 사적 생활의 존재, 소그룹의 지도자의 덕(p. 5와 15), 권력 구조

의 유연성 (p. 13-17), 국가로부터 독립된 선의 선결적 도식의 존재 등. 그리고 우리가 어떤 가능한 해결을 볼 때에는, 그것은 집단의 심리-사회학적인, 역동적인 기술들의 적용의 해결이다. 그런데, 사적 생활의 그 어떤 진실한 재건도 있을 수 없다는 것을 어떻게 보지 못하겠는가? 왜냐하면 모든 자발성의 근저에 단절이 있고, 어떤 (통합) 기술이 적용되기 때문에, 그리고 사람들이 우리가 앞서 봉건적 집단들이라고 불렀던 것의 형성 쪽으로 가고 있기 때문에! 여러 정치학자들 가운데 다음 사람들에게 한 자리를 만들어주어야 한다. A. 그로세Grosser는 10여 년 전부터 사회적 신체와 정치적 생활 속에서 긴장의 문제를 깊이 연구했다(『정치적 설명』, 1972). 브뤼에르Bruaire(『정치적 이성』, 1974). 카스토리아디스Castoriadis(『사회의 상상적 제도』, 1975). 비른봄Birnbaum(『정치의 종말』, 1975).

99) J. 엘륄, 『선전』, 앞의 책.

100) B. 샤르보노Charbonneau, 『자유의 거짓말』. 샤르보노의 책들은 대부분 아직 미간인데, 우리의 분석에서 영감을 받았다. 특히 〈국가〉에 대한 한정본이 그렇다.

101) 우리가 앞서 말한 새로운 봉건제의 형성은 긴장의 인자거나 권력 제한의 인자가 아니다. 왜냐하면 이 열정적인 집단들, 조합들, 정당들 등은 국가의 일원론적 정치 구조 속에 완전히 통합되기 때문이다. 그것들은 자기 가입자들에 대해서만 봉건적이다. 가입자들은 조직들 때문에 진정한 권력이 없고, 보호를 받기 위해 조직들 속으로 피난해야 한다.

102) 마찬가지로 지식인과 정치인 사이에 진정한 긴장을 재발견해야 한다. 한 편으로는, 이론가, 진실인 자로서, 정치에 대해 엄격하게 숙고한다(우리는 예로서 B. 드 주브넬을 인용한다). 도덕론자, 신학자. 그리고 그 앞에 실천가, 군인. 이의제기는 강하고 엄격해야 한다. 정치적으로 되어야 할 의무의 연구는 실제 그러한 상태 앞에서 필수불가결하지만, 어떤 갈등 속에 들어가면서이다. 이 주제에 대해 우리가 처한 3중의 실수는 다음과 같다. 어떤 사람들에게는(철학자들, 신학자들), 〈도덕과 정치는 동일한 것이고〉, 〈정치는 영혼의 과학〉이다. 차후로 현실을 고려하지 않은 이런 고찰은 공허하고, 긴장을 유발하지 못하며, 행동의 인간에 의해 무시된다.

다른 사람들에게는, 참여가 정치 게임 속에 위치하도록, 그 주어진 바를 받아들이도록 한다. 이 사람들은 행동의 차원에 있다고 주장한다. 그러나 정치에서 역량이 없기 때문에, 그들은 완벽하게 불필요하고, 정치에게 그 의미를 회복시켜주기 위해 유용성 없는 분파에 의해 이용되며, 환상 속에서 산다.

다른 사람들, 즉 정치학자들에게는, 지식인의 역할은 정치를 있는 그대로 확인하는 것이다. 그러나 이 학자들도 역시 시스템의 내부에 위치하며, 진실의 주장이나 그래야 할 의무의 탐구를 전적으로 무시한다. 이 학자들은 정치 앞에서 지식인의 충분한 자기 역할을 하지 못한다.

103) 크로지에Crozier는 (『앞의 책』, p. 370) 예견 기술의 개량과 자기 문화적 사실에 대한 개인들의 선견지명이 조직 시스템을 덜 엄격하게 하는데 공헌한다고 생각하면서, 공통의 실수 속에 빠진다. 그것은 형식적이고 외적인 엄격함을 생각할 때는 정확하다. 그렇지만, 이러한 엄격함은 시스템 속으로 개인의 더 완벽한 통합을 얻어낸 정도에 따라서만 줄어든다는 것을 고려해야 한다. 조종된 개인이, 누가 그에게 기대하는 것을 정확하고 자발적으로 하기에 이르렀을 때, 그러면 분명 외적인 압력과 관료주의적 조직의 메커니즘을 완화하는 것이 가능하다.

엘륄의 저서 연대기순

- *Étude sur l'évolution et la nature juridique du Mancipium*. Bordeaux: Delmas, 1936.
- *Le fondement théologique du droit*. Neuchâtel: Delachaux & Niestlé, 1946.
- *Présence au monde moderne: Problémes de la civilisation post-chrétienne*. Geneva: Roulet, 1948.
  ⋯▶『세상 속의 그리스도인』, 박동열 옮김(대장간, 1992, 2010(불어완역))
- *Le Livre de Jonas*. Paris: Cahiers Bibliques de Foi et Vie, 1952.
  ⋯▶『요나의 심판과 구원』, 신기호 옮김(대장간, 2010)
- *L'homme et l'argent* (Nova et vetera). Neuchâtel: Delachaux & Niestlé, 1954.
  ⋯▶『하나님이냐 돈이냐』, 양명수 옮김(대장간. 1991, 2011)
- *La technique ou l'enjeu du siècle*. Paris: Armand Colin, 1954. Paris: Économica, 1990.
  ⋯▶ (E)*The Technological Society*. Trans. John Wilkinson. New York: Knopf, 1964.
- *Histoire des institutions*. Paris: Presses Universitaires de France, plusieurs éditions (dates données pour les premières éditions);. Tomes 1-2, L'Antiquité (1955); Tome 3, Le Moyen Age (1956); Tome 4, Les XVIe-XVIIIe siècle (1956); Tome 5, Le XIXe siècle (1789-1914) (1956).
  ⋯▶ (『제도의 역사』, 대장간, 출간 예정)
- *Propagandes*. Paris: A. Colin, 1962. Paris: Économica, 1990
  ⋯▶『선전』(대장간, 2012년 출간 예정)
- *Fausse présence au monde moderne*. Paris: Les Bergers et Les Mages, 1963.
  ⋯▶ (대장간, 2011년 출간 예정)
- *Le vouloir et le faire: Recherches éthiques pour les chrétiens*: Introduction (première partie). Geneva: Labor et Fides, 1964.
  ⋯▶『원함과 행함』(솔로몬, 2008)
- *L'illusion politique*. Paris: Robert Laffont, 1965. Rev. ed.: Paris: Librairie Générale Française, 1977.
  ⋯▶『정치적 착각』, 하태환 옮김(대장간, 2011)
- *Exégèse des nouveaux lieux communs*. Paris: Calmann-Lévy, 1966. Paris: La Table Ronde, 1994. [reproduction de la couverture].
  ⋯▶ (대장간, 2011년 출간 예정)
- *Politique de Dieu, politiques de l'homme*. Paris: Éditions Universitaires, 1966.
  ⋯▶『하나님의 정치 인간의 정치』, 김은경 옮김(대장간, 2011년 출간 예정)
- *Histoire de la propagande*. Paris: Presses Universitaires de France, 1967, 1976.
- *Métamorphose du bourgeois*. Paris: Calmann-Lévy, 1967. Paris: La Table Ronde, 1998. [reproduction de la couverture]
  ⋯▶ (대장간, 출간 예정)
- *Autopsie de la révolution*. Paris: Calmann-Lévy, 1969.
  ⋯▶『혁명의 해부』, 황종대 옮김(대장간, 2011년 출간 예정)
- *Contre les violents*. Paris: Centurion, 1972.
  ⋯▶『폭력에 맞섬』, 이창헌 옮김(대장간, 2011년 출간 예정)
- *Sans feu ni lieu: Signification biblique de la Grande Ville*. Paris: Gallimard, 1975.
  ⋯▶『머리 둘 곳 없던 예수-대도시의 성서적 의미』, 황종대역(대장간, 2011년 11월 출간 예정).
- *L'impossible prière*. Paris: Centurion, 1971, 1977.
  ⋯▶『불가능한 기도』, 신기호 옮김(대장간, 2011 출간 예정)
- *Jeunesse délinquante: Une expérience en province*. Avec Yves Charrier. Paris: Mercure de

France, 1971.
- *De la révolution aux révoltes*. Paris: Calmann-Lévy, 1972.
- *L'espérance oubliée, Paris*: Gallimard, 1972.
  ⋯▸『잊혀진 소망』, 이상민 옮김(대장간, 2009)
- *Éthique de la liberté,*. 2 vols. Geneva: Labor et Fides, I:1973, II:1974.
  ⋯▸(대장간, 출간 예정)
- *Les nouveaux possédés Paris*: Arthème Fayard, 1973.
  ⋯▸(E)*The New Demons*. Trans. C. Edward Hopkin. New York: Seabury, 1975. London: Mowbrays, 1975. .
  ⋯▸(대장간, 출간 예정)
- *L'Apocalypse: Architecture en mouvement*. [Paris:] Desclée 1975.
  ⋯▸(E)*Apocalypse: The Book of Revelation*. Trans. George W. Schreiner. New York: Seabury, 1977.
  ⋯▸(대장간, 출간 예정)
- *Trahison de l'Occident*. Paris: Calmann-Lévy, 1975.
  ⋯▸(E)*The Betrayal of the West*. Trans. Matthew J. O'Connell. New York: Seabury,1978.
- *Le système technicien*. Paris: Calmann-Lévy, 1977.
  ⋯▸『기술 체계』, 이상민 옮김(대장간, 출간 예정)
- *L'idéologie marxiste chrétienne*. Paris: Centurion, 1979.
  ⋯▸『기독교와 마르크스주의』, 곽노경 옮김(대장간, 2011 출간)
- *L'empire du non-sens*: L'art et la société technicienne. Paris: Press Universitaires de France, 1980.
  ⋯▸『무의미의 제국』, (대장간, 출간 예정)
- *La foi au prix du doute: "Encore quarante jours.."* . Paris: Hachette, 1980.
  ⋯▸『의심을 거친 신앙』, 임형권 옮김 (대장간, 2011년 출간)
- *La Parole humiliée*. Paris: Seuil, 1981.
  ⋯▸『말의 굴욕』(가제), 한국자끄엘륄협회 공역(대장간, 2011년 출간예정)
- *Changer de révolution: L'inéluctable prolétariat*. Paris: Seuil, 1982.
  ⋯▸『혁명의 변질』(가제) 하태환 옮김(대장간, 출간 예정)
- *Les combats de la liberté*. (Tome 3, L'Ethique de la Liberté) Geneva: Labor et Fides, 1984. Paris: Centurion, 1984.
  ⋯▸『자유의 투쟁』(솔로몬, 2009)
- *La subversion du christianisme*. Paris: Seuil, 1984, 1994. [réédition en 2001, La Table Ronde]
  ⋯▸『뒤틀려진 기독교』(대장간, 1990, 2011년 불역 완역판 출간 예정)
- *Conférence sur l'Apocalypse de Jean*. Nantes: AREFPPI, 1985.
- *Un chrétien pour Israël*. Monaco: Éditions du Rocher, 1986.
  ⋯▸『이스라엘을 위한 그리스도인』(대장간, 출간 예정)
- *Ce que je crois*. Paris: Grasset and Fasquelle, 1987.
  ⋯▸『내가 믿는 것』 대장간 출간 예정)
- *La raison d'être: Médutation sur l'Ecclésiaste*. Paris: Seuil, 1987
  ⋯▸『존재의 이유』(규장, 2005)
- *Anarchie et christianisme*. Lyon: Atelier de Création Libertaire, 1988. Paris: La Table Ronde, 1998
  ⋯▸『무정부주의와 기독교』, 이창헌 옮김(대장간, 2011)

363

- *Le bluff technologique*. Paris: Hachette, 1988.
  ⋯▶ (E)*The Technological Bluff*. Trans. Geoffrey W. Bromiley. Grand Rapids: Eerdmans, 1990.
  ⋯▶ 『기술의 허세』(대장간, 출간 예정)
- *Ce Dieu injuste..?: Théologie chrétienne pour le peuple d'Israël*. Paris: Arléa, 1991, 1999.
  ⋯▶ 『하나님은 불의한가?』, 이상민 옮김(대장간, 2010)
- *Si tu es le Fils de Dieu: Souffrances et tentations de Jésus*. Paris: Centurion, 1991.
  ⋯▶ 『네가 하나님의 아들이라면』, 김은경 옮김(대장간, 2010)
- *Déviances et déviants dans notre societé intolérante*. Toulouse: Érés, 1992.
- *Silences: Poèmes*. Bordeaux: Opales, 1995.
  ⋯▶ (대장간, 출간 예정)
- *Oratorio: Les quatre cavaliers de l'Apocalypse*. Bordeaux: Opales, 1997.
  ⋯▶ (E)*Sources and Trajectories: Eight Early Articles by Jacques Ellul that Set the Stage*. Trans. and ed. Marva J. Dawn. Grand Rapids: Eerdmans, 1997.
- *Islam et judéo-christianisme*. Paris: Presses universitaires de France, 2004.
  ⋯▶ 『이슬람과 기독교』, 이상민 옮김(대장간, 2009)
- *La pensée marxiste*: Cours professé à l' Institut d' études politiques de Bordeaux de 1947 à 1979 Edited by Michel Hourcade, Jean-Pierre Jézéuel and Gérard Paul. Paris: La Table Ronde, 2003.
- *Les successeurs de Marx*: Cours professé à l' Institut d' études politiques de Bordeaux Edited by Michel Hourcade, Jean-Pierre Jézéquel and Gérard Paul. Paris: La Table Ronde, 2007. ⋯▶ (대장간, 출간 예정)

기타 연구서

- 『세계적으로 사고하고 지역적으로 행동하라』(*Perspectives on Our Age*: Jacques Ellul Speaks on His Life and Work.), 빌렘 반더버그, 김재현, 신광은 옮김(대장간, 1902, 2010)
- 『자끄 엘륄 -대화의 사상』(*Jacques Ellul, une pensée en dialogue Genève*), 프레데릭 호농(Fréderic Rognon)저, 임형권 옮김(대장간, 2011)
- *A temps et à contretemps: Entretiens avec Madeleine Garrigou-Lagrange*. Paris: Centurion, 1981.
- *In Season, Out of Season: An Introduction to the Thought of Jacques Ellul*: Interviews by Madeleine Garrigou-Lagrange. Trans. Lani K. Niles. San Francisco: Harper and Row, 1982.
- *L'homme à lui-même: Correspondance*. Avec Didier Nordon. Paris: Félin, 1992.
- *Entretiens avec Jacques Ellul*. Patrick Chastenet. Paris: Table Ronde, 1994

대장간 『자끄 엘륄 총서』는 중역(영어번역)으로 인한 오류를 가능한 줄이려고, 프랑스어에서 직접 번역을 하거나, 영역을 하더라도 원서 대조 감수를 원칙으로 하고 있습니다.
이 일은 한국자끄엘륄협회의 협력으로 이루어지고 있으며, 총서를 통해서 엘륄의 사상이 굴절되거나 왜곡되지 않고 그의 삶처럼 철저하고 급진적으로 전해지길 바라는 마음 가득합니다.